本书为国家社科基金重大项目『清水江文书整理与研究』（11&ZD096）阶段性成果

本书获二〇二〇年贵州省出版传媒事业发展专项资金资助

本书获贵州省孔学堂发展基金会资助

清水江
区域学
文库

张新民　主编

徐钰　著

清至民国时期清水江流域

民间借贷研究

孔學堂書局

本书为国家社科基金重大项目"清水江文书整理与研究"（11&ZD096）阶段性成果

本书获二○二○年贵州省出版传媒事业发展专项资金资助

本书获贵州省孔学堂发展基金会资助

图书在版编目（CIP）数据

清至民国时期清水江流域民间借贷研究：以《天柱

文书》为中心 / 徐钰著. — 贵阳：孔学堂书局，

2022.3

（清水江区域学文库 / 张新民主编）

ISBN 978-7-80770-282-5

Ⅰ.①清… Ⅱ.①徐… Ⅲ.①民间借贷—研究—中国

—清代-民国 Ⅳ.①F830.589

中国版本图书馆CIP数据核字(2021)第081770号

清水江区域学文库 张新民 主编

清至民国时期清水江流域民间借贷研究——以《天柱文书》为中心 徐钰 著

QING ZHI MINGUO SHIQI QINGSHUIJIANG LIUYU MINJIAN JIEDAI YANJIU：YI *TIANZHU WENSHU* WEI ZHONGXIN

责任编辑：黄 艳 胡 馨

责任校对：胡国浚 窦玥声

责任印制：张 莹 刘思妤

出　　品：贵州日报当代融媒体集团

出版发行：孔学堂书局

地　　址：贵阳市云岩区宝山北路372号

　　　　　贵阳市花溪区孔学堂中华文化国际研修园1号楼

印　　制：贵阳精彩数字印刷有限公司

开　　本：787mm×1092mm 1/16

字　　数：392千字

印　　张：23.25

版　　次：2022年3月第1版

印　　次：2022年3月第1次

书　　号：ISBN 978-7-80770-282-5

定　　价：78.00元

　　近数十年来，随着清水江文书整理编纂成果的大量出版，相关研究论文或论著的数量也在明显增多，而清水江流域无论作为长江支系文明或民族社会区域空间，也越来越引起学术界的广泛关注和重视。以流域或区域作为分析讨论框架，探讨族群、聚落、区域、国家多方面的互动关系，进而了解或把握中国历史文化整体而全面的发展进程，也越来越成为研究者广泛接受或采用的一种重要方法。正是有鉴于此，我们在原有文书整理和研究成果积累的基础上，拟以"清水江区域学文库"为题，编纂一套大型学术研究丛书，希冀能够借此汇聚起更多的优秀学术研究成果，从而推动区域学或中国史研究的健康发展。为了帮助读者了解清水江流域自然－人文历史变迁发展的状况，尤其是国家对当地的长期经营与开发、区域与区域之间交流和互动以及乡民对自身生活秩序的维系及建构，我以自身长期从事研究所积累的学术经验或学术旨趣为出发点，特撰下列文字以作导读性的总序。

一、河流水道交通与聚落区域之间的互动

　　清水江乃沅江的正源，发源于今贵定县斗篷山与都匀市云雾山麓之间，自西南向东北流经今贵州省东南部广袤区域，入湖南省西部至黔阳镇以下始称沅江，因而也可以清水江－沅江之称来统合其上下游。其蜿蜒委迤穿越黔湘两省，最终东流注入洞庭湖，并联结更具有战略航运意义的长江及两岸各地。

　　清水江－沅江流经黔湘两省，黔境涉及之地有都匀、丹寨、雷山、福泉、麻江、凯里、黄平、施秉、台江、剑河、三穗、天柱、锦屏、黎平等县市，入湖南后流经之地则有新晃、会同、洪江等县市。重要支流与贵州相关者，一是

1

发源于福泉县罗柳塘的瀼阳河，出黔省再进入楚地，即"东至沅州而入沅水，以达于长江"，其与清水江汇合处亦在黔阳；再为源出江口梵净山西南的锦江，"东至辰溪县入沅水而达于楚江"[①]；三即源出黎平县的渠水，东流黔城镇清江口与瀼阳河相汇。（康熙）《天柱县志》称清水江"发源于黔属苗界，不知其几千里，由岔处至托口，与渠水合，至黔阳与沅水合，并入辰河"[②]，虽未必精细准确，亦反映清人的地理认知。

以清水江流域作为历史叙事或史学研究必具的时空分析框架，从而展开各种立体式分层讨论的区域学或建构活动，显然既可指上游流经黔省的清水江，即狭义的清水江流域，也可指横贯黔湘两省的清水江－沅江，即泛清水江区域[③]。由于清水江－沅江与长江紧密相连，长期以来都为长程船舶辗转运输的重要通道，因而也可将清水江文明称为长江支系文明。观察或了解清水江文明固然需要深入其内部开展各种分析，但也有必要超越区域进行区域与区域之间的关联性比较，尤其应注意国家力量经营开发过程中必然引发的各种互动性区域社会变迁现象。

广义的清水江流域既然地处黔湘两省交汇的广袤地带，长期"省地""熟界""生界"交错纵横[④]，苗、侗、汉等多种族群分散聚居，"苗田""（土）司田""民田"三种土地占有形式并列共存。更突出者则为清水江南岸以雷公山为中心的大片"生苗"区，即面积范围广至三千里的所谓"苗疆"，其在雍正年间王朝武力开辟之前，乃是"王化"力量从未渗入的国家认知盲区，较诸其他早已郡县化的

[①] 以上均见晏斯盛：《贵州水道考》，引自乾隆《贵州通志》卷三十七"艺文志"；又见道光《贵阳府志》卷三十二"山水图记第二下"，贵州人民出版社 2005 年版，第 705 页。按所谓"楚江"，即沅江之异称，有清人魏麟征《送儿彪之沅江》诗"沅兴芳可佩，极目楚江滨"可证。

[②] （康熙）《天柱县志》卷上《山川》，清康熙二十二年刊本。

[③] 古人所称沅江，或亦涵盖了清水江，故常有迳称清水江为沅江者。如清人爱必达《黔南识略》卷二十一"黎平府"，《续黔南丛书（第 2 辑）》上册，贵州人民出版社 2012 年版，第 193 页云："郡之东北以清水江为界，古之沅江也。"即一显豁证例。

[④] 汉文典籍"省地"与"省民"时常并用。如李诵《受降台记》："凡尔诸团，自今既誓之后，各毁尔脾甲，弃尔标弩。平尔壕堑，散尔徒党，无贪我省地，无害我省民。""省地"指已经郡县化的国家行政辖区，"省民"则为国家体制内编户纳粮的"民人"。引文见曾枣庄、刘琳主编《全宋文》卷六四五九"李诵"条，第 284 册，上海辞书出版社 2006 年版，第 375 页。

行政区域，更表现出极为复杂多元的不平衡社会发展现象①。因此，如果从湖广国家行政权力中心的视野看，则往往将其视为"楚边"，即所谓"西徼百蛮底，南荒三楚边；苗顽风未殄，盘瓠种犹传。江自牂柯发，山从越嶲连；封疆秦日画，威德汉朝宣"②。而立足于黔省国家行政体系中心的立场，又可称其为"黔边"，也可说"黔边不修，民喜乱，终为隐忧"③。"楚边"与"黔边"交叉叠错，无论王朝中央或地方士人，多视其为"边地"或"边徼"，也可说是"内边疆"或"内地边疆"，亦即"内在的边缘"或"内在的边陲"（internal frontier）④，便是我们今日所要讨论的清水江流域，一个极有必要将其作为完整的自然－人文地理单元来加以叙事书写或分析研究的重要文化区域。

从传统国家战略地位看，"黔、楚唇齿相依，山路如梭"，交通不便，一旦"黔事已坏，楚边齿寒"⑤，反之亦然。但幸得清水江－沅江水道交通运输之便，上、下游之间仍有频繁的沟通往来，加上各种大小支流的注入，尤其是其与陆地交通驿道的联结，尽管其中仍有不少化外的政治空隙，未必一概纳入了王朝国家的控制，尚有不少游离于区域整体社会结构之外的地方族裔，但仍形成了网络状的交通体系，不断整合区域内部的各个聚落或族群，从而不断扩大其相互之间的交往关系，并逐步凭借主干水道交通向外部世界延伸，层层突破区域与区域之间的分隔界划，使区域在长期拥有自身地方性或民族性特征的同时，也具备了国家与地方及区域与区域之间多方面互动的全国性认知意义。

---

① 〔清〕魏源：《圣武记》卷七"雍正西南夷改流记上"，岳麓书社 2004 年版，第 281 页。"苗疆四周几三千余里，千有三百余寨，古州距其中，群砦环其外。左有清江可北达楚，右有都江可南通粤，皆为顽苗蟠据，梗隔三省，遂成化外。"即可见"苗疆"为王朝政府长期失控地区，与清水江流域其他郡县行政区的发展明显失衡。另可参阅《清史稿》卷五一二"土司一·湖广"，中华书局 1977 年版，第 14205 页。
② 林弼：《江洞书事五十韵》，引自杨镰主编：《全元诗》第 63 册，中华书局 2013 年版，第 75 页。
③ 翟灏：《松铜纪事》，引自太平天国历史博物馆编：《太平天国史料汇编·贵州地区》，江苏凤凰出版社 2018 年版，第 11168 页。
④ 参见许倬云：《汉代中国体系的网络》，许倬云等编：《劳贞一先生八秩荣庆论文集》，商务印书馆 1986 年版，第 19—31 页。
⑤ 以上均见翟灏：《松铜纪事》，载《太平天国史料汇编·贵州地区》，江苏凤凰出版社 2018 年版，第 11169 页。

二、人、财、物的流动与区域社会经济的发展

水道与驿路相连而交错纵横，无论其或疏或密、或近或远，作为一种交通网络体系结构，都有利于人群与人群之间的交往与联系，能够促进地方社会的变迁和发展。从纵向即河流水道对上下游地区人群的联结作用看，清水江－沅江上游可与黔楚大道相接，驿路横贯贵州东西全境，直入云南境内，下游则能经长江转运河，以水运方式联结江南广大地区，并北上直入京城。这当然极大地促进了"人、财、物"的流动，不仅京城的"皇木"采办扩大了国家力量或朝廷官员进入上游的空间范围，而且"三帮（徽州、临江、陕西）""五勷（湖南常德、德山、河洑、洪江、托口）"商人亦纷纷沿江深入山区①，加上明代以来王朝中央主动推行军事屯田与移民屯田政策，"人"的迁徙流动越到后期就越频繁。大量已经商品化的深山木材则顺江而下，销往长江两岸各地，尤其是需求量较大的江南地区。与其对应的购置木材的白银也逆江而上，流入散落在上游的各个商场市镇及深山苗侗村寨，甚至深入到"王化"不及的"苗疆"腹地。上下游之间"人、财、物"三者的双向流动，显然都远非任何局部区域所能限制的。

与"人"或"人群"的流动一样，"财"与"物"的流动也越到后期便越引人注目。当然，除大量木材流入江南或中原换取白银之外，朱砂、水银、铅梓、桐油等地方特产，也同样可以顺江向外输出换取白银。其中最重要的是"人"或"人群"的流动，必然带来各种有别于"苗区"的知识、技术、精神、价值等，成为交流与共享的无形资源，不知不觉地以"深层结构"的方式改塑了人的生产或交往行为方式，强化了地方社会的伦理秩序建构。至于"财"的流动则满足了地方社会经济生活对白银的需求，尤其是"苗民"将白银作为财富与礼物象征的心理诉求，充实了市场商品交换必须依赖的货币总额，提供了国家赋役征银的客观历史条件。与此同时，"物"的流动则促进或扩大了人工林的种植

---

① 参见张新民：《清水江流域的经营开发与木材采运活动》，《贵州民族大学学报（哲学社会科学版）》2016 年第 5 期。

规模，使木材产业朝着集种（种植）、养（养护）、伐（采伐）、售（销售）为一体的商品化方向发展，从而形成了范围广袤的木材贸易经济文化圈，极大地改变了地方族群的生计模式与经济文化生态格局。更值得注意的是国家与地方及地方与地方之间的互动，可谓"政令之推行，军事之进退，物资之流通，宗教文化之传播，民族社会之融合"①。举凡当地发生的重大历史事件或社会变迁史迹，都可沿着交通路线寻找其前后发展脉络，分析其升降起伏变化原因，获得解决问题的实证答案。

如果换一个角度，从横向即河流水道对沿江两岸地区或人群提供的交通便利，特别是其对当地社会经济文化生活所发挥的作用看，仅贵州境内不同地方注入清水江的支流，举其要者即有重安江、六洞河、巴拉河、排乐河、南哨河、乌下江、亮江等，或多或少都发挥了与清水江干流联结并影响经济文化生活的作用。其中支流又与名目繁多的千溪万涧紧密相连，构成交错纵横的水资源系统与耕地（田）灌溉系统，形成了大范围的"人、水、地"三者相互作用的复杂关系，并以人为主体将自然与社会整合为一整体性的结构，产生了各种自然资源复杂多样的使用形态与占有形态，即自然的社会化与社会的自然化。例如，就目前在清水江流域征集到的出水青铜器看，即有钺、戈、剑、矛、镞、斤、斧、凿、簪、带钩等，民间收藏者尚有斧、铲、刮刀、鱼钩等，年代当可推断为战国至西汉时期②。我们仅从工具的使用即可看出，人对水、地两种资源的利用与开发，早已有了悠久长远的历史，形成了自然与社会动态的生态格局。战国至西汉时期的清水江及相关支流，其两岸当已分布了数量不少的大小人群聚落。

两汉以后，尤其是明清两代，沿着清水江主干河道及重要支流，更涌现出一批规模较大的人口聚落或商业市镇。如有清一代，光绪《黎平府志》便明确

---

① 严耕望：《唐代交通图考》"序言"，上海古籍出版社 2007 年版，第 7 页。
② 程学金：《贵州天柱出水青铜器调查征集报告》，载王仁湘、周裕兴主编《东亚古物（B卷）》，文物出版社 2007 年版，第 295—310 页；《天柱出水青铜器探源》，《贵州文史丛刊》2006 年第 3 期；贵州省文物考古研究所清水江考古队：《贵州清水江流域再次大规模发掘：初步厘清文化发展脉络》，《中国文物报》2011 年 5 月 20 日第 4 版"考古"专栏。

记载，当地"产木极多，若檀、梓、樟、楠之类，仅以供本境之用。惟杉木则遍行湖广及三江等省，远商来此购买，在数十年前每岁可卖二三百万金。今虽盗伐者多，亦可卖百余万。此皆产自境内，若境外则为杉条，不及郡内所产之长大也"①。可见当地木材资源固然极为丰富，但更重要的还是长途运输远销外地，从而使地方获得了极大的经济利益，即所谓"黔诸郡之富最黎平，实唯杉木之利"②，并形成了数量不少的规模化商业贸易市场，这均有赖于清水江河道交通水运带来的便利。其中仅锦屏县一地，即有"茅坪、王寨、卦治三处，商旅几数十万"③，无一不是木材水道贸易成交带来的市场繁荣。至于湖南境内的黔阳县托口，更"为渠水入沅之地，上通贵竹苗峒，巨木异材，奏集于此，官之采办与商之贸贩者，皆就此估直以售，编筏东下"④，远销全国各地，形成了一大木材聚散中心市场。

三、人、水、地三者的关系与地方资源的开发利用

以清水江两岸人群集中的市镇或聚落为中心，从河谷盆地向山区扇状式延伸，当然也会有不少驿道支线及相关的斜径小路，均依山区海拔的高低和道路的险夷凶缓决定聚落规模的大小或人口户数的多寡。通常的情况是距离城镇市场越远，聚落或人口的规模便越小，与外部世界的联系也越少，所谓"山径溪涧，用之成路其间，不用则茅塞之"⑤。其中也有不少游离于王朝政治网络控制体系之外的边缘隙地，亦即国家制度化权力未能到达的"失控区"，其经济形态及社会文化发展水平，也因道路的通塞远近，存在着明显的高低差距。具见即在区域内部的差序格局中，也难免存在"中心－边缘"的二元性结构。

① 〔清〕俞渭修、陈瑜纂（光绪）《黎平府志》卷三下，"食货志·物产"，清光绪八年刻本。
② 〔清〕吴振棫：《黔语》卷下"黎平木"，载《黔书·续黔书·黔记·黔语》，贵州人民出版社1992年版，第386页。
③ 〔清〕爱必达：《黔南识略》卷二十一"黎平府"，载《续黔南丛书（第2辑）》上册，贵州人民出版社2012年版，第196页。
④ 〔清〕张官五修，龚琰纂：（乾隆）《沅州府志》卷八"乡都·黔阳县·市镇"，清乾隆年间刻本。
⑤ 高酿镇地弓四谱《永久不朽碑》，引自《天柱古碑刻考释（上）》，贵州大学出版社2016年版，第441—442页。

由于当地特殊的地质地貌特征，尤其是高山深谷落差较大，出于水资源与土地资源占有利用，以及人回应自然必有的生计模式的需要，当地村落或族群的地缘区域分布则如民间谚语所云："客家住街头（汉族），仲家住水头，苗家住山头"；"高山苗，水仲家，仡佬住在岩旮旯"[①]。诚可谓如实生动地反映了外来汉人（客家）主要住在与交通干道或支线邻近的市镇，属于百越族系的侗族或布依族（仲家）则常住方便舟船水稻生活的水道河边，归属苗瑶族系的苗族多散居在远离交通沿线适合猎耕的山地。仡佬族在清水江流域分布数量不多，他们主要住在山间低凹处。从中正可看出人与水、土资源相处及利用关系的不同，遂使其在共同的自然－生活系统中占有的位置也有区别，从而形成区别很大的人－水－地组合结构生态关系，产生了立体的多元的复杂经济文化生存生活景观。

居住在交通干线或支线附近地区的汉人，不少为军屯、民屯、商屯移民的后裔。他们开垦了不少相对平坦开阔的"坝子"田土，长久居住亦可由"客家"转变为"土著"。屯田化后即成为"民田"，而与"（土）司田""苗田"或"生苗"区的"夷田"有别，尽管后者亦多陆续转化成了"民田"，但大多仍零散细碎地分布在大山深壑。而其实非汉区的地方族群，其生计模式也大有差异。以水稻的种植为例，侗族傍水而善经营，其田有坝子田、山种田和高坡梯田三类，水资源的利用最充分[②]。苗族山居而远水，尽管与汉人杂居的个别"苗区"，耕种施肥已逐渐接近汉人，但在开辟较晚的"苗疆"，不少地方仍未学会牛耕，耕作方式多以"人拉犁""脚踩田"为主要方式[③]，水资源的利用并不充分。

由于清水江流域盛产木材，木材贸易提供了大量技术交流的机会，因而以人工造林的方式利用山地资源，广种"苗杉"，以求经济利益的最大化，无论

---

① 贵州省地方志编纂委员会编：《贵州省志·民族志》，贵州民族出版社 2002 年版，第 1 页；另可参阅贵州省苗学会编：《苗学研究》（八），中国言实出版社 2011 年版，第 114 页。
② 贵州省地方志编纂委员会编：《贵州省志·民族志》，贵州民族出版社 2002 年版，第 266 页。
③ 参见雷山县地方志编纂委员会办公室编：《雷山县志（1988—2015）》，方志出版社 2017 年版，第 795 页。

苗人或侗人，其种植养护技术均已十分成熟。根据所谓"土人"长期种养结合总结出来的实践经验，"种杉之地，必预种麦及包谷一二年，以松土性，欲其易植也。杉阅十五六年始有子，择其枝叶向上者，撷其子，乃为良，裂口坠地者弃之，择木以慎其选也。春至则先粪土，覆以乱草，既干后而焚之，而后撒子于土面，护以杉枝，厚其气以御其芽也。秧初出，谓之杉秧，既出而复移之，分行列界，相距以尺，沃之以土膏，欲其茂也。稍壮，见有拳曲者则去之，补以他栽，欲其亭亭而上达也。树三五年即成林，二十年便供斧柯矣"①。这固然是山地生态地方性知识与实践经验的智慧总结，但也说明了人对山地林木资源的合理有效利用。

巧妙运用各种生态环境知识育林护林，从而扩大和增加人工林的种植面积及收益效率，固然主要与山区林地资源的充分合理利用有关，但水道木材运输贸易带来的经济收入动因也不可忽视。古人所谓"财以工化,贿以商通"②的说法，揆以清水江流域森林木材的种植开发流程，当也符合其社会经济生活变化发展的实际。如果说长期性的木材贸易缓慢地改变了地方经济社会的固有结构，那么移民的大量进入也逐渐强化了地方族群的交流融合。交流融合必然有利于更大范围的区域文明共同体的凝成，文明共同体的凝成也有利于形成共同国家或民族的认同。

清水江流域的民族交流融合乃是双向的，其中"苗人"汉化的现象固然十分普遍，但汉人"苗化"的现象也非少见。如清人徐家幹就敏锐地观察道："其地有汉民变苗者,大约多江楚之人。愆迁熟习,渐结亲串,日久相沿,浸成异俗,清江南北岸皆有之,所称'熟苗',半多此类。"③足证清水江流域的人群关系极为复杂，表面是苗、侗地方族裔或拥有苗侗祖先记忆的，真实的血缘来源却有

---

① 〔清〕爱必达：《黔南识略》卷二十一"黎平府"，《续黔南丛书（第2辑）》上册，第195—196页；又见光绪《黎平府志》卷三"食货志·物产"，清光绪十八年刻本。
② 左思：《魏都赋》，引自高步瀛《文选李注义疏》卷六"赋丙"，曹道衡等点校，中华书局1985年版，第1375页。
③ 〔清〕徐家幹：《苗疆闻见录》，顾久主编：《黔南丛书（第11辑）》，贵州人民出版2010年版，第82页。

可能是汉民；早已成为汉民或拥有共同汉族祖先记忆的，亦可能是苗、侗后裔。今人为建构、强化民族身份，反倒容易遮蔽民族融合的客观历史事实。无论木材贸易带来的社会变化，抑或移民进入造成的族群融合，作为"人、财、物"长期流动的一大区域性水运通道，清水江都在其中发挥了极为重要的纽带联结作用。

四、文字入边与儒学下乡

然而稍有必要指出的是，除了前面一再提到的"人、财、物"的流动之外，作为一条历史性的水路交通走廊通道，清水江还发挥了交流传播文化的重要作用。也就是说，如果认真分析探讨清水江流域不同族群之间同化混融的整体历史过程，则尚有两件历史大事值得反复思考或重视。两件大事一为"文字入边"，再即"儒学下乡"，二者都既关涉文化的传播和交流，也影响族群的同化与混融，能够揭示区域内部社会生活变迁发展的轨迹，当然也应成为历史叙事与史学研究关注或重视的史实实证内容。

以广义的清水江－沅江为观察对象，探讨"文字入边"的历史过程，则可溯至唐宋时期。最初因中央王朝对边地族群的羁縻政治策略，不断争夺笼络，清水江－沅江下游湖广境内的上层"蛮酋"。中央王朝一方面输入了汉字系统，逐渐强化了王朝中央对边地的控制，另一方面也传播了儒家意识形态思想，尤其是孝道伦理一类基本价值观念。然后再以下游汉文化核心区为据点，透过国家力量的不断推进扩张，以及汉族人群的渐次移动迁入，一步一步向上游即今贵州境内非汉文化地区扩大其传播输入范围，并由上而下向基层社会辐射渗透，使汉字系统及其所携带的知识文化信息，由原来仅为少数上层政治人物或知识精英掌握的文化专属特权，转变为黔楚边地社会普通乡民都能学习掌握的知识工具。

"文字入边"与"儒学下乡"两件边地文化大事，其渗透传播速度在明清两代明显加快。尤其值得注意者，即明代中央王朝针对边地战略地位的实际，大量设置代表国家意志的军事卫所，从而导致了军户移民的不断涌入，加上朝廷有意推行"化民成俗"的文化治边策略，以及与水道航运相连的各种民间或官方主导的"人、财、物"流动条件的配合，无论从其传播扩散的空间范围或族群的地缘分布方面观察，"文字入边"与"儒学下乡"作为一种文化现象，都越来越成为一种可随时观察到的历史事实，并可在相关汉文化典籍中找到实证性依据。最初的扩散传播主要在卫所与土司或"民人"与"苗人"交混错居的地带，而后则随着地方社会不断"内地化"或"国家化"的发展进程，逐步向"王化"之外的"苗疆"或其他"生苗"区推进。以后延至雍正年间开辟"苗疆"，设置针对边地实际的新疆六厅①，郡县化的历史进程在整个清水江流域彻底显现，"文字入边"及"儒学下乡"也就撤除了各种人为的藩篱障碍，不仅在地缘空间上逐渐成为主流的文化现象，而且也在文化心理上为社会民众广泛认同和接受。

从区域内部或地方文化的视野看，无论"文字入边"或"儒学下乡"，乃至"人、财、物"的流动，透过层层积累不断增多的汉字书写的清水江文书，当也不难发现。兹仅以"文字入边"为例，今存明代契约文书，数量共计 15 件，均为汉字写本，内容多与卫所、土司有关②。其中最早之成化二年（1466 年）《粟文海、粟文江耕种荒田合同》③，发现地址为今天柱地区，文书纸质磨泐漶漫，字体时或残缺，但大体仍可辨识。其开首即有"永安乡□□□□人年细仔□，洪武二十二年□□□当军随营住坐，田地抛弃天顺六年回籍寻认产业"字样，并钤有官府四方印记。文书全文格式颇为完整，即使较诸其他汉人文化区，也为成熟定型文书。反映谭氏祖源早期必是卫所军籍，亦文书所云随军从营住坐（工匠），足证王朝屯军已从下游沅江深入到上游清水江，故无论汉字书写或纸契

---

① "新疆六厅"为古州厅、八寨厅、丹江厅、都江厅、清江厅、台拱厅，分属清水江和都柳江流域，均为雍正年间开辟"苗疆"后新建。

② 参见林芊：《从明代民间文书探索苗侗地区的土地制度》，《贵州大学学报（社会科学版）》2015年第 6 期；《明代清水江文书中的历史信息》，《贵州大学学报（社会科学版）》2015 年第 5 期。

③ 原为天柱县坌处镇抱搪村覃献忠世代珍藏，后为天柱县档案馆征集入档，全宗号 WS 目录号 TZ持有人覃献忠盒号 53，又见《贵州省档案馆馆藏珍品集粹（一）》著录，标题为笔者所拟，同时著录者尚有明代万历、崇祯两件文书，或可一并参阅。详见该书第3—4 页，贵州人民出版社2010 年版。

签订方式，亦随着屯军的进驻停留而转移①，加上大量非军事化的汉人移民的迁入，遂由卫所而土司、从汉人居住区而非汉人居住区，不仅传播影响范围逐渐扩大，且使用的人群也在不断增加。

从明代折转进入清代，尽管朝代更迭变易，但民间文化的交流融合始终难以中断，以后随着国家政权的稳定和开发速度的加快，最终则是纸契逐渐取代了原来的木契或"埋岩"②一类本土方法。其写本纸契数量之多，仅入藏当地各县档案馆即达 21 万件，合计散落在民间各自然村寨者，当不少于 50 万件③；而分布地域之广，举凡锦屏、天柱、黎平、三穗、剑河、台江等县档案馆，无一不有庋藏，即使早先为"苗疆"腹地的剑河、台江两地，文书数量亦极为可观。但与其他各县——尤其是锦屏、天柱、黎平三地相较，则剑河、台江两县遗存文书的年代均显得相对较晚。反映汉字的传播扩散与纸本文书的产生增多密契相关，二者均与国家经管开发的历史进程同步，越到清代中后期就越显得普及，不仅"入边"逐渐广传至"苗疆"腹地，同时也"下乡"深入到乡村民众，最终则完全为苗、侗地方族群消化吸收，内化为自身与汉人社会接近的文化传统，成为人们维系或强化复杂社会生活秩序必具的方法，安排或处理公私人际交往关系必用的手段。

根据以上分析，当已不难看出，无论汉字的传播运用或文书的产生积累，

---

① 明代洪武年间今贵州境内清水江流域的卫所，已有五开、兴隆、镇远、偏桥、清浪、清平、平溪、古州、铜鼓，共计九卫，凡 5 万余军士。参见吴才茂：《明代以来清水江文书书写格式的变化与民众习惯的变迁》，载《西南大学学报（社会科学版）》2016 年第 4 期。

② "埋岩"，或又作"立石栽树"或"埋石种树"，苗语称"客骚""骚耶""耶直"。据苗族"贾理"唱词："他迁入陆滨，他去居陆兴，在那里立石，在那儿栽树，他石根基深，他树根须长……耕那拥枚田，耘那寨闹塘，他拿石来立，他拿树来栽。他们石脉长，他们树根深，像龙卧深潭，像虎踞大山。"可见"埋岩"既是划分地界的一种习俗仪式，也是其拥有地权的一种习惯法凭据。详见王凤刚编：《苗族贾理》，贵州人民出版社 2009 年版，第 664—697 页。

③ 笔者 2011 年赴黔东南清水江流域各县档案馆实地考察，统计其入藏文书总量为 10.3 万余件；六年后据贵州省档案馆的统计数字，便剧增至 21 万件。这一数字目前尚在继续上升，故合计散落在民间村寨者，总数当在 50 万件以上。参阅张新民：《清水江流域的内地化开发与民间契约文书的遗存利用》，《贵州社会科学》2014 年第 10 期；贵州省档案馆编：《贵州清水江文书·黎平卷》"序言"，贵州人民出版社 2017 年版，第 1 页。

就清水江流域苗侗族群而言，其本身就是文化交流融合的必然性结果，既离不开国家与地方之间的互动，也离不开地区与地区之间的交流，必须以区域而非单一族群的研究为基本分析框架，才能透过全面整体的观察视域客观清楚地加以揭示。即使今天当地有大量遗存的各种类型的契约文书，也必须适当比较其地区的文书才能更好地发现其特点。例如：清水江文书中的土地文书遗存非常丰厚，如试取徽州文书稍加比较，就会发现一方面在书写格式与方法上，清水江文书实际已继承和吸收了中原契约文书的不少基本要素，不能不说共同之处颇多；另一方面在内容事项或文字的表述中，清水江文书又透露出大量地方性、民族性的习俗特点，也可说差异性极大①。其中最突出者，即以汉字记苗语或侗音，多见于文书中的地名或其他特殊称谓②；而"手""把""籽""稿"等糯禾计量单位，则属地方习俗特殊用语，虽与中原汉人社会差异甚大，然一概用汉字书写记录又与后者并无太大区别。而无论徽州文书或清水江文书，都可从相关文书中看到风水先生的活跃，反映即使在边远的清水江流域，风水观念也深入到社会人心。但与徽州地区支付风水先生报酬，通常为银钱而非墓地不动产分割不同，清水江流域则有酬以少量风水宝地或见证参与墓地财产分割的现象。具见两地人文传统与商品经济的发展水平不同，反映在文书文本内容书写上也有差异③。足证王朝大一统政治文化整体格局下，不同区域之间共同性与差异性的微妙统一，即使已经内化为边地族群自身传统的汉字写本文书，其在内容记事或表达上也会不时透显出上述特点。

五、区域学的历史性认知与现代性建构

当然，以区域为分析框架来研究讨论地方社会或族群，并非就意味着忽视

---

① 栾成显：《清水江土地文书考述——与徽州文书之比较》，《中国史研究》2015 年第 3 期。
② （光绪）《古州厅志》卷一"苗语"条（清光绪十四年刻本），即以汉字释读苗语；该书又有"侗家语"条，以汉字解说侗语，史料价值均极珍贵。另可参阅张新民：《贵州地方志考稿》，（比利时）根特大学出版社，1993 年，第 420—422 页。
③ 参见王振忠：《清水江文书所见清、民国时期的风水先生：兼与徽州文书的比较》，载张新民、朱荫贵主编：《民间契约文书与乡土中国社会》，江苏人民出版社 2014 年版，第 129—159 页。

了区域内人的具体活动，毕竟区域存在的基础仍为人及其必有的社会活动，"见地不见人"从来都是人文社会科学研究的大忌。有幸的是，恰好大量遗存的清水江文书，不仅类型多样，举凡田土林地买卖、过继立嗣、分家析产、典当租佃、婚姻礼俗、互助结社、纠纷诉讼、禀状判词、合同议约、账簿会书、赋役承担、领字除帖、业户执照、纳税凭证等，通常在中原江南已有长足发展的契据类型，都可在当地找到相应的文书写本例证，以致无论公私交往与社会生产生活的任何一个方面，都留下了大量珍贵的原始记录，足可再现乡民生活世界忧欢喜乐生存发展的全貌。更重要的是其时间跨度也较长，自明以迄民国，越到后期积累的数量便越多，涵盖的地域亦越广，以文字契约方式处理自身生活交往事务的乡民也越普遍，从中正可看到区域社会及乡民生活变迁演进的动态化历史轨迹，了解苗、侗、汉不同地缘族群交流融突起状变化的文化演进特点，再现普通民众日常生活安排的实际及维系社会生存合理秩序的方法，重建以人为主体的具有历史书写与史学研究双重意义的现代清水江区域学。

尤须强调的是，与其他各地的民间契约文书一样，大量至今保存完好的清水江文书，乃是未经任何史书编纂系统选择、剪裁、改造、加工过的原始史料，是直接来自乡村田野或民间农户的史书编纂之前的写本文献[①]，充满了乡土文化和草根生活的本源性生命气息，能够触摸到乡民生存劳作的各种利益诉求与情感需要。如果据以展开乡村社会或区域学的历史叙事或史学研究，则如大儒顾炎武所说，乃是"采铜于山"，自铸精美新钱，而非"买旧钱"以"充铸"[②]，"徒事稗贩取充卷帙"而已[③]。利用文书展开各种与文本自身有关的研究，固然首先要成就"文书学"，但"区域学"的自觉建构与积极推动，难道不也是一个值得关注的发展方向？

如同简牍、敦煌文书、明清档案的发现和利用引发了大量高水准的研究成

---

① 参见黄正建：《关于"中国古文书学"的若干思考》，《中国史研究动态》2018年第2期。
② 顾炎武：《亭林文集》卷四"与人书十"，载《顾亭林诗文集》，华忱之点校，中华书局1983年版，第93页。
③〔清〕金武祥：《粟香随笔》卷七"采铜于山"，谢永芳校点，江苏凤凰出版社2017年版，第173页。

果一样,大量清水江文书的发现与利用也极大地改变了原来固有的史料环境,再现了乡民劳作、生产、交换、合作及订立契约、维系秩序的具体方式,拓展了相关研究领域的深度与广度。沿着原来的发展方向继续向前,必然能够揭示各个族群长期交流混融后所表现出来的地域文化特征,摸清社会变迁演进过程中的内外动因及脉络趋势,提供从乡村或地方认知更大范围的传统中国的西南视角,推动清水江区域学的建构发展及与之相应的理论总结,强化国家史与区域史交叉互动研究书写内容上的有机整合,改变江南、华南等地区与西南尤其是清水江流域研究工作上长期畸重畸轻的不平衡现象。如果说敦煌因敦煌文书的发现与研究而有了敦煌学,徽州因徽州文书的发现与研究而有了徽(州)学①,那么清水江流域也一定会因清水江文书的发现与研究而产生大家一致认同的"清水江学"。

正是有鉴于此,我们在长期关注清水江文书庋藏分布状况及清水江流域社会生活变迁历程的同时,一方面极为关注民间契约文书的保护、搜集、入档和归类,做了大量录文、考释、编纂和整理的工作,出版或即将出版《天柱文书》(22册)、《清水江乡民家藏文书考释》(44册)等大型文献专书,另方面也十分重视广泛利用各种原始资料开展学术研究,提倡以材料说话的实证学风及理论创新精神,撰写或汇编了《明清时期贵州民族地区社会历史发展研究:以清水江为中心、历史地理的视角》《凸洞三村:清至民国一个侗族山乡的经济与社会——清水江天柱文书研究》《清水江文书文献价值研究》《民间契约文书与乡土中国社会:以清水江流域天柱文书为中心的研究》《探索清水江文明的踪迹》等一批学术专著。为了凝聚更多的学术资源,扩大与海内外学者的交流联系,多方面地开展清水江文书与敦煌文书、徽州文书的比较分析,又先后召开了"清水江文书天柱卷首发暨第一届国际清水江学高峰论坛""敦煌文书、徽州文书整

---

① 参见周绍泉:《徽州文书与徽学》,《历史研究》2000年第1期;阿风:《徽学:走进历史现场》,《中国社会科学报》2014年3月5日;杨军昌、王斌、林芊:《基于清水江学建构的清水江文书研究再认识》,《贵州大学学报(社会科学版)》2019年第5期。

理与研究百年经验总结暨清水江文书与乡土中国社会"两次大型学术研讨会，均有力地拓宽加深了清水江文书的研究及清水江区域学的建构发展工作。

清水江文书的录文考释与编纂整理，乃是一项长期性的艰苦工作。我们所遵循的方法或原则，是凡入录的民间契约文书，均按民间原有自然收藏秩序编目，突出其本来固有的村属形态及户属形态，尽可能地以各种著录方式保持民间文书与乡村民众本来即有的天然联系，多方面地提供文书所携带的历史信息和文化信息，从而方便学者按照准确可靠的时空定位从事田野调查与学术研究。研究工作由于文书本身具有的"归户性"特征，必然有裨于使用者依村按户调查询访，当然也就极大地方便了各种形式的田野调查。因而在方法论上，我们一贯主张田野资料、契约文书、传世文献三者相互印证；而在叙事内容或研究旨趣上，又长期倡导族群、区域、国家三者共同比观互照。既注意特定社会文化体系中人的各种复杂身份地位及行为活动，并不忽视具体村寨社区或地缘族群的个案研究，也关注更大范围内的自然－人文立体分层的区域学社会空间分析，始终重视国家与地方及地方与地方之间各种力量交汇整合的综合性历史动因探讨。

严格地讲，我们之所以采取以上做法，乃是因为任何族群或区域都不是封闭的，都有与其他族群或区域交往、交流、学习和借鉴的传统，尤其清水江－沅江作为重要的水路交通要道，联结了大量不同的族群聚落和区域社会，促进了从经济政治到思想文化多方面的碰撞融合，历史性地形成了区域自身自然地理与经济文化一体化的地缘特征。因此，积极认真地开展文书学与区域学研究的目的性诉求，也在以文书学与区域学研究的方式扩大中国史分析探讨的范围，不是为了文书学与区域学而研究文书学与区域学，而是为了文书学与区域学成为整体中国史的有机组成部分而研究文书学与区域学。

正是以上述设想为重要预设前提，我们才决定在原有文书整理与研究成果的基础上，团结凝聚更多的学界同道，继续编纂一套题名为"清水江区域学文库"的大型丛书，以求汇集起陆续涌现或新产生的高质量学术成果，积极推动区域学的建构与发展，不断丰富或扩大中国史研究的书写叙事内容及观察分析题域。

　　"清水江区域学文库"的编纂出版，以及今后规模的不断扩大与质量的持续提高，需要学术界同仁的共同关心及协作，离不开社会各界朋友的关心与支持。殷切希望学术百花园地中这一充满生命活力的新花朵，能长期获得大家的浇灌、滋养、关爱和呵护。

张新民

二〇二一年岁杪谨识于筑垣花溪晴山书屋

序

对清水江文书的研究，早期多围绕林木贸易而展开，原因在于当时学者所经眼者，多为林木类文契，故研究工作备受资料限制，多集中于木材交易一端，乃至误导学界多年，竟有以为当地文书尽皆为林契者。然揆诸清水江流域整体情况，除锦屏一地林契稍多外，其他各县土地买卖文契数量也极为可观，而借贷、典当文书亦占一定比例，其他如账簿、土地登记名籍、鱼鳞册，以及婚书（休书）、风水书、诉讼书、书信、笔记等亦时或见之，尤以私契为其中之大宗，均与乡民的日常社会生活相契应，反映出文书类型的复杂与多样。无论何种类型的文书，均折射了乡民社会生活的一个侧面，合其整体而观之，则可一窥传统中国乡土社会之全貌，呈现出一般官修史书难得一见的民众生活实际情状，其价值意义之大，自不必赘言。

与敦煌文书和徽州文书的发现及陆续整理出版，极大地改善了"史料环境"，丰富了人们的历史认知视野，开拓了不少新的研究领域一样，大量遗存的清水江文书的发掘整理及刊布发行，扭转了西南地区地域学研究长期滞后于他地的生态失衡局面。其中值得注意者，即为借贷与典当文书，稍一检读余所编纂的《天柱文书》，即不难知道其所占比重甚大，且有较为突出的连续性特征，牵连到数量不少的村寨族群，折射出乡村生活、人际交往的复杂经济生态关系，当为有心还原乡土社会原貌者所必知。大量借贷或典当文书的遗存，无论从积极或消极面观察，均可说借贷或典当实为乡民经济生活所必需，乃是正常社会秩序运作机制的必备要素，不能不搜集多种多样的大小传统文献资料，展开多方面的切近乡民生存与生活实际的研究，再现传统中国乡村社会固有历史的真实图景。

正是有鉴于此，徐钰君遂在多年潜心研究古典文献之余，负笈来我所供职之学校求学，时值国家重大招标课题"清水江文书整理与研究"开始陆续推出成果，徐君乃踊跃参与，埋头阅读大量他人视为枯燥至极的契约文书，并选择较能代表清水江文化特征的天柱县为研究对象，广采新近出版之《天柱文书》，同时比对各种传世文献，辅以必要的田野调查，展开与民间借贷或典当有关的系列性研究，汇聚平时一点一滴功夫，遂衷然成一巨帙，诚乃可喜可贺之事。

通读作者所撰之新书，可知其主要的工作乃是大量查阅前人较少利用的民间契约文书，深入传统乡民社会生活的实际，分析民间借贷发生的历史原因，把握借贷活动及相关文书的类型特征，总结今人颇为关注的利率收取规律，客观评价其作为一种经济生活现象必有的利弊得失，尽可能地还原民间借贷活动的真实存在状况。具体而言，其所涉及的内容主要有：（一）民间借贷活动之发生背景；（二）民间借贷之原因；（三）民间借贷文书之类型；（四）民间典当活动；（五）民间借贷之利率；（六）民间借贷之违约处置。作者分章列节，件按条举，凡有论述分析，均援引材料立说，一一清晰而翔实，诚乃论从史出之佳构，颇有据理说服力量之新篇。

尤宜拈出为说者，作者强调借贷之所以成为乡民社会生活常见之现象，乃在其能缓解乡民经济拮据时之急求。从宏观上看，借贷存在的社会原因，当然与政治之良窳、经济之盈缩、收成之丰歉、交通之畅滞、秩序之治乱，无不关系密切。具体到乡民个体，一旦出现燃眉之急，或发生不虞之灾，乃至一时偶发之变故，借贷至少能暂纾厄困，稍缓窘境，当然也是一条解决急难问题的出路，成为乡村生活常见的文化现象。足证借贷固然弊端极多，不排斥高利贷存在的可能，然仍不能说于乡民互助毫无裨益。简单化地一概视为"毒瘤"，痛斥其为"剥削"，遗忘了复杂社会生活诉求的多样，显然并不完全符合传统乡村社会的实际情况。何况传统村落或族群组织本为熟人社会，血缘与地缘两种关系高度整合，生息借贷之外，尚多有无息借贷。"出入相友，守望相助，疾病相扶持"，并非面壁虚构。借贷固然是经济贫困制约的结果，但并非就意味着一定是高利贷，如同我们承认高利贷的客观存在一样，互利性质的借贷亦时常见诸乡村生活，二者的同时存在当为不容否认的客观事实。

借贷固然不能排斥有高利贷现象，但又不能一概将其等同于高利贷，因而借贷率的孰高孰低，实关涉借贷活动之具体评价，既往之研究受阶级斗争史观影响，一般均对剥削性质责之甚严，近年始多见持平公允之论，但利率分配指数究竟如何，仍有待以计量史学方法进行客观评估。所谓客观评估即不是从抽象的先验的成见出发，而是以具体的经验的事实为依据，凭借大量可靠的第一手文书实证资料，对借贷利率做出实事求是的量化分析，立足于客观史实展开合理的分析或解释。

要准确可靠地分析判识乡村社会生活的借贷现象，尤其是客观评价与社会贫富异化现象有关的借贷利率，仅靠传世的典籍文献显然是不够的，因为即使国家政令律则赫然见诸史册，亦未必就真能转化为民众生活的实际行为，具文往往与乡民生活的实际有很大的差距，加上村落内部组织结构及族群礼俗风规的不同，基层民众生活的实态与国家层层下发的政令之间，其落差之大往往超出一般人的想象。有幸的是大量清水江文书的遗存，恰好为我们提供了新的观察基层民众社会生活的视角，足以弥补一般传世文献较少描述乡民日常经济交往行为的缺憾。而已出版之《天柱文书》，不仅数量繁多，其类型亦显得多样，均有可靠的户属形态可供查寻，其中便有不少借贷及典当文书，积累了大量可供比对分析的素材。如经作者反复查考，多方折中周纳，即从中择取较有代表性的325份借贷契约，通过与其他地区同类文书的比较研究，认为当地民间借贷利率，排除无息借贷不论，可知清代货币月利以2.5%为多，民国货币月利则在3%~5%之间，而钱物借贷年利则长期在50%上下，偶尔亦有高至100%者。比较官方借贷与民间借贷，前者利率远低于后者，但官方借贷系统匮乏，仓储制度弊政丛生，实际的功效未必就大，乡民不得已而为之的借贷诉求，仍主要依靠民间自然生成的经济秩序，借贷本身仍有民间社会扎根的深层土壤，属于经济社会生活复杂结构的必要自发行为。国家与社会之间，借贷行为固然有交叉重叠，但也明显存在着分野，各自发挥其功能，显然不能以国家来消解社会，也不能以社会来排斥国家，二者既不能相互僭越，也不能随意越界取代。

民间借贷遵循的是生活逻辑而非权力逻辑，扎根于自动自发的自然经济秩序，当然就会汇聚民间资源而显得形式多样，绝无单一化的制度设计的死板或僵硬。故其借贷类型既有一般意义上的普通借贷，又有特殊形态的典当、合会、赊买等多种形式的变相借贷。其中尤以典当最为普遍。而典当之承典人多为私人或民间组织，故与普通抵押借贷并无太大本质差别。大量私契（白契）的存在，也说明政府的权威未必都发挥了实际的作用。传统民间社会自治的秩序空间，似乎远比今天的现实社会更加广大。契约订立少见后续纠纷，固然说明争讼并非化解矛盾之首选，族内协商乃是更为普遍的文化现象，但也反映阶级分化并不严重，阶级对抗似未尖锐，自耕农经济始终占据主导地位，社会的发育和成长仍在持续，尽管借贷者往往都是贫困农户，经济资源占有的不公依然长期存在，社会的贫富差距根本不可能彻底消弭。经济生活可说是无人不参与其中，其本身也是社会秩序内在建构的一种方式。故与其生硬地说当地的社会制度结构是地主所有制，不如揆诸事实说是自耕农所有制。社会变迁是长程的历史发展才能显现的现象，简单地比附西方或今天的社会显然是愚蠢的做法。但无论社会如何急遽变迁，利率指数有何升降起伏，民间信用体系的存在与牢固维系，尤其是权利与义务伦理原则暗中支配所发挥的作用，都是契约秩序得以产生或成立的基本前提。传统中国文化的大树无论怎样枝繁叶茂，其根基依然扎在乡村社会生活的土壤之中，分析或探讨乡民各种自觉或不自觉的经济行为，乃是更好地理解和把握中国文化的一条重要方法路径。

借贷或典当作为一种长期存在的社会经济文化现象，其行为的主体当然只能是人，必然牵涉双方或多方面的主体利益诉求，有复杂的行为动因及各种次生的行为事项，因而在关注借贷或典当普遍行为特征，重视其可抽绎为一般性的模型或事例的同时，似也不应忽视契约背后活生生的具体的人的真实想法，回避真实的人的具体生活遭遇及伦理处境，看不到与其相关的家庭或宗族的人际制约网络关系。所以，如何透过表面的协商式契约关系，利用当地文书特有的户属形态有利特征，结合必要的田野作业或口述史调查，深入乡民的心灵天地与情感世界，直接感受他们世代积累在记忆中的喜怒哀乐，了解他们经济行为必有的动机原则，把握与人的经济行为特征相关的文化运作机制，再现真实而可靠的有人到场的经济生活图景，展示生活世界必有的复杂交往结构关系，挖掘较诸经济行为更为深层的文化习俗生成影响土壤，实际仍有大量的课题研究范围容许的工作可做。

进一步分析，则可说任何人文或社会科学的研究，都必须以人的存在为根本前提，人作为一种基本的目的预设，无论任何时候都不能忽视。如同没有人的社会根本就难以存在一样，缺少了人的存在的经济行为也无法想象。而人则活跃在自己的社会中，生活在自己的习俗中，成长在自己的传统中，拥有自己的文化归宿，需要寻找自己的情感认同，有着切身的属己的世界。因而我始终认为在研究事的同时，也有必要见其人，见其人则必有人性的触摸，心灵的对话，语境的分析，存在的解释，古人所谓"知其人而论其世"，显然是千古不易之论。也就是说，包括借贷一类的经济行为，其行为必是有人的社会性的行为，人亦为有行为的社会性的人，无论人或行为都应纳入分析与讨论的叙事学框架，在见其人又见其行的同时，尽可能地揭示人的经济行为特征，彰显经济生活变化的全程，看到众多个人的经济行为与立体的社会结构所形成的复杂耦合关系。追求自己的利益途径与族群或伦理世界的建构，二者之间未必就一定冲突。无论是借贷目的、借贷周期、借贷类型、借贷规模的研究，都必将人及其文化习俗的因素考虑进去，看到地域与地域或族群与族群之间或多或少总是存在的差异，原因即在于任何与交换有关的物与物的关系，其背后都必然存在人与人的关系。

借贷除了金钱（货币借贷）或实物（实物借贷）交往关系外，当然也需要活生生的人格信誉来作保障，利率过高超过社会的容许度，即很难想象其能长久在现实世界中存在。畸高变异超乎常理的诡诈经济行为，一般都难成为日常社会生活的常态，非常态的借贷反而会妨碍资金的调节流通，阻塞物权秩序化转移的正常渠道，因而研究工作不仅要看到借贷双方经济行为后果的前后变化，理清作为行为主体的当事人的个人身份及与之相应的社会关系背景，同时也要把握完整意义上的理性人利益及其经济目的要求，了解其目的诉求透过习俗文化呈现出来的表达方式和行为特征，还原多种经济行为及复杂人际关系合为一体的整体区域生活图景。诸如此类，显然其中尚有大量的研究空间需要开拓，有无数的契约素材需要重新进行合理有效的解读，无论文献考证或田野调查，都为真正严谨的学术研究所必需。特别是面对侗、苗、汉多族群聚居的广袤区域，更有必要自觉克服或防范由于文化差异而引发的认知障碍及理解偏差，尽可能地熟稔当地民众特有的语言表达方式和认知方法，从他们固有的观念或立场来深入了解或合理诠释各种文化和经济现象，学习以当地人的内在心灵及认知眼光来把握和释读各种生活行为及仪式礼俗，避免外来理论系统或解释模式的生硬强加或粗暴附会。这并非意味着不需要借助任何具有强大说服力的理论，只是强调理论必须与经验事实天衣无缝地深度融合。因此，作者多年潜心研究取得的成果固然可喜，但面向未来的持续性耕耘当更为重要。如果要开创出文书学研究及区域叙事学的新路径，则不能不依赖于一大批志向不凡的青年学者的共同努力。

徐钰君勤思好学，浸淫中国古典文化尤深，为人多以谦退自处，奋毅而能自律。从余游虽甚寡言，然默识心通，所获常较他人为多，作文亦甚见功底。余知其性静有志，天资近道，然从不当面夸誉，以为处困经难或更加受益。其论文征考宏富，发论必求征实，论文答辩时至有学者认为，即使置于既有博士撰述，亦堪称上乘佳构。是耶非耶，余不敢遽断，惟衡以清水江学研究既有成果，其书实有拓展路径之功，乃建议纳入《清水江区域学文库》，推荐其正式出版。

受其所嘱，乐为序焉。

张新民

二〇二〇年春日撰于筑垣郊外水心溪梦馆 时年七十

民间借贷是民间经济活动中的重要组成部分，古今中外皆可见其身影。翻开报纸或者网络新闻，常见与民间借贷相关的各类案件，高利贷等借贷纠纷已成为经济纠纷案件的大宗，尤其是"网络借贷""校园贷"等新型借贷形式，更成为严重的社会问题，引起全社会的广泛关注，如2015年12月11日凤凰资讯网的《湖北：大学生贷款买iPhone6，3万多滚成70多万》，报道了湖北大学知行学院广告设计与制作专业大二学生柳晨（化名），自2014年10月"为了购买苹果6手机，申请网上贷款。随后，他拆东墙补西墙，不断找其他小额贷款公司贷款还债，最终欠下多家公司70多万元"。行走在大街小巷，几乎无处不见有关民间借贷的正式或非正式、精致或简陋的广告、传单，即使是高校校园之内，在楼道墙面、宣传栏乃至宿舍寝室的门面上，都可以看到各种渠道民间借贷的宣传单，或陈或新，金额少则百元，多则逾十万。据相关统计数据，2013年与2014年，"全国民间借贷规模均已突破5万亿"，而仅温州一地，其"二季度50户监测企业民间借贷发生额1215万元，较上季增加145万元"[①]，除此之外，微型、隐形民间借贷组织更是数不胜数。

除了以盈利为目的的民间商业性借贷，与民众关系更为密切的还有另一类非营利性的民间互助型借贷活动，隐藏在平凡的人民生活之中。以笔者亲身经历为例，幼年即曾常见家人借出、借入各类财物，皆未听说有所谓利息的存

---

① 周海成、梁茜茜：《当前温州民间借贷市场的调查》，《现代经济信息》2014年第18期。

在，而纯粹为一种有无相通的互助行为。随着年龄渐增，成为具有独立行为能力的成年人，在日常生活中亦不免于资金窘迫或急需物资时求助于亲朋，于财物宽裕时亦常有借出的经历，凡此种种，无一有与利息挂钩者。因此，一边是层出不穷的高利贷新闻，一边是数十年财物互助的亲身体会，作为一名历史学人，不免常思考民间借贷活动存在的合理性、发生的深层原因、利息的正当性等问题。尤其是在历史研究领域，面对数千年来对民间借贷褒贬不一、态度截然相反的评价，贬之者如唐代政治家陆贽在《均节赋税恤百姓六条》中所言："人小乏则求取息利，人大乏则卖鬻田庐。幸逢有年，才偿逋债，敛获始毕，糇粮已空，执契担囊，行复贷假，重重计息，食每不充。倘遇荐饥，遂至颠沛，室家相弃，骨肉分离，乞为奴仆，犹莫之售，或行丐廛里，或缢死道途。"①对底层平民因借贷而导致的旧债未毕新债已生，借贷高利又兼"重重计息"，一年所入不能抵债，以致颠沛流离、卖子鬻妻乃至走投无路的悲惨境遇详为描绘；明代宋应星《思怜诗》之三十九亦云："人到无能始贷金，子钱生发向何寻？厉词追索弥年后，生计萧条起绿林。"②对于民众因借贷无法偿还而导致生计日趋窘迫甚至被迫走向劫盗的社会现象做出了激烈的抨击。可是另一方面，若无民间借贷，民众的生活境况会因此有所改善么？事实是，大概会更糟。《庄子·外物》载："庄周家贫，故往贷粟于监河侯。监河侯曰：'诺。我将得邑金，将贷子三百金，可乎？'庄周忿然作色，曰：'周昨来，有中道而呼者，周顾视，车辙中有鲋鱼焉。'周问之曰：'鲋鱼，来！子何为者邪？'对曰：'我，东海之波臣也。君岂有斗升之水而活我哉？'周曰：'诺！我且南游吴、越之王，激西江之水而迎子，可乎？'鲋鱼忿然作色，曰：'吾失我常与，我无所处。吾得斗升之水然活耳，君乃言此，曾不如早索我于枯鱼之肆！'"③庄子以涸辙之鲋的寓言以述其窘迫求贷之状，可以

---

① 〔唐〕陆贽：《陆贽集》，中华书局 2004 年版，第 764 页。
② 〔明〕宋应星：《野议·论气·谈天·思怜诗》，上海人民出版社 1976 年版，第 138 页。
③ 〔清〕王先谦：《庄子集解》，成都古籍书店 1988 年版，第 62 页。

想见，若无民间借贷，则如庄子之类的穷民恐怕更难逃出身填沟壑的命运。清代陈宏谋《在官法戒录》引《江南通志》云："朱仲南，为县主刑吏。景泰末，无锡大饥，民无食者群聚而之有谷之家强贷焉。有谷之家，指为盗。"[①]在灾荒之时，饥民竟强迫富家出贷，可见民间借贷之重要。似此等求贷不得的苦楚，绝非个例。如清末潘德舆致其子亮弼家书云："现在汝又逢科考，又将嫁妹，又无多钱，百事千难，汝之心神亦惫甚矣。每一念及，清泪如缕。吾不解吾之境遇，何一窘至此？身如春蚕，家如悬磬，而家中及京中诸友犹有说我是好境遇者，人之不相知至此。汝嫁妹期已近，是设何法，借何人钱？每念及此，心又如焚。"[②]又如民国贵州毕节名士周素园写于1944年的《复冯自由函》云："比年物价高涨，经济状况奇穷，今欲制里衣两套，及预筹沿途车费、食宿费，约计已万元以上。四处告贷，尚无人肯为将伯之助。"[③]故即使是适当收取利息，似亦为合情合理之事。宋人袁采《袁氏世范》"假贷取息贵得中"条即说："假贷钱谷，责令还息，正是贫富相资不可阙者。汉时有钱一千贯者，比千户侯，谓其一岁可得息钱二百千，比至今时，未及二分，今若以中制论之，质库月息自二分至四分，贷钱月息自三分至五分，贷谷以一熟论，自三分至五分，取之亦不为虐，还者亦可无词。"[④]他认为，借贷取息才是使民间借贷得以持续的关键原因，因此形成良性循环，使贫苦之家知所节制，不敢轻易借贷，而出贷方也因此使其财产得到保护，在利益的驱动下愿意借出财物。正如《清高宗实录》载乾隆十三年（1748年）二月针对民间借贷渠道淤塞，"即取息二三分，借出不还，赴官告理，又以私债置之不问，有余之家恐为所负，不复出借，亦无利息可生，往往中落，贫民仰扣无门，不得不求食他乡"，导致民间贫富两败俱伤，乾隆帝乃感慨道："称贷富户，虽加息

① 〔清〕陈宏谋：《五种遗规》，中国华侨出版社2012年版，第575页。
② 〔清〕潘德舆：《潘德舆家书与日记》，江苏凤凰出版社2015年版，第10页。
③ 周素园：《周素园文集》，贵州人民出版社1994年版，第894页。
④ 〔宋〕袁采：《袁氏世范》，中华书局1985年版，第62—63页。

四五分，尚肯偿还，是以小民挪借有资，不致流离失所。"①

　　因此，梳理民间借贷的古今流变，探求广大乡村社会民间借贷活动的发生实况，不失为一个有趣味有意义的话题。在传统文献中，有关民间借贷的史料虽时有可见，然多为支离破碎的第二手材料，想要寻绎民间借贷活动的具体发生情况，便时有感到材料匮乏之憾，直至大宗契约文书如敦煌文书的发现，才使得这一领域的研究取得了突破性的发展。法国汉学家童丕在《敦煌的借贷：中国中古时代的物质生活与社会》中说："其（敦煌文书）重要性无疑在于其资料数量的可观，仅汉文文书就有数千卷、叶和大量残片。但正是这些文献的原始状态才使其具有全新而独特的价值。其实主要是写本：文学和宗教作品的手抄本，尤其是佛教的，但也有往来书信、账簿、土地登记名籍、牒状、契约等。直到本世纪初，历史研究几乎只借助于印刷的文献，其最古老的可以追溯到宋（11世纪）。这些刻本资料的记载不免存在着一些阙误，尤其是对于经济史和社会史的研究而言更是如此。敦煌写本终于使这些领域的研究者获得了丰富的第一手资料。"②《唐代民间借贷之研究》的作者罗彤华亦言："借贷作为一个研究课题，常受限于缺乏基层民众的生活史料，若只从国家政令来看，又难免担心实如具文，无法反映社会真相。幸好随着敦煌吐鲁番文书的陆续出土与刊印，弥补了不少这方面的缺憾，让唐代借贷史的研究，在官府的政策宣示与统治阶层的生活态样之外，得以一窥社会底层最真切的一面，显示出一般文献资料难得一见的情状。故本书所描绘的民间借贷图像，有坚实的史料依据，绝非片段拼凑的空中楼阁。"③从上引唐代借贷活动研究领域的两本经典著作之作者的甘苦自道，可以见出敦煌-吐鲁番文书对于该题域研究的举足轻重的作用。敦煌-吐鲁番文书之于唐代民间借贷研究，一如之后数量庞大的徽

---

① 《清高宗实录》卷三百一十九，载《清实录》第13册，中华书局1986年版，第44—45页。
② ［法］童丕：《敦煌的借贷：中国中古时代的物质生活与社会》，余欣、陈建伟译，中华书局2003年版，第13页。
③ 罗彤华：《唐代民间借贷之研究》，北京大学出版社2009年版，"自序"第2页。

州文书的发掘整理，对于徽州地区明清民国时期民间借贷研究的重要意义。

　　"一时代之学术，必有其新材料与新问题。取此材料，以研求问题，则为此时代学术之新潮流。"①徽州文书存世数量庞大，研究意义自然毋庸置疑，有学者即认为："徽学之所以成为一门新学科，根本原因是大量徽州文书的发现；没有徽州文书，就不可能出现徽学。"②然而自南宋以来，徽州地区即为文化圣地，明代程瞳《新安学系录序》说："新安介万山间，而中兴绝学之大儒与夫左右之者，胥此焉出。殆乾坤气运之所关，山川英灵之攸钟也，岂偶然哉？昔人谓之'东南邹鲁'，良有以夫。"③清代马步蟾为道光《徽州府志》所写的序言亦称："新安为人文渊薮，自文公倡明正学，代有通人，撰述之多，无虑千万卷，择而录之，一代文献在是矣。"④徽州地区的著述数目，据今人张健之《新安文献研究》载："据学者们的大约统计，历史上徽州人的著述总数在7000种以上，目前存世者尚有3000种左右，未见著述的家刻本如族谱尚有千余种。"⑤即以徽州的府级以下的方志而言，宋至民国共有64种，计府志10种，县志48种，乡镇志7种。徽州地区的存世家谱，公私收藏也超过2000种之多。在这浩如烟海的文献资料中，富有浓厚地域文化特色的乡邦文献为数不少，如《歙纪》《歙问》《新安志》《歙事闲谭》《新安文献志》《海阳纪略》《休宁碎事》《橙阳散志》《凤山笔记》《岩镇志草》《沙溪集略》等，都给社会史学者提供了较为丰富的资料，若再加上新发现的数十万份契约文书资料，真可谓是一座珍贵的资料宝库，也正因如此，徽学得以形成壮大，成为史学研究的重要领域。

　　如徽州地区如此丰富的文献资料，诚然是地域偏僻、汉文化发展较迟滞的

① 陈寅恪：《陈垣〈敦煌劫余录〉序》，载陈美延编：《金明馆丛稿二编》，生活·读书·新知三联书店2001年版，第266页。
② 周绍泉：《徽州文书与徽学》，《历史研究》2000年第1期。
③ 程瞳：《新安学系录》，黄山书社2006年版，第2页。
④〔清〕马步蟾纂修：（道光）《徽州府志》，载《中国地方志集成·安徽府县志辑》第48册，江苏古籍出版社1998年版，第11页。
⑤ 张健：《新安文献研究》，安徽人民出版社2005年版，第3页。

贵州地区，尤其是苗疆腹地、苗侗少数民族聚居的清水江地区难以想望的。但也正是在此背景下，清水江文书的发现和整理，对于该地区历史文化的研究，意义之重大可想而知。当笔者有幸接触到这一文书类型，翻检已整理出版的《清水江文书》共3辑33册、《天柱文书（第一辑）》22册等民间契约文书材料，激动之情，难以言喻。及至两度亲赴天柱县进行田野调查，行走在熟悉的乡间小道上（笔者的家乡湖南省武冈市，距黔东南之天柱县仅两县之隔），粼粼农舍，袅袅炊烟，高低错落的梯田，葱郁繁盛的杉海，清脆的乡音，清水江脉脉东去，时间仿佛在这座安静的小县定格，令人不辨今夕何夕，愈加激发了笔者探究其历史文化的兴趣。而民间借贷作为乡村社会生活的重要内容，以此为契机，深入数百年来湘黔边界少数民族地区乡村生活的历史情境，梳理民间借贷活动的诸方面内容，近距离感知清代民国时期以苗侗民族为主体的清水江流域乡村民众生活的酸甜悲欢，或可展现较为真实的乡村社会面貌，亦可为当下乡村道德秩序、经济秩序的构建提供有益的借鉴。

二〇一五年十月写于贵州大学宿舍

目　录

绪　论

　　正如费孝通先生所说，"农村经济研究实在是了解中国国情的基础工作"[①]，作为广大农村经济活动中的重要内容，民间借贷问题的研究无疑具有极其重要的意义。民间借贷，自古即是经济生活研究领域内广受关注的问题，历代文献皆不乏涉及此方面的探讨，以现存史料而言，自《唐律》以降，《宋刑统》迄《大清律例》《中华民国民法》等官方律法，皆对民间借贷诸方面有所楷定与分析，此外公私文献，亦多有对民间借贷问题的讨论。但其分析与讨论，皆不免宏观，甚至流于重复，所关注的重心大多仅停留在公私借贷之分疏、民间借贷利率之争议等方面，甚少切实深入民间借贷市场，考量底层社会的经济实况，从而得出详细的报告与平情的判断，至于文人学士之流，则常厌其烦琐细碎，不肯躬亲调研，而立论不免于偏颇与意气，虽时有精辟之见解，则又伤于简略，时过境迁，则难得其详。直至民国时期，现代学科研究范式逐步建立，兼之人类学、社会学、经济学研究方法的东传，底层乡村社会日益受到学界的关注，民间借贷问题之研究面貌亦焕然一新，尤其是随着民间契约文书的大批量发现与整理，相关研究日趋深入。

一、民间借贷问题的研究

　　民国时期，关于民间借贷，尤其是高利贷问题，随着学界对基层社会的关注，曾掀起过一阵研究热潮，产生了一批奠基性的学术论著。新中国成立后至80年代初，由于意识形态的影响和制约，关于民间借贷问题的研究长期停滞不前，且时代烙印极深。改革开放以来，研究环境与学术氛围好转，对民间借贷的研究逐步复苏，所讨论的领域不断扩宽，研究层次不断深入，取得了较多的

---

① 费孝通：《江村经济》，商务印书馆 2001 年版，第 325 页。

学术成果。然综合观照，其中研究的焦点则在高利贷问题、借贷利率及其影响因素之分析、借贷原因之探究、典当业研究、区域性借贷关系与社会经济研究等几个方面。

1. 高利贷

借贷对于民生之利弊，关键在利息。民国时期的民间借贷研究热潮，即由高利贷问题引起。早在 1918 年，张祖荫发表于《新青年》内的《震泽之农民》①一文，叙述江苏西南小镇农民饱受还租、借债之苦，缕数该地民间借贷的各种形式，文章虽简短，但被认为是近代中国社会科学兴起以来研究乡村民间借贷问题的最初成果。20 世纪 20 年代末期，学界对中国社会性质的讨论不断深入，围绕中国农村经济问题，论著迭出，很大一部分都涉及高利贷问题，如潘东周的《中国经济发展中的根本问题》②等，但仅止于粗线条勾勒与宏观理论的探讨。30 年代，随着农村经济危机的加深，学界的讨论更为全面深入，如李景汉的《定县社会概况调查》③、费孝通的《江村经济》④等，以上著作皆对民间借贷问题有所涉及，并作了详略不等的分析。以高利贷问题为专题研究的论著则有王寅生的《高利贷资本论》⑤，从历史发展的观点，探讨高利贷的起源、发展及其作用，深刻抨击了高利贷资本的消极影响，全书具有较强的理论性；薛暮桥的《农产商品化和农村市场》立足现实生产状况，分析了近代中国农产物产地的高利贷性质，认为"中国农民的产物至少有一半是以预卖的方法出售。这种买卖关系中，农民不但对于市场及价格毫无选择地自主，而实还受着商业高利贷资本之超经济的剥削"⑥；骆耕漠的《近年来中国农村金融中的新事态》⑦，详细地分析了

---

① 张祖荫：《震泽之农民》，《新青年》卷四第三号，1918 年 3 月。
② 潘东周：《中国经济发展中的根本问题》，《世界月刊》1929 年创刊号。高军主编：《中国社会性质问题论战（资料选辑）》，人民出版社 1984 年版，第 61—75 页。
③ 李景汉：《定县社会概况调查》，中华平民教育促进会 1933 年版。
④ 费孝通：《江村经济》，戴可景译，江苏人民出版社 1986 年版。按：该书系作者在英国伦敦经济学院人类学系的博士论文，1939 年由伦敦 Routlrdge 书局出版，书名 *Peasant Life in China*。
⑤ 王寅生：《高利贷资本论》，《中国农村》1934 年创刊号。
⑥ 薛暮桥：《农产商品化和农村市场》，《中国农村》1936 年第 7 期。
⑦ 骆耕漠：《近年来中国农村金融中的新事态》《中国农村》1935 年第 9 期。

30 年代农村中出现新金融趋势的缘由及其在实际操作中所取得的实效，他的另一篇论文《信用合作事业与中国农村金融》①，对农村信用合作社的兴起、数量与分布状况、放款额与农民的关系、利率高低及银行基金的挪用状况都作了较为详细的论述；刘兴唐的《唐代之高利贷事业》以唐代高利贷为例，认为高利贷阻碍了商业资本的发展，"对于农村经济之摧毁，是比私营和寺营来得特别凶猛"②；许涤新《农村破产中底农民生计问题》，亦着重揭露了高利贷的落后本质，认为高利贷造成了广大农村"自耕农沦为佃农，佃农沦为雇农，失地失业，卖儿鬻女的惨象，高利贷是有很大的作用"③；陈晖的《中国信用合作社的考察》则主要研究了合作社对传统高利贷的影响，并得出农村信用合作社对于高利贷之消灭，"看来是离完成的路尚远的"④。尤为值得一提的是，在 30 年代，针对广大农村地区的金融状况，众多学者进行田野调查，撰成一批公私调查报告，如毛泽东的《寻乌调查》⑤对 20 世纪 30 年代江西寻乌农村的高利贷情况进行了详细的调查，不但列举了高利贷的各种方式，而且对其进行了较为深入的分析，此外如韩德章的《浙西农村之借贷制度》（1932 年）、李树清的《清华园附近农村的借贷调查》（1933 年）、李景汉的《定县农村借贷调查》（1935 年）以及中央农业实验所的农村借贷统计和行政院农村复兴委员会对全国主要省份的农村调查等，都为后来的研究提供了珍贵的史料。官方调查中，尤具史料价值者，为前南京国民政府司法行政部所编的《民商事习惯调查报告录》⑥，其"债权习惯"一编，对清末、民国时期 19 省借贷形式、借贷的还款期限、借贷利率、借贷

---

① 骆耕漠：《信用合作事业与中国农村金融》，《中国农村》1934 年第 2 期。

② 刘兴唐：《唐代之高利贷事业》，《食货》1935 年第 10 期。

③ 许涤新：《农村破产中底农民生计问题》，《东方杂志》1935 年第 1 期。

④ 陈晖：《中国信用合作社的考察》，《中国农村》1924 年第 8 期。

⑤ 中共中央文献研究室编：《毛泽东农村调查文集》，人民出版社 1982 年版。按：此书集中收录毛泽东写于 1930 年 5 月的《寻乌调查》、1930 年 9 月的《兴国调查》、1930 年 11 月的《东塘等处调查》等农村调查文章。

⑥ 前南京国民政府司法行政部编：《民事习惯调查报告录》，胡旭晟、夏新华、李交发点校，中国政法大学出版社 2000 年版。按：本书原名《民商事习惯调查报告录》，因有关商事部分并未包括在内，故题名去"商"字。本书调查之省份为直隶、奉天、吉林、黑龙江、河南、山东、山西、江苏、安徽、江西、浙江、福建、湖北、湖南、陕西、甘肃、热河、绥远、察哈尔 19 省。

契据的书写形式等习惯进行了较为全面、详细的调查，为研究当时全国各地区的借贷习惯、社会运作等保存了大量翔实的资料，成为研究民国时期乡村借贷关系必不可少的资料来源。

中华人民共和国成立至"文革"结束这一时段，学界对民间借贷的研究甚少，而且普遍套用阶级斗争理论，把民间借贷简单地等同于高利贷。学术价值较高的著作主要有李文治的《清代鸦片战争前的地租、商业资本、高利贷与农民生活》①（署名"农也"）、彭信威的《封建中国的高利贷》②等。傅衣凌的《明代江西的工商业人口及其移动》③一文，虽未专门研究高利贷问题，但论及了明代江西商业资本与高利贷资本相结合的问题，引入了新的研究向度。20世纪80年代以来，对民间借贷的研究不断丰富，认识日趋深刻。尤其是针对此前过分强调民间借贷中的高利贷部分，生硬套用马克思《资本论》中关于高利贷资本理论所产生的研究弊病，进行了深刻的反省，如刘秋根的《关于中国古代高利贷资本的历史作用——读〈资本论〉第三卷第五编》④。对于高利贷的评价，逐渐形成两种不同的看法。一种是对高利贷的全面否定。如郭蕴静《略论清代商业政策和商业发展》一文，从商业视角审视高利贷问题，认为"高利贷资本既加速了生产者的贫困化，又使流通不能转向生产，不利于扩大再生产"⑤；李三谋、李震、刘德雄的《近代农村传统的资金借贷》以近代资金借贷为例，论述了高利贷对农民生产生活的长期制约，"在半封建半殖民地的中国近代社会里，高利贷这一旧的剥削手段，不但没有随着时地的变迁而败落下去，而且曾一度表现出最后的疯狂性和残酷性，对其时的小农经济和社会生产力起到了很大的破坏作用"⑥；陈铮、宋永忠的《民国时期华南民族地区乡村民间借贷的特点分析》则以少数民族地区的借贷活动为研究对象，认为民国时期的华南民族地区"借

---

① 农也：《清代鸦片战争前的地租、商业资本、高利贷与农民生活》，《经济研究》1956年第1期。
② 彭信威：《封建中国的高利贷》，上海财经学院科学论文研究处，1957年5月印。
③ 傅衣凌：《明清社会经济史论文集》，人民出版社1982年版，第187—197页。
④ 刘秋根：《关于中国古代高利贷资本的历史作用——读《资本论》第三卷第五编》，《史学月刊》2000年第3期。
⑤ 郭蕴静：《略论清代商业政策和商业发展》，《史学月刊》1987年第1期。
⑥ 李三谋、李震、刘德雄：《近代农村传统的资金借贷》，《古今农业》1998年第4期。

贷利率逐渐上升，高利贷占据了主要地位"，且成为"导致民族关系紧张的一个重要原因"[1]。另一种观点则对高利贷持以相对辩证的评价。这种观点早在民国时期费孝通等人的论述中即有表露，如其《江村经济》一书中即指出，"当农村需要外界的钱来供给他们生产资金时，除非有一个较好的信贷系统可供农民借贷，否则不在地主和高利贷是自然会产生的，如果没有他们，情况可能更坏。"[2] 然此种看法终究为数极少，至新时期以来，学者才更多地倾向于对高利贷现象的客观辩证探析，如刘秋根在《明清高利贷资本》一书中，在认同高利贷的消极影响的同时指出"高利贷在促进封建社会后期商业资本规模扩大方面的作用，尤其是因为高利贷资本对手工业、商业、矿业等资本性经营放贷，更是促进了封建社会后期商业资本规模的扩大和总量的增加"[3]，肯定了高利贷在促进封建社会后期商业资本规模扩大方面的作用；陈支平、王天奖、单强等人的文章，亦持此态度，皆一方面批评民间借贷的消极影响，一方面又并未抹杀其历史意义。另有对民间借贷持肯定态度者，如张忠民在《前近代中国社会的高利贷与社会再生产》一文中，从社会再生产的视角反驳了此前学者对高利贷的批判，肯定了高利贷的积极作用，"在传统经济的这种再生产过程中，高利贷都起着其它社会经济现象不可替代的作用"[4]；温锐的《民间传统借贷与农村社会经济——以 20 世纪初期（1900—1930 年）赣闽边区为例》，则虽承认民间借贷具有消极的一面，"为拉开社会各阶层的贫富差距推波助澜，导致部分债务借贷双方贫者愈贫、富者愈富，加剧了贫富分化与社会矛盾"，但总体上依然肯定民间借贷的积极作用，"对当地农村经济运行与发展具有不可或缺性"[5]。

　　阶级剥削长期以来被认为是高利贷产生的根本原因，这一观点日益受到学界的质疑。黎志刚《宋代民间借贷与乡村贫富关系的发展——以"富民"阶层

---

[1] 陈铮、宋永忠：《民国时期华南民族地区乡村民间借贷的特点分析》，《华南农业大学学报（社会科学版）》2011 年第 3 期。

[2] 费孝通：《江村经济》，商务印书馆 2001 年版，第 237 页。

[3] 刘秋根：《明清高利贷资本》，社会科学文献出版社 2000 年版。

[4] 张忠民：《前近代中国社会的高利贷与社会再生产》，《中国经济史研究》1992 年第 3 期。

[5] 温锐：《民间传统借贷与农村社会经济——以 20 世纪初期（1900—1930）赣闽边区为例》，《近代史研究》2004 年第 3 期。

为视角的考察》认为，"从宋代乡村的历史看，民间借贷的缺乏比富民借贷所带来的剥削更容易激化贫富矛盾。不但不是贫富矛盾产生的罪魁祸首，反而与租佃关系一起，成为这一时期'贫富相资'的重要维系力量。"[1] 林展、陈志武《阶级身份、互联性交易、季节性与民间借贷——基于民国时期北方农村家计调查》以 1930 年伪满洲国时期东北 49 个村庄 3555 件借贷交易合约为分析对象，发现"贷方是地主的借贷交易占比大约为 13%。即使是地主，也分别向雇农、佃农、自耕农和地主进行借债。另外，发生在亲戚和朋友之间的借贷交易占比超过 70%，这使得阶级分析方法的适用性大大减弱。"尤为新颖的是，"通过回归分析，我们发现，贷方是地主的借贷交易利率反而更低。如果按照'利率越高，剥削越重'的假说，这一发现表明贷方是地主的借贷中，剥削反而可能是更小。当地主对佃农放贷时，即出现'地主和高利贷者合为一体'的情形时，利率并没有像之前研究者所认为的那样更高。实际上，这种情形下，通常利率反而更低。"该文结论与之前学界对高利贷的研究成果截然相反，"有助于我们进一步反思对高利贷和高利贷放贷者的批判，也有助于我们从经济学原理中的交易成本、风险等角度去理解民间借贷"[2]，但其结论的准确性与适用范围尚待论证。总体上说，近百年来对于高利贷的研究，由主观判断趋向冷静分析，逐渐消除先入之见，所得出的结论日益客观。

2. 借贷利率及其影响因素

与高利贷问题密切相关的是对民间借贷利率的具体探究，同样这也是学术界关注的重要内容。学者们或是通贯研究秦汉以降的借贷利率之变化，如曾维君《略论中国古代高利贷资本利率演变趋势》一文，总结了我国古代借贷利率的变化趋势，"呈下降趋势但发展却升降不定两个特点"[3]；或是探求某一历史阶段的利率情况，如傅筑夫《古代货币经济的突出发展及其对社会经济所产生的

---

[1] 黎志刚：《宋代民间借贷与乡村贫富关系的发展——以"富民"阶层为视角的考察》，《古代文明》2015 年第 3 期。
[2] 林展、陈志武：《阶级身份、互联性交易、季节性与民间借贷——基于民国时期北方农村家计调查》，《清华大学学报（哲学社会科学版）》2015 年第 5 期。
[3] 曾维君：《略论中国古代高利贷资本利率演变趋势》，《湖南社会科学》2001 年第 2 期。

深远影响》一文,认为汉代的利率"一般都在一倍以上,有时更高"①;耿雪敏《唐代的民间高利贷》以为"唐代民间高利贷的举钱月利率为百分之十的居多,年利率为百分之一百二十,都超过了官府规定的'倍称之息'"②;宋代的借贷利息,漆侠《宋代经济史》认为"倍称之息大约在两宋居于支配地位"③,刘秋根《试论两宋高利贷资本利息问题》进一步得出"由北宋至南宋,利率是在缓慢地下降"④的结论;明清时期的借贷利息,刘秋根在《明清高利贷资本》一书中作了较为详细的讨论,实物借贷"整体上说以年息倍称(100%)或五分以上最为常见",货币借贷"整体上说应该是以二分、三分左右为主,高达五分、六分甚至十分,低至一分五厘甚至一分",其演变趋势为"明代前期至中后期,高利率表现出某种下降的趋势";清代的利率,"如果以康熙五六十年为界将清代前期划分为清代初期和清代中期的话,那么初期至中期也是表现出了一定程度上的下降趋势"⑤;方行《清代前期农村高利贷资本问题》一文也认为清代前期"从全国范围来看,随着商品货币经济的发展,利息率在趋向降低"⑥;陈支平《清代福建乡村借贷关系举证分析》一文以闽南地区为例,指出"清代后期的利息率比清代前期略有增长,但增长得相当有限,大致在年息20%～30%之间浮动"⑦;民国时期的利率状况,徐畅《二十世纪二三十年代华中地区农村金融研究》一书中认为"无论是全国农户,还是长江中下游地区农户所借高利贷,都是以月息2分至3分者占居主要地位,4分以上借贷所占比例较小",其变化趋势"大致以1931年为限,此前变化不大,此后利率是上升的,但不是毫无限制的"⑧;郑庆平《中国近代高利贷资本及其对农民的盘剥》一文也认为"我国近代各地

---

① 傅筑夫:《古代货币经济的突出发展及其对社会经济所产生的深远影响》,载《中国经济史论丛》,生活·读书·新知三联书店1980年版,第544页。

② 耿雪敏:《唐代的民间高利贷》,云南师范大学硕士学位论文,2007年。

③ 漆侠:《宋代经济史》,上海人民出版社1987年版,第1119页。

④ 刘秋根:《试论两宋高利贷资本利息问题》,《中国经济史研究》1987年第3期。

⑤ 刘秋根:《明清高利贷资本》,社会科学文献出版社2000年版,第204页。

⑥ 方行:《清代前期农村高利贷资本问题》,《经济研究》1984年第4期。

⑦ 傅衣凌、杨国桢主编:《明清福建社会与乡村经济》,厦门大学出版社1987年版,第235页。

⑧ 徐畅:《二十世纪二三十年代华中地区农村金融研究》,齐鲁书社2005年版,第76页。

农村的借贷利率就普遍出现了迅速增长的趋势"[1]。

  影响借贷利率的因素，早在 20 世纪 30 年代陆国香《湖南农村借贷之研究》即以湖南地区为例总结为："借款小者利率高，反之则低；借款期限愈短利息愈重，否则较轻；信用借贷较抵押借款利率高；借方需款愈急利息愈高；贫瘠之地利率较富庶之地为高；贫困者所受利息之压迫，较富有者为甚。"[2] 但实际情况自然更为复杂，如王亚南即认为"愈接近都市，其利率将愈为都市通行的利率所吸引，而在愈僻远的地带，其利率就愈无限制"[3]，指出了地域差别对利率的影响；另有学者强调市场因素，如刘秋根在《试论两宋高利贷资本利息问题》中所说"利率只受债务负担能力及供求关系的影响"[4]，方行《清代前期农村高利贷资本》则进而指出，利率"既决定于高利贷资本的供求关系，还决定于高利贷者之间的竞争。通过竞争，利息率就会降低"[5]；李金铮《民间乡村借贷关系研究》探讨了物价变动对利率的影响，认为"粮食借贷多发生于青黄不接季节，粮食价格比平时昂贵，借贷利率的上爬是必然的"[6]；徐畅《二十世纪二三十年代华中地区农村金融研究》认为"民国时期高利贷利息迅速上升应该是在抗日战争和解放战争时期，但这两个时期利息上升也应该注意两点，一是战乱使债权人所冒风险增加；二是物价飞涨，利息肯定要因之变动，所以实际剥削率没有利息所表示的那样重"[7]。国家律法与地方习俗对利率的影响也是不容忽视的。如周玉英《从文契看清代福建民间借贷关系》基于借贷文书的分析，得出"大部分民间的货币借贷，是遵守这一法律规定的"[8] 的结论，但也有学者否认官方力量的影响，如李文治、章有义在其所编纂《中国近代农业史资料》中针对民

---

① 郑庆平：《中国近代高利贷资本及其对农民的盘剥》，《经济问题探索》1986 年第 4 期。
② 陆国香：《湖南农村借贷之研究》，（民国）实业部国际贸易局 1935 年版，第 17 页。
③ 王亚南：《中国半封建半殖民地经济形态研究》，人民出版社 1957 年版，第 151 页。
④ 刘秋根：《试论两宋高利贷资本利息问题》，《中国经济史研究》1987 年第 3 期。
⑤ 方行：《清代前期农村高利贷资本》，《经济研究》1984 年第 4 期。
⑥ 李金铮：《民国乡村借贷关系研究——以长江中下游地区为中心》，人民出版社 2003 年版，第 172 页。
⑦ 徐畅：《二十世纪二三十年代华中地区农村金融研究》，第 78—79 页。
⑧ 周玉英：《从文契看清代福建民间借贷关系》，《福建师范大学学报（哲学社会科学版）》2000 年第 1 期。

国时期"鄞县吴江等地区农村借贷利率"所作的统计中特别注明"政府限制利息的章程，是没有效力的。当灾难之时，虽出令禁止月息超过 3%，而作者却遇到一些直隶的乡下人愿出年息 100%，请求贷款"[①]，王亚南同样认为"限禁利息政策，从来不曾收到预期的效果"[②]，然而，无论政府对借贷利率的干涉能否收到完全的实效，全然忽视其影响未必不是有失偏颇的。有关乡俗的影响，傅衣凌在《论乡族势力对于中国封建经济的干涉》一文中，即指出福建龙岩地区"关于种谷的贷借，起息的多少，也都按乡俗加以规定"[③]；李金铮在其《民国乡村借贷关系研究》中同样认为"债户与债主间关系越密切，借贷利率越低"[④]。

专门针对中国历代借贷活动利息问题，展开通贯、全面、深入研究的学术著作并不多见。然早在 1934 年，北京大学、燕京大学经济系研究生熊文正即已撰著《中国历代利息问题考》[⑤]，以之作为硕士学位论文，该文以十余万字的篇幅，围绕利息的种类与收付、利息率的高低、利息率的变动原因与影响、高利贷、历代关于利息之思想与法制等问题，旁征博引历朝正史、杂史、政书、类书等典籍，上起先秦，下迄清末，进行了详细全面的考察。评论者以为这篇学位论文"确是第一本关于中国历代利息问题研究的学术专著，而且也是现今为止唯一一本系统性研究专著，因而该书理应在中国经济史的研究中占有重要的学术地位"[⑥]。

3. 借贷原因

民间借贷发生原因的讨论是研究民间借贷问题的关键。自民国时期，学界即开始思考这一问题，并深入农村进行调查研究。有些学者将借贷原因归结

[①] 章有义：《中国近代农业史资料》第二辑，生活·读书·新知三联书店 1957 年版，第 540 页。

[②] 王亚南：《中国半封建半殖民地经济形态研究》，第 148 页。

[③] 傅衣凌：《论乡族势力对于中国封建经济的干涉——中国封建社会长期迟滞的一个探索》，《厦门大学学报（哲学社会科学版）》1961 年第 3 期。

[④] 李金铮：《民国乡村借贷关系研究——以长江中下游地区为中心》，第 170 页。

[⑤] 熊文正：《中国历代利息问题考》，北京大学出版社 2012 年版。按：作者此文撰后一直未能正式出版，尘封于北京大学图书馆，直至 2012 年始收入"北京大学经济学院（系）100 周年纪念文库"中，由北京大学出版社出版。

[⑥] 孙家红：《利息·历史·法律》，载熊文正著，孙家红校注：《中国历代利息问题考》，北京大学出版社 2012 年版，"前言"第 4 页。

为农民的贫困，如 1933 年江苏实业志调查组以为："农民每年之收入甚微，多数仅足供其简陋之生活，而无储蓄之可能。不幸有意外发生，即不免陷于负债。"[1]1934 年全国土地委员会也认为："农家经济困难，收不敷支，或虽平时收支勉可相抵，设遇意外势必出于借贷。"[2] 其余若 20 世纪 20 年代中华全国基督教协进会编撰的《广东农民运动》和广东大学农科学院编写的《广东农业概况调查报告书》等，皆有论。有的学者则进而探讨导致农户贫困的原因，如余椿寿在《高利贷产生之原因及其影响》中指出农民贫困的原因是沉重的赋税以及天灾人祸等，"农民在这样的繁重赋税之下如何能不贫穷，如何能不仰赖借贷以维持生活，这是给予高利贷发扬滋长的一个良好机会，灾荒之后，农民必借贷以过活，于是高利贷便活跃起来"[3]；也有学者以生产关系的理论为依据，认为"半封建的土地关系，是繁育高利贷的最有利的社会基础"[4]；费孝通在《江村经济》一书中认为农民借高利贷的原因是由半殖民地条件下民族工业衰落、地租负担、农村风俗习惯、农村信用组织不健全等方面因素交互影响而产生的。费孝通对民间借贷原因的探析，相对全面而深刻，得到同时代及之后学者的广泛认同。

近年来，随着民间借贷问题研究的整体深入，学界对民间借贷原因的思考视线也更为开阔，全面挖掘更多方面的因素。有沿袭前人观点，很自然地把借贷与贫困联系起来的，如李金铮认为："农民借贷是经济贫困制约的结果，贫困与负债几乎是可以划等号的"[5]；但更多的是透过复杂的社会面相，探讨包括赋税、地租、价格波动、灾荒乃至外国资本入侵等因素的共同影响，如徐畅《二十世纪二三十年代中国农村高利贷特点简述》认为"在地租、赋税和天灾人祸的打击下，自耕农及其以下阶层秋收后，所余口粮，往往不敷数月，为了生存和

---

① 实业部国际贸易局：《中国实业志·江苏省》，1933 年版，第 51 页。

② 中国第二历史档案馆：《中华民国史档案资料汇编》（第 5 辑）第 1 编，"财政经济（七）"，江苏古籍出版社 1991 年版，第 36—37 页。

③ 余椿寿：《高利贷产生之原因及其影响》，《农林新报》1936 年第 14 期。

④ 薛暮桥：《旧中国的农村经济》，农业出版社 1980 年版，第 72 页。

⑤ 李金铮：《民国乡村借贷关系研究——以长江中下游地区为中心》，第 396 页。

维持简单再生产，小农只得告贷。"① 更有学者看到了民间投资的资本需求，如刘秋根《明清高利贷资本》一书认为"随着明清以来城市经济生产性的加强，各种手工业、矿冶业得到发展，随之其资本需求也旺盛起来，对高利贷资本的依赖也加强了"②；温锐以20世纪初期的赣闽边区农村为例，指出除了常见的消费性借贷外，民间传统借贷"已开始较多地向商业性借贷延伸"，"许多地富、商人做生意也要向有现金放贷的人借钱"，甚至可以说"在边区商品经济比较发达的地方或生产领域，民间借贷已经成为人民直接维持简单再生产或扩大再生产不可缺少的途径；一旦丧失这种借贷，再生产过程可能中断。"③

客观地说，农民的贫困固然是导致民间借贷的重要原因，而农民致贫的因素既有外部环境的影响，又有家庭内部的原因，但这一类纯消费性质的消极的民间借贷绝不是民间借贷的全部，发展性、投资性、积极的借贷，诸如由农业、商业、工业投资、求学出仕等因素而产生的借贷，其存在是相当普遍的。民间借贷原因归纳由单一到复杂、由片面到综合、由主观到客观，昭示出对这一问题探讨的深入和研究的进步。

4. 民间借贷与区域社会经济关系

民国时期，即已出现众多的分区域的民间借贷状况调查报告。20世纪80年代以来，关于研究区域性借贷关系与社会经济的学术成果不断涌现。如王天奖在《近代河南农村的高利贷》中，认为高利贷严重影响了河南农村社会经济，破坏了当地农业生产力的发展，"在加速'自耕农佃农化'上，高利贷成了一种强有力的分解剂和推进器"，但由于破产农民为企业提供了劳动力资源，"给近代工矿业、交通运输业的发展，准备了十分充足的劳动后备军"，同时，"一些地主、商人、高利贷者通过高利贷不断增值可变为资本的货币财富，同样也有助于近代河南资本主义新经济的发展，由此发展起一些民族资本主义企业

---

① 徐畅：《二十世纪二三十年代中国农村高利贷特点简述》，《烟台师范学院学报（哲学社会科学版）》2003年第1期。
② 刘秋根：《明清高利贷资本》，第296页。
③ 温锐：《民间传统借贷与农村社会经济——以20世纪初期（1900—1930）赣闽边区为例》，《近代史研究》2004年第3期。

家"①，因此他又在一定程度上肯定了高利贷的进步作用；单强的《民国时期江南农村信贷市场之特征》②，利用地方档案馆馆藏资料及部分社会调查资料，从信贷资金之用途、信贷主体结构、融资手段与利率以及信贷习俗等方面，对民国时期江南农村信贷市场进行区域性考察，为深入研究金融市场提供个案分析的例证；李金铮在《借贷关系与乡村变动——民国时期华北乡村借贷之研究》③中指出乡村借贷不仅包括私人借贷、商铺借贷以及典当，还包括钱会之类的民间互助借贷，也包括银行、农村信用合作社、合作金库等现代农业金融机构。李金铮还指出高利贷者虽然大部分是地主、富农和商人，但有些农民也放高利贷，对高利贷的社会经济影响应该辩证地看待，高利贷虽然有剥削的性质，但它也在一定程度上维持了农民的基本生活；沈炳尧在《清代浙江金衢严乡村借贷的借本研究》④中具体考察了清代浙江金华府、衢州府、严州府乡村中民间借贷的基本情况，指出这一地区粮食和银钱的借本数量都很小，借本主要作为购买手段和支付手段，而非作为手工业或商业资本，并且宗族在借贷中的调节作用较弱。除了对以上传统热点地区的民间借贷进行审视外，非热点地区也日渐得到重视，如周翔鹤《清代台湾民间抵押借贷研究》⑤、高石钢《民国时期西北农村地区农户高利借贷行为分析》⑥、陈峥《民国时期广西乡村民间借贷负债额特点分析》⑦、刘征《民国时期西北农村高利贷盛行原因分析》⑧等，将研究视角伸向台湾、西北、广西等广大区域。

在区域性民间借贷研究中，尤为值得一提的是，充分利用新出文书资料，丰富研究内容而产生了一大批研究论著。依托敦煌－吐鲁番文书而形成的研究

---

① 王天奖：《近代河南农村的高利贷》，《近代史研究》1995 年第 2 期。
② 单强：《民国时期江南农村信贷市场之特征》，《中国经济史研究》1995 年第 2 期。
③ 李金铮：《借贷关系与乡村变动——民国时期华北乡村借贷之研究》，河北大学出版社 2000 年版。
④ 沈炳尧：《清代浙江金衢严乡村借贷的借本研究》，《浙江学刊》2000 年第 1 期。
⑤ 周翔鹤：《清代台湾民间抵押借贷研究》，《中国社会经济史研究》1993 年第 2 期。
⑥ 高石钢：《民国时期西北农村地区农户高利借贷行为分析》，《宁夏师范学院学报》2007 年第 1 期。
⑦ 陈峥：《民国时期广西乡村民间借贷负债额特点分析》，《河池学院学报》2011 年第 1 期。
⑧ 刘征：《民国时期西北农村高利贷盛行原因分析》，《边疆经济与文化》2012 年第 10 期。

成果，如唐耕耦的《唐五代时期的高利贷——敦煌吐鲁番出土借贷文书初探》[①]《敦煌写本便物历初探》[②]，高潮、刘斌的《敦煌所出借贷契约研究》[③]，谢重光的《关于唐后期至五代沙州寺院经济的几个问题》[④] 等。台湾学者罗彤华的《唐代民间借贷之研究》一书，结合吐鲁番时期与归义军时期的敦煌文书，以及高昌时期的吐鲁番文书，充分融合文献解读、计量统计和实际案例分析，从经济角度、社会层面、法治观念诸方面深入探讨民间借贷问题，"是一部视野广阔，论据扎实，足以反映社会底层的真实生活面貌，以及唐政府统治能力的专著。"[⑤]依托徽州文书而形成的研究成果有如周玉英的《从文契看清代福建民间借贷关系》[⑥]、徐越、方光禄的《清末和民国徽州民间的经济互助——以徽州会书为中心》[⑦]、刘秋根、王丽彦合撰的《民国时期华北农村银钱借贷分析——基于五本借贷账本之上》[⑧]、宾长初的《清代徽州钱会的计量分析——基于〈徽州文书〉第二辑所收会书的考察》[⑨] 等；依托台湾档案文书进行研究的周翔鹤的《清代台湾民间抵押借贷研究》[⑩]、杨柳的《市场、法律与地方习惯——清代台湾的胎借》[⑪]等成果。

海外学人在利用新出文献从事民间借贷研究方面亦成果显著，如法国学者

① 唐耕耦：《唐五代时期的高利贷——敦煌吐鲁番出土借贷文书初探》，《敦煌学辑刊》1986 年第 1 期。

② 唐耕耦：《敦煌写本便物历初探》，载北京大学中古史研究中心编：《敦煌吐鲁番文献研究论集（第五集）》，北京大学出版社 1990 年版。

③ 高潮、刘斌：《敦煌所出借贷契约研究》，《法学研究》1991 年第 1 期。

④ 谢重光：《关于唐后期至五代沙州寺院经济的几个问题》，载韩国磐主编：《敦煌吐鲁番出土经济文书研究》，厦门大学出版社 1986 年版。

⑤ 罗彤华：《唐代民间借贷之研究》，北京大学出版社 2009 年版，

⑥ 周玉英：《从文契看清代福建民间借贷关系》，《福建师范大学学报（哲学社会科学版）》2000 年第 1 期。

⑦ 徐越、方光禄：《清末和民国徽州民间的经济互助——以徽州会书为中心》，《黄山学院学报》2005 年第 2 期。

⑧ 刘秋根、王丽彦：《民国时期华北农村银钱借贷分析——基于五本借贷账本之上》，《古今农业》2012 年第 3 期。

⑨ 宾长初：《清代徽州钱会的计量分析：基于〈徽州文书〉第二辑所收会书的考察》，《中国社会经济史研究》2011 年第 4 期。

⑩ 周翔鹤：《清代台湾民间抵押借贷研究》，《中国社会经济史研究》1993 年第 2 期。

⑪ 杨柳：《市场、法律与地方习惯——清代台湾的胎借》，《中外法学》2009 年第 3 期。

童丕的《敦煌的借贷：中国中古时代的物质生活与社会》一书，充分搜集散存世界各地的敦煌文书中借贷契约和寺院账簿，"不仅得以重现了这个时代的经济，而且展示了日常生活的一个重要方面"①，获得汉学界的较高评价；日本学者白井佐知子依托徽州文书所著的《论明清时代徽州的典与当》②一文，以王钰欣、周绍泉主编的《徽州千年契约文书》③中带有"典""当""借"行为的契约及作者自己收集的文书为中心，在回顾典当的历史术语、有关利率及回赎的法律规定的基础上，重点分析了徽州文书中所见的借贷理由、质押物、借贷金额、利息、回赎期限等系列问题。

5. 民间典当

典当是传统社会重要的借贷形式。就其出典方的性质而言，有场所固定、经营性质明确、资本额较大的典当机构，如从六朝时期寺庙的"长生质库"，到唐代以降日益普及的典当铺，逐渐形成为一个成熟的产业形式；又有从事零散典当活动的个人或民间组织。传统文献中，典当机构的典当活动得到较为密切的关注，举凡正史、政书乃至诗文小说，相关材料数见不鲜。主要发生于下层乡村社会，个体之间或与民间组织之间发生的典当活动，但在民国以来农村社会调查的深入展开后才呈现于学界的研究视域，尤其是大规模的民间契约文书发现整理之后，其研究才得以开展。20世纪30年代，我国典当业的发展出现了令人堪忧的境况，引起了社会各界的高度关注，学界亦纷纷介入探讨研究。如杨肇遇的《中国典当业》④一书，从种类、组织、营业等十个方面，从制度上对清末以来的典当业作了详细的考察分析；宓公干的《典当论》⑤则具体考察了中国典当业的情况，并与世界其他地区的典当业作了对比；一批实地调研报告亦陆续产生，如金陵大学农学院的《鄂豫皖赣四省之典当业》等。20世纪80

---

① [法]童丕：《敦煌的借贷：中国中古时代的物质生活与社会》"译者前言"，余欣、陈建伟译，中华书局2003年版，第3页。
② [日]白井佐知子：《论明清时代徽州的典与当》，载卞利、胡中生主编：《民间文献与地域中国研究》，黄山书社2010年版，第608—638页。
③ 王钰欣、周绍泉主编：《徽州千年契约文书》，花山文艺出版社1993年版。
④ 杨肇遇：《中国典当业》，商务印书馆1932年版。
⑤ 宓公干：《典当论》，商务印书馆1936年版。

年代末开始，我国大陆典当业研究逐渐升温，如刘秋根的《中国典当制度史》①一书，对我国典当业制度的历史渊源、名称演变、管理体制等各方面都做了详细研究，资料丰富，分析允当，是一部开拓性的力作；曲彦斌的《中国典当史》②，包括中国典当史说和中国典当史论两大部分，从民俗学的角度，分别考察了中国典当的源流、典当形式与典当文化、典当类型、典当设施、典当招幌、经营管理、当字、当票与隐语行话、行规与行会、其他行业习俗，以及典当与佛教文化、政治生活、社会生活、社会风尚的关系等内容；其他含典当业专题论述的专著中如马俊亚《混合与发展：江南地区传统社会经济的现代演变（1900—1950）》③一书，认为近代江南典当业适应江南地区经济转型的同时，自身也在应时而变；李金铮的《民国乡村借贷关系研究》一书中，对近代长江中下游地区典当业的数量、种类、资本与劳动构成、典当业的运作方式、衰落的原因等进行了探讨；徐畅的《二十世纪二三十年代华中地区农村金融研究》一书，从典当的种类和特点、资本额和营业额、典当与农民的关系、典当在沟通城乡金融中的作用，以及典当与高利贷等方面，探讨了典当在农民借贷和农村金融中的作用与地位。相关的论文，则有果鸿孝的《清代典当业的发展及作用》④，考察了典当业在清代的发展状况，及其在社会经济中的作用；彭文宇的《清代福建田产典当研究》⑤，辨析了田产典当的诸种形式及偿付的本息偿还方式，进而探讨其中反映的高利贷问题与乡村宗族关系；钱浩、蒋映铁的《民国时期的浙江典当业》⑥，分析了民国时期浙江地区典当业的特点、内部组织与社会功能；另外如王世华的《明清徽州典商的盛衰》⑦、刘秋根的《明清民国时期典当业的

① 刘秋根：《中国典当制度史》，上海古籍出版社1985年版。
② 曲彦斌：《中国典当史》，沈阳出版社2007年版。
③ 马俊亚：《混合与发展：江南地区传统社会经济的现代演变（1900—1950）》，社会科学文献出版社2003年版。
④ 果鸿孝：《清代典当业的发展及作用》，《贵州社会科学》1989年第2期。
⑤ 彭文宇：《清代福建田产典当研究》，《中国经济史研究》1992年第3期。
⑥ 钱浩、蒋映铁：《民国时期的浙江典当业》，《浙江学刊》1997年第2期。
⑦ 王世华：《明清徽州典商的盛衰》，《清史研究》1999年第2期。

资金来源及资本构成分析——以负债经营问题为中心》[1]、常红萍的《明清江南农村典当探析》[2]等，所讨论的范围涵盖了如典当业的形成原因、内部架构、运转机制、地理分布及其与社会各层面互动等方面。

二、清水江流域民间借贷研究

毋庸讳言，有关贵州境内中国古代民间借贷问题的研究，成果相对较少。民国时期涉及清水江流域清代民国时期民间借贷的研究，大多散布于各类地方调查报告及研究著作之中。民国学者张肖梅在《贵州经济》第一章"经济之自然赋予与利用"之第四节"农村金融与合作事业"中，设有"农民负债及利率情形之调查"一目，认为当时"黔省自然灾荒又迭出，是以负债之户，几占全省总户口70%左右，而以农民尤为普遍。黔省农民之借贷来源，几乎半数皆来自富农。现金借贷方面，来自富农者且占64.6%，粮食借贷方面，来自富农者亦占46.2%。且在负债农家总数内，53%系现金借贷，较全国负债农家之现金借贷平均比率45%还过之。告贷仅有富农之门，自难免受到高利贷之压迫。不论年利或月利，皆较全国平均利率为大。黔省农民减免高利贷压迫之方法，除尽可能缩短期限外，又盛行合会，以资周旋。"[3]该书涉及面虽广，然过于简略，所论皆仅仅点到即止，但筚路蓝缕之功，终不可没。

丁道谦著《贵州经济研究》之下编"农业之部"亦有"贵州农村经济之危机"与"贵州农村中的高利贷"二节，较为详细地考察了民国时期贵州农村的经济状况，与农民饱受内（贪官污吏、土豪劣绅）外（帝国主义商贸）剥削的生存困境，小农经济日趋解体，贫困化程度日益加剧，对贵州高利贷的形式（质当、借贷）、手续等问题亦有所论述。他认为"高利贷既操纵了农村金融的流通，随之而来的自是操纵了农村的物价"，迫使农民"走入饥饿线中，驱逐离开农村，或争入都市，成为无定业的流氓，或则铤而走险，成为绿林中的朋友，以致都

---

① 刘秋根：《明清民国时期典当业的资金来源及资本构成分析——以负债经营问题为中心》，《河北大学学报（哲学社会科学版）》1999年第4期。
② 常红萍：《明清江南农村典当探析》，《安徽农业科学》2008年第3期。
③ 张肖梅：《经济之自然赋予与利用》，载《贵州经济》，中国国民经济研究所1939年版，第A18页。

市里的社会秩序固随之纷扰，而农村中的社会治安亦险象横生"[1]。

各类公私调查资料中，涉及民间借贷的文献亦有多种，如1929—1930年的《湘滇线云贵段经济调查总报告书》载，其时贵州省内"农民金融，极其周转不灵，农民值农忙之时，需用资本，除向地主借贷外，别无农民银行等，足资调剂，地主乘之，故意抬高其借贷利息，最低者亦二三分，最高者六七分，普通四分，农民不胜其剥削，生计日蹙，而农业遂更无发展之望"[2]，而在平常时期"农夫向地主借贷，利息分钱息二种，平均各县，米息最高为年息五分，最低为二分，通常四分，钱息最高为年息四分，最低二分，通常三分，贵阳等最高利息为月利六分，农民处于经济压迫之下，倍受剥削，敢怒而不敢言也"[3]；专门的调查报告亦偶有所见，如张洪绩的《贵州农村中的高利贷》，该文介绍了当时贵州农村灾荒频仍、捐税沉重的生活实况，着重介绍了民间借贷的方式，即常规借贷的现金借贷和粮食借贷，变相借贷的典当（含大当、小当两种）、"接粮食"（即"卖青"）[4]。

1949年以后，随着民族调查工作深入开展，清水江流域的苗侗民族成为重点调查对象。1964年，以罗义贵、杨有耕等人组成的贵州省民族研究所近代经济调查组，深入清水江下游地区，以沿江的锦屏县三江镇、台江县施洞、黄平县重安江、麻江县下司等地进行重点调查，撰成《锦屏半殖民地半封建经济调查报告》，20世纪80年代由杨有耕整理改写为《锦屏侗族地区经济调查》，于1988年定名为《侗族社会历史调查》[5]，作为《国家民委民族问题五种丛书》之一出版。该书撰写者通过实地调查，并有效利用尘封已久的契约文书材料（其中包含民间借贷的史料），梳理了明清至民国时期清水江下游苗侗地区的社会历史状况，"从社会收入透视林农生活"。

除了民族调查以外，20世纪80年代之后，地方史、地方志的编纂工作快

① 丁道谦：《贵州经济研究》，贵州中央日报社1941年版，第131页。
② 铁道部财务司调查科编：《湘滇线云贵段经济调查总报告书》，铁道部财务司1930年版，第92页。
③ 同上，第104页。
④ 张洪绩：《贵州农村中的高利贷》，《东方杂志》1935年第14号。
⑤ 贵州省编辑组编：《侗族社会历史调查》，贵州民族出版社1988年版，第103—104页。

速推进，这些著作中大多或详或略地涉及民间借贷活动。如《贵州六百年经济史》对贵州明清以来的民间借贷有所论述，论及清代贵州典当业的兴起，当铺与钱庄的经营，与清代黔东南地区"客民"承典苗民产业的现象，其中引用了契约文书资料，并认为民国时期公私金融机构的设立，尤其是抗战后农村合作社的普及，对民间借贷市场起到了一定的调节作用。书中探讨了造成战后农村经济凋敝的原因，认为高利贷即其中的重要因素①。

各地地方志内涉及的关于民间借贷内容，如《黎平县志》载："（民国）民间借贷，一般年息3分左右，也有'大加一'、'大加二'（月息一分、两分）等……农村一般是佃户向地主借贷，如借下脚粮，卖桑谷（即卖青苗）等，借贷多为实物，借谷还谷，或借钱还谷，利息多在'大加一'以上。各地还流行一种'标会'形式，亲友10户8户为'一把会'，在会内互相借贷。"②《天柱县志》载："天柱县地主对贫雇农的剥削方式有出租、雇工、高利贷、抵押、帮工、帮粮等多种。地主借钱给贫苦农民，一般月息4分、5分、6分、7分不等。有的利倍于本，穷人向地主借钱，按双方商定的年息或月息归还。……贫苦农民受高利贷的盘剥而倾家荡产、逃荒要饭、卖儿卖女的惨状经常发生。"③但限于体例，各县志皆未能详细展开讨论。

除省、市（府）、县志外，省内各地新修的专门志，亦常涉及民间借贷。值得注意的是，《黔东南苗族侗族自治州志·金融志》在"银行贷款"后附有"民间借贷"④一文，以3000余字的篇幅，对黔东南地区的民间借贷活动作了较为详明的介绍，认为该地区民间借贷活动活跃，主要形式有两种，一是"有一定组织形式的'约会'"，一是"个别融通的直接借贷（包括通过中间人的撮合借贷）"，并对"约会"的规则、类型以及"直接借贷"的形式、高利贷活动等问题，以数据、事例加以分析。

---

① 李振纲、史继忠、范同寿等主编：《贵州六百年经济史》，贵州人民出版社1998年版。
② 贵州省黎平县志编纂委员会编：《黎平县志》，巴蜀书社1989年版，第446页。
③ 贵州省天柱县志编纂委员会编：《天柱县志》，贵州人民出版社1993年版，第349页。
④ 杨作栋主编，贵州省黔东南苗族侗族自治州地方志编纂委员会编：《黔东南苗族侗族自治州志·金融志》，贵州人民出版社1990年版，第154—157页。

专门针对清至民国时期贵州地区民间借贷活动展开论述的论著，则为数甚少，专门性的专著今尚未见，相关的研究论文数量亦寥寥无几。如戴斌武《民国时期贵州农村高利贷盛行原因分析》认为"资金流向、农民负担及土地不均"是民国时期贵州农村高利贷盛行的主要原因，而随着民间高利借贷的加剧，"大批的土地脱离农民的手里，集中到富有阶层的手中，小自耕农大量破产"[①]。

清至民国时期贵州的民间借贷问题未能产生更多更优秀的成果，与史料之挖掘利用有密切关系，是以清水江文书的发掘整理，对于民间借贷的研究乃至明、清、民国期间贵州历史诸方面的研讨，都有着重大的意义。与敦煌－吐鲁番文书、徽州文书体系相比，清水江文书可谓新出之史料。虽然清水江文书的搜集与整理，自20世纪50年代就已起步。如1959年黔东南苗族侗族自治州工商联、锦屏县工商联联合编写了《锦屏县木材行业史料》（稿本）[②]，书中内容就包括有相关文书。但大规模搜集、整理并出版公布，则迟至21世纪初。如唐立、杨有赓、武内房司主编《贵州苗族林业契约文书汇编（1936—1950年）》（三卷）[③]由东京外国语大学国立亚非语言文化研究所于2002年至2004年先后出版，收录了1736—1950年间的贵州苗族地区的契约文书，以林契为大宗；张应强、王宗勋主编《清水江文书》[④]，共三辑，三十三册，由广西师范大学出版社先后于2007年至2011年出版，以清代契约文书所占比重较大，内容涉及土地买卖、山林山场买卖、租佃、典当、乡规民约等，文献价值较高；陈金全、杜万华主编的《贵州文斗寨苗族契约法律文书汇编——姜元泽家藏契约文书》[⑤]，由人民出版社于2008年出版，内容涉及卖田地、卖木、合同、借贷、典当等；潘志

① 戴斌武：《民国时期贵州农村高利贷盛行原因分析》，《贵州文史丛刊》2005年第1期。
② 黔东南苗族侗族自治州工商联、锦屏县工商联合会编：《锦屏县木材行业史料》（稿本），1959年版。
③ 唐立、武内房司等：《贵州苗族林业契约文书汇编（1736—1950年）》，东京外国语大学国立亚非语言文化研究所2002年版。
④ 张应强、王宗勋主编：《清水江文书（第一辑）》，广西师范大学出版社2007年版；张应强、王宗勋主编：《清水江文书（第二辑）》，广西师范大学出版社2009年版；张应强、王宗勋主编：《清水江文书（第三辑）》，广西师范大学出版社2011年版。
⑤ 陈金全、杜万华等主编：《贵州文斗寨苗族契约法律文书汇编——姜元泽家藏契约文书》，人民出版社2008年版。

成、吴大华主编《土地关系及其他事务文书》①属"清水江文书研究丛书"第一卷，由贵州民族出版社于 2011 年出版，内容涉及田宅买卖、租佃、典当、借贷等。该书除对文书的录文外，还附有考释；高聪、谭洪沛编《贵州清水江流域明清土司契约文书·九南篇》②，由民族出版社于 2013 年出版，侧重于土司地区文书资料，既有图版又有录文；张新民教授主编的《天柱文书·第一辑》③，共二十二册，六十八卷，收录清水江流域天柱文书近七千件，文书种类多样，史料价值极为可观，完整性、系统性特征亦极为突出，由江苏人民出版社于 2014 年正式出版发行。

随着清水江文书的逐步公布，研究成果日益涌现，但多集中在土地买卖、林业贸易、析产分家、宗族组织、民间习惯法等方面，以民间借贷为研究重点的论著相对较少。研究论文有史达宁《清水江借贷契约初探》，以锦屏县文斗寨借贷契约为个案，探讨了民间借贷的立契手续、借债与还债方式和保护措施等问题，认为其借贷活动"带有很深的中原文化烙印，但仍不失其民族与地域特色"④，然所论过于简略；盘应福的《清代中后期清水江下游文斗苗寨的产业信贷方式——基于对"借当契"与"典契"的讨论》⑤探讨了清代后期文斗苗寨乡民产业信贷的两种方式，即以财产作抵押信贷和以土地出典信贷，从而获得急救资金，实现土地、山林的流转，文中着重区分了两种借贷方式的不同权责额。学位论文有西南大学梁聪的博士论文《清代清水江下游村寨社会的契约规范与秩序——以文斗苗寨契约文书为中心的研究》⑥，设有"借贷契约"一节，以法学视野，讨论了清水江地区民间借贷的利息问题；贵州民族大学崔尧的硕士论

---

① 潘志成、吴大华编：《土地关系及其他事务文书》，贵州民族出版社 2011 年版。

② 高聪、谭洪沛主编：《贵州清水江流域明清土司契约文书·九南篇》，民族出版社 2013 年版。

③ 张新民主编：《天柱文书·第一辑》，江苏人民出版社 2014 年版。

④ 史达宁：《清水江借贷契约初探》，载张新民主编：《人文世界——区域·传统·文化（第四辑）》巴蜀书社 2011 年。

⑤ 盘应福：《清代中后期清水江下游文斗苗寨的产业信贷方式——基于对"借当契"与"典契"的讨论》，载洪名勇主编：《生态经济评论（第四辑）》，经济科学出版社 2014 年版。

⑥ 梁聪：《清代清水江下游村寨社会的契约规范与秩序——以文斗苗寨契约文书为中心的研究》，西南政法大学 2007 年博士学位论文，已于 2008 年由人民出版社出版。

文《清代清水江下游典当契约研究——以清水江契约文书为中心》①，以清水江下游（主要为锦屏县）典当契约文书为研究材料，分析了"清代清水江下游地区土地典当契约的内容与特点"与"土地典当契约的作用机制"，重点阐释了土地典当活动中的担保机制。

直接针对清至民国期间天柱地区民间借贷问题进行讨论的，则有安尊华的《略论民国时期清水江下游地区的民间借贷——以天柱县高酿镇木杉村为例》，分析了天柱县民间借贷中借钱和典当两种表现形式，分析其借贷原因、利率与质押形式，认为"民间借贷活跃，形式多样，推动了传统乡村向现代社会的转型。"② 王凤梅的《〈天柱文书〉典当契约分类探析》③，将《天柱文书》中的246份典当契约文书一一分类，并举例进行简单分析。

综合上述可知，目前学术界关于民间借贷的研究已经较为成熟，成果颇丰，但以清水江流域及数目庞大的清水江文书中民间借贷问题为研究对象的成果，无论是从数量还是质量而言，都显得十分单薄。所以，本书旨在以天柱文书为中心，全面系统地研究清至民国时期清水江流域民间借贷问题，深入梳理民间借贷活动的发生过程与开展机制，分析其中各要素的具体构成，缕析其与地方组织、地方文化的密切关系，针对学界争论颇多的议题（如高利贷问题），探求其在清水江流域的实际状况，进而推究其存在之原因，从而总结天柱地区民间借贷之特征，相对准确而客观地评估民间借贷对该地区社会发展所产生之实际意义与影响。

---

① 崔尧：《清代清水江下游典当契约研究——以清水江契约文书为中心》，贵州民族大学硕士学位论文，2015年。
② 安尊华：《略论民国时期清水江下游地区的民间借贷——以天柱县高酿镇木杉村为例》，《原生态民族文化学刊》2011年第3期。
③ 王凤梅：《〈天柱文书〉典当契约分类探析》，载张新民主编：《人文世界——区域·传统·文化（第六辑）》，巴蜀书社2015年版。

第一章
民间借贷之背景

任何社会活动都有影响其产生的背景。清至民国时期清水江流域民间借贷的发生，及其存在的特殊形态，与该时段、该地区的大环境即历史地理、风土人情、经济形态等因素密切相关。以天柱县而言，地处湘黔之交，山地与丘陵间杂，水系发达，农业、林业繁盛，并且有着清水江水路的交通优势，必然使得其经济动态较贵州其他封闭性较强的地区更为活跃，刺激着各种类型的民间借贷的产生，而随着外部人口诸如商人、移民溯长江－沅江水路，进入清水江流域，裹挟着各自的文化，使得天柱县内的民间借贷较大程度受到区域外借贷活动的影响，而此地为侗族、苗族聚居地，独特的民族文化，又使得民间借贷各方面受到规约。

根据资金的来源，借贷可分为官方借贷与民间借贷二种。按照理论的预设，官方借贷因其有国家财力的支撑，相对稳定的机制保障，以及社会福利的道义约束，使得其在放贷过程中面对义、利选择时自然偏向于重义轻利，体现在具体操作中就是利率较低甚至豁免，在特殊状态下甚至可以免除本金，这不啻为一项意义重大的国家福利。然而历史实际往往并不如此，官方借贷的缺位或者变质，使得广大民众无法感受国家的温情，转而求助于私人。在清至民国时期的天柱县，官方借贷渠道的壅塞表现得相当严重。不仅如此，频繁出现在古代文献，活跃于大众视线，可以提供较为固定的借贷服务的典当行业，在天柱县也未能发展成型，导致乡民典当的受典方绝大多数为个体民众，以及小部分的民间组织。

第一节　以木、稻为支柱产业的苗侗社区

天柱县介于贵州、湖南两省之间，地处清水江下游，东邻湖南之会同、芷江二县，南临贵州锦屏与湖南靖州二县，西连贵州三穗县、剑河县，北倚湖南新晃县，是我国中部地区与西南边疆的交界地带，是湘黔经济、文化交流的重要通道。诚如康熙《天柱县志》所载，该县"上控黔东，下襟沅芷，囊百蛮而通食货，顺江流而达辰常，山川耸峙，楠木东流，界在黔楚之交，尤为峒苗砥柱。"① 光绪《天柱县志·地理志》亦称："天柱界在黔楚之交，为宋元来诚州之右壤，明万历中改所建县，始列雷封，考其幅员，较之邻封最为褊小，而岩谷尤多，然历观明史，凡滇粤诸边大军大役，皆取道乎此，故屏蔽全黔，控扼楚蜀，亦称最焉。"② 则知天柱县虽地处偏远，县境非广，然军事战略、商贸交通地位却不容小觑，实可谓黔东门户。

一、建制

天柱县县级建制形成相对较迟，明代以前皆羁縻于湖南。至明太祖洪武二十四年（1391年），楚西南苗人动乱，楚王率军征讨，"由沅州伐木开道二百余里抵天柱"③，平乱后始撤靖州卫左千户所，设天柱所以镇守此地，后又于境内续增汶溪守御千户、镇远巡检司、江东巡检司，以弹压苗民，然诸卫所与当地居民的关系终未得以改善，矛盾冲突不断。至万历二十五年（1597年），天柱所吏目淮安人朱梓目睹这种"抚之不可，制之不可，剿之又不可"的困局，亲入苗寨，寻求良方，诚心晓谕，招抚苗人，方才取得显著成效，"天柱所地方各寨苗头，与靖州所辖会同县峒民及苗老陈文忠等各愿纳粮输银，建设县

---

① 〔清〕王复宗纂:(康熙)《天柱县志》，载《中国地方志集成·贵州府县志辑》第22册，巴蜀书社2006年版，第58页。
② 〔清〕林佩纶等修，杨树琪等纂:(光绪)《天柱县志》，载《中国地方志集成·贵州府县志辑》第22册，第161页。
③ 〔清〕余泽春修，余嵩庆等纂:(光绪)《古州厅志》，载《中国地方志集成·贵州府县志辑》第19册，第418页。

治"①，乃呈请湖广兵备道、分巡道、贵州、湖广巡抚诸衙门，上疏朝廷，请援用湖南武冈州城步所之例改所为县，并照山东费、郯二县例以吏员升县令，所请得允，遂改为天柱县，并在原所辖诸苗寨的基础上，将湖南会同县所辖之峒乡、口乡、汶溪等地划入，而朱梓则成为天柱县的首任县令。县址设在今城区，因城区附近山形如凤，故又称为凤城。朱梓将全县 338 寨 2 所编为 3 乡 9 图 1 厢 3 里，其中安乐乡四图称为"四峒"，主要分布于县城附近及县境北部，汉化较深，分 183 寨；其新招徕的较偏僻山区的 155 寨民众设归化乡三图，称为"三苗"，另有县东远口乡之兴文里，及新增里、坊厢里。在"四峒"中，各设峒长，三苗设通总 3 人，通事 36 人，以沟通民情，匡助治理。朱梓任天柱县令凡九载，合前任天柱所吏目共计 15 年之久，心系民瘼，建树极多，先后条陈施行关切民生发展大计的边务款目十五条，曰："建县设学以图永治，展筑城垣以防外寇，创设栅栏以弭内盗，严立保甲以安地方，清查屯粮以防侵占，剿惩首叛以警良苗，严禁投苗以杜挑衅，较定权量以便商民，禁贩禾米以安地方，举行乡约以昭惩劝，建立社学以移易风俗，请割口七汉里以杜苗衅、以兴学校，比例赏款以鼓舞苗心，移堡以保全边隅，设铺递以速邮传。"②可谓条条既高瞻远瞩又恰当县情，不仅使全县管理有序有效，国家大一统主流文化顺利推行，又因势利导，激发了侗、苗民族的热情，是以教化大行，勋绩昭著，去官之日，阖县之民"莫知所报，肖像崇祀，犹不能已"③。朱梓的建县之功、治县之策，为后来天柱县的文化、经济发展奠定了坚固的基石。

至雍正四年（1726 年），天柱县改隶贵州黎平府。雍正十一年（1733 年），又改属镇远府，属贵东道管辖。乾隆元年，置远口巡检司，隶天柱县。太平天国起义后，清水江地区"江湖道阻，木积如山，朽烂无用，苗人穷乏"④，民众生活陷入艰难境地，而当局为筹措经费，又滥征苛捐杂税，如光绪《天柱县志》

---

① 〔清〕林佩纶等修，杨树琪等纂：(光绪)《天柱县志》，载《中国地方志集成·贵州府县志辑》第 22 册，第 280 页。
② 〔清〕王复宗纂：(康熙)《天柱县志》，载《中国地方志集成·贵州府县志辑》第 22 册，第 105 页。
③ 同上，第 98 页。
④ 〔清〕韩超撰：《苗变纪事》，载《中国野史集成》编委会、四川大学图书馆编：《中国野史集成》第 43 册，巴蜀书社 1993 年版，第 349 页。

所载："收秋粮，市价每石银一两，折征二两，是加一倍也，又改银收钱，钱价换一千六百文，折收三千二百文，又加一倍也，复加以粮房票钱、催差杂费，又加一倍也，如上实米，除例征耗米外，另有地盘样米尖斗尖升等项浮征，故上粮一石，非二三石不能完纳。"[①]越发使人民处于水深火热的境地，遂于咸丰五年（1855年）爆发了以姜应芳为首的农民起义。起义军以"打富济贫"为口号，倡言"大户人家欠我钱，中户人家莫乱言，小户人家跟我走，打倒大户来分田"，队伍规模不断壮大。姜应芳更于咸丰七年创立"太平教"，自称"奉天伐暴灭清复明统领义师定平王"，于同治元年（1862年）五月攻破天柱城，且准备"出征两湖，挥戈直捣京城"。然姜应芳部队势力单薄，当年即被湘、黔联军击溃，其本人亦被俘身亡。大乱之后，同治二年（1863年）代理知县毛骞迁县治于远口，是年十一月，动乱平息，复迁故址。民国元年（1912年），天柱县直隶于贵州省，次年隶属黔东道（又称镇远道），民国十二年（1923年）废黔东道，再次直属于贵州省，二十四年（1935年）属第十行政督察区（驻黎平），二十五年（1936年）属第七行政督察区（驻镇远），二十六年（1937年）属第一行政督察区（驻镇远）。至1956年镇远专区被裁撤，乃隶属于同时新设的黔东南苗族侗族自治州。

二、民族

天柱县为侗族、苗族聚居区，据1953年全国第一次人口普查统计数据，县总人口为178048人，其中侗族117317人，占总人口65.89%，苗族54485人，占总人口30.6%，汉族6216人，占总人口3.49%，其他民族30人，约占总人口0.02%。在县域地理分布上，侗族主要聚居于县内的凤城镇、社学乡、渡马乡、坪地镇、蓝田镇、注溪乡、坌处镇、高酿镇、石洞镇，苗族主要分布于邦洞镇、瓮洞镇、远口镇、竹林乡、地湖乡、白市镇、江东乡，大致而言县内东部主要以苗族为主，中部、西部则主要以侗族为主，呈现出"东苗西侗"的分布格局。

侗族先民为百越民族之一支，秦汉时称为"骆越"，魏晋南北朝称"僚"，宋代称"犵狑"，明代始称"峒人""峒蛮"，清代亦称"洞家""洞人""洞苗"，或

---

① 〔清〕林佩纶等修，杨树琪等纂：（光绪）《天柱县志》，载《中国地方志集成·贵州府县志辑》第22册，第202页。

泛称"苗"，主要聚居于湖南、贵州、广西三省交界地区。其民族内部，复据方言差异，分为南部侗族与北部侗族，"以贵州锦屏侗、汉、苗杂居的启蒙为界，启蒙以北为北部方言区，简称'北侗'，包括贵州天柱、三穗、剑河、锦屏（大同）、湖南新晃、靖县等地;启蒙以南为南部方言区，简称'南侗'，包括贵州锦屏（启蒙）、榕江、黎平、从江、广西三江、龙胜、融水、湖南通道等地"。① 南北侗族之别，不仅语言各异，更主要的是文化形态的区分，大约而言，北部侗族与汉族文化接触较早，同化融合较深，南侗则保留有更多的古侗族文化因素。

天柱地区的侗族属于北部侗族区，聚居历史甚为悠久。南宋陆游《老学庵笔记》载："辰、沅、靖州蛮有犵狑，有仡獠，有犵榄，有犵猲，有山猺，俗亦土著，外愚内黠，皆焚山而耕，所种粟豆而已。"② "犵狑"即侗族故称，而时天柱县境，正属湖南靖州所辖范围。明代万历年间天柱建县时，系以原天柱所辖为主体，合并靖州相邻区域，其时"天柱所地方各寨苗头，与靖州所辖会同县峒民及苗老陈文忠等各愿纳粮输银，建设县治，将天柱所原辖苗并十八寨编为三里，并割会同县洞乡四里共七里"③，其中安乐乡四图称为"四峒"，主要分布于县城附近及县境北部，汉化较深，分183寨。高酿、石洞、润松、社学、渡马、邦洞、坪地、八阳、坌处一带侗族自称为"更"，蓝田、注溪、等地则自称为"金"。

侗族注重血缘家族组织的构建，往往聚族成寨，大多一寨一姓，如多姓同寨，亦多以族姓为界限自成群体。每寨在族内推举德高望重者为"寨老"，对内集款订约，处理族中事务，调处大小纠纷。族内根据血缘关系亲近的称为"亲房"，关系极为密切，儿女婚嫁之事，亦需征求亲房意见。除了注重父系宗族外，母亲一系也颇为重要，乡村流行着"娘亲舅大"的俗语。男女婚姻方面，姑舅婚俗起源甚早，几乎牢不可破，南宋洪迈《容斋四笔》卷十六"渠阳蛮俗"载，

① 杨经华:《晚清南、北侗地区涵化差异管窥——以咸同年间侗民起义事件为分析中心》,《西南民族大学学报（人文社会科学版）》2010 年第 6 期。

②〔宋〕陆游:《老学庵笔记》,中华书局 1979 年版, 第 44 页。

③〔清〕王复宗纂:（康熙）《天柱县志》,载《中国地方志集成·贵州府县志辑》第 22 册,第 280 页。

湖南靖州峒人"姑舅之昏,他人取之,必贿舅家,否则争,甚至仇杀"[1],侗歌亦云:"你是我的姑表亲表,娶你不要有怨言,娶你没有身价钱。我们不要,别人也不能娶到你,我们剩下,你不能成别人妻。表哥短腿断脚你要嫁,表弟眼瞎耳聋你要依。"[2] 而天柱县侗族因汉化较深,明清以后,虽外甥女出嫁,仍然"要先征求舅家意见,而且在结婚之前,甥女婿要给舅家一笔钱财和酒、肉、糖果等礼品,侗语称为'卡舅'(音译,katjuc)以表示尊重表兄(弟)有优先娶表妹(姐)为妻的权利。"[3] 但已不再如原始侗族婚俗之严格,故康熙《天柱县志·风俗》载时任县令王宗复考察民情时,只有偏远的"三苗"地区,其俗方尚较为严格地遵守"以母党为重,婚姻先中表而后外人"[4] 的风俗。在家庭重大事务如分家、重大纠纷及经济交易上,则一般还须有舅舅参与。各家庭内部,大多遵循"男耕女织"的分工,有"男不进园,女不下田"的习俗。家庭财产原则上由子孙继承,通常儿子成婚后即析产别居,为父母留有"养老田",少量家庭为女儿备有"姑娘田"或"姑娘林",以作陪嫁。若膝下无子,有女则可招赘,无女则在亲房中选立继子以承宗祧,抑或由侄儿赡养。

县内另一主要民族为苗族,乃"五溪蛮"后裔,聚居于天柱县东部狭长地区。其宗族观念与县内侗族大同小异,而团结程度有过之而无不及,宗祠文化特盛。各姓按宗派修建祠堂,人数众多的大姓除了有"总祠"外,迁徙他处的聚居处还修有"分祠"。宗祠维系着族内各成员的密切关系,《天柱县志》载:"总祠、分祠都公推族长及管事数人,管理祠内钱粮,主持春秋祭祀活动,调解族内纠纷或处理违犯族规人员,全族皆听其约束,不敢轻易犯条。族长任期数年或数十年不等,往往以其为人和家产多寡而定。"[5]

天柱县内,无论侗、苗,皆重家族,田土、房屋买卖等经济事务,必须

---

① 〔宋〕洪迈:《容斋随笔》,中华书局2005年版,第821页。

② 徐晓光:《款约法——黔东南侗族习惯法的历史人类学考察》,第74页。

③ 〔清〕林佩纶等修,杨树琪等纂:(光绪)《天柱县志》,载《中国地方志集成·贵州府县志辑》第22册,第109页。

④ 〔清〕王复宗纂:(康熙)《天柱县志》,载《中国地方志集成·贵州府县志辑》第22册,第58页。

⑤ 贵州省天柱县志编纂委员会编:《天柱县志》,第123页。

征求亲房的意见，只有亲房无异议，方可卖与他人，如白市镇对江村《民国三十六年 3 月 22 日陈启松、陈世鸿父子卖柴山契》载：

> 立契卖柴山字人陈启松、子世鸿，今因家下要洋使用，无从得处，父子商议，情愿将到己分土名陈家山柴山式副，内开四抵，上抵陈、杨二姓山断，下抵陈姓山断，左抵陈、罗二姓山断，右抵岭、补姓山断，四抵分明，要行出卖。先尽亲房，无人承就，请中上门问到房族陈廷品、芳二人名下承买为业，当凭中证三面言定卖价作定谷子式石肆斗正。其谷子即日亲手领足，不欠升合，领不另书，其柴山卖与买主子孙永远管业，卖主不得异言阻当。自卖之后，恐有别人言论，卖主向前理落，不与买相干。今欲有凭，立有卖柴山字样为据。
>
> 　凭中人　杨政贵　罗起玉　补昌郅
>
> 　　　　　陈汉魁　补昌弟
>
> 　亲笔　　陈世鸿
>
> 民国三十六年 3 月 22 日　立 ①

上契陈启松父子欲卖自家柴山土地，必须"先尽亲房"，只有亲房明确表示不买的意思后，才能卖给他人。除了近支的亲房，血缘关系疏远的族人也能享有次于亲房的一定限度的优先承买权益，如契中的"房族"。这类在利益处置中享有权利按"亲房—房族—同姓—旁人"递减的现象，在清代、民国天柱县契约文书中普遍存在。

在家族的组织构建上，天柱县内，无论侗族或苗族，皆各有款约。所谓"款"者，朱辅《溪蛮丛笑》曰："彼此歃血誓约，缓急相援，名门款。"② 款有大、小之分，一般一个或几个村寨结成小款，由德高望重的寨老担任款首，按期召集户主"议款"，订立款约；大款则根据现实需要，如动乱时期，由相邻数十小款"联款"组成，内保安宁，外御匪患，有警则统一行动，集军事武装、族群管理等功能于一体。在周边民族复杂难安易乱而国家力量鞭长莫及的历史时期，大小款的

① 张新民主编：《天柱文书·第一辑》，江苏人民出版社 2014 年版，第 28 页。

② 〔宋〕朱辅：《溪蛮丛笑》，载〔明〕沈瓒编撰：《五溪蛮图志》，岳麓书社 2014 年版，第 340 页。

组建必不可少，明代朱梓建县条陈即有"例赏款以鼓舞苗心"，以之作为维护地方安定的重要凭借。民国时期，苗族坌处等地组建有四十八寨"联款"，声势浩大，集军事、政治、经济为一体，发挥了重大的保境安民功效，直至1949年后方解散。

天柱县虽为侗苗聚居区，但受汉文化濡染甚深。康熙《天柱县志》载："天柱在所治之年，已渐知文教。因割会之口乡，倡率鼓舞，都人士愈知敦崇节义，蔚起文章。"① 朱梓建县伊始，即注重文化发展，万历二十八年（1600年）靖州知州张和中《天柱县初建儒学碑记》载："（朱梓）始受命，即慨然思曰：'天佑下民，作之君师，吾今令兹土，则绥辑尔民，化诲尔士，吾责也。考周盛时菁莪、棫朴之化，沦浃寰宇，即兔罝野人，可壮干城，为公侯腹心，天柱固苗薮，吾欲进而教化之，非建学立师不可。'乃相土市地，鸠工聚材，费则资之乐输，筦库无与，役则出之傭僦，民间无与，工始于丁酉季夏，越戊戌春而告成焉。"② 通过建立固定的文化教育机构，宣示了大一统的声威与中央朝廷的文化导向，增进了国家与地方的凝聚力和向心力。继任者亦多能遵守朱公之法，以兴文教、移风易俗为己任，如万历三十五年（1607年）到任之李绍道，"清静宁一，不事纷更，凡朱令之所制者，守而勿失，民心爱戴"③；万历四十六年（1618年）到任之王昌，"政事文章，士民攸颂"④；天启二年（1622年）到任之赵海，"以《家礼》率民，不崇佛老，甚得孔孟真传"⑤；崇祯八年（1635年）到任之石之鼎，"著有《好人歌》以劝民"⑥；崇祯十年（1637年）到任之黄光衡，"尤能作兴士子"⑦。故至康熙时时任知县王复宗纂修《天柱县志》，其所见县内风俗已经大变，云："天柱未建县时，人以剽悍为上，苗以劫夺为生，开化以来，易刀剑而牛犊，

① 〔清〕王复宗纂:(康熙)《天柱县志》，载《中国地方志集成·贵州府县志辑》第22册，第64页。
② 同上，第107页。
③ 同上，第90页。
④ 同上，第90页。
⑤ 同上，第90页。
⑥ 同上，第91页。
⑦ 同上，第91页。

易左衽而冠裳,好勇习战之风,日益丕变。"①而当其因考察林木运输深入偏远侗、苗地区时,"见夫火耕水耨,宛若邰土之遗,服食尚恬素,吉凶称有无,其风亦近淳古。而三苗之俗,以母党为重,婚媾先中表而后外人,遇病不药而事祈祷,遇丧不哭而事鼓吹,非善人相继百年,必不能易此风俗。"②又以更全面深入的文化教育为己任,"捐助宾兴,建立义馆,迁造学宫,查取历年学租,分给邑中寒士③,其所撰《迁建学宫记》云:"吾愿此邦人士,行成名立,风范则嶙峋玉尺,文章则掷地金声,与乐之条理相终始,由此而作宾王家,为柱石为桢干,即所如不合,而廉隅端方,昂藏俊伟,与器之瑚琏相辉煌,由此而乡里知所矜式,多士奉为楷模,是则圣人之徒也,是则余之初心也。"④至清代中后期,天柱县少数民族文化状况大为提升,乾隆初年爱必达之《黔南识略》载:"峒人即土人,风俗与汉人同,妇女亦汉妆,惟足穿草覆,所织之布曰峒布,细而有纹,婚丧俱循汉礼,耻居苗类,称之以苗,则怒目相向云。"⑤嘉庆时李宗昉《黔记》亦载:"洞苗,在天柱、锦屏二属,择平坦近水地居之,种棉花为业。男子衣与汉人同,多与汉人佣工,女人戴蓝布角巾,传花边衣裙,所织洞帕颇精,通汉语,听约束。"⑥而至道光之时,罗绕典著《黔南职方纪略》,所见天柱县"苗寨所辖,悉薙发峒苗,言语、服饰与汉无异,并无蓄发苗人搀杂其间。"并记载了一个见证地方文化变迁的小故事,曰:"康熙年间,县内童生入学,额取之外,尚有苗生三名,因峒苗耻居苗类,不愿有苗生名目,已经前县详请裁汰。"按清代科举考试规定,为照顾少数民族汉文化水平相对较低的状况,在县试生员录取名额中区分汉、夷,以保证少数民族考生的录取率,天柱县额定"苗生"三名,但至道光时,苗侗民众的汉文化水平已大为提升,甚而"耻居苗类",公然请

①〔清〕王复宗纂:(康熙)《天柱县志》,载《中国地方志集成·贵州府县志辑》第22册,第58页。
②同上,第58页
③同上,第91页。
④同上,第67页。
⑤〔清〕爱必达:《黔南识略》,载杜文铎点校:《黔南识略·黔南职方纪略》,贵州人民出版社1992年版,第115页。
⑥〔清〕李宗昉:《黔记》,载《中国地方志集成·贵州府县志辑》第5册,巴蜀书社2006年版,第573页。

求撤销"苗生名目",则可见境内文教之昌盛,和侗苗民族对汉文化认同之深。故"近年以来,虽间有贸易客民置买田产,落业居住,彼此联为婚媾,相习相安,不待编查也。"① 至民国时期,天柱县之整体文化水平,已跃居黔省前列。以民国三十年(1941年)十月贵州省政府编纂的《贵州省概况统计》中识字率数据而言,其时全省六大行政区中②,以黔东南地区的第一区最高,而统观全省各县数据(见表1-1),天柱县的识字率仅次于省会,位居黔省之首,达17.95%,连素以文化先进著称的黔北遵义县,识字率亦不过12.02%而已,此亦足以表明自明清以来天柱县文教之昌盛。

表1-1　民国二十八年十二月贵州省第一行政督察区及省会、各区识字人数统计表③

地区	识字人数	占所在区人口比例	地区	识字人数	占所在区人口比例
镇远	6161	16.09%	铜仁	7820	8.09%
思南	21521	7.53%	松桃	2278	11.76%
施秉	2729	7.39%	黄平	14515	10.08%
岑巩	6120	9.04%	天柱	21445	17.95%
台拱	2317	5.88%	沿河	17096	12.14%
江口	6966	10.08%	石阡	15928	11.24%
玉屏	5995	16.39%	锦屏	8371	12.87%
印江	19804	11.54%	省溪	3024	7.26%
清溪	4744	17.22%	三穗	6649	10.92%
剑河	3014	5.34%	余庆	6478	9.01%
第一区小计				195685	10.83%
省会	38458	33.95%	第二区	92402	9.15%
第三区	128437	7.78%	第四区	114731	6.22%
第五区	241310	10.10%	省直辖区	165744	10.74%

①〔清〕罗绕典:《黔南职方纪略》,载杜文铎点校:《黔南识略·黔南职方纪略》,第328页。

②民国二十六年十一月,贵州省政府调整行政督察区,以贵阳、龙里、修文等15县直属于省政府,不设行政督察专员,成直辖区,另设5个行政督察区,第一区辖铜仁、剑河、天柱等20县,驻镇远,第二区辖黎平、都匀、荔波等14县,驻独山,第三区辖安顺、兴义、盘县等14县,驻安顺,第四区辖毕节、大定、威宁等6县,驻毕节,第五区辖遵义、桐梓、湄潭等12县,驻遵义,参见《贵州省志·地理志》(贵州省地方志编纂委员会编,贵州人民出版社1988年版)。

③据民国三十年十月贵州省政府《贵州省概况统计》数据制表,载蒋德学:《贵州近代经济史资料选辑(上)》卷一,四川社会科学院1987年版,第93—95页。

三、经济

在天柱县，清至民国时期长期流行着一句谚语："抱塘的印子，三门溪的银子，中寨的谷子。"[①] 抱塘为由黔入湘的要道，商旅辐辏，三门溪为清水江木材贸易集散地"外三江"之一，重要的木材商埠，而中寨则为县内重要的优质稻谷出产地。这条谚语生动地描述了天柱县的两大支柱产业：水稻种植和木材贸易。

天柱县位于贵州高原之东部边缘，苗岭山脉之余脉，地势西高东低，为亚热带湿润季风气候区，植被条件较好。其气候特点为春迟、夏短、秋早、冬长。受海拔高度影响，县境中、东部气温较高，西北、西南则趋低，降雨量则西北、西南偏多，东部偏少。地形以山地、丘陵、盆地为主要类型，以高坡陡、山地多、平地少为基本特征，土壤以红壤（多分布于海拔 500 米以下地区）、黄壤（海拔 500 米以上地区）为主。境内河流密布，农业发展基础较好。植被属亚热带黔东低山丘陵常绿针阔混交林，以杉、松、樟、油桐等为主，粮食作物则以水稻为主，辅以小麦、玉米、红薯等。明代初建县时，"为楚岩疆，虽广袤百里，而顷田仅七百八十余，无长源灌溉，无万亩盈郊，地非阔也。"[②] 故朱梓在治县时反复强调"禁贩禾米以安地方"，清康熙时修《天柱县志》，亦在此条下注曰："盖此地所出不广，即年丰仅足自给，若不遏粜，民不聊生。"[③] 可见当地粮食产量一直是制约人口增长的关键因素。至光绪年间续修县志，犹有"吾黔地处万山，通省财赋不敌中州一大郡，昔人论之详矣，而柱尤弹丸蕞尔之地，乌足以言财"[④] 之叹，并详载县内气候与物产曰：

> 县境东北邻楚，南粤西黔，徼外荒陬，域中边境。初开辟草昧，

---

① 印子，即印子屋，为天柱县清水江沿岸风格独特的建筑形式，其形制规整，呈四方形，如官府大印，因而得名，亦成为财富的象征。抱塘，今抱塘村，属坌处镇；三门溪，指三门塘，属坌处镇；中寨，属坌处镇。类似谚语还有"溪口的银子，雷寨的棍子，白毛寨的印子，田心寨的谷子"。
② 〔清〕王复宗纂：(康熙)《天柱县志》，载《中国地方志集成·贵州府县志辑》第 22 册，第 78 页。
③ 同上，第 105 页。
④ 〔清〕林佩纶等修，杨树琪等纂：(光绪)《天柱县志》，载《中国地方志集成·贵州府县志辑》第 22 册，第 185 页。

曾经瘴雨蛮烟，渐启文明，尽睹光天化日。春华秋实，冬葛夏裘，寒燠雨旸，与中土无异。其间岁功之迟速，恒视地势之高平。附城上下，烟颇稠密，地亦甚宽坦，冬祈寒夏暑雨，种收较早。由县东至远口，沿岸苍山陡夹，清河中泻，炎凉适均。转入远洞、老黄，田地稍宽。地湖则插入楚会同境，夏较热，冬不甚寒，田事种收较县城迟早有差。曲折下大塘头，转白石场，地面洼下，多雨之年恒有稻蟹之虞，产棉花，晴多则获利厚，居民皆种之。江东、新舟、渡马，地平多燥。自邦洞下蓝田、楞寨、地锁一带，平壤沃田数十余里，冬适寒夏适热，均与县城同，种收亦早。余俱山箐，种收较迟。至炉山北领，依山势为村寨，地较高寒，田事最迟。自是下金鸡口，下巨潭，下瓮洞、渡头坡、峰峦壁立，为由楚入黔水路要冲，帆樯来往，惟睹匹练奔涛耳。至瓮瓦大段，地界沅芷，鳞鳞皆山，暨皮雅、注溪一带，山溪最险，寒热均视地高下为率，民习勤苦，多种荞麦杂粮等类。至赖洞、执营、革溪，接镇远、思州边界，山多田少，气候最迟。惟西南由汉寨地笋以上，重冈叠巘，极高苦寒，每值阴霾密布，动辄经旬，几同昼晦，或冬月之交，偶霏微细雨，即冻结成霰，遍布村落，旬月不消，居人习以为常，甚至夏四月犁田播种，五月六月栽秧，收获最晚，有延至九月十月始纳禾稼，转下摆洞、甘洞、高酿皆然，入秋宜晴，多雨则秀而不实，谷尽黑，无米，谓之青空。至邦寨、黄哨，山高峻无比，可称天险，界接黎平，阴处经春恒有积雪，每际山间雾霾，是日即雨，四时皆然，居民候之以卜晴雨。县东金凤山亦然。至洋豆溪、坌处、三门塘、沿河等处，气候适平。总之，沃野连村，东作皆瞻蒲望杏，黄云蔽陇，西成视食瓜断壶，但地脉之燥湿既殊，气候之炎寒互异，此县境之大概然也。[1]

民国年间，随着县内土地的深度开垦、稻种的改良，天柱县的粮食总产量大幅度提升，在粮食丰收年份，除了可以保证县内粮食需求外，尚有可观数量

---

[1]〔清〕林佩纶等修，杨树琪等纂：(光绪)《天柱县志》，载《中国地方志集成·贵州府县志辑》第22册，第157—158页。

可供外销。据张肖梅《贵州经济》"贵州省二十七年份各县食米产销存储及其调节概况表"[①]统计，当年天柱县稻米产量为 80 万担，消费额为 60 万担，结余 20 万担，销往临近各省 16.3 万担，县仓存储 177 担，乡仓存储 2287 担。当年黔东南地区的米价平均每市担仅为两元九角八分，相对于第四区（今毕节市）平均每市担达十元，可谓极其廉价。但每年结余数额不定，如民国三十年（1941 年），其结余则降至 2.1632 万市担[②]。而若以人均粮食量而言，天柱县的粮食并不显得宽裕，如 1949 年，据《天柱县志》统计数据，全县耕地面积 25.7505 万亩，平均亩产 155.7 公斤，粮食产量 411.406 万公斤，人均粮食 258.7 公斤，每日人均谷数不足 1 公斤，若再考虑赋税缴纳、碾谷成米的损耗[③]，则其数更少，但是清至民国时期，土地分布不均，少数地主占有大片优质耕地，如民国时期八阳乡，"有地主 40 户，年收稻谷 16.9476 万公斤"，白市乡大地主乐章德，"每年收租稻谷 4 万公斤"[④]，大部分均以之出售。另外，一般民众为尽量降低家庭的稻米消耗量，千方百计利用耕作条件差的土地，种植玉米、小麦、红薯等粗粮，作为稻米替代品，从而省出余粮以获取资金，这些都加大了谷物的商品率，从而成为家庭经济的重要来源。

天柱县的另一重要经济来源为林木贸易。县内多山，气候适中，水热条件优越，空气相对湿度大，土层深厚，土壤肥沃，适宜林木生长，清代"自城西汉寨皮厦以上，地接黎阳，遍地杉山，土产以木植为大宗"[⑤]，北面邦洞、蓝田以下，亦产杉木。但是形成较有规模的林业贸易，则大约迟至雍正以后。明代万历二十五年（1597 年）朱梓曾在瓮洞建新市镇，"官店数十间，募土著聚

---

① 张肖梅：《农业之产销与推广及其改进计划》，载《贵州经济》，第 G7 页。
② 是年全县水稻生产量为 344840 市担，消费 323208 市担，结余 21632 市担，此据民国三十年 10 月贵州省政府编《贵州省概况统计》，而前引张肖梅《贵州经济》统计数据，言民国二十七年全县产稻谷 800000 市担，则二者相差悬殊，再查《天柱县志》（贵州省天柱县志编纂委员会编），1949 年全县稻谷产量为 38971800 公斤，其时每市担约重 90 公斤，计 433020 市担，则当以《贵州省概况统计数据》为准，而张书所言结余数亦当大打折扣。
③ 碾谷成米，其损耗近 50%，如清方苞《家训》所言："金陵上田十亩，一夫率家众力耕，来年获稻不过三十余石。主人得半，干曝减其什二，米之得六石余。"
④ 贵州省天柱县志编纂委员会编：《天柱县志》，第 348 页。
⑤ 〔清〕王复宗纂：(康熙)《天柱县志》，载《中国地方志集成·贵州府县志辑》第 22 册，第 208 页。

客商往来鱼盐木货泊舟于此"①，然当时清水江大部分地区尚远隔化外，木业难以顺利发展，故康熙时县志纂修者慨叹道："关以通商，梁以济涉，古之制也。柱岩邑也，舟车不至，何有于大商大贾焉，行旅以肩背负者，将安税？"②同时期黔阳县令张扶翼在其《望山堂文集》有论"峒木"一条，亦云："祖传峒木出天柱清水江者为胜，清水江木所由以出，而非其产也。由清水江入生苗扳岩数百千里，悉皆苗寨，各有分界。酋长土人谓此间木沉水中，久之水浸入木一二分，他处木则七八分矣。入土愈久，则愈坚。其最上者，金贵、水贵二种。此两种最少，未易遘也。即或遘之，难于方整矣，又不能无尺寸之杇，其出诸峒也，类皆重山复岭，非人力不能致。又所经诸生苗寨，必与其酋长交欢，递相转送，递者稍侵其界，即执刀相杀，虽有佳者，尝苦不得出，此其所以难也。"③等到雍正年间开辟苗疆，同时疏浚河道，"清水江、丹江皆奏重设营以控江路，令兵役雇苗船百余，赴湖南市盐布粮货，往返不绝，民、夷大忭"，才使得"估客云集"④，清水江地区木业才开始繁盛发展。《黔南识略》记载当时林木贸易的盛况道："坎坎之声，铿訇空谷，商贾络绎于道，编巨筏放之大江，转运于江淮者产于此也"⑤，到民国时期，清水江木材输出已成为贵州经济收入的主要来源之一，《贵州财经资料汇编》载："各林区以水运及市场限制，往日木材可大量外销者，亦仅限于清水江、榕江及赤水河三大流域，尤以清水江为最重要，约占十分之五。"⑥何辑五《十年来贵州经济建设》载："民国初年，清水江流域每年外销木材总额值六百万元，由此类推，全省木材输出最盛时代，每年可达一千万元之谱。"⑦

清水江地区的林业贸易，以天柱县之西南的锦屏县最为繁盛，"各地山民多砍木作筏顺流而下，止于锦屏及其上游十五里之卦治，与下游十五里之茅坪

---

① 〔清〕王复宗纂：(康熙)《天柱县志》，载《中国地方志集成·贵州府县志辑》第22册，第183页。
② 同上，第183页。
③ 瞿宣颖纂辑：《中国社会史料丛钞》，湖南教育出版社2009年版，第200页。
④ 〔清〕赵尔巽等：《清史稿》，中华书局1977年版，第14272页。
⑤ 〔清〕爱必达：《黔南识略》，载杜文铎点校：《黔南识略·黔南职方纪略》，第177页。
⑥ 蒋德学：《贵州近代经济史资料选辑（上）》卷一，第336页。
⑦ 同上，第337页。

以求售,故锦屏、卦治、茅坪三埠实为清水江木材出口之门户,各地木商云集。"[1]
雍正九年,清廷于王寨设弹压局和总木局,法定茅坪、王寨、卦治三寨开设木
行,依次轮流值年当江。林业贸易与地方民众经济之关系密切,其收益可分为
两大宗,一为直接的林木交易,清水江当地民众以自己山场的自然林与人工林
之木材售与"三帮""五勷"之客商[2];二为围绕林木交易的衍生产业链,如嘉
庆十一年(1806年)三月初四日贵州布政使司、贵州等处提刑按察使布告云:"黎
平府属之茅坪、王寨、卦治三寨,濒临清水江,周围千余里,盘曲而来,与台
拱、清江、古州等处,犬牙交错,山深箐密,出产木植,向来分年运茅坪等三
寨,听候各省客商,携资赴三寨购买。该三寨苗人,与主议价成交。商人即托
寓歇主家雇工搬运,扎排看守,每价与一两,商人给钱四分,以为主家给商人
酒饭、房租及看守木植人口,并扎排缆索等项费用。茅坪三寨等山多田少,穷
苗赖此养膳。"[3] 相对而言,衍生产业之收益普及面更为广泛,因此三寨当江之
令一出,立即引起天柱境内清水江沿岸民众的反对,尤其是坌处一地,早已开
行售木,故雍正九年(1731年),坌处人王国良与卦治苗人互争当江,控经巡
道,后经古州同知滕文炯审断,决定"将当江立市名色永远革除,不得限年轮
流,任从苗民客商之便,爱于某寨贸易,即泊某寨,使沿江之民,皆有贸易,
均沾乐利。"[4] 然亦未能贯彻执行,沿江依旧争端不断,更引发百余年的争斗,
迭起迭伏。光绪十五年(1889年),经镇远、黎平两府合议,批准坌处、清浪、
三门塘正式开行,称为"外三江",规定"凡三帮五勷以外的汉口帮、黄州帮、
宝庆帮、衡州帮、长沙帮、花帮等只能住在外三江,通过主家(行户)购木。"[5]
从此天柱的木业大幅度兴旺,仅三门塘木材集散地,就有十余家行户,为木商

---

① 蒋德学:《贵州近代经济史资料选集(上)》卷一,第338—339页
② 所谓"三帮",即安徽、江西和陕西的木商。所谓"五勷",一说是湖南的常德、德山、河佛、
洪江、托口;一说天柱县属地远口、坌处为一勷,白市、牛场为一勷,金子、大龙为一勷,冷水溪、
碧涌为一勷,托口、辰沅为一勷,贵州天柱及湖南木商合称"五勷",参见《侗族社会历史调查》
第三编《木材贸易的发展》之二"'三帮'与'五勷'"。
③ 贵州省编辑组编:《侗族社会历史调查》,第42页。
④ 同上,第186页。
⑤ 同上,第44页。

收购三门溪、坌处、清浪等地的木材。其地刻于嘉庆二年（1797年）的《修庵碑记》曾描述林木贸易的盛况说："清河环下，碧浪排空，昼则舟楫上下，夜则渔火辉煌。"[①] 当地民谣唱道："清江放排千层浪，金银财宝进华堂。外地木商纷纷至，胜似黔阳小洪江。"[②] 据民国八年（1919年）瓮洞厘金局估价员邓荣臣统计，是年过税木码总值高达300万银元。

除了稻谷、林业贸易外，天柱商品输出稍有规模的还有桐油。丁道谦的《贵州经济地理》载："桐油，黔省桐油出产，据罗马国际农学会之统计，在民国初年，实占全国第一，民国四年起则逐渐低落，至民国十年后竟一蹶不振，反远落川、湘、鄂、桂等省之后，民国二十五年以后，一以内销之数巨增，外销亦渐成为我国际贸易中之一主力，于是栽培转盛，而以黔东为尤多，年产约五万担。"[③] 天柱油桐主要产于白市、远口、高酿、蓝田一带，《天柱县志》载："民国三十六年（1947年）以前，年产量约为3万担，除当地群众用于照明外，其余多外销湖南。从20年代起有湖南商人在远口设徐荣昌、刘崇信等4家油号，在远口地区收购桐籽，就地加工，组织外运。桐油生产在40年代中期出现过高峰，年产量高达250万公斤左右，从民国三十六年（1947年）以后逐渐下降。"[④] 其余若棉花、生漆、烟叶等，则或局限于某一狭窄区域，或数量、规模较小，未能持久壮大。

天柱县的经济形态，在契约文书中有明显体现，如买卖契约中占据大宗的稻田、杉山、油山交易，也体现在民间借贷活动中的各方面，直接影响所及，则有大量的稻田、山林典当、抵押借贷契，而间接之影响，更是随处可见。

---

① 政协天柱县第十三届委员会编：《天柱古碑刻考释》，贵州大学出版社2016年版，第287页。
② 洪江，今怀化市洪江市，位于沅水上游，清代民国时期清水江－沅江木业贸易重镇。
③ 蒋德学：《贵州近代经济史资料选辑（上）》卷一，第279页。
④〔清〕林佩纶等修，杨树琪等纂：《天柱县志》，载《中国地方志集成·贵州府县之辑》第22册，第619页。

第二节　壅塞的官方借贷渠道

贵州山多地少，交通不便，经济发展较为滞后，民众家庭经济境况极为窘迫。民国学者张肖梅的《贵州经济》中说："黔省自然灾荒又迭出，是以负债之户，几占全省总户口百分之七十左右，而以农民尤为普遍。"[1] 可见借贷活动已成为贵州乡村社会经济活动的重要组成部分。清代清水江地区民间借贷之状况，传统文献资料中记载不多。《贵州通志·前事志》："良苗终日采芒为食，四时不能得一粟入口，耕种所入，遇青黄不接之事，借谷一石，一月之内还至二石、三石不等，名为断头谷。借钱借米亦然，甚至一酒、一肉积至多时，变抵田产数十百金者，心怨而口不敢言。"[2] 共记载了民族地区民众生活之艰辛，与所受高利贷盘剥之严重。光绪年间王锡祺所编《小方壶斋舆地丛钞》中"苗疆风俗考二"亦言："苗寨中富民放债，其息甚大，钱一千，谷一石，一二年加息至数倍，不能偿，折以山地衣服各项，穷民虽受其盘剥，而仰以为生，或即所折山地转求佃耕，或易他山地为之佃耕，听其役使，生死唯命，率以打冤家，无不从者。"[3] 对于苗民在困顿的生活状态中靠借贷为生，由经济依附逐渐转向人身依附的凄凉生活，三致其意。

天柱县位于清水江下游，苗疆之边缘，清代中叶以降，随着耕地面积的增加，粮食作物品种之改良与单位面积产量的提升，兼之雍正以后苗疆腹地大体稳定，清水江河道得以疏浚，货运交通情况大为改善，县内经济状况相对良好。光绪《天柱县志》言："柱邑僻介荒服，土产远不及中州，然自城西汉寨皮厦以上，地接黎阳，遍地杉山，土产以木植为大宗；自北门邦洞、蓝田以下，虽均产杉木，而鳞塍绣错，以谷米为大宗；至城东兴文里暨新兴里二图下远口、远洞、地湖等处，土产茶油；江东辞兵洲多产棉花，惟洋烟以附城上下及蓝田、邦洞为最。其余荒山旷野待开垦者尚多，诚得贤司牧率作兴事，俾地无遗利，以成余三余

---

① 张肖梅：《经济之自然赋予与利用》，载《贵州经济》，第 A18 页。
② 蒋德学：《贵州近代经济史资料选辑（上）》卷一，第 438 页。
③ 同上，第 279 页。

九之盛，而犹患贫患寡，亦理所必无也。"① 然而当农村金融极不发达之时，个人即使拥有足以保证家庭繁衍生息的资产，如房产、田地及各类农副产品，若遇急需用钱之时，也未必能够迅速获得银钱。孟子说："民之为道也，有恒产者有恒心，无恒产者无恒心。"② 传统中国人民尤其是下层民众，传承家业以遗子孙的保守思想甚为严重，一般而言，若无特殊情况，只要最低生活状态能够保持，则大多民众绝不愿变卖家产，于是必然转向借贷。另外，人祸天灾，在所难免，亦促使民众转向借贷。

借贷有官方借贷与民间借贷两大渠道。传统中国官方借贷的历史极为悠久，既有非常态的临时灾变之赈贷，如西汉武帝时，山东遭受水灾，"民多饥乏，于是天子遣使者虚郡国仓廪以振贫。犹不足，又募豪富人相贷假。尚不能相救，乃徙贫民于关以西，及充朔方以南新秦中，七十余万口，衣食皆仰给县官。数岁，假与产业，使者分部护之，冠盖相望。其费以亿计，不可胜数"③ 采取了多举措以提供钱物借贷。又如宣帝地节三年九月地震，下诏曰："池崇未御幸者，假与贫民。郡国宫、馆，勿复修治，流民还归者，假公田，贷种、食，且勿算事。"④ 在灾后无偿借给灾民住房与生产生活用品。另外，相对成熟的常态备荒贷借机制也较早形成，如新莽时期的"五均"赊贷，"五均、赊贷，百姓所取平，卬以给澹"⑤，又如自春秋战国时期形成的常平仓制度，自南宋建立的社仓制度，皆为官方赈济、借贷的重要机构。

清代以降，官方借贷机制日趋细密，借贷范围日见广泛，如邓云特《中国救荒史》载：

> 清朝《荒政则例》，原有贷粟之法。凡歉收之后，方春民之籽种，贫不能耕，或旱禾初插，夏遇水旱，及既雨既霁，民贫不能耕种。速

---

① 〔清〕林佩纶等修，杨树琪等纂：（光绪）《天柱县志》，载《中国地方志集成·贵州府县志辑》第 22 册，第 208 页。
② 〔宋〕朱熹：《四书章句集注》，中华书局 1983 年版，第 254 页。
③ 〔汉〕司马迁：《史记》，第 1425 页。
④ 〔汉〕班固：《汉书》，中华书局 1912 年版，第 249 页。
⑤ 〔汉〕班固：《汉书》，第 1183 页。

命州县开常平仓或社仓，出谷贷之，俾耕种有资，以待秋熟，其兵丁之贫乏者，亦贷焉，及秋视其收成之丰歉，收成在八分以上者，加息征还；七分者，免息征还；六分者，本年征还其半，来年再征其半；五分以下者，均缓征，以待来秋之熟。若上年被灾稍重，初得丰收，其还仓也，亦准免息。直省有向不加息者，各从其土俗之宜，特旨本息均免者，率视督抚奏请，即予豁除。考清代放贷救荒之例甚夥，有平粜而兼出借者，有以隔府之米借给者，有以存仓米出借，并许动支截留漕米者，有拨解库银供给者，有酌量丰歉分别贷谷免耗加耗者，有灾年免息，余按收成分数酌量收免者，有按收成分数，折量分年征还加免者。有借给籽粮口种并牛草费之例，有借贷永不加息之例，有概不征还之例，有本色折色兼借之例，不胜枚举。[1]

民国时期，除沿用前代的官方借贷手段外，又有由国民政府救济水灾委员会专门制定的《农赈之方案》，以赊放粮食、农具、耕牛、种籽等农业必需品，积极救济受灾农民，促进农业之复兴，不过其举办区域，仅限于皖、赣、湘、鄂、苏五省。

考察历代官方借贷之实效，则殊不能令人满意。如北宋王安石创定的青苗法，以夏秋两季放贷，年利二分，立意本佳，而实际施行中，弊端百出，尤其是其五等配给之法，"令随户等高下品配，又令贫富相兼，十人为保首。王广廉在河北，一等户给十五千，等而下之，至五等犹给一千"，导致"民间喧然不以为便"[2]，更遭到朝野上下的普遍反对。如北宋末胡寅即激烈地说："称贷所以惠民，亦以病之。惠者纾其目前之急也，病者责其他日之偿也。其责偿也，或严其期，或征其耗，或取其息，或予之以米而使之归钱，或贫无可偿而督之不置，或胥吏诡贷而征诸编民。凡此皆民之所甚病也。有司以丰取约予为术，聚敛之臣以头会箕敛为事，大旱而税不蠲，水涝而税不蠲，蝗、螟、螣、贼而税不蠲。长官督税不登数，则不书课；民户纳欠不破产，则不落籍。出于民力

① 邓云特：《中国救荒史》，商务印书馆 1937 年版，第 398—399 页。
② 〔元〕脱脱等：《宋史·食货志》，中华书局 1985 年版，第 4281 页。

尚如此，而况贷于公者，其责偿固不遗余力矣！"①本以为解民困、惠民生的美政，最终不免病民的结局，实在令人不胜唏嘘。

针对青苗法的积弊，南宋高宗绍兴二十年（1142年）魏掞之于福建建阳首行社仓法，遇歉收之岁，以极低利息贷与民众，此法后得朱熹大力倡导推行，遂遍布全国。社仓之法，春夏借，秋冬还，收息二分。论者以为："社仓之制，专以赈贷，凡官贷者，必多侵冒；民贷官者，必假追呼；民求民贷，必出倍息。惟此三害俱无，虽非凶年，亦可借作种食，年年出纳，久之所积自丰。"②社仓与青苗的最大差别，乃是青苗为官办，各层官吏贪功求利，不免刻薄，然社仓行之未久，亦难逃官方插手的命运。南宋度宗咸淳七年（1271年）黄震于抚州赈灾时作《抚州金溪县李氏社仓记》，即慨叹道："甚矣社仓之法之良之可慕也！亦甚矣社仓之弊之苦之可虑也！余前岁负丞广德，见社仓元息二分，而仓官至取倍称之息，州县展转侵渔，而社仓或无甔石之储。其法以十户为甲，一户逃亡，九户赔补，逃者愈众，赔者愈苦。久则防其逃也，或坐仓展息而竟不贷本，或临秋贷钱而白取其息，民不堪命，或至自经。金谓此文公法也，无敢议变。"③黄氏针对官方染指社仓而导致的流弊，上书朝廷，建议说："朱文公社仓法主于减息以济民，王荆公青苗法亦主于减息以济民，而利害相反者，青苗行之以官司，社仓主之以乡曲耳。故我孝宗皇帝颁文公法于天下，令民间愿从者听，官司不得与。广德社仓创于官，其弊不一，请照本法，一切归之民。"④纯粹民间创办的社仓，需要发起者具有民胞物与的道德素质，能切实"正其义不谋其利"，亦必须借贷者诚实守信，方能维持，否则亦不过如昙花一现，人存社举，人亡社息。

贵州一省的仓储，（乾隆）《贵州通志》卷十五"积贮"载："国朝康熙二十八年河南道御史周士皇疏请开捐米谷，修理常平仓，收贮以备荒歉；工科给掌印事中谭瑄疏请沿边诸郡官民输米，仍照各省捐纳之例，令其捐纳，所捐

---

① 〔宋〕马端临：《文献通考》，中华书局2011年版，第766—767页。
② 〔清〕陈宏谋：《五种遗规》，中国华侨出版社2012年版，第478页。
③ 〔宋〕黄震：《黄震全集》，浙江大学出版社2013年版，第2351页。
④ 同上，第2350页。

米谷，贮仓以备赈济。二疏并敕会议，俱照所请议奏，奉旨依议通行直隶各省，黔省之有积贮实自此始。三十一年奉上谕，各该地方官劝谕百姓，比户量力捐输，州县官将输纳之姓名数目注册，春夏借与乏食之民，秋收照数偿还，每岁收获以后，亦依此例举行。又奉上谕，积贮所以重农，凡直省现任官员，各量己力捐谷，于就近地方常平仓存贮，每年逐一造册报明。"[①] 在丰收时积贮粮米，而于青黄不接抑或灾荒乏食之时开仓赈济，本不失为治县救民之美法。天柱县之仓储，"县城内有永丰仓、常平仓、大兴仓，共 12 栋 36 间"，据光绪续修《天柱县志》载："积贮谷二千六百六十三石三斗；重农谷五百八十六石四斗；钦奉谷四百四十石零九斗八升二合；牛租谷五百石；义谷四千五百四十一石八斗二升六合；义谷二百八十七石三斗。"[②] 名目和数量不可谓少，然清代仓储之弊，亦猬集丛生。一是仓吏之腐败，如嘉庆二年（1797 年）天柱知县所撰《遵例革弊碑文》即载："乾隆乙卯苗匪猖狂，军需繁冗，祸缘蠹胥张际虞等舞弊折收，仓廪空虚，继而劣棍罗文松、杨兴唐假公肥私，遗害非浅。"[③] 胥吏把持仓廪，积弊难改，虽经各级政府再三整顿，收效甚微，如前嘉庆二年《遵例革弊碑》刊石才数十年后，咸丰七年（1857 年）天柱县令再次刊碑，以期"复旧除弊，永定章程"，言"年久吏弊滋多，以致民等上控，求永照旧章，以杜流弊"[④]。二是官仓借贷之手续繁杂，需有富户或乡绅作保，加上期限较短而逾期责任严重，故而贫苦缺粮的下层民众极难向官仓告贷。且一般官方借贷只能提供粮米，若有急迫的银钱需求，则无异于缘木求鱼。

民国时期，仓储之制度继续发展，如民国十九年（1930 年）一月十五日政部公布同日施行的《各地方仓储管理规则》（下文简称《规则》）规定："各地方为备荒恤贫设立之积谷仓分为县仓、市仓、区仓、乡仓、镇仓、义仓六种，依本规则办理之县、乡、镇各仓为必设仓，市仓、区仓之设立由民政厅就地方

---

①〔清〕鄂尔泰等修：（乾隆）《贵州通志》，载《中国地方志集成·贵州府县志辑》第 4 册，第 279 页。

②〔清〕林佩纶等修，杨树琪等纂：（光绪）《天柱县志》，载《中国地方志集成·贵州府县志辑》第 22 册，第 197—198 页。

③同上，第 199 页。

④同上，第 200 页。

情形定之。"① 规定各区、乡、镇应在其区公所、乡公所、镇公所所在地建设仓储，其仓谷以贷与、平粜、散放三渠道使用，"贷与总额以所存仓谷三分之一为限，于每年青黄不接时准各贫户告贷，俟新谷登场，按一分加息，将本利一并归仓。"② 其利率低至一分，不失为赈灾恤贫之良策，但实际操作效果，则与清代相比未见明显起色。《规则》第 17 条规定："区、乡、镇各仓收放仓谷时，区仓由区公所呈请县政府派员验视，乡、镇各仓由乡公所或镇公所呈请区长验视。"③ 如此，则势必影响仓谷发放的及时性及发放频率，并增加借贷之难度。如《天柱文书》中竹林乡高坡村《民国二年七月四日潘通耀借谷分发贫民保结书》：

> 第叁拾号，由义里高坡寨民居住，今当大人台前实具承认保结人潘通耀，系由义里高坡寨居住，今当保结大人台前实保得民借到远口仓义谷叁拾石，分给贫民五十户，每户照例加壹伍息，限至秋后预备干本利如数登仓填还，毋得违误过限，倘有不遵王法，故意越限拖欠，自干照例提讯追究，所具承认，计开散户高坡寨共计五十名。
>
> （批：准照发给领）（印）
>
> 绅保 刘福隆
>
> 中华民国二年七月初四日具保潘通耀 ④

这份官仓借谷文书中载，高坡寨潘通耀为寨中缺粮的 50 户贫民向天柱县远口仓借义谷 30 担，利率为 15%，这相对于民间谷类借贷通常为 50% 的利率来说，较为低廉，实为利民之举措，但是同时硬性规定"毋得违误过限，倘有不遵王法，故意越限拖欠，自干照例提讯追究"，且需有乡绅作保。即使如此，仅借得谷 30 担，均分给 50 户贫民，每户所得才 0.6 担，要维持从七月初四到九月左右的秋收，亦属不易。

至民国三十三年（1944 年），国民政府针对国内因战乱而经济凋敝、民生

---

① 徐百齐编：《中华民国法规大全》第 1 册，商务印书馆发行 1936 年版，第 807 页。
② 同上，第 808 页。
③ 同上，第 807 页。
④ 张新民主编：《天柱文书·第一辑》第 4 册，第 33 页。

维艰的状况，粮食部再次重申建仓积谷事宜。贵州省政府转发粮食部同年五月四日训令云："本部兹为劝勉人民储粮备荒与彻底明瞭各地积谷实际情形起见，特编印积谷宣传纲要与调查须知手册一种，拟由各县市党团学校及其他有关机关，一面宣传，一面调查，务使家喻户晓，踊跃积储。"[1] 然民国以来六级仓库皆名存实亡，难收赈贷平粜、解困苏民之效，故虽多方"劝勉"，皆无效果。据该年八月贵州省政府训令云："奉行政院本年七月五日训令开：据福建省政府呈称，依据内政部二十五年十一月公布之《各地方建仓积谷办法大纲》之规定，除修建仓库之费用及青黄不接时办理贷谷平粜与急赈散放，暨为辅助农村生产事业之发展而抵押借款以办理农贷外，不得挪作别用。惟近年来各地军事工程工人食米每有迫不及待，要求拨用积谷，县方应付不易，省方亦感迎拒两难，致使仓储挪移一空。而青黄不接或遇水旱灾歉应行救济之时，反致无谷出粜，引起人民疑虑，献谷情绪遂感冷淡……请禁挪用等情，应准照办。嗣后，除法令别有规定或经核准动用者外，应立即严禁挪用。"[2] 最后不得不改"劝勉"为强征，贵州省政府决议各县于征收田赋之时，随征仓谷，规定每赋额一元应缴纳田赋 3 市斗 5 升，县级公粮 1 市斗，仓谷 1 市斗，如以玉米缴纳，则凡 8 市升 5 合折算稻谷 1 市斗。此项政策执行初期，于民众借贷或稍有作用。如瓮洞镇大段村《民国三十三年七月二十六日蒋泰天借谷领结》：

> 领结
> 天柱县瓮洞乡第六保一甲住户蒋泰天，年五十岁，住大段青山脚
> 今借到
> 保管员蒋景清积谷四十一斤半，系本人自借，并无假冒，限至九月十五日以前，至卅日本息如数归还，不得拖欠延误。如有逾期不清，以及亏欠，情得愿受处理，所具领是实。
> 具领结人　蒋泰天
> 中华民国三十三年七月廿六

---

[1] 贵州省编辑组编：《侗族社会历史调查》，第 144 页。
[2] 同上，第 145—146 页。

（后有保人蒋泰泽保结条）[1]

然即使新政伊始，观此项借贷，亦数额甚少，期限甚短，保人保结之责任重，而逾期的处罚也较严厉。更何况新仓政行之未久，"今既为土劣所把持，且受官吏之委任。其结果非特狼狈为奸，互相中饱，且进而认义仓为私有，将利息更改，每石定为四斗或五斗不等，因此从慈善机关变成重利盘剥农民的机关了。"[2] 职是之故，一般穷苦民众不能也不愿向官仓借贷，而宁可选择较高利息的民间借贷。在《天柱文书·第一辑》中，所见此类官方借贷的文书，仅数份而已。

除了仓储制度，民国时期曾在全国推行合作社建设。至国民政府于民国二十三年（1934年）三月一日公布、二十四年（1935年）九月一日施行之《合作社法》，其第一条云："本法所称合作社，谓依平等原则在互助组织之基础上，以共同经营方法谋社员经济之利益与生活之改善，而其社员人数及资本额均可变动之团体"，其第三条云：

合作社之业务得为左列各款之一种或数种：

一 为谋农业之发展，置办社员生产上公共或各个之需要设备或社员生产品之联合推销；

二 为谋工业之发展，置办社员制造上公共或各个之需要设备或社员制造之联合推销；

三 为谋社员消费之便利，置办生产品与制造品以供给社员之需要；

四 为谋金融之流通，以低利贷放生产上或制造上必要之资金于社员，并以较高利息收社员之存款与储金；

五 为谋相互之扶助，对于社员之灾患、疾病、养生送死及其所经营事业之灾害办理保险；

---

[1] 张新民主编：《天柱文书·第一辑》第9册，第264页。
[2] 张洪绩：《贵州农村中的高利贷》，《东方杂志》三十二卷十四号，1935年7月，载蒋德学《贵州近代经济史资料选辑（上）》卷一，第441页。

　　六　其他不违反第一条之规定。

　　第一五条，社员认购社股每人至少一股，至多不得超过股金总额百分之二十，但经营第三条第三款业务之合作社社员每人至多不得过于十股。社股金额每股至少国币二元，至多不得过二十元，关于社员之股数于法人为社员时得由合作社呈请主管官署以命令定之。[①]

　　对于这项政策，因组织制度相当完备，曾被寄予厚望。早在民国十七年（1928年），张镜予即在其著作《中国农村信用合作运动》之序言中说："目下农民所最感痛苦的，是农场资本的缺乏；生产范围，受资本的限制，而不能扩大；致使经济生活，无从向上。乡村借贷，往往受重利的盘剥，农民得不偿失，不足以言改进。农村信用合作社，是小农阶级所组织的团体；是以低利放款的金融机关。精神上寓自助互助的意义，效用上有资本流通的便利。行之我国乡村，最易举办，而最为适宜。假如全国采行，则农村经济问题，大半赖此可以解决。"[②]张肖梅《贵州经济》亦称："近年黔省当局，深知欲救农穷、促进生产、繁荣社会经济，莫如圆滑社会金融，而以疏通农村金融，尤为重要。着手办法，即力行合作制度。推行三年余，合作事业已遍及七十一县，几占全省总县数百分之九十。截至民廿七年十月止，全省农业合作社数累计已达三百廿七处，社员已达一万二千三百九十二人，贷款额亦达十七万七千余元。"[③]天柱县亦于民国二十八年（1939年）成立合作社，由贵州省合作事业管理处统管，当年五月成立平甫寨信用社，至民国三十一年（1942年）已相继成立信用社50多处，可是在实际操作过程中，原本各类仓储的弊端丝毫未得以革除。《天柱县志》载，当时的合作社"社址一般设在宗祠、庵堂、小学或保长、富户住宅中，人员有理事主席、监事主席、司库，多为乡绅富豪把持。股本主要是政府股，辅设行局股，当地合作股甚少。业务为专放垦荒植桐贷款，对象名为民众，实为乡绅

---

① 徐百齐编：《中华民国法规大全》第3册，第3241页。
② 张镜予：《中国农村信用合作运动》，商务印书馆1930年版，第1页。
③ 张肖梅：《经济之自然赋予与利用》，载《贵州经济》，第A19页。

富豪。"[1] 可见对于舒缓底层民众的资金需求作用甚为微弱。

清末至民国时期，贵州省内之银行业发展亦极为滞后。据民国农商部总务厅统计科编纂之各年《农商统计表》，民国元至五年（1912—1917年），贵州之票号、钱庄数如下表：

表1-2　民国初年贵州省官办金融机构统计表[2]

时间	钱庄数（票号）	资本额（元）	银行数	资本额（元）
民国元年	20	336300	1	142638
民国二年	18	138000	1	142638
民国三年	15	109850	1	142637
民国四年	6	42000	1	
民国五年	2	1000		

从上表可以看出，民国初年（1912年），省内金融行业各项指标皆逐年减少，且分布极不均匀，即以民国三年（1915年）而论，全省共有钱庄15家，然分布于遵义县者9家，贞丰县者5家，正安县者1家，可谓极端畸形。至民国二十七年（1938年），张肖梅《贵州经济》内尚称："黔省金融事业，在民国以前，仅贵州官钱局壹家。民元以迄二十三年止，则贵州银行为唯一之金融事业。即止二十四年，因贵州银行早已结束，全省仅中央银行及中国农民银行在贵阳各设二等分行一处，中国农民银行在遵义县设一办事处。二十五年份，仍仅上列各金融事业，惟中国农民银行在安顺增设办事处，中央信托局增设人寿保险而已。到二十七年份，则中国银行、交通银行、上海银行、金城银行、农本局及其附属之各县合作金库，以及政府方面之农矿工商调整委员会、农田水利贷款委员会等，均先后成立，规模于焉粗具。"[3] 然若以此书写成之后的史实证之，

---

[1] 贵州省天柱县志编纂委员会编：《天柱县志》，第654页。
[2] 据民国农商部总务厅统计科编《中华民国五年第五次农商统计表》之"银行累年比较"与"钱业累年比较表"数据制表，（上海）中华书局1919年版，第458—477、486—504页。
[3] 张肖梅：《金融机构之币制与今昔》，《贵州经济》，第014页。

则作者未免太过乐观。上述所说诸银行似皆未能真正扩展至县一级，更勿论切实开展业务。以天柱县而言，自民国二十七年（1938年）至三十八年（1949年），仅见中国农民银行在县内开展过贷款业务，《天柱县志》载："民国三十年（1941年）十一月十七日，中国农民银行青溪合库首次在天柱县的官舟、牛头山、贯寨等地发放贷款2610元（法币）。民国三十六年（1947年）11月11日，中国农民银行镇远办事处在天柱的中山镇第七保（紫云、观音洞）、社学乡第四保及第七保、高酿乡章寨木材运输社、渡马乡第四保及第五保发放冬耕、生活、买牛、养猪、开垦等项贷款共计64210元（关金券）。"但是，"得到贷款的281人中，大多数为豪绅富户，穷苦大众不知贷款为何事"[①]。

综上可知，清代民国时期，天柱县乃至整个清水江流域官方借贷机制滞后，积弊丛脞，政府诸多举措仅停留于文件法令之中，未能切实推行，于广大乡村社会民众而言，并不能起到保障扶助的作用。在此背景下，民众若有借贷之需要，只能借助亲情、友情的力量，或付出较高额度的利息，求助于民间借贷。民间借贷乃成为底层民众生活中不可或缺的一大保障，其必要性与重要性自不言而喻。同时，唯有清晰认识此历史时段天柱县之金融状况与民间借贷活动发生的背景，再来考量民间借贷活动的发生、借贷要件之实况乃至利率之高低起伏，方才能够得出更为客观、平情的结论。譬如针对民国时期贵州省内民间借贷的兴盛，丁道谦《贵州经济研究》"贵州农村中的高利贷"认为："一般农民，其知识程度总是很低的，他们辨别一笔借款或一项交易是否有利的能力往往非常欠缺，尤其因为保守性的心理和习惯关系，即使在有公益性质的'农业信用机关'可供利用的地方，他们也往往宁愿去向私人放债者求助，虽然有时候他们也明明知道这是不利于自己的。"[②]核之以当时的社会实况，将高利贷的发生更多地归因于农民的知识水平，显然是不够公允的，产生民间借贷的深层原因仍有待挖掘。

①贵州省天柱县志编纂委员会编：《天柱县志》，第658页。
②丁道谦：《贵州经济研究》，第129页。

第三节　发展停滞的典当行业

"私人、商店借贷是一般意义的高利贷资本，典当业借贷和钱庄借贷则是严格意义的高利贷资本。"[1]典当是传统中国社会重要的经济活动，融资的主要渠道之一，也是民间借贷的常见方式。民国学者张镜予《中国农村信用合作运动》言："中国农村的固有金融机关，只有两种，一种是当铺，一种是私人借贷。典当普通以衣饰及农具做抵押，月利大约二分，限期为十八个月或二年。私人借贷，有的是亲友，有的是村中富户，但以放债为业者，实举多数。借贷的抵押品，大都是田地或房屋，押价约等于房地价百分之五十，其利息条件，非常苛刻，约为年利三分六厘之谱，至低的也在二分以上。农民因需款孔亟，不得不仰债主的鼻息。"[2]典当借贷因承典者的性质，分为典当铺借贷与私人典当借贷两类。前者因其经营模式固定、交易场所固定、资本额较大等因素，得到官方批准，取得营业资格许可，形成一个成熟的典当行业，广受社会关注。典当铺之种类，复因资本规模和受理当物数目的不同，分为典、当、质、押数类，如民国实业部经济年鉴委员会所说："典当之名称，包含典、当、按、质、押及代当六种。典为典当业中之规模最巨者，因开业之始，须经官厅认可，及领取营业执照，故亦名公典，在昔凡称为典者，其质物之数额，并无限制。当则较次于典，其他则更自郐而下矣。"[3]后者则零散分布于偏远乡村社会，既无固定的交易场地，其承典人也并非专以典当为业，而与一般抵押借贷类似，如张镜予所说："还有一种叫做典地的办法，就是放债人种借债人的田，而不纳租，即以此为借债的利息，债金可抵地价的一半。"[4]

清代典当业发展繁荣，据《大清会典事例》载，"康熙三年题准，当铺每年纳银五两"[5]，雍正六年（1728 年），"题准直省各属典当均令布政司钤印颁帖，

---

[1] 李金铮：《民国乡村借贷关系研究——以长江中下游地区为中心》，第 195 页。
[2] 张镜予：《中国农村信用合作运动》，第 8 页。
[3] 实业部中国经济年鉴纂委员会编：《中国经济年鉴》第三编，商务印书馆 1936 年版，第 44 页。
[4] 张镜予：《中国农村信用合作运动》，第 9 页。
[5] 〔清〕昆冈、李鸿章等编：《钦定大清会典事例》卷二百四十五，"户部·杂赋·牙帖商行当铺税"，分省数据制表。

交各州县转给输税，如有新开典当，报司给帖，于开设时增税，无力停开者，即交帖免输。"① 乾隆四十一年（1776 年）议准，"各省民间开设典当，呈明地方官，转详布政司请帖，按年纳税报部。其有无力停止者，缴帖免税。直隶、江苏、安徽、江西、浙江、福建、湖北、湖南、河南、山东、山西、陕西、甘肃、四川、广东、广西等省，每年每座税银五两；云南每年每座税银四两；贵州每年每座税银三两；奉天每年每座税银二两五钱。"② 并载清代前期某年各省详细的典当业税收收入数目，如表 1-3 所示。

表 1-3　清代前期某年各省当铺税银数统计表 ③（单位：两）

省别	当铺税	省别	当铺税
直隶	9835	湖北	2730
盛京	2197	湖南	690
山东	4370	陕西	7410
山西	23475	甘肃	8125
河南	2775	四川	1485
江苏	6665	广东	13440
安徽	4435	广西	985
江西	1675	云南	2012
福建	7895	贵州	8001
浙江	5360	全国总计：113560	

其中当铺税最多的为山西，达 2.3475 万两，即以康熙三年每座当铺年纳银五两而言，当有当铺 4695 座；以全国总当铺税额 11.356 万两计算，则当有当铺 2.2712 万座，可谓夥矣。

清代贵州地区的典当业，曾一度兴盛。据上引《大清会典事例》所载数据，康熙某年全国征收当铺税 11 万余两，而贵州达 8001 两，仅次于山西、广东、

① 〔清〕昆冈、李鸿章等编：《钦定大清会典事例》卷二百四十五，"户部·杂赋·牙帖商行当铺税"。
② 同上。
③ 同上。

直隶三省，占全国总数的7%。乾隆九年（1744年）10月，大学士鄂尔泰于奏章中也称当铺最多的是直隶、山西、广东，其次是福建、甘肃、贵州、陕西。然至清末民初，贵州地区的典当行业情况，已呈衰落之象，据《平、祁、太经济社会研究》一书所附《近代中国46个城镇当业利率表》①载，其时贵阳仅有典当铺22家，另有一定数额的小规模抵押行。到民国时期，贵州地区的典当业相较于国内各省而言，更迅速倾颓。据《中华民国元年第一次农商统计表数据》中所记数据来看，无论典当铺数量、资本额，还是年度当出、赎入金额，贵州省皆居全国之末，其省内各地典当业情况如表1-4所列。

表1-4　民国元年贵州省内各县典当业情况统计表②

县别	典户数	资本金总额（元）	年当出总金额（元）	年赎入总金额（元）
贵阳县	8	80221	308190	188042
安顺县	2	3500	2800	3500
毕节县	1	10000	8000	7000
遵义县	1	14000	12000	9400
黎平县	1	6948	3416	2555
独山县	5	1100	2100	2850
思南县	2	4000	1100	1300
印江县	2	4500	3620	2450
铜仁县	1	8000	21000	18000
赤水县	2	5500	7620	4430
总计	25	137769	364846	239527

---

① 史若民、牛白琳编著：《平、祁、太经济社会史料与研究》，山西古籍出版社2002年版，第63页。
② 此表据《中华民国元年第一次农商统计表数据》"典当"表内贵州省数据重制，第248—267页。

从上表可见，民国元年（1912 年）贵州全省仅有大小典当铺 25 所，分布于 11 个县，资本总额也不过 13 万余元，迄民国末期，亦未见振兴气象。故 1935 年张洪绩的农村调查报告《贵州农村中的高利贷》中说："典当事业在贵州似乎还不盛行，除几个较为繁华的城市如贵阳、安顺、遵义、毕节等县外，其余的县份，在目前还没有什么典当。"① 尤其在乡村，更是难觅正规典当铺的踪迹，如《今日之贵州》所说："贵州各县，大都缺少典当或钱庄之设置，故金融流通方法，多恃私人借贷。"② 因此，当民众缺少银钱，而采用一般借贷方法又难以获得，只好以产业典当时，也只得出典给私人，从而形成独特的乡村典当。这一典当形式在黔省普遍流行，如《册亨县乡土志略》载，"普通一般借贷方法"之一为"典，农民向富户借贷，恐口无凭，不足以取信用，乃以自置之田地为抵押品，向之借贷银洋"③。而据张洪绩的调查，贵州的乡村私人典当，有"大当"与"小当"之别，"大当就是不定期的将田地出当，即在当契上书明'有银赎取，无银长当'等字样，故其期限，是没有一定的。惟其如是，故又有人说'大当如小买'，这亦可见利于买主而不限于卖方了。小当则为定期的出当田地，期限之长短虽然不一，但普通以三年为限者为多，五年为期者次之。"④

清水江地区的典当铺行业不甚发达，仅光绪《黎平府志》载有"府城旧设刘广胜典铺一，同济兴典铺一，各税银三两；古州旧设刘笃胜典铺一，刘恭胜典铺一，各税银三两。"⑤ 又："道光十一年，巡道于克襄、同知徐某倡捐重建古州榕城书院，得钱合银二千五百余两，交盐埠、当铺、会馆诸处生息。"又如新修《黎平县志》载："光绪初年，由县政府经费据投资，由商人张克明、张作千等主持，在城关东门双井街（现城关三小）开办当铺，收当金银首饰、绸

① 张洪绩：《贵州农村中的高利贷》，《东方杂志》第三十二卷 14 号，1935 年 7 月。
② 京滇公路周览会贵州分会宣传部编：(民国)《今日之贵州》，载《中国地方志集成·贵州府县志辑》第 11 册，巴蜀书社 2006 年版，第 551 页。
③ 罗骏超：(民国)《册亨县乡土志略》，载《中国地方志集成·贵州府县志辑》第 27 册，巴蜀书社 2006 年版，第 602 页。
④ 张洪绩：《贵州农村中的高利贷》，第 110 页。
⑤〔清〕俞渭修、陈瑜纂：(光绪)《黎平府志》，载《中国地方志集成·贵州府县志辑》第 17 册，第 204 页。

缎衣物、皮毛、被褥、家具、铜锡器皿以及房屋、田地契约，利息略低于市场，以招徕生意。"[1] 以上为数极少的典当铺，其规模皆甚狭小。

以目前所见文献资料而言，清代、民国时期之天柱县尚未见有典当铺的设立。查清康熙、光绪及 20 世纪 90 年代所修三部《天柱县志》，其中均未见有关典当业记载，其余若乾隆《镇远府志》、光绪《黎平府志》及乾隆、民国两部《贵州通志》，皆未见天柱县典当业资料。即以新出《天柱文书·第一辑》所收近 7000 份文书及笔者所见现藏于天柱县档案馆的部分文书，亦未得典当业的踪迹。因此，目前虽不能立即断言清代、民国时期天柱县没有典当行业，但若认定该地区典当业发展滞后、影响微弱，则当与历史实情相去不远。

典当业以借贷业务为其核心经营内容，可以吸纳较为集中的借贷活动，而其成熟的经营模式，保证其借贷程序的规范化，但限于现实原因，天柱县的典当业未能发展成型，故民间的借贷只能在私人之间进行，其典当活动的受典方也由典当铺变为私人。私人之间的典当，势必不能如典当铺的交易那么规范，事实上，天柱县的典当活动与普通借贷同大于异，甚至在契约书写时混淆不清。如高酿镇优洞村《民国三十三年八月二十八日刘宗科典田契》：

> 立典田契字人刘宗科，今因家事要洋使用，无处所出，甘愿将到土名石土地田式丘，上抵山，下抵龙姓田，左抵山，右抵典主田，四至分明，要洋问到本村龙门陶氏月献名下承典，双方议定价洋壹仟壹佰元，每月加五行息，限至明年二月本利归还，不得有误，若有误者，下田耕种收花为息，立有典字是实。
>
> 代笔 刘宗才
>
> 民国卅三年八月廿八日 立[2]

上契虽以典田为名，然实为普通抵押借贷，债务人刘宗科以土地二丘"出典"，向龙门陶氏月献借出 1100 元，然并未将田产转交，而是规定月息 5%，

---

[1] 贵州省黎平县志编纂委员会编：《黎平县志》，第 444 页。
[2] 张新民主编：《天柱文书·第一辑》第 12 册，第 330 页。

借期截止来年二月。同日，刘宗科另与本村龙门胡氏蕊芳立有"典田"契，亦实为抵押借贷，见《民国三十三年八月二十八日刘宗科典田契》：

> 立典田契字人刘宗科，今因家事要洋使用，无处所出，自愿将到土名高级田乙丘作典，上抵杨姓田，下抵吴杨二姓田，左右抵坎，四至分清，要洋问到本村龙门胡氏蕊芳名下承典，双方议定价洋壹仟元整，每月加四行息，限至明年二月本利归还，不得有误，若有误者，下田耕种收花为息，立有典字是实。
>
> （民国三十三年二月廿九日环共计六个月；米一斗价洋壹佰六，赎田价本利钱乙千二百五拾元整。）
>
> 代笔　刘宗才
> 民国卅三年八月廿八日　立①

此契刘宗科以"高级田"一丘作抵，向胡蕊芳借出钱 1000 元，月利 4%，限来年二月归还，亦未转移田产的使用权，且从该契纸后附的补记来看，刘宗科到期顺利偿还，计利 6 个月，本利共计 1250 元。

亦有名为抵押借贷，而实际为典当者，如石洞镇摆洞村《宣统四年十月十六日杨玉吉、龙伯鉴以田作抵向龙伯凤借银字》：

> 立借银字人杨玉吉、龙伯鉴，二人情因缺少用度，无从所出，自愿将到土名岑广坡脚田五丘，上抵地主，下抵龙大偕，左抵山，右抵路为界，四至分明，要银出借，请中到借龙伯凤承借老宝银壹拾玖两壹钱整，不限远近归还，下田耕种收花为利，将银赎字，田归原主，不得异言。恐口无凭，立有借字为据。
>
> 凭中　吴佳兴　厚祥
> 讨笔　龙昌汉

---

① 张新民主编：《天柱文书·第一辑》第 12 册，第 331 页。类似名为典当，实为普通借贷者，为数不少，除上引两契外，另有诸如竹林乡南头村《光绪二十八年六月四日潘仕华典油树契》（《天柱文书·第一辑》第 5 册，第 231 页）等。

宣统四年辛亥十月十六日 立 [1]

上契借银人杨玉吉、龙伯鉴以田五丘作抵，向龙伯凤借出"老宝银"19两1钱，然而契内既言"不限远近归还"，又不说明利率情况，而是将抵押之田交由债权人耕种，"收花为利"，与抵押借贷不同，而与该地区之典当活动无异。

---

① 张新民主编：《天柱文书·第一辑》第 2 册，第 241 页。

第二章
民间借贷之原因

　　民间借贷之原因，各时各地大同小异，若以其发生性质而言，无外乎消极借贷与积极借贷。所谓消极借贷者，乃或生计所迫，或突遭灾变，为维持个体、家庭的继续存在而产生的借贷，其借贷活动为纯消费的，无资本增值之可能。所谓积极借贷，乃是为提升个人地位、增加家庭财富的借贷，如因商业贸易中的资金周转，或求职赴任的盘缠筹措等原因而告贷于他人。在以往的研究中，有关清代民国时期天柱县民间借贷的原因，传统文献中记载极其笼统简略，如《天柱县志》所说："县内民众遇到天灾人祸，生产生活困难，急需用钱时，只有乞求于豪门富户，高利借贷；或将田土、山林、产业典当抵押、出卖，或与好友、亲朋邀会互济，换来钱物，解燃眉之急；赤贫无所有者，唯有卖身当雇工抵债。"[①] 虽已提到民间借贷原因的一些方面，但限于方志体例，戛然而止，并未深入探讨。即使考察《天柱文书·第一辑》乃至《清水江文书（第三辑）》内所收清水江流域民间借贷类文书，其典、借契内对于借贷原因的叙述，绝大部分也极其模糊，无非是一些诸如"家下要钱使用，无从得处"的浮泛书写，甚少详述真实原因者。当然，这并非清水江地区契约文书的特性，核之以徽州、福建，乃至山西、河北、云南、台湾等地的文书资料，莫不如此，乃文书体例使然。因此，要寻绎民间借贷活动背后的具体原因，必须以借贷契约为基础，全面考察同人、同时期、同地域的各类文书资料，并参照传统文献，方能有进一步的研究所得。以目前的资料梳理而言，清代民国时期天柱县民间借贷的主要原因，有生活消费、赋税缴纳、天灾人祸、家庭变故、投资周转等数类。

---

① 贵州省天柱县志编纂委员会编：《天柱县志》，第 658 页。

第一节　生活消费与赋税缴纳

在传统乡村社会，生活消费是家庭的头等大事，也是造成民间借贷的重要原因。贵州地处西南边陲，水陆交通不便，商业难以发展，绝大比率的人口只能从事农业耕作，据 1938 年农业改进所进行的农业普查的数据来看，"其农户数为总户数80.21%，计 1531072 户，农业人口为总人口数 80.33%，计 8238663人"[①]。然黔省农业发展之基础极为薄弱，且不论土壤质量不佳，即以耕地面积数额而言，亦极显紧张。以 1948 年贵州省政府统计数据而论，"本省之总面积应为 170235.85 方公里，计 255353373 市亩，耕地面积为 22468335 市亩，人口总户数为 1837261 户，人口总数为 10174457 人，其中农户数约占总户数79.46%，计 1459874 户，而农业人口约占人口总数 79.56%，计 8095273 人。故本省平均每人之耕地面积亦仅达 2.78 市亩。"[②]而同年中央农业部所统计全国农户平均每户耕地面积为 19.97 市亩，农业人口每人占 3.77 市亩，两相比较，贵州可谓"瞠乎其后"。土壤贫瘠，土地短少，故"贵州的农民，平素即贫穷万分"[③]，如民国时期京滇公路周览会贵州分会宣传部编《今日之贵州》载："本省过去变乱相乘，政府因军事之故，需费孔亟，任情摊派，名目繁多，以致人民不胜负担，百业萧条，痛苦实深。"而"农民日常生活，至为辛苦，试一旅行乡间，所见房屋破败，衣履垢敝，肌体黄瘦，衣食住行之必需品，盖无一而能自给者。"[④]

清至民国时期，天柱县以农业为支柱产业，以自给自足的小农经济为主导模式，农户家庭的主要收入，与土地之出产息息相关。而该县的人均土地面积，向来十分紧张。清代天柱县的人口，据清康熙《天柱县志》："原额汉彝人丁五千四百九十丁，系会同县原额招徕五百九十二丁，增出四千八百九十八丁，内民成丁八百二十一丁，幼丁一百二十三丁，（俱系一体编差，随粮征派）实

---

① 贵州社会科学编辑部编：《贵州近代经济史资料选辑（上）》，第 103 页。
② 同上。
③ 丁道谦：《贵州经济研究》，第 151 页。
④ 京滇公路周览会贵州分会宣传部：(民国)《今日之贵州》，载《中国地方志集成·贵州府县志辑》第 11 册，第 445 页。

在人丁五千四百八十二丁（照例随粮带派在内）三里苗丁原额四千五百四十六丁（内照明季志书减除苗丁五百五丁），实在苗丁四千四十一丁，以上人丁共实在九千五百二十三丁。"[①] 而其时在编的"实在中则田"，不过"七百五十二顷一十七亩八分二厘"[②]。乾隆时期的田地户口数据，据爱必达《黔南识略》载："田亩现在中则田七百五十二顷一十七亩有奇，汉苗村寨计三百三十八，共二万五千二百九十五户，男妇大小名口共十四万六千二百有奇。"[③] 人均土地仅0.5亩。咸丰、同治数十年间，地方动乱，民众死亡流离，户口减损甚多。至清末光绪二十五年，知县杨佩芬编联保甲通报案，"合邑通计五千六百七十四户，男大小一万九千六百五十三人，女大小一万八千五百九十八人，牌共计五百六十八人，甲长五十七名。"较乾隆时阖县户口仅十分之一，其时"全熟田地塘八万九千三百三十五亩八分四厘八毫一丝五忽七微九纤"[④]。故若仅以人均耕地面积而论，清末为最多期，人均可达2.6亩，然而随之而来的人口迁入与人口蕃息，又迅速使人地比率复归紧张。

民国二十一年（1932年）之前，天柱县人口数据难以稽核，此后方有较为详细的统计，如下表所示：

表2-1　民国二十一年至民国三十八年天柱县户口数据表[⑤]

时间	户数	人数	人口增减	备注
民国二十一年（1932年）	17070	73594		
民国二十七年（1938年）	19032	113334	增 39740	民国二十五年、二十六年两年与此数相近
民国二十八年（1939年）	20279	119707	增 6373	
民国二十九年（1940年）	20470	120854	增 1147	
民国三十年（1941年）	20667	140684	增 19830	已将青溪县坪地、汪阳联保划入天柱县
民国三十一年（1942年）		133331	减 7535	

① 〔清〕王复宗纂:(康熙)《天柱县志》，载《中国地方志集成·贵州府县志辑》第22册，第80页。
② 同上，第78页。
③ 〔清〕爱必达：《黔南识略》，第130页。
④ 〔清〕林佩纶等修，杨树琪等纂:(光绪)《天柱县志》，载《中国地方志集成·贵州府县志辑》第22册，第186页。
⑤ 据《天柱县志·第一辑》第九章"人口"第一节"历年人口"数据制表。

续表

时间	户数	人数	人口增减	备注
民国三十二年（1943 年）	22473	131739	减 1592	
民国三十三年（1944 年）	22071	129291	减 2448	
民国三十四年（1945 年）	26030	130745	增 1454	
民国三十七年（1948 年）	25007	129542	减 1203	
民国三十八年（1949 年）		159028	增 29486	

民国时期天柱县之耕地数据，据民国三十年（1941 年）贵州省政府所编《贵州省概况统计》（见表 2-2），全县共有耕地近 19.9122 万亩，分水田、旱田、旱地三类，水田水源充足，多分布于大小河流两畔，土壤肥沃度好，产量较高；旱田主要分布于山脚、丘陵，多依靠水渠引导江河水或山塘水灌溉，水利条件虽不及水田，亦适宜水稻种植；旱地多地处山坡，灌溉条件差，分布零散，只能种植诸如瓜菜、棉花、红薯等旱作物。天柱县的耕地状况，总体良好，如表 2-2 所示，水田占 36.5%，旱田占 53.5%，旱地仅 10%，远远超出全省耕地的平均水平。

表 2-2 民国三十年天柱、锦屏、剑河三县及黔省各区耕地分类表 [1]（单位：市亩）

区、县别	耕地总面积	水田面积	旱田面积	旱地面积	百分比		
					水田	旱田	旱地
天柱	199122	72610	106600	19912	36.5%	53.5%	10.0%
锦屏	107620	20550	36740	50600	19.1%	33.9%	47.0%
剑河	120556	35580	72920	12056	29.5%	60.5%	10.0%
省直辖区	3573866	876526	1405263	1292077	24.5%	39.3%	36.2%
第一区	4009108	1059045	1554112	1395951	26.4%	38.8%	34.8%
第二区	2252097	769846	1130530	351721	34.2%	50.2%	16.8%
第三区	3294218	599302	1133570	1561346	18.2%	34.4%	47.4%
第四区	4534990	346410	595130	3593450	7.6%	13.1%	76.3%
第五区	4804056	1035368	1735588	2033100	21.6%	36.1%	42.3%

然而，尽管天柱县耕地状况较好，但其耕地总面积与人口数之比率却不容

---

[1] 引自民国三十年十月贵州省政府《贵州省概况统计》之"贵州省各县耕地面积分类统计表"数据制表。载贵州社会科学编辑部编：《贵州近代经济史资料选辑》（上）卷一，第 151—155 页。

乐观。其人口密度，据1949年《贵州省统计手册》，民国三十年（1941年）至三十七年（1948年）间，天柱县每平方公里所在人数一直居高不下，如表2-3所示。

表2-3　民国后期天柱、锦屏、剑河三县及黔省各区每平方公里人数表（1941—1948年）①

（单位：万人）

区县别	1941年	1942年	1943年	1944年	1945年	1946年	1947年	1948年
天柱	120.5	114.81	112.93	110.84	112.2	111.4	111.1	111.05
锦屏	61.8	64.96	63.73	63.60	67.6	67.9	63.3	63.14
剑河	33.0	37.94	38.36	40.73	39.60	39.5	37.6	37.07
贵阳区	62.2	62.53	62.8	62.9	61.7	60.2	57.7	57.94
安顺区	92.0	83.7	86.0	81.3	81.0	79.8	79.3	79.2
镇远区	52.1	51.0	51.2	53.8	52.1	52.3	51.3	51.3
铜仁区	88.7	89.5	89.8	89.7	86.4	86.3	82.7	82.8
独山区	39.7	38.7	38.6	38.5	39.0	37.3	36.6	36.7
毕节区	63.8	64.6	64.7	64.8	63.2	62.9	61.1	61.2
遵义区	64.4	70.8	69.8	71.0	70.5	70.3	67.0	67.1
兴仁区	53.1	55.1	54.3	52.3	51.7	53.1	50.3	50.2
省平均	61.9	63.04	65.41	63.62	62.2	61.9	59.7	59.43

据民国末期的统计数据可知，天柱县的人口密度远超出全省平均人口密度近一倍之多，更远高于其所在的镇远专区的平均人口密度，即使在全省所有的县里，也高居前三之列，仅低于安顺、思南二县。正因人口密度过高，故天柱县虽耕地面积不少，而人均耕地面积却为数甚少。以民国三十年（1941年）为例（表2-4），全县共有耕地19.9122万市亩，人口数为11.9707万人②，人均耕地面积仅1.7市亩，低于全省各区平均数目。

---

① 引自民国三十年十月贵州省政府《贵州省概况统计》之"贵州省各县耕地面积分类统计表"数据制表。载贵州社会科学编辑部编：《贵州近代经济史资料选辑（上）》（卷一），第63—74页。
② 据《贵州省概况统计》，天柱县民国三十年（1941年）人口数为119707，而据《天柱县志》（贵州省天柱县志编纂委员会编）第九章"人口"第一节"历年人口"数据，则民国二十八年（1939年）人口数为11.9707万人，至民国三十年，则已增至14.0684万人，未知孰是，然若以后者计算，则是年该县人均耕地数当更少。

表 2-4　民国三十年天柱、锦屏、剑河三县及黔省各区人均耕地统计表 [①]

区县别	耕地面积（市亩）	人口数（人）	人均耕地面积（市亩）
天柱	199122	119707	1.7
锦屏	107620	65016	1.7
剑河	120556	56462	2.1
省直辖区	3573866	1550355	2.3
第一区	4009108	1819024	2.2
第二区	2252097	1009522	2.2
第三区	3294218	1691886	1.9
第四区	4534990	1844202	2.5
第五区	4804056	2389486	2.0

　　人均耕地紧张，欲提高农业收入，只有努力提高单位面积之产量。天柱县靠近两广，气候温和，热量较高，无霜期长，雨量充沛，本有利于农作物的两熟制或三熟制，但长期以来耕作模式较为粗放，大部分水旱田土仅一年一熟，间作套种技术亦未推广使用。如民国三十二年（1943 年）调查统计称，"全县有稻麦两熟 21670 亩，占稻田面积的 13.6%，稻油两熟 7300 亩，占稻田的 4.6%，稻菜两熟 8530 亩，占稻田的 5.4%，稻闲一熟的 121352 亩，占稻田的 76.4%，高寒地区还有轮歇地。" [②] 因此，直至民国末年，天柱县土地亩产量一直增长缓慢，1949 年全县耕地面积 25.7505 万亩，粮食产量 4114.06 万公斤，其中水稻 3897.18 万公斤，小麦 28.375 万公斤，玉米 15.295 万公斤，红薯折谷 90.045 万公斤，洋芋 15.295 万公斤，平均亩产约 159.8 公斤。

　　进而考察人均占有粮食数量。虽清至民国时期天柱县之历代人口数与粮食产量，难以一一考证，然即使以清末至 1949 年的平均亩产数计算 [③]，亦可见其大概。光绪二十五年（1899 年）全县田地数为 8.9335 万亩，总产量当为

[①] 引民国三十年十月贵州省政府《贵州省概况统计》之"贵州省各县市平均每人所有耕地面积统计表"数据制表。载贵州社会科学编辑部编：《贵州近代经济史资料选辑（上）》卷一，第 156—160 页。

[②] 贵州省天柱县志编纂委员会编：《天柱县志》，第 367 页。

[③] 查《天柱县志》（贵州省天柱县志编纂委员会编）"大事记"记载，1949 年天柱县并无自然灾害，虽存在因通货膨胀而导致的社会秩序混乱，但对农业生产影响有限，故此年之农业产量可视为正常产量水平。

1427.5733 万公斤，其时总人口 3.8251 万人，平均每人占有粮食 373.2 公斤，平均每人每天约 1 公斤[1]；而 1949 年之耕地面积增至 25.7505 万亩，总产量亦达 4114.06 万公斤，然当年人口数为 15.9028 万人，每年人均粮食量 258.7 公斤，每日人均仅 0.71 公斤。当然，假如以上数字为民众可自由支配的净数，则无论是清代的每日人均 1 公斤或民国末年的 0.71 公斤，对于日常食用来说，都已绰绰有余，但实际何尝如此！首先便是赋税，同样以 1949 年为例，该年全县田赋、县级公粮、购借军粮共计 3.6375 万市担，每担 87.5 公斤，共计 318.28125 万公斤，余 3795.77875 万公斤，则人均每年粮食数仅剩 238.7 公斤，日均 0.65 公斤。若进而考虑土地占有的不均衡性，碾谷作米的折耗，以及家养禽畜的消耗，则一般民众家庭人均口粮，当是何等紧张，即使平常年景，也唯有忍饥缩食，勉强度日，一到青黄不接之时，即有告贷之忧，而为数不少的少地自耕农、半自耕农，或无地的佃农，其家庭食粮需求自然更为紧迫。

除饮食之外，服饰消费亦为家庭日常必要用度之一。民国学者丁道谦《贵州经济研究》载，"贵州衣料生产，约有四种，即棉、麻、丝、毛。四者之中，无一能自给自足者，棉花之产量非常有限，出产之县份虽多至六十三，然合计其出产不过 26194 担，其中以罗甸、三穗、思秉、思南等县产量较丰，年产约 3000 至 4000 担，所以年中入超非常之大。麻为次于棉花之衣用植物，有大麻、苎麻两种。但在贵州年产亦微，不过为农家之一种附业。丝在贵州，有家蚕及柞蚕两种，两种比较各有其长，前者之光泽较后者为优，而后者之产量则较前者为富，据调查贵州柞蚕产县有八，年产约 31923 斤，以正安、遵义等县所产为多。毛之主要者为羊毛，产于水城、威宁一带，惟年中所产无多。"[2] 以清水江下游的天柱县而言，丝、毛出产甚少，侗、苗民众之服饰以棉、麻为主，大多"自种棉花，纺纱、织布，染布做衣"[3]。侗族传统男装，上衣为对襟短衣，襟下荷包两个，布扣七颗，下裤为直筒便裤，无裤包，裤脚八寸，长齐踝，腰

---

① 按（光绪）《天柱县志》卷三"食货志"，载光绪二十五年杨佩芬任内奉文编联保甲通报案数据测算。
② 丁道谦：《贵州经济研究》，第 110—112 页。
③ 贵州省天柱县志编纂委员会编：《天柱县志》，第 586 页。

束布带，脚穿布鞋布袜，冬春头包青、蓝色布帕；女装为矮领右衽大襟衣，长至膝，镶另色大团肩，绕襟边至摆脚亦镶另色布条，布扣五颗，袖齐腕，下着长筒便裤，裤脚七八寸，齐踝，腰束棉线织成的扁带，宽二尺，长五尺，头包青、蓝色头巾，长者达一丈二尺，宽一尺二寸，短者长一尺二寸，宽一尺，另有绣花围腰、绣花布鞋等件。苗族之服饰与此大体相近，皆较汉人服饰为烦琐，而所需布料亦较多，虽于多数家庭而言，制作家庭成员服饰的棉布、麻布自产自织，制衣之术亦是侗、苗妇女的必备技艺，但栽种棉、麻需占用原本紧张的土地，而纺线、织布、制衣亦需人力、时间，加之侗、苗民族对服饰色彩极为讲究，布料的染色亦为一道繁复的工序，皆成为民众家庭的一大负担。

赋税是传统乡村社会农户的另一重要家庭支出，常成为其借贷的重要原因。明代"一条鞭法"实行之前，赋税征收沿前代"两税法"，分夏、秋两季征收，赋之外有役，据各户人丁之多寡及贫富程度而定。至万历年间张居正推行"一条鞭法"，"总括一州县之赋役，量地计丁，丁粮毕输于官。一岁之役，官为金募。力差，则计其工食之费，量为增减；银差，则计其交纳之费，加以增耗。凡额办、派办、京库岁需与存留供亿诸费，以及土贡方物，悉并为一条，皆计亩征银，折办于官。"① 此法上承两税法，下启清代雍正年间的摊丁入亩之制，简化了税务，减轻了农民负担，为赋税史上的重大变革。满族入主中原之后，吸取明末疲竭民财、天下嗷嗷，终至变乱四起的教训，扫除加派，轻徭薄赋，与民休息。康熙四十九年(1710 年)下诏减免三年钱粮及历年逋欠之税款，康熙五十一年(1712 年) 更下诏说："今海宇承平已久，户口日繁，若按现在人丁加征钱粮，实有不可。人丁虽增，地亩并未加广。应令直省督抚，将现今钱粮册内有名丁数，毋增毋减，永为定额。嗣后所生人丁，不必征收钱粮。"② 雍正四年（1726 年），为简化税制，将丁赋合并于地税内，进一步减轻无地、少地人民的负担。

考察自中唐至明再到清的赋税制度，农民之负担呈现显著减轻的趋势，而推行之事实，则殊不尽然。唐白居易《赠友五首》之三云："私家无钱炉，平

---

① 〔清〕张延玉等撰：《明史》卷七十八"食货志二"，中华书局 1974 年版，第 1902 页。
② 〔清〕昆冈、李鸿章等编：《钦定大清会典事例》卷一百五十七"户部·户口·编审"。

地无铜山。胡为秋夏税,岁岁输铜钱。钱力日已重,农力日已殚。贱粜粟与麦,贱贸丝与绵。岁暮衣食尽,焉得无饥寒。吾闻国之初,有制垂不刊。庸必算丁口,租必计桑田。不求土所无,不强人所难。量入以为出,上足下亦安。兵兴一变法,兵息遂不还。使我农桑人,憔悴畎亩间。谁能革此弊,待君秉利权。复彼租庸法,令如贞观年。"①对两税法后以钱征税使民间贱卖谷物的弊端进行了深刻的描写。五代时窦俨更针对赋税过重使民户负债累累上疏朝廷说:"今编户之氓,以债成俗,赋税之外,罄不偿债,收获才毕,率无囷仓。官有科折之弊,私有醑酿之缗,倍称速息,半价速卖,则贷一斗而偿四斗矣。欲民不困,岂可得载!"②明代"一条鞭法",本已总括田赋、力役、杂赋等项,但在实际推行中,为增加财政收入,各级官吏不免依旧加派,"诸役冗费名罢实存,有司追征如故"③;崇祯三年(1630年),河南巡抚范景文言:"民所患苦,莫如差役。钱粮有收户、解户、驿递有马户,供应有行户,皆佥有力之家充之,名曰大户。究之所佥非富民,中人之产则为之倾。自变为条鞭法,以境内之役均之境内之粮,宜少苏矣,乃民间仍岁奔走,罄资津贴,是条鞭行而大户未尝革也。"④

另外,赋税征银,又滋生另一弊端,即火耗,成为明清赋税病民的重要原因。平心而论,清代的赋税制度较前代实为轻便合理,"永不加赋"与"摊丁入亩"的相继实行,使民生大为改善,产生了康、雍、乾三代百余年的盛世。但自嘉庆时期开始,国库日趋空竭,如魏源所云:"何以昔时浩浩出之而不穷,今则斤斤计之而左支右绌,世俗或归咎于新疆经费,岁出关外三百万。果如其言,则乾隆中叶,国用即应匮乏,何以库藏充盈,均在二十载荡平西域之后,至末年尚贮七千余万乎?细究其故,大抵不出河工、宗禄、兵饷三端。"⑤至太平天国起义及鸦片战争列强入侵之后,各级财政更加紧张,而各类耗羡、加派与日俱增,诚如《田赋史》所云:"清末赋制,至为紊乱,盖吏治腐败,则官吏相

---

① 〔唐〕白居易:《白居易集》,中华书局1979年版,第35—36页。
② 〔五代〕窦俨:《上治道适宜疏》,载〔清〕董诰等编:《全唐文》卷八百六十七,中华书局1983年版,第9047页。
③ 〔清〕夏燮:《明通鉴》,中华书局2009年版,第2379页。
④ 〔清〕张延玉等撰:《明史》卷七十八"食货志二",第1906页。
⑤ 〔清〕魏源:《复何竹芗同年论会计书》,载《魏源集》,中华书局1976年版,第506页。

率而舞弊。中央政府之统治力，渐次解体，而地方得以自行其是之故也。"①

贵州自明永乐年间建省，嘉靖《贵州通志》云："天下布政司十有三，而贵州为最后，故财赋所出，不能当中原一大郡，诸所应用，大半仰给于川湖。"其时每年所征夏税，不过纳"荞麦共二百六十六石九斗七升一合六勺，洞蛮麻布二百五十九条零一丈五尺（每条长二丈阔一尺），秋粮、屯科征米，亦不过"米实征一十四万六千八百八十二石五斗八升三合五勺九杪六撮七圭四粒五粟"②而已。入清以后，全省田亩亦仅 312 万 3400 余亩，土地不过 15 万 5300 余亩，额定田赋米谷 17 万 3300 余石，另加耗米若干。然而此等看似较轻的赋税额度，对于贵州人民来说却并不轻松，更何况基层官吏实际征收时绝不仅此，浮征苛派，在所难免。以遵义桐梓一县为例，民国李世祚等修《桐梓县志·食货志》载："自乾隆初丈量后，旋减银征米，每石扣银八钱五分，已载郡志。至嘉庆四年，每户一票加额银一钱，又加跴戥银一钱，又火钱、票钱各四十文，米票钱二十文。道光十五年，每票跴戥加银至二钱五分，无论分厘，惟照票取。户书则私收至三钱，火银、票钱各一钱，米票四分。夜娄里及芦里下五甲秋米照正粮收银一倍，改征之银实未发还，杨逆藉以称乱。御史据情入告，总督恒巡抚蒋奉旨将跴戥名色永远革除，并会衔覆奏，严札府厅各县遵照出示晓谕，惜奉行者皆具文。同治十二年，知县凌彝铭欲除户书多取之弊，每正项除耗羡外，将跴戥加至二钱八分，而户书仍有浮收，然二八又成定例矣。"③此等弊端，实全省乃至全国之通病，无怪乎如《贵州通志·前事志》所言："道光二十年以后，湖湘连岁荒旱，全资黔米接济，平、瓮、余、黄各属斗米值银八、九钱，官吏缘以为利，每丁一钱，勒收银一两二、三钱，每粮一斗，勒征银七、八钱不等，民间因米昂贵，一皆照纳。及道咸之交，湖湘稻熟，米倒灌，价值大落，而官征收毫不减少。

---

① 程滨遗、罗巨峰、夏益赞、吴泽：《田赋史》，正中书局 1944 年版，第 353 页；上海书店 1989 年影印，收入"民国丛书"第 3 编第 31 种经济类。
② 〔明〕谢东山修、张道纂：（嘉靖）《贵州通志》，载《中国地方志集成·贵州府县志辑》第 1 册，第 285 页。
③ 李世祚修，犹海龙等纂：（民国）《桐梓县志》，载《中国地方志集成·贵州府县志辑》第 37 册，第 230 页。

小民终岁勤动，除条粮外，几无余蓄，怨声沸腾。"①

　　清水江流域旧属苗疆，多有生苗聚集区域，而至雍正年间方归朝廷直接管辖，其"苗疆开辟"之前，田赋状况无可考证，至雍乾之后，虽朝廷加意抚绥，减免赋税，但苗、侗民众所受之盘剥亦甚少得以苏息。以古州（今榕江县）为例，设厅以前，"古州土瘠民贫，苗民终岁勤勤，仅免枵腹，盖地利未辟，苗多不知树艺之法，故于农事备举其绪，冀为导引。"② 亦如《古州厅志·田赋志》所云："环古皆山，九土莫辨。终岁勤勤，无征无敛。皇风远被，非乐土地。一视同仁，因利而利。宽其赋入，稻粱菽粟。鼓腹而嬉，曰王之福。"③ 雍正七年（1729 年）招抚佳化等寨，仅征收税粮 931 斗 9 升 6 合，雍正八年（1730 年）招抚邱车等寨，亦仅令其纳粮 291 石零 9 升 6 合，可谓轻之又轻。乾隆元年（1736 年）七月二十一上谕即云："贵州古州等处苗众，从古以来未归王化，我皇考世宗宪皇帝如天之仁，不忍弃之岍嶂之外，遂因伊等俯首倾心输诚归顺之切，收入版图，使得沾濡德泽，共享升平之福，原非利其土地人民，为开拓疆域之举也，即如从前所定粮额，本属至轻至微，不过略表其向化输诚之意，俟数年之后，原欲并此加恩宽免，此皇考抚恤苗民之盛心，向朕与诸王大臣曾经再三宣谕者。"④ 而不过百年，至咸同年间，此地已然因苛捐杂税而民生凋敝，苗变四起，时任贵州巡抚曾璧光所出告示云："苗疆粗定，民困未苏，亟应剔除积弊，加意抚绥，以作长治久安之计，兹据通省善后总局转据都匀府罗守具禀地方官及土司衙门，向有苗民轮流当差应夫并供应器具什物，每遇差使过境，或因公下乡，土司书役联为一气，勒派夫马酒食，无不恣意苛求，且有营汛弁勇绅团责令苗民服役，其弊想等，各路营兵见而效尤，遇有移营樵采，亦相率擅用苗夫，似此烦劳民力，朘削民膏，实不堪命。"⑤

① 刘显世、谷正伦修，任可澄、杨思元纂：(民国)《贵州通志》，载《中国地方志集成·贵州府县志辑》第 7 册，第 309 页。
② 〔清〕余泽春修，余嵩庆等纂：(光绪)《古州厅志》，载《中国地方志集成·贵州府县志辑》第 19 册，第 283 页。
③ 同上，第 314 页。
④ 同上，第 325 页。
⑤ 同上，第 323 页。

天柱县处于清水江下游，湘黔交界地带，遍地皆山，自建县以来，经济本不发达。其耕地面积有限，康熙《天柱县志》云："柱邑为楚岩疆，虽广袤百里，而顷田仅七百八十余，无长源灌溉，无万亩盈郊，地非阔也，加以兵火流离，哀鸿甫集，即丰年所入，有正供而无衣食，人工亦未尽修也，所恃牧斯土者用一缓二，寓抚字于催科，庶不致驱而饿之疾而走之，以自绝于征求之路焉。"[1] 康熙时期天柱县之户口，"实在人丁五千四百八十二丁"，"实在苗丁四千四十一丁，共实在人丁九千五百二十三丁"[2]，若加上妇女、儿童之数，当约有两万。以至少两三万之多的人口，耕作七百八十余顷分布于丘陵、河坝之中的田地，无疑显得紧张。而县内粮食作物亦较为单一，虽有稻、黍、稷、麦、秫、粱、芝麻、荞麦之属，但"遍观邑人所艺者，唯早中晚二禾，其余所收无几"[3]。明清天柱县的粮食产量如何，今难以确知，然据新修《天柱县志》，1949 年全县耕地平均亩产尚仅仅 155.7 公斤，则明清时期之粮食供给当更为艰难。诚如康熙《天柱县志》所说："即年丰仅足自给"，而建县时朱梓在县内严格施行"禁贩禾米以安地方"的政策，以确保县内的粮食供给，实属不得已之举。故明代在天柱县征收赋税相对较轻。万历二十五年（1597 年）建县之时，朱梓将全县 338 寨之民按汉化程度编为县民、三苗两大部分，其中县民 183 寨，分六里一厢，按亩征税，共征收秋粮 1301.8 石，折银 2418.89 两，苗民 155 寨，分归化乡三图里，则仅征本色秋粮 20.9 石。而同时同属湖南靖州管辖的靖州，粮额为 6300 余石，绥宁、会同二县粮额共计 1.005 万余石，天柱一县仅额粮 1460 余石[4]。即使如此轻的税额，于天柱县民而言，并不显得轻松。清初三藩之乱时，吴三桂占据湖南，在靖州征收赋税施行四股均派制，即"遇有一事，肆股分派，靖州壹股，绥宁县壹股，会同县壹股，通道天柱两县共壹股，而天柱又认此壹股中之柒分，通道止认此壹股中之叁分"，使得"有力者卖屋卖田，无力者卖

---

① 〔清〕王复宗纂:(康熙)《天柱县志》，载《中国地方志集成·贵州府县志辑》第22册，第78页。
② 同上，第80页。
③ 同上，第88页。
④ 据（康熙)《天柱县志》"食货志"、(光绪)《天柱县志》"食货志"数据。

妻卖子，公事虽勉强完杜，实系割肉医疮，仅存皮骨，隅泣难堪"①，故时任知县王复宗就此事详禀上司，方革除此弊，使民众稍得苏息。康熙四年（1665 年），再次清理田赋时，全县共有 7.817487 万亩，其内八里（明代六里一厢，新增一里）征粮折银及饷银共 2041.546 两，归化三里征米 1301.84 石，另每丁交鸡一只，折银三分，共计 121.23 两。雍正时期，赋税改征粮银各半，其地丁米折银 1271.9 两，征米 1496.36 石，火耗一分，计银 128.9 两，米 146.63 石。乾隆四年（1739 年），重新清查田亩，将原不丈量田亩的苗族集聚区归化乡三图里亦作清理，共有耕地 13.399824 万亩，减免 386.77 亩，实征 13.361147 万亩，征银 2561.61 两，米 1327.73 石。② 光绪时期，依旧银、米同征，其米每亩加征 0.0148 石，银每亩加征 0.0185 两，以作县署、学署的办公用费，并于收税之时，每米一石，再加征 0.21 石，加征钱 2923 文，其时之秋粮、地丁银数额，如表 2-5 所示。

表 2-5　光绪年间天柱县秋粮、地丁数额表③ [单位：米（石）；银（两）]

秋粮（米）					地丁（银）		
正米	地丁改征米	小计	耗羡	合计	正项	耗羡	合计
1322	162	1484	149	1633	1289.71	128.97	1418.68

　　总体来说，除了清初特殊时期的"四股均派"制，天柱县的赋税征收体制尚称平允。然如全国各地的情况一样，在实际征收层面，弊病丛生。明末天柱县儒学教谕陈九韶《厘田赋记》载："有粮浮于田者，有田去粮存者，有久开垦而未升科者，有多壅溃而未蠲除者，有军民互相侵产者，或藉苗田以影射，或寄军屯以免差，致富享无粮之田，贫受赔贩之苦，争端丛集，民讼猬兴。"④清代"乾隆时，复将各县额外收入，挹作正供，谓之耗羡。年湮代远，奸吏旁缘，

---

① 〔清〕王复宗纂：(康熙)《天柱县志》，载《中国地方志集成·贵州府县志辑》第 22 册，第 86 页。
② 据〔清〕林佩纶等修，杨树琪等纂：(光绪)《天柱县志》"食货志"数据。
③ 据贵州省黔东南苗族侗族自治州地方志编纂委员会：《黔东南苗族侗族自治州志·财政志·审计志》第二章"财政收入"之"(光绪)年间黔东南地区秋粮、地丁征收情况表"数据制表，贵州人民出版社 1989 年版。
④ 〔清〕王复宗纂：(康熙)《天柱县志》，载《中国地方志集成·贵州府县志辑》第 22 册，第 110—111 页。

税外加税，名外立名，拉杂纷纭，莫可究诘。正税则有条编、马辖、轻赍、岁用、丁差、牛头、场租、盐税、蜡课、花麻、布蛋等名目；规费则有印红、柜费、房书、工食、纸笔、火耗、加平、串票等名目。"① 可见征收之混乱。最为民害的是胥吏，尤其是咸同之乱后，田赋册簿丧失殆尽，征收无凭，常由书役操纵把持，兼之仓吏历代沿袭的舞弊手段，使民众深受其盘剥。光绪五年（1879 年），天柱县《征收钱粮章程碑文》载：

> 天柱县正堂王为遵札照钞录批晓谕事，照得案奉府宪祥、巡宪易、粮宪松、藩宪林牌开奉抚宪岑，为严禁加收钱粮以苏民困事，照得惟正之供，本应征纳，而乱后之民，尤当抚恤，查贵州田赋定例，条银一两最多不过准加耗银一钱五分，秋米一石准加耗米一斗五升。何至加及数倍，苦累良民。本部院酌定后，完纳钱粮无论秋粮、条银，无论收钱、收米，除例征耗银耗米外，只准照街市价每两加银二钱，每石加米二斗，以作倾工批解等费。此次示后，凡秋粮之地盘、样米、尖斗、尖升，条银之岁征勒收、加平、加水，一切积弊，概行革除，倘再有书差仍前勒索，呈控地方官不究者，许即来辕据实陈告，定从严参办等因，复奉藩宪林、粮宪松札饬，各府州县每征银一两除耗银外，每两准加银四钱，准作为办公之需。但此除解库外，尽可敷用，若任意多加，一经查出，或被告发，即从严参处，兹据该县禀称，经征钱粮如士民等果照抚宪初谕章程完纳，并给粮书小费钱文，其余浮费，概行别除，自当俯如所请，永作定章，以垂久远，仰见各宪于轸瘝恤民之中，仍寓体恤下僚之意，自应勉力从事，下济民艰。为此仰绅民人等实照即遵宪章，伐石刊碑，以垂永久，尔粮户毋得抗违拖延，书役亦不得浮收舞弊，致干并究，各宜凛遵毋违。特示：
>
> 一、钱粮年底扫数，不得拖延；
>
> 一、每亩随征钱二文，秋米每斗随征钱六文，以作办公纸张火食等费。除此之外，不得需索，如仍前舞弊，即行禀官究治；

---

① 李荫乔：《贵州田赋研究》，载"民国贵州文献大系"第二辑下《贵州田赋研究·西南采风录·贵州苗夷歌谣》，贵州人民出版社 2011 年版，第 313 页。

一、改米秋米赴仓上纳，随到随手，平斛响挡，不许淋尖踢斗，扫括地盘，并不准包户代纳，从中舞弊，违者禀官究治；

一、学院夫马，逢子、午、卯、酉，每亩随征钱二文，秋米每斗随征钱六文，存库粮、两若非其年不许勒收，至收钱粮不得分外索取底串，以蹈前弊；

一、书差凡收粮，以及下乡，不许骑马乘轿，骇诈乡愚，勒取夫马钱文，违者禀官究治。①

此碑反映出清末天柱县乃至整个贵州省内赋税征收的恶劣境况，民众除了缴纳国家规定的赋税金额外，其遭受的各类盘剥可谓名目繁多，出于地方政府的有各类加派、火耗，如税银 1 两可加至 4 钱，税粮 1 石可加至 2 斗，并有办公纸张伙食费、学校经费每亩各加征 2 文，每斗加征 6 文，则溢出既定税额近50%，甚至常常"加及数倍"。更为严重的是书役、仓吏的各种舞弊、压迫手段，如书差的"勒取夫马钱文"，仓吏的"淋尖踢斗""扫括地盘""包户代纳"及变换量器，如此种种，敲骨吸髓，无所不用其极。清末吏治腐败，层层勾结，即使偶有正直官吏希图革除弊端，亦不啻蚍蜉撼树，徒唤奈何而已。《清史稿》言岑毓英为"跋扈霸才"，"信乎识时之杰，能自树立者"② 然而终成虚文，影响甚微，故于次年六年十月十七日，再出布告云：

贵州巡抚岑毓英示为再示严禁事，照得黔省征收丁粮，向多浮冒病民，前经酌减定章，以苏民困，通饬各属遵办在案，兹本部院奉旨查阅营伍，经过上下游各属，沿途接阅氏词具控书役勒折浮征者甚多，现又接贵西道禀称，查各属征收丁粮自酌减定章后，各官凛顾考成，尚系照章收纳，惟书役等仍不免瞒官虐民，加倍征收等情，据此查核，与本部院所收民词大略相符。查各属书役胆敢肆行舞弊，不照定章，殊属目无法纪，亟应严饬查禁。嗣后如府、厅、州、县吏书役人等，

---

① 〔清〕林佩纶等修，杨树琪等纂：(光绪)《天柱县志》，载《中国地方志集成·贵州府县志辑》第 22 册，第 204—205 页。
② 〔清〕赵尔巽等：《清史稿》卷四百一十九"岑毓英传"，第 12138 页。

再有勒折浮收等弊，准地方绅民捆送本部院惩办，并将该地方官一并参处，通饬各府、州、厅、县严行查禁外，为此示仰绅民人等一体遵照毋违。特示。①

从这份追加布告可以看出，岑毓英对于自前年钱粮章程刊布后，"书役等仍不免瞒官虐民，加倍征收""胆敢肆行舞弊，不照定章，殊属目无法纪"的情况大为恼火，然又无如其何，所谓"亟应严饬查禁""准地方绅民捆送本部院惩办，并将该地方官一并参处"云云，无一可以落实，因书役、仓吏本与地方官沆瀣一气，又与豪强富户盘根错节，怎能动摇其势力？受迫害最深的底层小民，穷苦无告，又焉有能力将此等蠹吏捆送究办？胥吏害民，自古已然，其弊难革，直至民国三十年（1941），于田亩编查中，天柱县毗邻的锦屏县边沙联保就向县政府呈文，以确凿的事例，控诉田亩编查员徇私舞弊的恶劣行径，文曰：

> 边沙联保办公处呈为田亩编查不均，恭恳准另行派员复查，以昭平允。据第九保保甲长等呈称：窃编查田亩以平均为原则，万不能再有过重甚轻之弊端，无如我地之编查员大昧其良，仅重贿赂不顾公益，致使有田者轻，无田者重，如共驾杨积科约有田三百余石，仅编为四亩七分；杨积文有田四百五十余石，仅编为5亩3分；杨积富有田一百余石，仅编为三亩八分，又高拇村付自球有田一百余石，仅编为五亩三分，付自修有田一百五十余石，仅编为三亩五分，付民兴有田三百六十余石，仅编为七亩一分；又大坪黄有祯有田一百余石，仅编为一亩四分。②

民国时期的田赋征收，初期基本仍沿用晚清之制，由丁、粮、租合成，"丁为地丁，粮为地粮，租为地租，而地租又分为屯租、杂租之二种"③，先后征收银两、

---

① 〔清〕林佩纶等修，杨树琪等纂：(光绪)《天柱县志》，载《中国地方志集成·贵州府县志辑》第 22 册，第 205 页。
② 贵州省编辑组编：《侗族社会历史调查》，第 143 页。
③ 李荫乔：《贵州田赋研究》，第 313 页。

银元，每赋银一两折银元1.5元。这一时期，清水江下游锦屏、天柱、剑河三县之田赋数目如表2-6所示。

表2-6　民国初年（民国四年以前）天柱、锦屏、剑河三县田赋统计表①

	天柱	锦屏	剑河
地丁银 （单位：两）	正：1289.717 耗：16.972	正：288.839 耗：41.444	正：19.112 耗：5.314
地粮银 （单位：两）	正：1484.941 耗：181.909	正：566.071 耗：198.125	正：41.833 耗：3.347
杂租 （单位：石）	捕厅田谷：26 学租米：16	无主军田谷：80 藉田谷：10.3	绝租谷：686.2
屯租 （单位：石）	无	无	正：1174.8 耗：224.96

相较而言，上表三县之田赋额度，以天柱为较重。至民国七年（1918年），贵州省将田赋征收时间分上忙、下忙两期进行，上忙四月一日至十月底止，下忙自十一月一日至次年三月底止，"上忙为科征正限，下忙为逾期输纳，且须加征滞纳金，是与他省不同"②。田赋分地丁、秋粮两种，含正耗、平余、规费等名目。民国二十四年（1935年）后，改征法币。民国三十年（1941年）后改征实物，每赋银一元折稻谷2市斗，民国三十一年（1942年）折4市斗，至民国三十六年（1947年）、三十七年（1948年），加至6市斗之多，且除田赋外，尚有县级公粮、购借军粮，皆为数甚巨（见表2-7）。

---

① 此表据《贵州田赋研究》内清末民初贵州省各县"地丁沿革数目比照表""地粮沿革数目比照表""屯租沿革数目比照表""杂租沿革数目比照表"中天柱、锦屏、剑河三县数据改制。
② 李荫乔：《贵州田赋研究》，第253页。

表2-7 天柱县民国三十年至三十八年田赋、县级公粮、购借军粮统计表① （单位：市石）

	民国三十年	民国三十一年	民国三十二年	民国三十三年	民国三十四年	民国三十五年	民国三十六年	民国三十七年	民国三十八年	合计
田赋	12488	18978	18353	20238	18155	12251	12251	18395	18377	149495
公粮	6244	6329	6118	5782	5271	6125	12251		9188	57308
军粮	27755	24528	24571	20648	18219			9197	9188	134106
合计	46487	49835	49042	46668	41645	18376	24502	27592	36753	340909

除田赋、县级公粮、军粮外，各类苛捐杂税类型繁多，先后有货物税、营业税、契税、印花税、屠宰税、斗息捐、牲牙捐、公秤捐、房捐、油炸水碾纸槽捐、摊捐、落地捐、草鞋捐、招待费、区保经费、保甲办公费、火烟款、壮丁款、保丁食米、公教食米、自卫特捐、建校捐、天柱桥捐、军人慰劳捐、抗日阵亡将士纪念塔捐、滑翔机捐、过路部队摊派菜金款、柴草款、后备部队服装款、国民兵训练费、冬防费、挑运军粮费、案件传送费等名目，加剧了农村的贫困化。以民国二十九年（1940年）为例，天柱县之财政收入与支出之细目，如表2-8、表2-9所示。

表2-8 民国二十九年（1940年）天柱县财政收入表②

收入类别	收入金额（万元）及占年度财政收入比例	收入类别	收入金额（万元）及占年度财政收入比例
屠宰营业正税、附加税	122.5；12.93%	契税附加捐	14.6；1.54%
户捐	523.5；55.29%	木植捐	18.9；1.99%
斗息捐	31.3；3.3%	牲牙捐	15.3；1.61%
公产捐	32.4；3.42%	财产租息	3.5；0.36%
学产收入	51.8；5.47%	事业费收入	87.5；9.24%
实业收入	1.5；0.15%	行政收入	36；3.8%
省补助	2.9；0.3%	其他收入	5.1；0.53%

① 据贵州省黔东南苗族侗族自治州地方志编纂委员会编《黔东南苗族侗族自治州志·财政志·审计志》第二章"财政收入"之"黔东南地区民国三十年至民国三十八年田赋征实统计表""黔东南地区民国三十年至民国三十八年县级公粮征实统计表""黔东南地区民国三十年至民国三十八年购借军粮统计表"数据制表，表内以稻谷87.5公斤为一市石。
② 据《天柱县志》（贵州省天柱县志编纂委员会编）第十三编"财税金融"第一章"财政"第一节"财政收入"数据制表。

表2-9 民国二十九年（1940年）天柱县财政支出表 [1]

支出类别	支出金额（万元）与所占比例	支出类别	支出金额（万元）与所占比例
行政	62.5；6.76%	教育文化	25.3；25.3%
卫生	5.1；0.55%	保安警察	523.1；56.6%
财务	24.2；2.59%	补助及协助	6.8；0.73%
公务员薪饷	5；0.54%	其他	52.5；5.62%
经济及建设	10.2；1%		

从上两个表可见，该年财政收入946.8万元（法币），以户捐为最大份额，占总财政收入的55.29%；其次为屠宰营业税及附加税，占12.93%；而诸如实业收入则仅0.15%，可见县域经济中商业、工业皆不发达，木材贸易亦甚为低落。其年县财政总支出为924万元（法币），以保安、警察费用支出最多，达523.1万元，占总支出数额的56.6%，占该年财政总收入的55.3%，这种畸形的财政支出比例，表现出该县的混乱局面，生活于这样时局环境下的普通民众，其家庭窘迫之程度可想而知。正因如此，清代中后期下至民国时期，天柱县广大乡村社会民众出卖产业的频次快速增长，民间借贷活动亦随之增加。

在沉重的赋税压迫下，一般民众的家庭经济极为脆弱，少有储蓄。虽然随着荒地的开垦、耕作技术与粮种的改良，晚清以后天柱县的粮食总产量大幅提升，甚而丰收年份有较大额度外销邻省的可能，然而一般小农，缴纳田赋后所剩余的粮食已难以供给家庭的食用，一到青黄不接之时，常有缺粮之虞，而不免告贷。如瓮洞镇克寨村《民国三十七年三月八日刘宜盛以田作抵借谷字》：

> 立借谷子字人刘宜盛，今因要谷用度，无从得处，自己上门问到黄招汉名下承借出谷子壹石陆斗，本利在内限至八月秋收相还，若有八月不还，自将土名岩春头大门口水田一丘，收谷陆运作抵不误。若有误者，谷主下田耕种收花为息，借主不得异言。恐口无凭，立借字为据。

---

[1] 据贵州省天柱县志编纂委员会编：《天柱县志》第十三编"财税金融"第一章"财政"第二节"财政支出"数据制表。

凭中　黄道富

民国卅七年三月初八亲笔立 ①

上契发生于农历三月，正值禾苗初长、旧谷将尽之际，缺少粮食成为普通农户的普遍困境，契中刘宜盛即因家中"要谷用度，无从得处"，只得亲自上门向黄招汉借出谷子1石6斗，约定本年八月秋收时本利归还，并以家中耕作条件颇佳的可收谷6运的水田作抵，若到期不能顺利偿还，则谷主有权下田耕种。查民国三十六年并无水旱之灾，年景尚属正常，尚且不免告贷，则一旦遭遇不虞之灾，农户必难以支撑。又如瓮洞镇黄巡村《民国三十七年三月十八日蒋景淮典田契》：

> 立契典田字人蒋景淮，今因家下要谷急用，无从得处，自愿将到土名灰家冲水田壹丘，计谷拾贰运，要行出典，自己请中招到蒋泰钦名下承典为业，当日凭中三面言定典价谷子九石正，三十碗老斗，其谷即日亲手领清，并不欠升合。恐口后无凭，特立典字为据。
>
> 凭中　蒋昌魁
>
> 吉
>
> 民国卅七年三月十八日亲笔立 ②

契中出典人蒋景淮因为家中"要谷急用"，粮食需求极为迫切，乃通过中人介绍，将自家一块产谷12运的水田典给蒋泰钦，典出谷子9石。此典契内未言明典期，则最早于本年秋收后，蒋景淮即可收回此田，仅花费3石稻谷的利息，利率约为33.3%，并不算太高，然典此田时正值播种之时，且一般小农本占有田地不多，若非真为急需用粮，亦不致将田出典他人。

又如蓝田镇地锁村《民国三十七年四月十二日杨胜鱼向黄招汉借谷行息并限期归还字》：

> 立借谷子人杨胜鱼，今因缺少粮食，无从得处，自己上门借到亲

---

① 张新民主编：《天柱文书·第一辑》第9册，第32页。
② 张新民主编：《天柱文书·第一辑》第7册，第8页。

识黄招汉名下借出老斗谷子五斗正，其谷言定加陆行息相还，行息限
至八月底相还不误。特立借字乙纸为据。

　　凭中代笔　杨宏开

　　民国三十七年四月十二日立借[1]

契中民国三十七年（1948年）4月12日，债务人杨胜鱼因为缺少粮食食用，
自己登门向亲戚黄招汉借出谷子老斗5斗，双方约定以"加陆"，即以60%的
利率行息，限定本年八月底归还，其时老斗本谷5斗，利谷3斗，本利共计8
斗。按天柱县一般借谷惯例，利息多按"加五"计算，而此次借贷加至"加陆"，
可见缺粮并非杨胜鱼一家的窘况，否则他也不必以高利向亲戚借贷了。

若有特殊家庭，则其家庭之经济状况当更为捉襟见肘，如瓮洞镇黄巡村《民
国三十三年十一月二日蒋门胡氏玉环典田字》：

　　立典田字人蒋门胡氏玉环，今因家内要谷子吃饭，无从得处，兄
弟夫妻商议，自愿将到地名黄巡捕土名茶树场水田二丘，收谷八运，
要行出典，先尽亲房，无谷承受，自己请中上门问到亲戚杨永大承典
为业，当日凭中三面言定谷子四石正，其谷子领清，并不下欠升合。
自典之后，任从谷主耕种收花为息，典主不得异言阻挡。今欲有凭，
立有典字为据。

　　凭中　蒋泰增
　　开
　　自请包（胞）弟蒋景根代笔
　　民国三十三年十一月二（日）立典[2]

上契出典人蒋门胡玉环因为家里"要谷子吃饭，无从得处"，准备将家中
可收谷8运的水田二丘出典，可惜族内近亲皆"无谷承受"，只好自己请求中
人找得亲戚杨永大承典为业，典得谷子4石。此契之特殊点，是出典人为一
女流，虽契中有"兄弟夫妻商议"字样，而无论以国家法律及地方习惯而言，

---

① 张新民主编：《天柱文书·第一辑》第3册，第228页。
② 张新民主编：《天柱文书·第一辑》第6册，第270页。

作为嫁于蒋家的胡氏，其夫若在，则出典人必当署其夫之名[1]，今仅署胡氏，则其夫或已亡故，或外出。

又如渡马乡共和村《民国三十三年十二月三十日杨氏妹花典田字》：

> 立典田字人杨氏妹花，今因家下无所出处，丈夫在外，母子女三人无人照料，自愿将到土名冲□田内涧半丘，收花四挑，上抵玫坤山，外抵胞弟田半涧袁进辉，左抵坂坎为界，右坻路为（界），四至分明，自己问到胞弟袁进财名下承当，三面议定价典谷四石伍斗整，亲手领清，任从当主下田耕种。自典之后，领不另立。田内不清，典主理落，不管当主之事。恐口无凭，典主不得异言，立有典字为据。
>
> 代笔 杨宗根
> 民国三十三年十二月卅日 立[2]

上契出典人袁门杨氏妹花因为丈夫外出，她与子女二人在家无人照料，经济窘迫，只好将家中收谷 4 挑的半丘稻田出典给胞弟袁进财，典得谷子 4 石 5 斗。可注意者，是此次出典活动发生于民国三十年（1941 年）的农历腊月三十，亦即除夕当天，一则可见出典者家用紧迫，二则可见其夫绝非短期外出，很可能长期外出未还，其在外所从事之职业，当亦非经商、就职之类，可适时寄钱回家，三则可见杨氏虽有子嗣，而年纪甚小，尚不能支撑门户。如此等弱妇幼子之家庭，若非有宗族扶持，其延续当极为艰难，这大概也正是典契内不仅未注明典期，且收谷仅 4 挑的田地可典得谷子 4 石 5 斗的缘故。

借贷钱物，虽可暂解一时之急，但期限一到，如何设法偿还，又成为一大问题。如坌处镇大山村《民国三十二年十月六日舒烈祥典水田契》：

> 立典契字人舒烈祥，今因欠到清明会上谷子柒石伍斗，无法可设，

---

[1] 苗侗地区女性地位相对较高，在家庭经济活动参与度较高，若男性入赘家庭，妻子主持如田地买卖、典当等活动的现象并不鲜见。然此契中既称"蒋门胡氏"，凭中、代笔皆蒋姓族亲，则胡氏乃嫁入蒋氏。查民国时期天柱县民间文书，正常的夫妻家庭，夫在而妻子主持处置家产，尚未经见。

[2] 张新民主编：《天柱文书·第一辑》第 3 册，第 217 页。

自愿将到土名屋脚冲水田一丘，作典与清明会上耕种为业，日后设法
出谷子柒石伍斗赎回，其田上抵烈桢水田，下抵溪，左抵荒山，右抵溪，
四抵分明，欲行作典，随契付与会上耕官（管）为据。

　　舒烈祥　亲笔

　　民国卅三年十月初六日 立 [①]

　　契中出典人舒烈祥因为以前向家族清明会内借出谷子，本利共计 7 石 5 斗，
到期无法可设，只好将自家水田一丘典给清明会耕种。天柱县苗侗民族之宗族
观念甚深，许多大姓常组建有宗族性会社清明会，可以给族人借出钱物，以救
一时之急。此次出典时间为农历十月初六，按照天柱县的稻作规律，此时刚过
稻谷收获时节，而舒烈祥竟"无法可设"，可见其田地收成在缴纳田赋及维持
家庭最低生活标准后，已经山穷水尽。

　　又如高酿镇地良村《民国二十六年二月二十八日龙万生典田还清明会钱
字》：

　　立典田字人龙万生，今借到清明会元钱玖拾壹仟肆佰文正，自前
　　未获如数偿还，故得将土名各间田乙丘，上抵山，下抵山，左抵路，
　　右抵山，四至分明，收拾边，自种认谷伍边，要钱出典，限至三年，
　　仍价赎回，不得有误，若有误者，任凭下田耕种收谷花为利，不得异言。
　　恐口无凭，立有典字为据。

　　讨笔　龙颜泽

　　民国二十六年二月廿八日立 [②]

　　契中出典人龙万生因之前在族内清明会中借出钱 9.4 万文，到期无力偿还，
也只得于稻谷播种季节前将收谷 10 边的稻田一丘典给清明会。此田典出之后，
双方约定典契三年，仍由出典人耕种，每年收谷对半分成以作欠款利息。

　　衣食之需，赋税之苦，乃下层民众的最沉重而又无可摆脱的负担，清初遁
迹田野的大儒张履祥，于《杨园训子语》中即感慨道："农人终岁勤勤，丰岁

① 张新民主编：《天柱文书·第一辑》第 1 册，第 164 页。
② 张新民主编：《天柱文书·第一辑》第 15 册，第 189 页。

所得已无几何。无田者以半输租，有田者供赋役三之一。衣食之计不免称贷典质之苦，故曰稼穑艰难。"[1] 清至民国时期，虽然随着土地开垦的推进，粮食品种的引进与改良，耕作技术的精进，天柱县耕地面积日益增加，单位面积产量与总产量大幅提高，但是随之而来的是人口的飞速增长，使得人均粮食占有量增幅甚微，而自清末以来，家国多难，苛捐杂税日趋沉重，吏治日趋腐败，使得民众家庭贫困化日渐加剧，民间借贷之可能性大为增加。

第二节　天灾人祸与家庭变故

除了可预期的赋税与日常家庭支出，不期而遇的天灾人祸或者家庭变故，更常使本已处于经济可承受范围临界点的乡村小农家庭雪上加霜，被迫借贷。民国学者丁道谦《贵州经济研究》言："贵州自民国以来的内战，大小不下数十次，死亡于战争当有不少人口，兼以贵州若干年来有好几次灾荒。灾荒有时几遍于全省，如1929年民国政府赈务处的调查中提到，当年贵州被灾县达五十四县之多。而当时贵州仅不过八十一县，则灾荒县数占全省总县数的百分之六十至七十。贵州的农民，平素即贫穷万分，一遇荒年，自然更无衣无食，吃草根树皮之事，甚致吃所谓'观音土'之事亦时有发生，出卖妇孺的普遍情形，便影响成奴隶、多妻、丫环、妾媵之存在，一升米换一个人，一元钱买一个人，甚至不要钱，只要给碗饭吃就可以了。"[2] 以"观音土"为食，甚至卖妻鬻子，则四处告贷、卖尽家产自是普遍之事。

贵州省常见的自然灾害，据《中国气象灾害大典·贵州卷》载，主要有春旱、夏旱、倒春寒、秋风冷害、冬季雨淞、秋季绵雨、冰雹大风、暴雨洪涝等气象灾害类型，其中尤其以水灾、旱灾、冰雹灾害影响严重。此外，尚有如虫灾、瘟疫等自然灾害。[3] 根据《贵州历代自然灾害年表》的记载，略加统计可知自明代至民国末年的500余年间，贵州全省共发生较大规模的水灾近600次，旱

---

① 〔清〕张履祥：《杨园先生全集》，中华书局2002年版，第1358—1359页。
② 丁道谦：《贵州经济研究》，第151页。
③ 罗宁：《中国气象灾害大典·贵州卷》，气象出版社2006年版。

灾约 380 次，冰雹近 300 次，虫灾近 80 次，瘟疫亦有近 140 次之多，可谓是多灾多难。[①] 立此灾难中，受害最深的无疑是底层民众，如乾隆四十三年（1778 年）黎平大旱，田地收成甚少，次年夏五六月间，"民大饥，斗米易银一两一二钱，饿死者无数"[②]；又如同治四年（1865 年），"贵州自入夏以来，疫病盛行，传染遍于通省，而贵阳、安顺、大定等府所属尤甚，各属城乡士民患疫之家十居七八，所患之疫不过吐泻等症，而毙命即在须臾，甚至栽插之处秋成极为丰稔，均因死亡之急症，或谷熟而无人收割，或已割而无人挑运，粒米狼藉，委弃田野，惨不可言"[③]；再如光绪二十一年（1895 年）湄潭县大旱，次年"全境大饥，穷民锄蕨根为食，甚有食观音粉（即《禹贡》厥土白坟是也）杂糠秕为饼者，因之痞满而死者无数。"[④] 诸如此类，不胜枚举。故民国学者张肖梅在其所著中《贵州经济》就说："黔省自然灾荒又迭出，是以负债之户，几占全省总户口百分之七十左右，而以农民尤为普遍。"[⑤]

在清水江流域的各县，清代民国时期也常饱受自然灾害的折磨。如清同治四年（1865 年），锦屏县瘟疫流行，"城乡全家病亡者时有所闻"[⑥]；宣统二年（1910年），"6 至 9 月未有雨下，禾苗枯死田中者，遍地皆是。次年米价飞涨，疾患者甚众"[⑦]；民国十四年（1925 年），剑河县"数月不雨，田土龟坼，不能栽种，人民转徙流离，厥状甚惨，饿殍载途，为空前巨灾"[⑧]；次年，"大旱之后，物价骤涨，米珠薪桂，人民生活艰苦，鹄形菜色，易子而食，加兵匪滋扰，疮痍遍地，民力瘁矣"[⑨]。民国三十二年（1933 年），"虫灾五谷，遍县皆是，秋收歉薄，

---

① 贵州省图书馆编：《贵州历代自然灾害年表》，贵州人民出版社 1982 年版。

② 〔清〕俞渭修，陈瑜纂：（光绪）《黎平府志》，载《中国地方志集成·贵州府县志辑》第 17 册，第 42 页。

③ 刘显世修，任可澄纂：（民国）《贵州通志》，载《中国地方志集成·贵州府县志辑》第 7 册，第 501 页。

④ 〔清〕吴宗周修，欧阳曙纂：（光绪）《湄潭县志》，载《中国地方志集成·贵州府县志辑》第 39 册，第 411 页。

⑤ 张肖梅：《经济之自然赋予与利用》，载《贵州经济》，第 A18 页。

⑥ 贵州省锦屏县志编纂委员会：《锦屏县志》，贵州人民出版社 1993 年版，第 10 页。

⑦ 同上，第 101 页。

⑧ 阮略：（民国）《剑河县志》，载《中国地方志集成·贵州府县志辑》第 22 册，第 515 页。

⑨ 同上。

小民采蕨而食,饿殍载途"①。民国十四年(1925 年),锦屏县"春播后,久旱无雨,田土龟裂, 禾苗尽枯, 颗粒无收;次年(农历丙寅年,1926 年)春夏粮食奇缺, 米价暴涨, 较正常年景增 200 倍, 每碗米价 400 文, 九寨地区竟达 600 文。人民多以野菜、蕨根、岩蒜包、树皮为食, 有的甚至吃观音土。更兼之兵患, 一时间, 饿殍充野, 流人堵道。文斗寨号称'千家寨', 有 800 多户。经过大灾, 死亡 50%,外逃 30%,只剩下 100 多户。贫者多死亡或外逃,富者趁机占其田产, 出现许多暴发户。秋后新谷登场,民有因饿昏而疯食过量,却被胀死。有歌谣道:'提起丙寅年, 两眼泪涟涟;饥荒加匪患, 尸骨如杉山。'"② 民国二十六年(1937 年), 锦屏县因连年灾害, 物价飞涨, 货币贬值, 即使素称"鱼米之乡"的隆里也"饿死 200 多人。文斗 800 多户人家, 仅剩 100 余户,一龙姓妇女, 竟食子尸。地灵大坳一龙姓人家 6 口, 全部饿死, 无人埋葬, 后放火烧屋焚尸。"③ 灾荒年份的政府救济, 以民国时期而言, 政府对自然灾害的救济, 主要以积谷的有息借贷、无息借贷和无偿救济 3 种形式进行, 对劳力充足、生活暂时发生困难者, 给予有息借贷;对生活贫困者, 给予无息贷款;对赤贫户、鳏、寡、孤、独、残废者, 用积谷给予无偿救济, 其措施不可谓不周全, 但是实效甚微。如民国三十二年(1943 年)锦屏县新化乡受灾, 政府贷放积谷 4700 公斤, 然对于一乡灾民来说, 这无异于杯水车薪, 成年人人均仅得到 20 公斤, 未成年人人均 15 公斤;次年(1944 年)全县再次受灾, 13 个乡镇动用积谷 1.185 万公斤, 救济 6443 人, 人均仅 1.8 公斤;翌年(1945 年), 该县新华乡又逢灾年, 政府贷放积谷 600 公斤。诸如以上所举之例, 政府的赈灾岂能解民于水火?嗷嗷待哺的灾民只能告贷, 告贷不得, 只得贱卖家产, 区区所得, 在连绵甚久的灾荒面前, 不过如饮鸩止渴一般,毫无希望, 财尽粮绝, 只能转徙流亡。如高酿镇优洞村《民国三十四年二月二十六日王有环将女翠桃嫁与伍家抚养长大成婚愿书》:

> 立愿书人王有环, 系锦屏县九寨乡王问居住, 情有一女名翠桃,

---

① 阮略 :(民国)《剑河县志》,载《中国地方志集成 • 贵州府县志辑》第 22 册, 第 516 页。
② 刘显世修, 任可澄纂 :(民国)《贵州通志》,载《中国地方志集成 • 贵州府县志辑》第 7 册, 第 101 页。
③ 同上, 第 344 页。

因母亲早逝，无人抚育，而又家境乏困，生活维艰，今该小女跟父谋
生至天柱县膏酿乡攸洞，复因生计窘迫，难以养育延生，乃凭证人等
甘愿嫁与攸洞村伍绍全抚养，长成许伊长子名宏魁为妻，可是目前该
夫妻双方当事人虽未成年，经得双方家长主事人同意，依法已正式成
立婚姻事实，同时聘金亦凭证人等依俗纳清，自愿出嫁，以往双方家
长不得反复情事，及双方男女长成，只得相助家道，不得悔婚行为，
当有翻悔及意外发生，愿受法律上之严重处分，特立愿书一纸付交男
方执照此据。

　　立愿书人 王有环（押，左拇指）
　　讨　笔 龙连登（押，左拇指）
　　媒　证 龙连升（印）
　　证　人 胡启文（印）
　　保　长 伍绍谟（印）
　　中华民国卅四年古历二月廿六日立①

　　契中王有环，本系锦屏县九寨乡人，妻子早逝，膝下有一年幼的女儿，"家
境乏困，生活维艰"，无奈之下，父女二人于民国三十四年（1945 年）逃荒至
天柱县高酿乡优洞村，"生计窘迫，难以养育延生"，于是只得将幼女嫁与优洞
村富户、伍甲长伍绍全之长子伍绍魁为妻，据《天柱文书·第一辑》所收《民
国年间伍绍全户籍登记声请书》②，伍绍魁生于民国十八年（1929 年）五月三日，
此时尚不满 16 岁。细究此契，名为嫁女，实则卖女，虽名"自愿出嫁"，但被
逼无奈之情溢于纸外，而其妻死家破、举家流亡的原因，当与锦屏县 1925 年、
1926 年致使"饿殍充野，流人堵道"的大灾荒有一定关系。

　　据康熙《天柱县志》、光绪续修《天柱县志》及 20 世纪 90 年代新修的《天
柱县志》记载，清代、民国期间尤其是清代中期以后天柱县各类自然灾害不胜
枚举，其中较为严重者略如表 2-10 所示。

---

① 张新民主编：《天柱文书·第一辑》第 12 册，第 46 页。
② 同上，第 94 页。

表2-10　清代民国时期天柱县自然灾害情况表①

发生时间	灾异情况
顺治七年（1650年）	四月，米贵，每斗价银1两，人多饿死。
顺治八年（1651年）	大旱，庄稼枯死，四乡饥荒。
顺治十六年（1656年）	大旱。
顺治十七年（1657年）	米贵，每斗价8钱。
康熙四年（1665年）	城北紫云岩山崩，倒塌塞江，一方地震。
康熙九年（1670年）	城中龙泉坊地裂，长百余丈，宽二尺许，直穿城外，城为之塌，旬日复合，里民更筑其城。
康熙十六年（1677年）	螟灾。
康熙十八年（1679年）	大旱。
康熙十九年（1680年）	米贵，每斗价3钱5分。
康熙二十年（1681年）	是年瘟疫流行。
康熙二十三年（1684年）	五月十三日，大水，山洪突发，桥梁冲毁甚多。
乾隆十二年（1747年）	八月大旱，秋禾被旱。
乾隆四十三年（1778年）	旱。
乾隆四十四年（1779年）	夏饥。
嘉庆二年（1797年）	夏，米贵，每斗价银八九钱，沿河一带斗米价银1两8钱，人多饿死。
嘉庆七年（1802年）	米价腾贵，每斗价银八九钱。
嘉庆九年（1804年）	大水，田多冲坏。七月十八日夜水暴涨，低处禾稻无收，桥梁均为漂流。
嘉庆十八年（1813年）	大旱，米贵，每斗价银七八钱，谷每价3钱2分，盐每斤价1钱2分，油每斤价一钱三四分。
嘉庆二十四年（1819年）	大旱，自五月初至八月初无雨，米价腾贵，米每斗价银9钱，谷每斗2钱8分。
嘉庆二十五年（1820年）	大旱，自五月至七月无雨，米贵，米每斗银8钱5分，谷每斗银2钱8分，穷人无钱购买，死人甚多。
道光元年（1821年）	秋旱，庄稼多枯死，米价昂贵，每斗五六钱，猪肉每斤1钱9分，各地民众饥荒。
道光十五年（1835年）	大旱。
咸丰三年（1853年）	粮食歉收。
同治元年（1862年）	二月，凌冻严重，庄稼、鱼虾、草木冻死无数。
同治二年（1863年）	冬旱，牛死颇多，次年七八家共耕一牛，田荒粮缺，死人无数。
同治三年（1864年）	春旱，谷贵秧迟，有至七月尚插秧者，粮食歉收。
同治四年（1865年）	瘟疫流行，四境传染，合室呻吟，死者无算。
同治七年（1868年）	七月，米贵，斗价2000余文，民众卖妻鬻子，饿死不计其数，甚而人相食。
同治八年（1869年）	五月至七月，米价持续上涨，民众以草木根、观音土为食，四乡乞食者日以万计。

①据（康熙）《天柱县志·祥异》、（光绪）《天柱县志·祥异》及《天柱县志·大事记》资料制表。

续表

发生时间	灾异情况
光绪十三年（1887 年）	地湖一带冰雹。
光绪二十三年（1897 年）	清水江大水，淹入瓮洞街坊，沿岸船筏、木材及房屋人畜等漂流淹死不计其数。
光绪二十四年（1898 年）	五月五日，鉴江洪水突涨，社学街水没腰部，历时两天，田土庄稼毁没严重。
光绪二十五年（1899 年）	米贵，每小斗价 800 文，民众掘葛根熬粑为食。
光绪二十六年（1900 年）	十月底，冰雹，天柱城、岩寨、社学等地田土、作物遭毁，鱼虾、鸟兽死伤无数。
光绪二十八年（1902 年）	清水江大水，淹入瓮洞。
光绪三十一年（1905 年）	五月六日，大风冰雹，自瓦寨至远口，沿途数百年大树翻倒，水涨七八丈，县城西门至北门城墙倒塌，所过之处造成数百年未有之灾。
宣统元年（1909 年）	四月，鉴江、朗江大水，木材流失殆尽，两岸禾稼被毁甚多。
宣统二年（1910 年）	四月，河水突涨 10 余丈，木材漂流甚多，两岸田土毁坏甚多。
民国八年（1919 年）	瘟疫盛行，城乡死者甚多。
民国九年（1920 年）	七月中旬，瘟疫盛行，至冬，城内病死 300 余人，四乡传染，死人甚多。
民国十年（1921 年）	瘟疫七月中旬起于锦屏，八月在境内蔓延，城中死壮年 379 人。
民国十三年（1924 年）	六月十五日，大雨，山水暴涨，临河田土冲坏甚多，房屋牲畜漂没无数。七月十三日始，大旱 50 余天，庄稼枯死，全县饥荒。
民国十四年（1925 年）	大旱 40 余天，粮食无收，继而水灾暴发，斗米价涨 1200 文，最高达 1600 文。当年瘟疫流行，死者甚多。
民国十五年（1926 年）	六月十三日，远洞溪山洪暴发；十四日，清水江河水突涨，远口全街为水所淹，沿岸田土毁坏。继而大旱至九月底，田禾尽枯，收成仅二三成。全县大灾荒，碗米 500 文，县署无力赈济，村民死亡过半，紫云桥一带暴尸遍野，无人埋葬。
民国十六年（1927 年）	惊蛰后冰冻，桐树新芽冻死，全年无花无果。
民国十八年（1929 年）	五月，社学、垒处瘟疫流行，死者甚多。
民国二十七年（1938 年）	惊蛰后冰冻数日，全县荞麦、油菜冻坏无数；六月十三日，大水，清水江水高 5 丈余，鉴江 3 丈多，毁田 1.8 万挑。垒处、远口、牛场、白市、瓮洞店户 80 余家及沿江木材漂流殆尽。本年渡马乡一带瘟疫盛行，人畜死亡无数。
民国二十八年（1939 年）	瘟疫流行。
民国三十年（1941 年）	瘟疫流行。
民国三十二年（1943 年）	本年先大水，毁田 10940 亩，后大旱，邦洞、蓝田、联山 500 多户 2000 余人外出逃荒。
民国三十三年（1944 年）	六月二十七日，清江、鉴江大水，邦洞、城关、坪地、八阳、注溪、远口、垒处一带沿岸田禾被淹没无数。
民国三十四年（1945 年）	春夏大旱，三分之一稻田受损；入秋，蝗虫及稻包虫灾盛行，粮食歉收。是年，通货膨胀异常，县民大恐慌。
民国三十五年（1946 年）	春，大水，全县毁田 1.8905 万亩。瘟疫流行，城南之垒处乡一带传染甚炽，几无一家幸免。
民国三十八年（1949 年）	五月三十日后，通货膨胀，社会混乱。

从上表可以看出，清代民国期间的近三百年间，天柱县内极为严重的水旱、瘟疫灾害即有44次，咸丰以后尤其灾害连连。如民国二十八年（1939年）县内瘟疫流行，县卫生所黄宝璋电告省红十字会救护总队说："本县疟疾流行，蔓延四方，情形甚烈，本所视病迫急，电恳贵部赠发奎宁丸五千颗，以救数万同胞。"①这一年溪口乡金井村疟疾暴发流行，全村200余人仅有五六人未染病。民国三十年（1941年），竹林乡新寨村90户360人，染疟疾347人，占94.1%，死亡83人，占发病人数的23.9%，其中5户共28人死绝。民国三十五年（1946年）十月一日，《中央日报》报道："天柱县城南约六十余里之坌处一带，日来发生疟疾，传染甚炽，几无一家幸免。"是年溪口村37户150余人，患疟疾130余人，死亡20余人，仅一户幸免。频繁而严重的疫情，致使清水江沿岸流传这样一首歌谣："八月谷子田里黄，家中摆子病上床；无医无药无照看，只有哭爹又喊娘；眼看得吃新米饭，谁知一病见阎王。"②

水旱之灾与瘟疫盛行，艰难的时日足以使得一般家庭破产。如县内瓮洞镇黄巡村《民国十年九月佚名主嫁婚书稿》③：

> 立主嫁婚书人某，情因先年求娶某某为妻，六命不和，年荒岁饥，日时难度，无奈其何，只得将氏出嫁，自己请凭媒证某某，四方作合发放，无人承讨，与娘婆二家共同商议，自愿出嫁招到某某名下求讨为妻，凭媒议定礼今（金）钱□□□，其钱即日领入手照以分书领，并不下欠分文，其有某某任从蒋姓迎娶过门完配，其有亲族房头户角□□□亲任亲一并人等无有生端滋事，放家一面承当，不与求家相干。今欲有凭，立主婚字为主是实。
>
> 蒋景朝心甘情愿 龙氏梅
>
> 外不书另领字
>
> 民国拾年岁次辛酉九月

---

① 贵州省天柱县志编纂委员会编：《天柱县志》，第841页。
② 同上。
③ 张新民主编：《天柱文书·第一辑》，第280—281页。

此契乃一草稿，虽契名"佚名"，然契中明确标明"蒋景朝心甘情愿、龙氏梅"字样，当事人中之主嫁人当即是蒋景朝，其妻即是龙梅。此契令人唏嘘者，乃是蒋景朝亲自将妻子出嫁他人，其原因是"六命不和，年荒岁饥，日时难度，无奈其何"，必然是家中已经走到山穷水尽的地步。查新编《天柱县志·大事记》，天柱县自民国八年（1919年）瘟疫流行，民国九年（1920年）、民国十年（1921年）瘟疫来势有增无减，两年内仅城中有名可查的死者就多达近700人，而"四乡传染，死人甚多"，其数目当更骇人听闻。在此背景下，为了暂保性命，蒋景朝只得忍痛立下这张主嫁婚书，将妻子再嫁他人，而换得些许"礼金"，苟延残喘。

除了天灾，清代民国时期天柱县的人祸亦复不少。如咸丰五年（1855年）至同治七年（1868年）的姜应芳、张秀眉、陈大禄起义而引发的长达十四年的地方动乱，全县损失惨重，如咸丰六年（1856年）三月十一日，土匪"白昼劫坌处店户十五，清晨复劫坌处，挨户搜掳，全市骚然"，"十一月，俞匪窜锦屏，官弃城走，匪入据之，匪前队掠至十里坪岔路口、铜门、大腮等处，我境戒严，猪、羊、鸡、鸭杀尽"，同治元年（1862年）四月初五日，"苗分股攻木杉，掠瑶江"，再加上官兵的劫掠，使得一县十室九空，户口凋零。又如民国十二年（1923年）五月，川军熊克武率军过境，在城乡一带任意拉夫派款征谷，民众深受其害；次年川军张廷光、黔军杨天爵率部入境，各勒银洋一万元，城乡义谷为其食尽，百姓纷纷外出逃荒；民国十九年（1930年）八月至九月，土匪杨亮盘踞天柱城，任意奸淫抢掠，人不敢归家，稻谷无人收割，任其枯落田中。一面是严重的水旱灾害、瘟疫频繁流行，一方面是地方动乱，在此双重打击之下，而政府当局赈济的力度却极为有限，乡村民众身处水深火热的境地，只得自寻活路，先是千方告贷、典卖产业，直至一贫如洗，乞讨流离。

考察《天柱文书·第一辑》所收借贷文书，可以明显看出天灾人祸所造成的贫困与民间借贷活动的发生频次关系密切。如清代二百六十七年间，天柱地区的民间借贷活动共计103次，发生于咸丰、同治两朝二十四年间即有47次，占46%。民国时期自民国十四年（1925年）水灾暴发、瘟疫流行后，直至民国三十五年（1946年），22年中天柱县各类灾害频仍，而借贷活动亦多达153次，占该县整个民国借贷总次数 216 次的 71%。

来自外部的天灾人祸，足以使乡村农户倾家破产，家庭内部的意外变故，同样使得民众饱尝借贷的凄凉。首先是丧事的支出。天柱县苗侗民族处理老人后事，有一套完整的礼俗程序，分为送终、浴尸、整容、着装、入棺、报丧、祭奠、出殡、入土、扶山、转孝等环节过程，置备坟地，请"地仙"、觋道，准备接待吊唁的酒食，出殡下葬的一应用度等等，都需要一笔不菲的钱物，而死生事大，这类开支不仅事关死者的尊严，更关系亲属的颜面，不敢稍有怠慢，即使它超出家庭的承受范围，亦在所不惜。故因丧葬之事而导致借贷，乃至鬻产，在清水江文书中数见不鲜。如远口镇远洞村《民国三十年十二月二十日吴展银、潘氏新姣典水田契》：

> 立典水田契人吴展银、潘氏新姣，今因老母去世，缺少葬费，无钱使用，是亦姊妹商议，情愿将到父母养老之田土名崩塘梨子树脚水田大小拾丘，计谷贰拾捌箩，欲行出典，无人承受，请中问到吴恒顺名下承典为业，当日凭中议定典价洋肆百壹拾圆正，其洋亲手领足用度，其田任从典主耕管收花为息，限至叁年对日登门赎契，不得短少分文，今幸有凭，立此典契为据。
>
> 　外帮粮洋壹圆伍角
> 　代笔　吴会生
> 　凭中　吴展柏
> 　民国三十年十二月二十二日吴展银、潘氏新姣 立 [①]

此契内出典人吴展银与其妻潘新姣因为岳母去世，家中缺少埋葬费用，于是只好将老人生前所有的养老田一共 10 丘，收谷 28 箩，出典于吴恒顺，典价410 元，典期 3 年。

给老人备有养老田地的家庭遇到丧葬之事，尚可较为轻松地应对，一般贫寒之家，就不免抵押、典当、售卖活命之田产以筹措丧事费用。如《道光

---

① 张新民主编：《天柱文书·第一辑》第 3 册，第 268 页。

二十九年李维章典墦地契》：

> 立典墦地人李维章，今因妻亡故，缺少棺木费用等项，无从得处，
> 情愿将到洞背墦地大小五塝，要行出典，无人承就，自己问到识亲杨
> 绍宁父子名下成典，当日凭中议定典价钱陆千文整，其钱亲领入手用
> 度，其田典与典主耕种收花为息。日后备得元□□赎取，不得短少。
> 今有凭，立典字存照。
> 　　凭中　舒体钊
> 　　　　李仁凤
> 　　道光二十九年九月初二十日立①

立典契人李维章，因为其妻子去世，无力筹措棺木及相关费用，只得将墦
地 5 塝出典给亲戚杨绍宁父子，换来铜钱 6000 文。又如瓮洞镇黄巡村《民国
十五年三月十六日蒋张氏银翠典田字》：

> 立典田人蒋张氏银翠，今因嫡嫂亡故，缺少埋葬费用，无从得处，
> 嫂弟商议，自将蒋太藻小冲水田大小一洞二丘计谷拾运，要从出典，
> 自己上门问到族兄蒋昌廉名下承典，当日议凭中三面言定典价钱肆拾
> 千文正，其钱即日领清，并不下欠分，自典之后，任从钱主下田耕种
> 收花准利，典主不得异言。今欲有凭，立典字为据。
> 　　自请堂弟　蒋昌本代笔
> 　　民国十五年丙寅岁三月十六日　　立典②

契中出典人蒋张氏因嫡嫂去世，缺少埋葬费用，只好与弟弟商议，将蒋太
藻（疑即其兄之名）名下的水田二丘出典与族兄蒋昌廉，典得 4 万文。此契须
注意的，乃是既嫡嫂亡故，则其兄何在？其子女何在？蒋张氏之夫何在？其中
既然是"嫂弟商议"，按照出典惯例为何不是其弟主持出典事宜？细究之下，
可以推定其兄长、其夫或早已先此亡故，而兄嫂或并无子女，其弟亦或当年幼，

---

① 天柱县档案局庋藏文书，第 89 盒，第 44 份，原持有人：杨政昌。
② 张新民主编：《天柱文书·第一辑》第 6 册，第 39 页。

尚无处理家庭经济事务的能力。

办理丧事，除了祭奠、埋葬等必不可少的仪式外，按照天柱县苗、侗民族的习俗，还需除灵、超度等一系列民间宗教仪式，同样需要不菲的支出。如白市镇对江村《民国三十三年十一月二十六日杨胜富弟兄等典田契》：

> 立契典田字人杨胜富弟兄等，今因为父母除灵金斋□□，弟兄人等商议，将祖父遗留之众田地名白头江水田壹块，收谷柒挑出典，弟兄人等请中上门问到胞弟杨胜全名下承典为食，三面言典价钞洋叁仟元正，其洋比日亲手领足，并无下欠分文，其田任由典主下田耕种收花为息，限至三年之内，弟兄上门续取抽约了当，典主不得异言。口说无凭，立出典一纸为据。
>
> 外批：田粮典主承认依管业证上粮
>
> 凭中　田宗全
>
> 代笔　杨胜贵
>
> 民国三十三年甲申十一月廿六日吉立 [1]

契中出典稻田人杨胜富兄弟为了给父母筹措除灵斋醮的费用，将祖父遗留下来的一块收谷 7 挑的水田出典给胞弟杨胜全，典得钞洋 300 元，约定典期为 3 年。

"国之大事，惟祀与戎"，对于个体家庭，死葬之事同样重大，虽然生老病死，人生之常，但从上文所述频仍的水灾、旱灾、瘟疫等天灾，以及数见不鲜的兵、匪动乱，身遭横死者当不在少数，朝不保夕，祸在一旦，有时竟成为升斗小民的常态。但即使如此，或许还可以理解为家庭必要的、可预期的支出，而不可预知的家庭变故，如各类民事、刑事纠纷，则更令人猝不及防。

盗窃是民间民事纠纷中最常见者。清代民国时期，民众生计困难，偷盗事件时有发生，偷盗者被抓获后，少有送官究治者，通常请族中尊长出面，偷盗人退还赃物，立下保证性文书"戒约字"，如锦屏县加池寨《姜义宗偷盗被抓

---

① 张新民主编：《天柱文书·第一辑》第 1 册，第 57 页。

戒约（道光二十九年闰四月十一日）》：

> 立戒约字人本寨姜义宗，为因岂（起）心不善，偷到姜凤仪贺勿
> （物），不料恶贯满银（盈），凤仪双手拿获，人将两勿当时交与头人，
> 蒙姜光秀、龙文连解劝求凤仪凑前，义宗娘子穷苦，义宗自愿写出戒约，
> 日后再犯，在如众人究治，义宗母子不得异言。恐口无凭，立此戒约
> 永远存照。
> 凭中
> 道光式十九年闰四月十一日义宗笔立[①]

姜义宗偷窃了本寨姜凤仪家中的礼物，被物主亲手抓获后交与"头人"（族长），本当按族规严惩，后蒙族中姜光秀等人劝解，念在姜义宗家只有寡母一人，家境穷苦，此次从宽处理，仅退还盗物，立下这份保证书。

而更多的偷盗案件的解决，则不仅需退还赃物、立下后不再犯的保证书，还需作出相应的赔偿。但是，沦为盗贼者，大多家境贫寒穷苦，赔偿之资何处可得，只有走向借贷或出卖产业的道路。如高酿镇甘洞村《民国十年七月六日王氏凤月、龙成元、龙成宾娘子三人典田契》：

> 立典田契人王氏凤月、龙成元、宾娘子三人，今因为成元伦高冲
> 盗案一事，自愿了息，要钱用度，无所出处，自愿将到土名冲董田二丘，
> 收禾三十边，上抵龙焕章山，下抵典主田，左抵小路，右抵沟，四至分明，
> 要钱出典，自己请中上门问到本村龚祥森名下承典，三年相赎，当日
> 凭中三面言定价钱铜元拾封文整，并不下欠分文，支足亲领入手应用，
> 其田典与耕种收花三年相赎，若不得相赎，在任从典主耕种，不得异言。

---

① 张应强、王宗勋主编：《清水江文书（第一辑）》第 1 册，第 357 页。按：加池寨今属锦屏县河口乡，紧邻文斗寨，同处清水江下游江畔。文斗寨有上下二寨组成，该地以苗族为主，（康熙）中期始归王化，上寨属黎平府开泰县，下寨属镇远府天柱县（清循礼里），锦屏于雍正五年建县，然因地狭人稀，道光二年该为锦屏乡，隶开泰县，至民国三年复置锦屏县，除原锦屏乡辖地外，割亮寨、龙里等正副长官司地，黎平府属东北 14 寨，开泰府 11 寨，并天柱县茅坪、亮江等 6 寨等地归属，次年锦屏、天柱两县会勘立界，文斗下寨之地一并划归锦屏县。今文斗寨、加池寨文书多有天柱县印信者。因此，论清代民国期间天柱县之民间借贷活动，而引文斗、加池二寨文书为证，当非错置。加池寨契约文书，收入张应强等主编《清水江文书（第一辑）》第 1 册至 11 册。

恐口无凭，立有典字为据是实，钱到契为（回）。

　　凭中　龙端沐

　　代笔　龙富祥

　　民国十年七月初六日立字 [1]

契中因龙成元在外犯下偷盗案件，被抓获后自愿出钱赔偿了事，而家境窘迫，寡母幼弟，无从得钱，母子三人只好将田地出典给本村龚祥森，得典价铜钱10封，其田典期3年。约定若到期不能赎取，则任从典主继续耕种。但是，似此等贫寒家庭，儿子又如此的不求上进，田地一旦脱手，则赎回的可能性极小，甚至不免走向变卖的可能。如龙成元家此田，不过两月，即被变卖。《民国十年九月二十七日王氏凤月与子龙成元、龙成宾卖田契》载，王氏母子三人因"要钱使用，无所出处" [2]，只好将本年七月初六日典与本村龚祥森的收禾30边的田2丘，以钱16封的价格出卖与龚祥森、刘氏艳妹二人。卖价钱16封，若归还原典价10封，到手则仅6封而已，其家庭如何支撑，实在大成问题。

乡村民事纠纷案件，除偷盗外，男女通奸之事时有发生。此等事情，伤风败俗，且有辱当事人及其家族之尊严，常由族内尊长或寨中寨老调处，由男方作出赔偿，然其赔偿之金额较偷盗则更大。如高酿镇地良村《民国八年九月十六日龙祖来、龙祖良、龙祖昌立断卖田字》：

　　立断卖田字人龙祖来、良、昌兄弟三人，情因弟祖昌与族内成显之妻赵氏通奸，被族众拿获，起诉在县，承寨老阳应霖等入中排解劝阻，祖益、来、良、昌兄弟四人磋商，将母氏养老田壹丘，坐落地名求方，上抵姚皆林田，下抵龙儒兴田，左右抵路，收花叁拾陆稿，愿将此田一半变卖与长兄祖益名下承买，凭中议定半丘价钱四十八千文，其钱即日提出为祖昌了息奸事，一文不存，其田一半付与长兄耕管为业，至未卖之一半，仍归兄弟四共，不得异言。恐口无凭，立字存照。

　　凭中　阳应霖　龙登云　伍荣宽

①张新民主编：《天柱文书·第一辑》第20册，第288页。

②同上，第289页。

　　请笔 胡国柱

　　民国己未九月十六日 立字①

　　此契之当事人龙祖昌，与族中龙成显之妻通奸，后奸情败露，被告发控诉，虽于九月十六日蒙寨老调解，息免讼事，但赔偿达4.8万文之巨，只得以母亲的一半养老田断卖。此田于当年二月即被龙祖昌作为质押物向人借钱（见《民国八年二月二十日龙祖昌向龙才广以田作抵付息限期归还借钱字》②），其借贷之原因与此通奸事件是否相关，则不得而知。

　　人命案件兹事体大，不易调处，尤其是若双方对事由存在诸多争议，则乡绅、族长亦徒唤奈何，只得听其诉讼于官府。诉讼所需不菲，进城往返车马饮食、书写诉状、接待官方勘验，无论原告、被告都要筹措较多财物，以备不时之需，而败诉者，赔偿费用更无可避免。因诉讼而借贷者，如锦屏县加池寨《姜之连、姜开聪、姜位主父子三人当天借银字》：

　　　　立当借字人姜之连、开聪、位主父子三人，为因有香孙女益秀被姜法祖杀伤，法祖自杀身亡，明德具控父子在案，经官下乡勘验，父子急在燃眉。自愿将名下所有田业一概凭亲戚族人姜秉端、姜秉信、杨枝华、姜光秀、姜开文出当与姜开让名下，央求替借纹银六十二两五钱应用，照月加三利，候官回衙，父子将本利归还，如父子有异言，任凭亲戚族人将此田业出卖得银还清，不得有误。恐口无凭，立此当借字为据。

　　　　凭中 龙文高

　　　　　　高老五

　　　　道光二十七年十二月十三日开聪立③

　　契内姜之连、姜开聪、姜位主父子三人，因为姜法祖杀伤他人后自杀，受害人家长控告在案，官府下乡勘验后，即将进入案件审理阶段，事情紧急，姜

---

① 张新民主编：《天柱文书·第一辑》第13册，第241页。
② 同上，第239页。
③ 张应强、王宗勋主编：《清水江文书（第一辑）》第4册，第214页。

氏父子为了筹集诉讼、上下打点及解决事端的相关费用，只得将家中全部产业一并出当，借得纹银62两5钱，约定月利3%，至官司平息即本利归还，若不能按时还清，任凭债权人等将田产变卖还债。

《天柱文书》内亦多有此类情况。如石洞镇摆洞村《光绪九年十一月二十一日刘发祥以田作抵向龙昌化等借钱字》：

> 立抵田契人刘发祥，今因要钱使用，无所出处，自愿将到上摆田乙丘作抵，绍忠田为界，下抵龙姓田为界，丹溪田一丘作抵，上抵木山为界，下抵河为界，左抵大魁田为界，圭邪田二丘作抵，上抵陈姓田为界，下抵陈姓田为界，四至分明，要银出抵，自己上门问到龙昌化、燦兄弟四人承借银捌拾捌两乙钱正，限十二月初十归还，不得有误，若有误者，下田耕种收花为利。恐口无凭，立字为据，今人不古。
>
> 凭中 刘天祥
>
> 请笔 杨承旺
>
> 光绪九年十一月二十一日立借

契内刘发祥因为要钱使用，无法筹集，只好以自己的稻田4丘作抵，向龙昌化兄弟四人借出银88两1钱，约定20日后即行归还。单看此契，本无多大异常，然而，在偏僻乡村借银88两之多，不免令人心生疑窦，又查《天柱文书·第一辑》所收该村文书，在光绪九年（1883年）十一月之前刘发祥作为承买（典）人的文书尚有数份，如表2-11统计。

表2-11 《天柱文书·第一辑》载摆洞寨刘发祥典买山田活动统计表

时间	典、买物	价格	出处
光绪元年（1875年）十月二十八日	买木一块（与同寨马万明合买）	钱3700文	《天柱文书·第一辑》第2册，第171页
光绪七年（1881年）三月八日	买地一块	钱800文	《天柱文书·第一辑》第2册，第172页
光绪七年十二月一日	买地一块	钱1880文	《天柱文书·第一辑》第2册，第173页
光绪九年（1883年）二月二十六日	买杉木一块	银13两4钱4分	《天柱文书·第一辑》第2册，第175页
光绪九年十月十五日	买杉木一块	银6两6钱	《天柱文书·第一辑》第2册，第176页
光绪九年十月十九日	买柴山一块	钱1100文	《天柱文书·第一辑》第2册，第177页

从上表可见，自光绪元年至光绪九年，刘发祥共买山地、杉木 6 次，费银 20 余两，钱 7480 文，可见其并非贫困之家，忽而出典产业，必当是极其急迫之事，按图索骥，与其出典日期同时且关系密切的有《光绪九年十一月二十一日杨、刘氏家族了结杨秀荣因癫痫病跌死合息清白虑后字》一契：

> 立合息清白虑后字人岩寨刘秀金、全，老寿宗脉永立杨立本、秀章、秀木、秀□、秀祥、永吾、宗能、子照等，情因堂弟杨秀荣素行不法，逃奔摆洞居住，于九月初二日盗砍刘发祥栗柴，被刘姓拿获，自知理亏，凭中龙道明、陈年庆、张朝泰赔还柴钱乙千弍佰文，事已了息，不料堂弟杨秀荣素有痫症，不时旋发，于十月廿八日旧病复作，跌死身故，伊妻因赔柴钱钉恨在心，藉此图害蛮赖刘姓，我族内人等因事关重件，自愿具请状央地方团绅入中劝明，并无殴打等情，我中人念伊寒苦，劝刘姓给伊棺木衣服烧埋安葬，二比脱服了息，我杨姓亦知秀荣因病身故，当凭地方团首人等愿领衣冠烧埋安葬，日后凡我杨姓人等不得此生事端，倘有藉此复生事端，认随地方绅首人等公同送官禀究惩办。恐口无凭，立此脚模手印并清白字约文与刘姓永远为据。
>
> 团首　罗邦彦　袁济川　潘国荣　刘焕然　龙大楷　王步先　龙昌运
> 　　　杨锦标　龙腾波　徐连科　杨瑞
> 凭中　龙昌化　龙道明　蒋益顺　龙有恩　杨玉寿　杨秀庚　陈年庆
> 寨老　龙照财　刘秀海　龙昌安　陈万年
> 代笔　杨永立
> 光绪九年十一月二十一日　立 [①]

这张"合息清白虑后"文书关涉一场人命案件。石洞镇岩寨的杨秀荣因为行为乖张，不为宗族所容，于是举家搬迁到邻近的摆洞寨，当年九月二日盗砍刘发祥山上的栗柴，被刘姓拿获，凭中赔偿钱 1200 文。据《同治八年十二月二十九日杨秀荣卖地土力木字》：

---

① 张新民主编：《天柱文书·第一辑》第 2 册，第 179 页。

立卖地土力木人摆洞寨杨秀荣，今因要钱使用，无所出处，将到地名盘夏屋地土壹块、力木壹山，上抵富来为界，下抵大路为（界），左抵廷恩为界，右抵杨恩辉为界，四志（至）分明，请中上门问到本寨刘发庆承买，当面议定价钱式百伍拾文整，其钱身领入手应用，若有不清，卖主上前礼落，耕管为业，自卖之后，不得异言。若有异言，恐口无凭，立有卖字为据。

凭中　杨胜豪

亲笔　杨秀荣

同治八年十二月廿九日　立[1]

此乃是十余年前杨秀荣出卖山场、柴木时所立的契约。买主刘发庆与上引之刘发祥当为近亲兄弟[2]，最可注意的是这次买卖的卖价仅250文，而上引《清白虑后字》中杨秀荣仅偷砍栗柴，即处以1200文的罚款，相较而言，实可谓极重。此事大致解决后，不到一个月，杨秀荣即死，虽然《清白虑后字》中解释说是"素有痫症，不时旋发，于十月廿八日旧病复作，跌死身故"，并着重强调"并无殴打等情"，但是以杨秀荣"素行不法"的性格，遭到如此不合情理的重罚，再加上乡村处理盗窃事件的通例，难保不当场发生打斗，以杨秀荣一人面对刘姓众人，岂有不被殴打之理？因此身死之后，其妻自然不会善罢甘休，"藉此图害蛊赖刘姓"，刘发祥只得请"地方团首人等"及两姓族人出面调解。此事事关人命，刘发祥明显有重大过错的嫌疑，如不能妥善平息，甚至有牢狱之灾的可能，因此必当打点地方官方人员、杨刘两族族内长辈以及死者近亲，这自然需要一大笔资金。所以，即使是殷实之家的刘发祥，也不得不出典田产。

---

① 张新民主编：《天柱文书·第一辑》第2册，第166页。

② 上契刘发祥与此契刘发庆字辈相同，且此二份文书之持有人为同一人，则二人当为血缘关系极亲密的堂兄弟或亲兄弟。

第三节　投资周转

传统时期乡村社会的投资项目，以农业生产投资与商业投资为大宗。农业耕作的必需品，以种子与耕作工具为主，而尤以种子之需求最为迫切。然一般农户家中所储粮食本来不多，一家仰此为生，左支右绌，稍有不虞之灾，当新春季节，则只能借种下田。如《册府元龟》所云："贫下之人，农桑之际，多阙粮种，咸求倍息，致令贫者日削，富者岁滋。"[1] 如瓮洞镇黄巡村《民国八年四月十日蒋政春以田作抵向杨宗堂借谷字》：

> 立借谷子蒋政春，今因家下要谷□田，无从得处，自己上门问到亲戚杨宗堂借谷子五硕正，本利七硕五斗正，秋收之日相还不误，若误，自将土名铲子田凤叶刑乙连弍丘收谷三运作抵，若有误者，任从谷主下田耕种收花准利，借主不得异言阻当。恐口无凭，立借字为据。
>
> 　　自请　景淮　代笔
> 　　民国己未年四月初十立借[2]

上契借贷活动发生于农历四月中旬，较一般稻田播种时期稍迟，然黄巡村地处天柱东北山区，"山箐种收较迟"，且据《天柱县志》记载：民国八年（1919年），是年瘟疫盛行，城乡死者甚众，亦与此不无关系。因无谷种下田，蒋政春只得向亲戚杨宗堂借得稻谷5硕（石），双方约定本年秋收之日以本利共7硕5斗相还，并以自家一丘收谷3运的稻田作抵。

种子之外，购买耕牛以及犁锄等劳动工具，亦为必不可少的农业投资。如瓮洞镇黄巡村《同治三年三月二十三日杨昌立以田作抵向蒋在学借钱字》：

> 立借钱人杨昌立，今因缺少用度，无从得处，自己借到蒋在学钱三千文整，其钱将买黄古牛乙边，□□谷利每年共七斗五升净谷，不得短少，若有短少，钱主将牛出卖，借主不得□□□□□，立借是实。

---

① 〔宋〕王钦若：《册府元龟》卷一百零五 "帝王部·惠民一"，中华书局 1960 年版，第 1260 页。
② 张新民主编：《天柱文书·第一辑》第 6 册，第 32 页。

亲笔

同治三年三月二十三日立 ①

本契中借钱人杨昌立向蒋在学借钱 3000 文，每年利息为干净稻谷 7 斗 5 升，用来买黄古（牯）牛 1 边。黄牛是天柱县的地方家畜品种，"被毛多数黄色、少数棕色、黑色，耐粗饲，性温、易调教、体型小，蹄质坚实，四肢灵活，适宜于山地、岩地、陡坡耕作" ②，阉割后的公黄牛称为黄牯牛，更适合耕作。此契立契时间为三月二十三日，清明节后不久，正是水稻种植的时节，杨昌立于此时借钱买牛，当与农耕有紧密关系。但黄牯牛是大型牲畜，价值不菲，杨氏难以独资购置，只得与人合买，占有契中一边（即一股）。

商业投资，亦不免借贷。贵州省的商业状况，据民国二十五年（1936 年）京滇公路周览会贵州分会宣传部所编的《民国今日之贵州》载："全黔商务，首推省会（贵阳），次安顺、遵义、独山，然均非通商口岸，大规模之商号厂家，甚为寥寥，资本最多不上数十万元，其他各县，更无足述，偏僻之县，且无资本额在五百元以上之商店，大都肩挑贸易，临时赶集，过时即散，并无商号及一定营业铺面，贸易商品，输出以特货（鸦片）为最巨额，次为倍子、桐油、竹木、药材、银耳、水银、朱砂、茅台酒暨少数之农产品，输入以盐为最巨额，次为纱布、汽油、火油、洋广货、烟叶、卷烟，及其他生活必需品，每年贸易状况，常呈入超现象，前数年以天灾匪祸，生产减少，商务愈见衰落。" ③ 清至民国时期，贵州地区限于交通、产业等局限，商业较中原地区发展较为落后，清水江流域赖有"清水江－沅江－长江"航道，对外经济贸易稍为活跃，尤其是林木贸易，一度极为繁盛。清水江地区山深林密，为国内重要的林木产区之一。自明代开始，就开始采办"皇木"，明武宗正德九年（1514 年），工部以修乾清宫和坤宁宫，任刘丙为工部侍郎兼右都御史，"总督四川、湖广、贵州等

---

① 张新民主编：《天柱文书·第一辑》第 7 册，第 249 页。
② 贵州省天柱县志编纂委员会编：《天柱县志》，第 378 页。
③ 京滇公路周览会贵州分会宣传部编：(民国)《今日之贵州》，载《中国地方志集成·贵州府县志辑》第 11 册，第 445 页。

处采取大木,而以署郎中主事伍全于湖广,邓文璧于贵州,李寅于四川分理之。"①
清代自雍正年间开辟苗疆、疏浚河道之后,"清水江、丹江皆奏设重营以控江
路,令兵役雇苗船百余,赴湖南市盐布粮货,往返倡道,民夷大忭,估客云集。"
直至民国时期,清水江的林木贸易,依然占据全省的绝大份额,民国学者何辑
五《十年来贵州经济建设》言:"本省森林,依地理上之分布,虽可分为五区,
然因砍伐过度,仅足自给,或因距离水运较远,搬运困难,其大宗木材(以杉、
柏为主)可以输出者,首推清水江流域,次榕江流域次赤水河流域,而尤以清
水江流域为最重要。盖此区林木荫茂,为全省冠。木材可经由源(沅)江集中
湖南的常德转运汉口及京镇一带销售,全省木材外销,清水江流域约占十分之
五,榕江流域林区约占十分之二,赤水河流域约占十分之二强,其余不足十分
之一,则由其他区域输出。民国初年,清水江流域每年外销木材总额值六百万元,
由此类推,全省木材输出最盛时代,每年可达一千万元之谱。"②

　　清至民国时期,清水江流域的林木贸易以清雍正、乾隆、嘉庆、道光四朝
及清光绪至民国初年最为繁盛,咸丰、同治时期因苗侗民族动乱,水道不通,
木业停滞,民国中后期则因政局不稳,国内经济萧条,木业亦因之萎缩。诚如
民国二十六年(1937年)国民党政府实业部《关于贵州林业调查报告》所云:"往
岁清水江流域一处,每年外销总额约值六百万元,近年则减至百余万,由此类
推,黔省木材销出总额,盛时当可达千余万元,衰落后仅为三百万元左右。本
年自抗战军兴,木材销路逾减,清水江筏运几全部停顿,居民甚望湘黔铁路早
日动工,遇有中央委派调查视察人员到达,即群集以采办枕木一事相询问。期
待之殷,可以想见。"③投资型借贷与区域产业经济发展状况息息相关,经济繁荣、
产业兴旺,则投资者多,借贷活动随之增长,反之,借贷活动亦随之减少。

　　天柱县为清水汀下游出黔入湘的重要部分,亦是清水江航道航运条件最为
优越的一段,凡入清水江流域采办木材,必沿天柱县一段而上,经"外三江"

①贵州民族研究所:《〈明实录〉贵州资料辑录》,贵州人民出版社1983年版,第661页。
②贵州社会科学编辑部编:《贵州近代经济史资料选辑(上)》卷一,第336—337页。
③同上,第363页。

以达"内三江"。兼之此地森林覆盖率高，盛产杉、松等林木，直至 20 世纪 30 年代末，经过数百年的砍伐之后，天柱县之木材存量尚甚为可观，民国学者张肖梅著《贵州经济》，其"各林区材积调查"一节引"贵州省各水道流域森林面积及材积调查表"[①]统计称，当时天柱地区森林面积有 80 方里，树木胸径一尺以上的杉木尚有 4.8 万株，胸径一尺以下之株数更高达 640 万株，居整个清水江材积数量之首，其时锦屏县之森林面积已缩至 13 方里，胸径一尺以上及以下之株树亦仅 1.3 万、104 万株而已。

明代万历年间天柱建县伊始，县令朱梓即在瓮洞镇设新市镇，"新建官店数十间，募土著聚客商往来鱼盐木货泊舟于此"[②]，促使县内林木由自用林转化为商品林。天柱县的林木贸易，或是当地林农将青山卖给本地木商"山客"采伐，或是自家单独采伐、数家合力采伐，运至清水江岸边，卖给外地木商"水客"。杉木贸易一次数量较大，价值不菲，"三帮五勷"的水客都是饶有资财的商人，无须向当地乡民借贷，且"水客"与乡民极少交情，情感淡薄，即使有向乡民借贷的需求，也难以达成。"山客"与乡民，则多有借贷活动发生之可能。如高酿镇优洞村《嘉庆二十四年九月二十四日刘岩锦、龙朝相借钱字》：

> 立借银人归非溪刘岩锦、□水寨龙朝相二人同本生理，买到摆洞寨陈万红、陈万才、陈老乔、陈万垦四人杉木一单肆佰零捌根，凭中刘文英议定价银壹佰式拾两正，因银拨借未得，二姓同立借字，行利加三，自愿将到土名归弟溪田乙丘、岭岑田式丘作抵，朝相自愿将到土名鬼脚冲田乙丘作抵，其银限至脱货还钱，不得有误。有误，任从下田耕种，不得异言。恐口无凭，立字为据。
>
> 凭中 刘文英
>
> 朝相 亲笔
>
> 嘉庆二十四年九月二十四日[③]

---

① 张肖梅：《经济之自然赋予与利用》，载《贵州经济》，第 A15 页。

② 〔清〕林佩纶等修，杨树琪等纂：（光绪）《天柱县志》，载《中国地方志集成·贵州府县志辑》第 22 册，第 183 页。

③ 张新民主编：《天柱文书·第一辑》第 10 册，第 28 页。

高酿镇地处天柱县西南面，森林覆盖面积较大，境内的摆洞河发源于高酿镇半圭，向西流经高酿，沿途接纳硝洞溪和汉寨溪，南下汇合八卦河，注入清水江，木船可以通行。上契归非溪刘岩锦、冷水寨龙朝相二人乃当地木材贩卖商人，得买摆洞寨陈万红、陈万才、陈老乔、陈万垦四人的杉木一单，计408根，通过中人刘文英议定价钱银120两，然刘岩锦等难以筹措现银支付此巨款，只得以稻田4丘作抵，暂向卖主赊借此款，约定赊借期间月利3%，待杉木出卖之后本利归还。

又如锦屏县文斗寨《姜魁元借契》：

立借字人姜魁元，为因生理缺少本银，借到姜绍略先生名下实借去本银伍拾两，逐月加三行息，不拘远近脱货归还，立此借字为据。

锡禄　书

道光二年十月初五日　立[①]

此契中虽未点明债务人姜魁元所将脱手之货为何物，然此次借银达50两，又查同书尚载有其于道光四年（1824年）十二月廿六日以“锡禄”为中人，向人借贷“本银”90两（《姜魁元借当契》[②]），此地能消耗偌大资金的商业贸易，则木材贸易之可能性最大。

除了木材贸易，清至民国时期清水江流域还存在多种商贸形式，其中最普遍者当为遍布于大小城镇、场集、村落的各类坐贾（店铺）、行商（流动小贩）。店铺资本额相对较大，如天柱县瓮洞镇大段村《道光十二年二月十五日蒋荣谱卖田契》：

立契卖田人蒋荣谱，今因在于溪口开店，杂货生理，面分所贴之账项一概算清补明，无从得处，将到分落自己面分土名黄路脚荣谱面分水田一股，收禾六稨；又并强酱凹水田上下三涧，收谷五箩，载税粮二分五厘；又并山场园补屋场三副；鱼塘场一股，又并大树界凹上

---

① 陈金全、杜万华主编：《贵州文斗寨苗族契约法律文书汇编——姜元泽家藏契约文书》，第236页。
② 同上，第234页。

山二副；又陡山一副，要行出卖。请中招到堂兄蒋荣瑛、登承买为业，当日凭中三面议作价钱肆拾两两零式钱，即日银契扣清交明无欠，其田山任从堂兄耕管，卖主不得异言。今恐无凭，立卖契一纸一据。

　　卖主　蒋荣谱（押）

　　胞兄　荣栋（押）

　　堂兄　荣遗（押）

　　荣焕（押）

　　凭中　蒋志光（押）

　　登元（押）

　　代笔　血侄① 政和（押）

　　政谟（押）

　　道光十二年二月十五日　立契②

　　契中天柱县城东南，金井溪与鉴江交汇处，商贸地理优势极佳，县内流行"溪口的银子，雷寨的棍子，白毛寨的印子，田心寨的谷子"的谚语，在此经营日用百货之业，可以得到丰厚利润。蒋荣谱乃当地从业已久、亦农亦商的村民③，此番抓住这一商机，不惜卖掉山、田多处，筹措得本银近50两，以期大干一场，扩大产业。

　　从事商业贸易，无论行商、坐贾，皆不免有资金紧张之时，譬如生意本金、后期投入以及不可预知的亏损，除了动用积蓄、变卖产业，常常便走向借贷。如锦屏县加池寨《龙腾贵借银约（嘉庆二十四年五月初四日）》：

　　立借约人龙腾贵，今因借到姜廷德猪式过，借价银式两三钱，召（照）月加三行利，后猪发卖，本利相还。今欲有凭，立此借约存照。

　　腾贵　亲笔

---

① 血侄者，天柱县俗语，同胞兄弟之子。

② 张新民主编：《天柱文书·第一辑》第9册，第161页。

③ 《天柱文书·第一辑》内涉及蒋荣谱商业活动的文书尚有《道光十年三月二十四日蒋荣谱典田山场契》，载于《天柱文书·第一辑》第9册，第159页。

嘉庆二十四年五月初四日 立[①]

该借约内债务人龙腾贵为乡村从事贩卖生猪的小商贩，向文斗寨乡民姜廷德赊买猪两头，定价银2两3钱，约定赊买期间月利3%，待猪出卖之后本利归还。

又如加池寨《姜元贞书信一封》：

三义和宝号列位先生青电，前接来书，面生汗颜，实在对列位先生不住，去冬在宝店拉来货物，钞文承蒙先生看起，但此次乃是帮人替代之事，以致有违雅意，只想伊绿续付清，及后付来多少，弟亦未知，近年弟是希少赶场，未曾向列位先生结算，前奉来条催取，尚欠叁两叁，余息在外，弟即往伊家追取，再三要弟告求列位再缓处，此月分将业变卖，无人承受，仍愿当息等语，今付来元钱式仟文，祈为查收，所余缓至秋收本利为楚，决不食言，以负大德矣。

壬戌六月，支弟姜元贞手书[②]

此信内讲述的是姜元贞帮人向乡场上三义和商铺赊买货物而产生的纠纷，赊买之人大约为更小一级村寨小商人，因生意亏损无钱，无法清偿，尚欠银3两3钱，三义和商号只得向中间人姜元贞催款，再三追取后，债务人保证在本月内变卖产业，并付息2000文。

清至民国时期天柱县的商业大都集中于城关、邦洞、瓮洞、远口等几个主要集镇，抗战爆发后，外籍商人大量涌入，然多以肩挑小贩为主。据《天柱县志》载；"民国二十九年（1940年），有私营商业208家，其中资本较大的有68家，多集中于城关、远口。"[③]截至1949年，县内"私营商业发展到886家，其中有布业、百货业、南杂货业、客栈业、饮食业、药业、屠宰业、盐业、照相业、理发业、糖食糕点业等行为，有小量为坐商，在主要集镇经营，大量的属小商贩，多活跃在城乡，肩挑叫卖，流动赶场，设点摆摊。"[④]《天柱文书》之中，关于商

---

① 张应强、王宗勋主编：《清水江文书（第一辑）》第1册，第336页。
② 张应强、王宗勋主编：《清水江文书（第一辑）》第5册，第114页。
③ 贵州省天柱县志编纂委员会编：《天柱县志》，第583页。
④ 同上。

业投资借贷的契约文书屡见不鲜。高酿镇民国名医龙秀腰在其日记簿《补残生涯》就多有记载其医药生意的金钱来往,如:

> 民国二十八年 11 月 12 日,收龙令能一付,1 千 76,扣先拨买药款。
>
> 15 日,收龙光明一付,1 千 9,扣前出购药款,又疟疾丸十粒,七角,折钱 2 千 8,二共钱 4 千 7,皆扣先出款。
>
> 17 日,收龙令能一付,以十二日原单,1 千 76,扣先出购药款。
>
> 28 日,收龙令能一付,1 千 27,扣先出购药款。
>
> 12 月 4 日,收龙世变一付,1 千 48,扣先出购药款。
>
> 5 日,收龙世变一付,1 千 1,扣先出购药款。
>
> 民国二十九年 1 月 25 日,收龙世变一付,5 角 4。不收钱,扣作去年出款项。
>
> 29 日,收龙世变一付(女孩),4 角,扣去年先出款。
>
> 2 月 1 日,龙世变(女孩)一付,3 角 3,折先出款。
>
> 10 日,潘年三一付,互相取药,不算赀。①

从上列日记条目来看,为了维持药铺的正常营业,龙秀腰不得不向龙令能、龙光明、龙世变等人赊买药物,或者与其他药铺互换药品。

投资性的借贷,与因生活消费、赋税缴纳、天灾人祸、家庭事故而造成的借贷,有着本质的不同。前者是积极的,其借贷活动可以促使区域经济的活跃,加快资本的流通速度,于个体家庭或地方经济皆有着积极意义。然而在现实中,乡村社会投资性借贷占据比例甚低,却是全国之普遍状况。如 20 世纪 30 年代初上海市的调查报告称:

> 举债诚属不幸之事,若为生产事业而然者,则失之于此,得之于彼,亦不足病。乃九十六家之举债者,竟无一家用于生产的企业!其用为建筑者十三家,亦未可非难,惟佃耕农仅有一家,半自耕七家,自耕农五家,合计约占实有家数百分之十三·五。其作婚丧费用者四十五

---

① "天柱文书第一辑补遗",第 25 盒。

家，自耕农十家，半自耕农二十一家，佃农在两者之间为十四家，合计占实有家数百分之四十七。婚丧之费，固亦出于不得已，不得谓为失当。惟俗尚奢华，迷信未破，较富有者，每多好高好胜，任意靡费。其贫苦者，平时既不能未雨绸缪，事变则临渴掘井，除借债之外无他策，故借债原因中，以此为最普通。其因日用而借债者三十七家，佃耕农十七家，几及其半，此十七家在调查之四十四家中，占百分之三十七强，直十家而有四家因日用而借债者也。农家尽力田亩，且作其他之种种苦力，日出而作，日入而息，仅求一家温饱，犹不可得，而乃出于借债，是亦大可哀矣。至于自耕农及半自耕农，因日用而借债者，亦有十一家及九家之多。①

李金铮在《民国乡村借贷关系研究》一书中，以长江中下游地区为中心，在梳理相关材料后得也出结论说，该地区"借贷用于生产者，有的地区仅占百分之几，有的占 10% 或 20% 左右。所以，因生产而借贷者，只是少数。"② 作为全国最繁盛的经济贸易区域，民国时期长江中下游地区的生产投资性借贷尚且为数甚微，则地域偏僻、经济滞后内陆地区，自可想见。天柱县因其特殊的区位优势与交通条件、产业结构，由此而产生的农业、商业投资性借贷并不少见，但与因家庭支出、赋税缴纳、天灾人祸以及家庭变故所产生的消费性借贷相比，其数量依然甚少。

投资周转性质的借贷，除了农业、商业投资外，读书、应考进而出仕赴任，家境清贫的士子亦不免于借贷。清水江流域为苗、侗民族聚居地，民族文化浓厚，被纳入中央政权管理的历史较近，如天柱县自明代万历二十五年（1597 年）始建县，但自建县伊始，即建学立师，格外重视教育文化的发展，"建社学，置官庄"③，择师行教。清代天柱县的教育形式除各地私人所设的私塾外，另有兴文社学、宝带桥社学、钟鼓洞社学、聚溪社学诸处社学，柳霁义学、三门塘义学、地坌义学等诸处义学，开化书院、延陵书院、蔚文书院等诸处书院，县立公办

---

① 冯和法：《中国农村经济资料》，上海黎明书局 1905 年版，第 305 页。
② 李金铮：《民国乡村借贷关系研究——以长江中下游地区为中心》，第 60 页。
③ 张仲和：《天柱县初建儒学碑记》，载（康熙）《天柱县志》，第 108 页。

教育机构有县学，民国以后则有各处陆续兴建的公立、私立小学、中学。这些教学机构，照例会在办学经费中拨出一部分以补助家境清寒的学生，如清代凤山书院，"收获钱谷，每年首士各须勤慎，择人生息，务得按月一分之利，以为课期生童饭食之资本。"①天柱县学则在明代建县时即由朱梓购置学田，"每年共征租谷三十石，内除谷二石完纳正赋外，仍存谷二十八石，原为赈给在学贫生而设。"②民国期间的高酿乡亦创办完全小学，以"救济求学儿童③"。但学校补助的力度与广度毕竟有限，大量有求学需求的家庭遭遇钱财的困境，如清乾隆十七年竹林乡地坌村《起秀斋碑记》所载"乡民子弟居住辽远，未免负笈之烦，并苦薪米之费"④。在此情形下，若想继续求学，则极有可能产生借贷。

士人求职赴任，亦常有借贷之需。唐李德裕《论河东等道比远官加给俸料状》即称："选人成官后，皆与城中举债，到任填还，致其贪求，罔不由此。"⑤清至民国时期清水江地区外出仕宦者，虽人数较少，然若有居家寒素之官员，兼之任所遥远，盘费所需不菲，也将告贷以行，如《黎平府志·义行传》载：

> 杨国用，彭汝畤撰《传略》。府属人。正直好施予，赵景者，用友也，嘉庆初年，景出仕广东，乏资，国用售田，得银四百余两以助景，旋随景之任，景解官归，询国用积得银否，用慨然曰："兄廉官也，弟敢不廉乎？"景还银，国用曰："朋友以义合，计较财帛，非夫也。"辞不受，仅领所馈衣一袭、茶具一。⑥

然此类借贷，与农、商业投资性借贷相较，为数当更少，检清代康熙、光绪年间所修的两部《天柱县志》，以及已整理出版《天柱文书》与碑刻资料，尚未见直接反映读书、赴任所产生的借贷活动资料。

---

① 〔清〕林佩纶等修，杨树琪等纂：（光绪）《天柱县志》，载《中国地方志集成·贵州府县志辑》第 22 册，第 221 页。
② 同上。
③ 政协天柱县第十三届委员会编：《天柱古碑刻考释（中）》，第 285 页。
④ 同上，第 214 页。
⑤ 〔清〕董诰等编：《全唐文》，中华书局 1983 年版，第 7223 页。
⑥ 〔清〕俞渭修，陈瑜纂：（光绪）《黎平府志》，载《中国地方志集成·贵州府县志辑》第 17 册，第 218 页。

第三章
民间借贷之类型

　　民间借贷的类型划分，是颇令研究者为难的一个问题。其分类的标准难以统一，故所分之类目各行其是。诚如法国汉学家童丕所说："把契约分为不同的类型，对汉学家们来说是个棘手的问题。事实上，没有任何一个分类标准能使人完全接受。"[①] 如日本敦煌学学者玉井是博以所借物品为类别分为借钱契、借谷契、借地契、雇驼契，而堀敏一、仁井田升、陈国灿等学者皆另有划分标准。台湾学者罗彤华在其《唐代民间借贷之研究》中则依据质押之有无，分为信用借贷、质押借贷及特殊形态之借贷三大类，于信用借贷之下又依有偿与否的标准，分为使用借贷与消费借贷，质押借贷下则依质押物之形态，分为动产质、不动产质、人质，特殊形态之借贷则包括预租型借贷、预雇型借贷、赊买或赊卖型借贷、互助型借贷，相对而言，原则统一，纲目清晰。俞如先在其《清至民国闽西地区乡村民间借贷研究》中将借贷分为无抵押借贷（普通借贷）、抵押借贷、商业借贷、民间典当等类型。细究各家分类，虽着眼点各不相同，然皆与其研究题域及研究对象密切关联。

　　清至民国时期天柱县的民间借贷契约，《天柱文书·第一辑》内，清代、民国期间民间借贷类文书共有 325 件，其中借契 101 份，典当契 224 份，时间起于乾隆七年（1742 年）十一月二十五日之潘赞成典田契，止于民国三十八年（1949 年）九月二十三日陈先兰典田字，涉及无息借贷、有息借贷、典当等诸方面。这 325 份借贷文书，涉及天柱县 16 个乡镇中的 10 个，分布于 26 个村寨（具体分布见附表 3）。其时段之分布，清代自道光以后，尤其是咸丰、同

---

① ［法］童丕：《敦煌的借贷：中国中古时代的物质生活与社会》，第 13 页。

治两朝25年间，天柱县借贷活动发生较为频繁（见附表4）。民国时期时间分布，则民国二十年（1931年）之前借贷契约数量较少，民国二十一年（1932年）之后数量明显增加，尤其是民国二十三年（1934年）至三十三年（1944年）11年间，借贷契约有102份，占整个民国时期的47%之多（见附表5）。

然因相对于数量多达数万乃至数十万的天柱文书总量，《天柱文书·第一辑》所收近7000份文书不过是其中一小部分，若仅据此即妄作量化分析，势难保其分析之准确性。但是，所幸天柱文书自搜集整理伊始，即有较为科学的整理理念，始终坚持文书的归户性原则，使之具有高度的条理性，故即使在此小部分文书中，亦可择取收集相对完整的小区域文书，并紧密联合该区域其他类型文书，也可分析清至民国区域借贷活动的变化，进而推论整个大柱地区借贷活动的历史变化。根据上表数据，以乡镇论，遗存文书数量较多的分别是高酿镇4078份、瓮洞镇1121份。若更细分到村寨一级，则以高酿镇优洞村数量最多，达1042份、其次为地良村945份、甘洞村701份、瓮洞镇之黄巡村560份，以一小型村寨，而能保存文书逾千份，不可谓不多。另外，在未出版的《天柱文书》[①]中，民间借贷类文书尚多，尤其是未被《天柱文书·第一辑》收录的民间钱会、赊买活动等资料，弥足珍贵。根据以上已出版、未出版的数百份民间借贷契约文书资料，本章将清至民国时期天柱县的民间借贷分为普通借贷与特殊借贷两大类。

所谓普通借贷，即契名标明"借"字，债务人、债权人、所借物、借期、利率等借贷要素基本齐全的借贷活动。复据借贷利息之有无，将之分为有息借

---

① 未出版的天柱文书，主要包括两大部分，一是贵州大学张新民教授带领的"清水江文书整理与研究"项目组在编辑出版《天柱文书·第一辑》时，已经扫描处理好的8000余份契约文书，其中近7000份顺利出版，即江苏人民出版社2014年出版的《天柱文书·第一辑》22册，然因各种原因，尚余1000余份未公开问世。张新民教授已组织研究人员整理，并做好录文，预计以《天柱文书第一辑补遗》形式出版。本文引用时，以"天柱文书第一辑补遗"标注；二是天柱县档案局（档案馆）庋藏的文书资料，天柱文书数量庞大，除已出版的《天柱文书·第一辑》与预备出版的"天柱文书第一辑补遗"外，该局（馆）后续搜集、裱糊、整理、编号、装盒的文书，至2015年3月笔者赴该县田野调查时了解，尚有万余份之多（另分散于各乡村农户之家待收集的文书存量更大），限于档案管理规定及田野调查时间的规定，笔者翻阅、选择性抄录与民间借贷相关的文书，以"天柱县档案局（馆）庋藏文书第某盒第某份"标注。

贷与无息借贷二类。特殊借贷，则其契名虽未有"借贷"字样，借贷要素亦较普通借贷稍有变通，但其借贷实质与普通借贷并无差异，同为民众筹集资金的重要渠道，如民间典当、赊买、合会等。

第一节 普通借贷之一：无息借贷

顾名思义，无息借贷指不收取利息、纯粹为经济互助性质的借贷活动。邻里之间，"出入相友，守望相助，疾病相扶持"[①]，本是中国传统乡村社会的常态。如福建省永定县《永定县志》载："民间流传'年有春夏秋冬，月有初一十五，人有上岗下岌'的俗语。逢婚丧喜庆、天灾人祸等特殊情况，经济拮据，宗亲之间，相互同情，借来借去，这就是民间借贷。民间借贷全凭'信用'，极少书写借据。俗语云：'有借有还千百次，有借无还就一回。'"[②]地处西南内地，少数民族聚居，社会流动性较弱，自给自足的小农经济占主要成分的清水江地区，家族、亲戚、村寨成员之间的道义性、情感性经济互助，则更为常见。

需要指出的是，无息借贷中大部分连契约之订立也显得多余，这类再平凡不过的行为多早已消失在历史的长河之中，至今已难觅其痕迹，只有在残存的账簿、日记、书信中可稍窥一斑。如《清水江文书（第一辑）》所收民国时期锦屏县加池寨《杨先琳致赓兄文政信函》：

> 因身病未愈，今用大神，决于明日正缺鸡一只，持条与兄相借，以救眉急，日后买还[③]。

此短信中杨先琳因为患病，据苗侗民族地区的风俗，患者常有通过请神禳祸以求疾病痊愈者。如苗侗地区的传统急症"马邪"（因死者身上多有马蹄大小的斑块得名），表征为头痛、发高烧或腹部绞痛，二十四小时内即可致命，其治疗之法，须请巫师（大神）对治，必备物品为公鸡一只、鸡蛋一个、刀子

---

① 〔宋〕朱熹：《四书章句集注》，第 256 页。
② 永定县地方志编纂委员会编：《永定县志》，中国科学技术出版社 1994 年版，第 923 页。
③ 张应强、王宗勋主编：《清水江文书（第一辑）》第 1 册，第 324 页。

一把、大米一升、麻线一根及纸钱若干。杨先琳之病或即如是，故决定请用"大神"，因家中缺少明日请神所用的公鸡一只，事情紧急，只得写此短信与"庚兄"文政，请出借一只，日后买鸡相还。似此等借贷，不仅无息，亦且无契，或者只需简单地书写便条即可，如加池寨嘉庆十九年（1814年）二月十六日《杨长福、杨生福欠银约》：

> 立欠约人杨长福、生福，为因生理缺少，二舅姜廷德名下实欠本
> 银七两整，不相远近归还，不得短少，今欠有凭，立约存照。
> 　亲笔
> 嘉庆十九年二月十六日立 ①

此契约中杨长福、杨生福兄弟因为生意缺少钱用，向二舅姜廷德借本银7两，双方约定此项银两"不限远近归还"，且无须利息。从该契的订立书写格式来看，并无中人、保人，书写极为简略，亦可以明确看出这次借贷的纯帮扶性质。

在天柱县，清代民国时期乡村社会中此类无息、无契或不规范借条的民间借贷活动不在少数。如"天柱文书第一辑补遗"中所收民国二十八年（1939年）霞山主人之账簿《补残生涯》一册，起民国二十八年（1939年）十一月初六，止于次年十月二十日，详细记载其售药所得与日常开支，而乡邻之赊买药品、赊欠诊金的现象极为常见。如其前二页所记曰：

> 十一月初七起
> 初七　龙世名一付，1千7。　收罗正德一付9百，□收洋三角，似恍忽，待问。后问果是三角，折1千2，长3百。　收龚咸英一付1千59，即龚祥显之钱，除扣前存钱9千01，外下欠钱六百卅文。　收龙德霖一付，8千36，前单。　初七共卖药钱7千426。
> 初八　不到卖药处。　收李洪元虐丸十粒，洋六角。
> 初九　收龙世名一付，2千056。　收姚汉德一付，1千5，初十收。收龚咸英一付，1千9，收洋五角，折钱式千文，长钱1百。应扣入

---

① 张应强、王宗勋主编：《清水江文书（第一辑）》第11册，第350页。

前欠款内。 初九共卖药钱 5 千 456.

初十 收龙世名一付，1 千 8，前收有洋□总算。 收龙昭维代姑选式付，共 3 千 1 百 4，扣前存款 3 千 08，作为收□。 收龙昭六一付，1 千 78。 收林昌辉虐丸十粒，洋七角，折钱 2 千 8。 本日共卖药钱 9 千 52。

十一日 收姚汉德一付，2 千 6，又虐疾丸十粒，五角，收清。收龙令光一付，1 千 48，收洋五角，折钱 2 千，长钱 5 百式。 收龙世名一付，1 千 4，前单。 本日卖药共钱七千 0 八十文。

十二日（十七日收昭六洋一元，除昭六本日八角外，其余两角系扣作罗光烈之药钱。）收龙昭六一付，1 千 449，十七日收洋八角，折钱 3 千 2，并前初十之数在内。 收龙德霖一付，1 千 7，德霖先长钱 2 千 7，至本日除扣长钱外，下该药钱 1 千 3。 收龙令能一付，1 千 76，扣先拨买药款。 收林启方（内人目疾）一付，1 千 6。 收龙世名一付，1 千 47，结总账，不按付打收字。 本日共卖药钱 7 千 979，除令能、世名与德霖扣款外，实有未收钱四千三百四十九文。

十三日 收龙木林一付，1 千 1。 收龙世名一付，1 千 7。 收龙氏桂柳（朱成宝之妹）一付，1 千 7。

十四日 收龙秀成一付，1 千 5。 收龙世名，1 千 83。 收罗正德一付，7 百 88，扣初七长钱 3 百，下该 4 百 88，十五日收。[1]

以上所记八日售药账册，其中就有诊人赊买或医师预卖药物数处，如初七 "收龚咸英一付 1 千 59，即龚祥显之钱，除扣前存钱 9 千 01，外下欠钱六百卅文。" 而此等银钱往来并无利息，纯粹建立在互信互助的基础之上。据《天柱县志》，天柱县为流行病多发地区，上引《补残生涯》中的借贷活动发生于民国二十八年（1939 年），而此年正是疟疾在全县大范围流行时期，"县卫生所黄宝璋电告省红十字会救护总队云：'本县疟疾流行，蔓延四方，情形甚烈，本所视病迫急，电恳贵部赠发奎宁丸五千颗，以救数万同胞。'" [2] 经考证，此 "霞

---

[1] "天柱文书第一辑补遗"，第 28 盒。
[2] 贵州省天柱县志编纂委员会编：《天柱县志》，第 841 页。

山主人"当即民国时期龙秀腰，其人擅长诗文，著有《霞山诗稿》，兼擅长医术，曾在王天培北伐军中任军医官，有"神医"之称，著有《内经知要新释》《时方叙要》等医书。"民国二十一年（1932年），天柱县疟疾流行，百姓登门求医频繁。秀腰精通医学，重视医德，卖田二十挑，往湖南靖县购药，在高酿街上设立中药铺，昼夜为民诊治疾病。有的穷人治病无钱，他免费赠药医治。"① 此次疟疾流行，龙秀腰再次施诊救病。此账簿内除了病人赊买药物的记载外，亦有龙秀腰借贷他人之例，如民国二十九年（1940年）七月十六日所记"龙登焜一付，4角6，扣我借焜之款"；七月十九日记"龙登焜一付，5角，扣借款"，"收龙秀成一付，4角，扣借款"，诸如此类无息借贷活动，事例甚多。

又如民国二十三年（1934年）二月初八日龙裕晋所订之日记《货财殖焉》，其中亦常见乡邻间不计利息的借贷，如：

> 四月十七日借伍华松光洋式拾元正，加三行息；又借杨秀保大洋叁拾元，短拨。某月初九日，借汉德烟米八斤。四月二十日，借季皆洋二百二十元。二十一日晚，借罗益齐烟米一口，欠洋七元。二十六日晚，借药生豆腐一付，欠洋一元，借刘宗正烟米三口，欠洋二十一元。②

除了无契、不规范契借贷，在立有基本完整契约的借贷活动中，无息借贷也为数不少。如瓮洞镇黄巡村《同治三年一月十六日杨昌立以田作抵向蒋在学借谷字》：

> 立借谷子人杨昌立，今因借到蒋在学谷子式大斗，将到借主马安坡长尾田坎上小田一丘、坎上油树一副作抵，不得有误。若误任从钱主典，借主不得异言。今欲有凭，立借是实。
>
> 凭中 杨宗福
>
> 借主亲笔

---

① 贵州省天柱县志编纂委员会编：《天柱县志》，第884页。
② "天柱文书第一辑补遗"，第28盒。

同治三年正月十六日借 [1]

此契中杨昌立向蒋在学借出稻谷 2 大斗，未言有息，仅以杨昌立之产业小田 1 丘、油树 1 副作抵，约定若逾期不还，则钱主有权将田出典。契内亦未言定借期，然依无息借贷之通例，则当不至太长。又如高酿镇地良村《光绪九年十一月二十一日刘发祥以田作抵向龙昌化等借钱字》：

> 立抵田契人刘发祥，今因要钱使用，无所出处，自愿将到上摆田乙丘作抵，绍忠田为界，下抵龙姓田为界，丹溪田一丘作抵，上抵木山为界，下抵河为界，左抵大魁田为界，圭邪田二丘作抵，上抵陈姓田为界，下抵陈姓田为界，四至分明，要银出抵，自己上门问到龙昌化、燦兄弟四人承借银捌拾捌两乙钱正，限十二月初十归还，不得有误，若有误者，下田耕种收花为利。恐口无凭，立字为据，今人不古。
>
> 凭中 刘天祥
>
> 请笔 杨承旺
>
> 光绪九年十一月二十一日立借 [2]

此契中刘发祥向龙昌化、龙昌燦兄弟四人借银 88 两 1 钱，约定本年十二月初十日，也就是借后 20 天，如数归还，并不需要支付利息。契中虽然指定以刘发祥所有的田一丘作抵，然仅仅作为违约逾期的保障，并不影响田主的所有权益。又如瓮洞镇克寨《民国二十七年六月二十八日刘修炳以墙作抵借钱字》：

> 立借钱人刘修炳，今因家下要钱使用，无从得处，夫妻商议，自己问到包兄黄昭汉名下承借钱叁拾仟文正，其钱即日领清，无欠分文。此钱准限明年正、式月定还。若不还，自将屋背式橙小墙作抵，任从耕管收花，借主不得异言。今欲有凭，立借字为据。
>
> 凭中 杨宗根 胡英华 罗继松

---

① 张新民主编：《天柱文书·第一辑》第 7 册，第 245 页。
② 张新民主编：《天柱文书·第一辑》第 2 册，第 178 页。

民国二十七年六月廿八亲笔立 ①

契中刘修炳夫妻因要钱家用,于 1938 年 6 月 28 日向"包兄" ② 黄昭汉借钱 3 万文,约定来年春正月或二月归还。所借之钱未言利息,仅约定以屋背二燈小墦为抵押物,若逾期不能归还,则出借人可以耕种,以收成所得为利。

根据所见清代至民国时期天柱县借贷文书,凡立有借契的借贷,即使为无息借贷,常需抵押之物,而此抵押物并不及时移交债权人管理,仅作为逾约的保障。无息借贷之期限,大多较短,少则数日,多则数月。如江东乡大坪村《民国三十八年八月二十六日杨德森借杨金发猪肉并限期归还字》:

> 今借到杨金发猪肉叁佰伍拾斤整,限至卅八年八月抵(底)相还不误。如有误者,将到己分土名作抵。恐口无凭,立借字为实。
>
> 借　主　杨德森
>
> 凭中人　杨宗纬
>
> 中华民国卅八年八月廿六日亲笔 ③

契中杨德森向杨金发借得猪肉 350 斤,八月二十六日借,约定八月底即还,借期仅仅 4 天。又如高酿镇地良村《民国二十二年十二月十七日刘荣昌以田作抵向龙喜淑借钱付息并限期归还字》:

> 立借钱字人刘荣昌,今因要钱用度,无处可得,自己上门借到龙喜淑名下承借元钱叁拾叁封陆百文正,自愿将豪老寨脚田乙丘作抵,上抵刘大才仓地,下抵泽永田,左抵大路,右抵泽永田,四至分明,限至明年三月内退还,不得有误,误者任喜淑下田耕种,不得异言。恐口无凭,立字为据。
>
> 民国二十二年癸酉十二月十七日亲笔立 ④

---

① 张新民主编:《天柱文书·第一辑》第 9 册,第 11 页。
② 包兄:当作"胞兄",此处指其妻子之兄长。
③ 张新民主编:《天柱文书·第一辑》第 3 册,第 83 页。
④ 张新民主编:《天柱文书·第一辑》第 14 册,第 72 页。

此契于所借之银钱，仅规定"限至明年三月内退还，不得有误"，债务人并不需要向债权人支付利息，虽有稻田一丘为抵押物，而只有当债务人违约之时，才能由债权人"下田耕种"。而此次无息借贷的借期，亦不过三月余而已。

除了契名即明确为普通借契的借贷活动，契名为典契者，亦有实际为借契，且为无息借贷者。如《民国十五年十二月二十六日梁成祖典田地字》：

> 立典田地人字梁成祖，今因家下要钱使用，无从出处，四（自）愿将到土名白垄寨脚田一丘，上抵园地，下抵成佑田，左抵园地，自（四）至分明，要钱出典，自己上门问到地良寨龙德芳名下承典，当日凭中言定价钱壹佰陆拾捌仟整，其钱亲手领足，其田限至明年二（月）内相还，不得有误。若有误者，下田耕种收花为利。四（自）典之后，不得异言，恐口无凭，立有典字为据。
>
> 　凭中　龙凤光
>
> 　亲笔
>
> 　丙寅年十二月二十六日立字[①]

此为高酿镇地良村文书，出典人梁成祖因家中缺少钱用，以自己家中田一丘出典与龙德芳，得钱 16.8 万。然此契名为典契，但从出典时间来看，立契出典时为民国十五年（1926 年）十二月二十六日，并约定来年两个月内归还，典期最多不过 3 个月，又此时为冬春之际，即使钱主得田，亦无所用处，不可能产生收益。因此，这实际上乃是一份无息抵押借贷。像这种短期出典而实为抵押借贷的情况，在天柱文书中并不少见。

无息借贷的借期一般较短，其借贷物除银钱、谷物外，在清水江地区尚有许多特殊物品。如高酿镇优洞村《民国三十二年九月二十日伍绍银暂借吴永贤父子毗连房屋避雨垦约字》：

> 立恳约字人伍绍银，情因建造房屋一所，与临舍族叔永贤及绍壬父子地基毗连相迫，彼此地基业已分定，以砌坎中立界，现我之房顶

---

① 张新民主编：《天柱文书·第一辑》第 15 册，第 113 页

根椽分定凭后面岭条吊墨为准，难免受风雨飘霖，目睹不堪，即凭族戚商议定妥，暂借伸出岭条避雨，日后永贤父子建造之时，甘愿照后面岭条模型截退，不得异言。恐后无凭，立有恳约一纸付与永贤父子为据。

　　凭族　伍永略　绍全

　　　　戚　刘炳荣

　　亲笔

　　民国三十二年古九月二十日立[①]

　　天柱县侗、苗民众大多聚族而居，以族姓为纽带进行活动，侗族"有的一寨一姓，有的虽然一寨数姓，但各姓都有一定居住范围，自称群体，都有其族姓的组织、法规"，苗族亦然，"大寨七八十户到百余户，小寨三五十户，远离村寨的单家独户不多"。由于地区山多地少，苗侗村寨大多依山而建，限于地形，其房屋往往鳞次栉比，密度极大，便造成了修建房屋时的种种困难。如上契中伍绍银在建造房屋时，由于地基面积不够，房檐过窄，难以遮雪挡雨，不得不伸长檩条，如此一来，不免侵占相邻人家的地基，于是只好立此"恳约字"，请求地基主人族叔伍永贤父子暂时出借，待地基主人建房时再行截退。因是同族近亲，伍绍银并不须支付任何财物。

　　又如《民国三十一年十二月二十七日杨清和、杨清延等立送阴地字》：

　　立送阴地字样人杨清和、延，德智、成等，兹有房戚梁光□、前、明、华兄弟之祖妣杨氏杏元于先年逝世，无处安厝，暂借我众等一房头新墙坎上停柩埋掩，择吉日安葬，现屈卅余载未克迁移，该伊兄弟备□酒席向我众等求讨半棺，以为永久安葬，但送之后，只许祭扫，不准再行进葬，此系我众等甘送半棺，无得翻悔。恐后无凭，立此送字为据。

　　甘送人　杨清和、科、延　德仁、智

　　　　　　德胜、寿、礼、发、光、成

　　延脉昌隆

中华民国卅一年古二月廿七日杨德光 立 [1]

此契所借者乃"阴地",即坟地。《天柱文书》载："天柱县苗族盛行土葬。各姓氏家族都有公共坟山,俗称'阴地',属本姓的均可下葬,各分支(房)坟地,只限下葬本房族死者。夭殇或虽已成年尚未婚配和横死等非正常死亡的,均不入葬家族坟山,只能埋于各姓公有的'乱葬'坟地。" [2] 又清代至民国时期,天柱县民众迷信风水龙脉,选择坟地时讲究山向五行,以为与葬者家族后人的吉凶祸福密切相关,故下葬时年月不利或山向不合时,"将灵柩放于墓穴内,上盖木板,掩以碎土,待来年'吉日'再行埋葬;也有将竹篾一端放入墓穴底,一端留在坑外,再将灵柩放入墓穴内,掩土垒坟,来年'吉日',将竹篾抽出,再行扶正,才算正式安葬。" [3] 契中梁光前兄弟因祖母亡故,未能找到合适的安葬处所,只得借祖母娘家杨清河一房人等所有的"新墦坎"暂行停柩掩埋,商定以后寻得吉日、阴地,即行迁葬,然而时过三十余年,承借方并未信守诺言,不愿迁葬,于是备下酒席向地主"求讨半棺",杨姓众人大约念在亲戚情分,不仅未追究求借方梁氏兄弟的违约责任,反而慨然出送令其祖母永远安葬,仅约定"送之后,只许祭扫,不准再行进葬"而已。

又如文斗寨《王永祥、文大亨借讨契》:

> 立借讨字人王永祥、文大亨,今因砍白号山之木,欲经翁扭之山,奈无老路所过,只登门借讨姜绍熊、绍奇、相清、相德所共左边岭之山,下截又与姜怜合所共右边之山,我王、文二姓夫子细心拖拉,不得推坏。恐口无凭,立此借讨字为据。
>
> 凭中人 朱和具兄 苏荣光兄
>
> 依口代笔 潘道生
>
> 道光拾八年九月廿五日立借讨字全前 [4]

---

[1] "天柱文书第一辑补遗",第 33 盒。
[2] 贵州省天柱县志编纂委员会编:《天柱县志》,第 125 页。
[3] 贵州省天柱县志编纂委员会编:《天柱县志》,第 110 页。
[4] 陈金全、杜万华编:《贵州文斗寨苗族契约法律文书汇编——姜元泽家藏契约文书》,第 345 页。

此契所借者，乃运木之山路。因清水江流域盛产杉木，木材贸易繁盛，树木砍倒后，须拖运下山，至清水江放排，若所砍之木在深处，周围皆他人山地，则必须借路搬运。这类借讨活动，为数甚多，一般无须支付酬金，只要小心拖拉，不至于损毁他人木材即可，且运木告竣，则借讨行为自行终止。

无息借贷的基础是人情，家族内部、亲戚之间或朋友之间常能在彼此穷乏之时，尽己所能伸出援助之手，而不计金钱的收益。如《乾隆四十八年三月二十三日杨卓菴、杨合菴等立集资合同》：

> 立合同人杨卓菴、合菴，今承众弟兄见廷彩冤屈，害我等帮银，一百日后不得用一科十，事息之后盟神算账，恐后兄弟倘有事务，卓菴必须同心出力，今将各帮银两开列于后：
>
> 朝栋愿出银一十捌两；绍兴愿出银一拾捌两；朝柱、朝显愿出银捌两；
>
> 朝灿愿出银拾两；含宏愿出银捌两；特之兄弟共愿出银式两；
>
> 凭房族 杨朝耀 周作 陈大兴 舒辉映
>
> 乾隆四十八年三月二十三日 [1]

上契是一份家族筹集诉讼费用的文书，杨卓菴等人因为不忍族中兄弟杨廷彩遭受冤屈，乃召集族人商议出资相借，诸人立下合同，自愿共出银64两，约定百日后"盟神算账"，并不计较利息问题，甚至本金能否收回亦在所不计，而此次蒙族亲帮助的杨卓菴等人，以后若遇族亲有紧急事故，亦必须同心协力，竭力帮扶。

天柱县民间谚语说："喝酒讲酒不讲菜，结亲讲亲不讲财。"又言："交义不交财，交财合不来。"这些质朴的俗语无不透露出底层民众重视人际情感，尤其是房族、亲戚之间患难与共、重义轻利的道德自觉与期许。在亲友窘迫之时，于自己力所能及的范围内，提供财物支持，这类民间无息借贷活动，在传统社会的族群凝聚、社区和谐共处方面，发挥了重大作用。

---

① 天柱县档案局（馆）藏文书，第89盒，第128份。

第二节　普通借贷之二：有息借贷

无息借贷既以情感、道义为基础，以互助为目的，利息非所关心，则契纸之订立更属随意，然因此缘故，其活动常消隐于历史长河之中，难以寻其痕迹。若从现存的清代民国时期天柱县借贷类文书来看，则有息借贷占据着极大的比例。

民间借贷是否应该取息，聚讼纷纭，或则曰："假贷钱谷，责令还息，正是贫富相资不可阙者"[①]。或则曰："既有称贷重息，转昒输入富家，铚镰筐箔未藏，室中业已悬罄。积压两载，势必子母皆不能偿，富者始闭其称贷而绝交焉。"[②] 然若以社会实情衡之，则两者各有得失，盖若情感关系密切且数额较小、借期较短者，或债务人显系困顿至极而债权人家境宽绰者，自以无息借贷为合情理，而若借期较长而借资不菲，双方关系并不十分亲密且经济状况相去不远，则自当适当收取利息，方显公平。有息借贷，根据其是否需要质押，可分为无质借贷和质押借贷。

一、无质借贷

无质借贷是指建立在借贷双方的相互信用之上，无须质押物的借贷形式。如蓝田镇地锁村《民国三十七年四月十二日杨胜鱼向黄招汉借谷行息并限期归还字》：

> 立借谷字人杨胜鱼，今因缺少粮食，无从得处，自己上门借到亲识黄招汉名下借出老斗谷子五斗正，其谷言定加陆行息相还行息，限至八月底相还不误，特立借字乙纸为据。
> 凭中代笔　杨宏开
> 民国三十七年四月十二日立借[③]

契中杨胜鱼因缺少粮食，向亲戚黄招汉借稻谷 5 老斗，双方商定利率为每

---

① 〔宋〕袁采：《袁氏世范》，中华书局 2004 年版，第 62 页。
② 〔明〕宋应星：《野议·论气·谈天·思怜诗》，第 11 页。
③ 张新民主编：《天柱文书·第一辑》第 3 册，第 228 页。

年 60% 即 3 老斗，限定归还期限为本年八月底，契中并未有质押物。

又如瓮洞镇黄巡村《咸丰五年二月二十二日蒋再宽向蒋昌遐借钱并付息字》：

> 立借钱蒋再宽，今要钱用度，无从得处，自己问到房侄蒋昌遐承
> 借钱六百四十文，扣水其钱行利照月加五相还，不限远近备得本利上
> 门抽字，立借字是实。
>
> 昌来笔
> 咸丰五年二月二十二日立①

契中蒋再宽因急需用钱，自己上门与房侄蒋昌遐商议，借出钱 640 文，议定月利为 5%，即 25.6 文，无质押物，且并不限远近归还，这自然必须建立在相互信任的基础之上才可达成。

又如黄巡村《咸丰元年十二月二十七日蒋加益向蒋再学借钱并行利约》：

> 立借钱人蒋加益，今因家下要钱用度，无从得处，自己问到族内
> 蒋再学承借钱伍佰玖十六文，其钱行利照月加二五相还，备得本利上
> 门抽约。立借是实。
>
> 自请笔政道代笔
> 咸丰元年十二月廿七日借②

另如同村《咸丰七年闰五月二日吴□□向蒋再学借钱并行利字》：

> 立借钱人吴□□，今因家下要钱用度，自己上门问到亲蒋再学承
> 借钱式仟文足，其钱行利照月加式伍相还不误，日后备得本利上门抽
> 约，今欲有凭，立借是实。
>
> □文笔
> 咸丰七年后五月初二日立③

以上两份借贷契约，虽皆须支付利息，然都无抵押物的规定。无质借贷与

---

① 张新民主编：《天柱文书·第一辑》第 6 册，第 127 页。
② 张新民主编：《天柱文书·第一辑》第 7 册，第 197 页。
③ 同上，第 205 页。

无息借贷一样，皆须彼此熟悉，尤其是债权人对于债务人须高度放心，方能避免借贷风险。

二、质押借贷

质押借贷是民间借贷活动中立契借贷的常见形式，其起源甚早。湖北睡虎地所出秦墓竹简《法律答问》载："'百姓有责（债），毋敢擅强质，擅强质及和受质者，皆赀二甲。'廷行事强质人者论，鼠（予）者不论；和受质者，鼠（予）者□论。"[①] 意为百姓间之借贷，不能强行索取质押物，擅自强行索质及双方同意质押者，皆有罪。此处之质，皆指人质而言。秦汉时人质盛行，《说文解字》释"质"字云"以物相赘"，释"赘"云："以物赘钱"，段玉裁注曰："若今人之抵押也。《汉书·严助传》'卖爵赘子，以接衣食'，如淳曰：'淮南俗卖子与人作奴婢，名为赘子，三年不能赎，遂为奴婢。'"[②] 而动产质、不动产质之出现，则相对较晚，前者"最早确见于南朝初"，后者"始见于南北朝中期"[③]。至清代及民国时期，民间质押之形式已经发展完备，动产质、不动产质较普遍。

天柱文书中质押借贷文书颇多（见附表1），其中又以田地、房产等不动产为质押物者居多。在《天柱文书·第一辑》所收101份清代民国时期民间普通借贷契约文书中，有抵押物的共87份，约占86%。其中以人身为抵押物者1份，约占抵押借贷总数之1%；动产抵押的有5份，约占6%；不动产抵押契81份，占93%。

1. 人身质

人身质指以人身为质押物以获得借贷财物，本是早期民间借贷的最常见形式，如《汉书·贾谊传》载秦人"家贫子壮则出赘"[④]，《汉书·严助传》亦言其时"民待卖爵赘子以接衣食"[⑤]。然自唐代开始即明令禁止人身质借贷，《唐律疏议》载：

---

① 睡虎地秦墓竹简整理小组编：《睡虎地秦墓竹简》，文物出版社1990年版，第127—128页。
② 〔汉〕班固：《汉书》，第2779页。
③ 罗彤华：《唐代民间借贷之研究》，北京大学出版社2009年版，第7—8页。
④ 〔汉〕班固：《汉书》，第2244页。
⑤ 同上，2779页。

"诸妄以良人为奴婢,用质债者,各减自相卖罪三等;知情而取者,又减一等。"①

但是在民间尤其是偏远地区,以人为质之风依旧盛行。如中唐之广西柳州,《新唐书·柳宗元传》载:"柳人以男女质钱,过期不赎,子本均,则没为奴隶。"②清代人身质亦为法律所不许,《大清律》"户律·婚姻"之"典雇妻女"条载:"凡将妻妾受财(验日暂)典雇(立约出)与人为妻妾者,(本夫)杖八十;典雇女者,(父)杖六十,妇女不坐。若将妻妾妄作姊妹嫁人者,杖一百,妻妾杖八十。知而典娶者,各与同罪,并离异,(女给亲,妻妾归宗)财礼入官。不知者,不坐。追还财礼。(仍离异)"③然而在民族地区,则直至清末及民国时期,人身质尚未禁绝。民国于曙峦《贵州苗族杂谈》说:"还有很多的苗人,因负汉人的债,专帮汉人做苦工来偿利息,进退都不能自由,操作尤其辛苦,若小有不对,主人就加以鞭笞,简直象牛马一般。"④《天柱县志》亦载,1949年前,当地民众遇到天灾人祸,生产生活困难,急需钱物时,"赤贫无所有者,唯有卖身当雇工抵债"。《天柱文书·第一辑》中,尚存一份民国末期以人身为质押物的借贷契约文书,即《民国三十六年一月十四日陈再炳以身作抵借钱字》:

> 立借字陈再炳,今因家下要钱使用,无从得处,自己上门问到亲戚刘修槐名下承借洋壹万贰仟元正,限于本年抵(底)相还不误,若有误者,将本身作抵。恐口无凭,立有借字为据。
>
> 凭中
> 亲笔
> 民国三十六年正月十四日 ⑤

此为瓮洞镇克寨村文书。陈再炳因家中要钱用度,未能找到其他抵押物,乃只得以自身作抵,向亲戚刘修槐借出1.2万元。以民间借贷之通例而言,但凡稍有产业之家庭,皆以动产、不动产为质,以身作抵,名誉扫地,陈再炳只

---

① 曹漫之主编:《唐律疏议译注》,吉林人民出版社1990年版,第880页。
② 〔宋〕欧阳修等:《新唐书》,中华书局1975年版,第5142页。
③ 马建石、杨育棠主编:《大清律例通考校注》,中国政法大学出版社1993年版,第444页。
④ 贵州社会科学编辑部编:《贵州近代经济史资料选辑(上)》卷一,第443页。
⑤ 张新民主编:《天柱文书·第一辑》第9册,第139页。

能出此下策，可见其家庭经济状况必已达崩溃之边缘。

2.动产质

动产指能够移动而不损害其经济用途和经济价值的物品，在传统农村社会，民众的动产一般有禽畜、农具、家具、粮食等物品。《大清律》"户律·钱债"之"费用受寄财产"条载："凡受寄（他）人财物、畜产而辄费用者，坐赃论，（以坐赃致罪律）减一等（罪止杖九十、徒二年半）。诈言死失者，准窃盗论，减一等（罪止杖一百、徒三年，免刺），并追物还主。"[①]对债权人管理抵押物的责任加以认定。《中华民国民法》第九三二条也规定："债权人于其债权未受全部清偿前，得就留置物之全部行使其留置权。"[②]在民间借贷中，债权人为了保证其资产的安全性，多需债务人以财物作抵，便于逾约时收回资本。如1936年《册亨县乡土志略》载："农人无法生活，以牛马作抵押品，向富户借贷，唯有一定期限，到期无力偿还，任凭债权者没收变价，折价偿还本利。"[③]清至民国时期天柱县农村之家养禽畜，光绪《天柱县志》载有鸡、鹅、鸭、牛、马、猪、羊等，然鸡、鹅、鸭价值甚微，且一般农家所养之数量亦甚为有限，马、羊非普遍豢养，故以牛、猪做抵押物较为合适。如瓮洞镇黄巡村《咸丰十年十二月十九日杨品刚以猪牛作抵向蒋在学借谷字》：

> 立借古（谷）子人杨品刚，今因借到蒋在学谷子乙石二斗，照开
> 年三四月价钱相还，不得有误。自愿将到猪牛作抵。立借是实。
> 亲笔
> 咸丰十一年十二月十九日[④]

春节将近，契中债务人杨品刚以自家猪、牛抵，向蒋在学借得谷子1.2石，约定至来年谷价最高时期按市价以钱归还。又如同村《同治三年三月二十三日

---

① 马建石、杨育棠主编：《大清律例通考校注》，第526页。
② 徐百齐编：《中华民国法规大全》第1册，第77页。
③ 罗骏超：（民国）《册亨县乡土志略》，载《中国地方志集成·贵州府县志辑》第27册，巴蜀书社2007年版，第602页。
④ 张新民主编：《天柱文书·第一辑》第7册，第230页。

杨昌立以田做抵向蒋在学借钱字》：

> 立借钱人杨昌立，今因缺少用度，无从得处，自己借到蒋在学钱
> 三千文足，其钱将买黄古（牯）牛一边，折收谷利每年共七斗五升净
> 谷，不得短少，若有短少，钱主将牛出卖，借主不得异言。今欲有凭，
> 立借是实。
> 亲笔
> 同治三年三月二十三日[①]

债务人杨昌立借蒋在学钱 3 千文，而以所买黄牯牛一边做抵押。所谓"黄
古（牯）牛一边"，"一边"即一股，传统农村中常有数户共买一牛，轮流照管，
以作耕田之具。双方约定若到期债务人不能偿还本利，则债务人有权牵牛出卖。

又如《民国三十四年四月二日蒋景均、蒋景能以猪牛作抵借洋行利并限期
归还字》：

> 立借洋字人蒋景均、能，今因家用不备，要养使用，自己上门问
> 到族内蒋景良名下承借钞洋壹万元正，其洋至秋收式石谷利，洋限至
> 十二月相还（不）误，自将猪牛作抵，若误任从洋主将猪牛出本利，
> 恐口无凭，特立借字为据。
> 民国叁拾肆年四月初二 立[②]

此契亦黄巡村文书。蒋景均兄弟以猪牛作抵，向债权人同族之人蒋景良借
得钞洋 1 万元整。

清代天柱县亦有以"会脚"为抵押借钱者，如《同治四年四月十四日游希
林向蒋再学借钱并加息字》：

> 立借钱字人游希林，今借到蒋在学钱四千文足正，其钱照月加式

---

① 张新民主编：《天柱文书·第一辑》第 7 册，第 245 页。此契契名有误，契内所言"一边"，乃
指此合伙购买的黄牯牛之一股，而非天柱文书中常见之田地收成单位"一边（稨）"，契名"以田
作抵"，当作"以黄牯牛一边（股）作抵"。
② 张新民主编：《天柱文书·第一辑》第 6 册，第 66 页。

伍相还，不得有误，自愿将到钱主邀之会一脚作抵，立借是实。

希林笔

凭中　杨昌立

同治四年四月十四日借①

又如《同治七年四月一日杨秀来向蒋再学借钱加息并限期归还字》：

立借钱字人杨秀来，今因要钱用度，无从得处，自己问到伊亲蒋再学承借足钱肆仟文，其钱行利照月加式伍相还，有将十月二十三日杨政宁首约会钱拾式仟文作抵，日后接会之日相还，不得有误。今欲有凭，立借是实。

杨秀凤代笔

同治七年四月初一日立②

以上两份黄巡村文书皆以"会脚"为抵押物。钱会乃传统中国民间常见的经济互助形式，也是清代至民国时期清水江流域流行甚广的特殊借贷形式。其名目繁多、规则复杂（详见下文特殊借贷之"钱会"部分）。其常由某人邀集亲朋好友，集资立会，发起者称会首，参与者称会脚，按期填会和接会。所谓"钱会之一脚"，即所参加之钱会而自己尚未接会之资产。上引二契，游希林系以债权人蒋在学所邀的钱会之会脚作抵，借钱4千文，杨秀来则以杨政宁所邀钱会之一脚向蒋再学借钱4千文，且约定接会之日即本利相还。

3. 不动产质

在传统民间社会，不动产一般指田地、房产。以田宅等不动产为质押物进行借贷，"始见于南北朝中期"。如《南史》载临川惠靖王萧宏"都下有数十邸，出悬钱立券，每以田宅邸店，悬上文契，期讫，便驱券主，夺其宅"③。田地、房产价值高昂，故法律关注更切，《大清律》"户律·田宅"之"盗卖田宅"条

---

① 张新民主编：《天柱文书·第一辑》第7册，第257页。
② 同上，第262页。此二契之债权蒋再学、蒋在学为同一人，系书写之误，现存黄巡村收入本册中的文书与此人相关者甚多。
③〔唐〕李延寿：《南史》，中华书局1975年版，第1278页。

载:"凡盗(他人田宅)卖,(将已不堪田宅)换易及冒认(他人田宅作自己者),若虚(写价)钱实(立文)契,典买及侵占他人田宅者,田一亩、屋一间以下,笞五十,每田五亩、屋三间加一等,罪止杖八十、徙二年。"[①]然在民间借贷中,特别是数额较大的借贷活动,以不动产为质押物,极为普遍,因其无论债务人逾约与否,皆可保证资本安全。如蒲松龄《聊斋志异·珊瑚》中记,安二成为营救妻子,而"官贪暴,索望良奢",于是只得"质田贷资,如数纳入",后因为债权人催促还贷,二成"不得已,悉以良田鬻于村中任翁。"[②]

在清代民国时期天柱县民间借贷契约中,以不动产质占较高比例。其中以房产为抵押物者有10份,约占不动产抵押借贷文书数的12%。

以房屋为抵押物者,如竹林乡高坡村《光绪三十二年四月二日李堂秋向潘光世借钱交息字》:

> 立借钱字人李堂秋,今因要钱用度,无从得处,自己上门问到潘光世名下借出钱拾仟文整,其钱行利每月每千钱上油乙斤为利,限至冬月相还,不至有误。如有误者,如有过限,岩田房屋三间左(作)抵,日后不得异言。今幸有凭,立借字存照。
>
> 请笔 李玉泰
> 光绪三十二年四月初二日立字[③]

债务人李堂秋向潘光世借钱1万,其利息以油抵充,每千文每月1斤,每月计应出油利10斤,约定至本年冬月(农历十一月)归还,并以李堂秋家的房屋三间作抵。

以地基抵押者,如高酿镇优洞村《民国三年三月二日刘金富以屋坪地基房屋作抵向刘永定借银付息并限期归还字》:

> 立抵屋坪地基房屋字人刘金富,今因要银使用,无所出处,自己

---

① 马建石、杨育棠主编:《大清律例通考校注》,第431页。
② 〔清〕蒲松龄:《聊斋志异》,华夏出版社1995年版,第593—596页。
③ 张新民主编:《天柱文书·第一辑》第5册,第149页。

借到堂弟刘永定承借银八两正，其银行利照月加叁，限至乙卯年式月本利归还，不得有误。自借之后，不得异言。恐后无凭，立有借抵字存照。

祷笔　绪渊

天运[①]甲寅二月初二日立字[②]

契中刘金富以自家地基并房屋为抵押物，向堂弟借出银8两，约定月利3%。在以不动产为抵押物的借贷文书中，以田地为抵押物者最多，达73份，占不动产抵押借贷数的90%。以田作抵，如石洞镇冲敏村《道光二十二年九月一日龙朝富以田作抵向谭有博借钱字》：

立借钱字人龙朝富，今因要钱正用，无从得处，自己上门问到谭有博承借本钱柒千文正，其钱自愿将到土名阴推田乙丘，收禾花壹佰式拾稿作抵，限至开年二月本利归还，不得有误。立此借字为据。

钱重二十六斤。

朝□笔

道光二十二年九月初一日　借[③]

债务人龙朝富为向谭有博借钱7千文，将自己一丘收禾花120稿的稻田作抵，限至来年二月归还本利。

清水江地区之稻田计量单位颇为特殊，常见者有丘、块、间等，未见有详细的顷、亩数，而代之以田之收成数，如上契中之"稿"，亦有写作"边""遍"等字样者，除以"边（稿）"计算产量外，亦有"手""挑""石"等计量单位。如明代嘉靖《贵州通志》载，黎平府境"种植树艺，以稻熟刈把为则，以四剪为手，十手为把，每把纳秋粮二升焉"[④]。锦屏县偶里乡皆阳村崇祯七年十一月

---

① 本契末署时间为"天运甲寅""天运＋干支"纪年格式在清代民国时期天柱文书中较为常见，此契命名者认为指民国甲寅年即民国三年，则归还日期之"乙卯年"当即民国四年。参见徐钰：《清水江文书纪年格式之"天运"考释》，《贵州大学学报（社会科学版）》2015年第3期。

② 张新民主编：《天柱文书·第一辑》第9册，第162页。

③ 张新民主编：《天柱文书·第一辑》第2册，第321页。

④〔明〕谢东山：(嘉靖)《贵州通志》，载《中国地方志集成·贵州府县志辑》第1册，第278页。

十四日立《佛祖证盟》碑，"粮禾一大手，三小手"①。此种地方性较强的计量单位，与贵州东南部多山少平地的地形地貌密切相关。清代嘉庆时期古州厅（今黔东南榕江县）同知林溥所著之《古州杂记》即记载其地"山头地脚，高下田邱，方圆大小，阔狭形势，均依地而成，不能以丈量计亩，苗民置产，惟计田几邱，收禾若干把，或计收获若干斤，以登券据。"②其各单位之具体重量，据学者考证，"每1把（編）单位为3斗，每把（編）重量约35斤"③，上契龙朝富之田产禾花120編，计谷4200斤，以天柱县民国时期平均亩产250—300公斤计算，则此田当在7—8.4亩之间。

除以田作抵押，又有以旱地、菜园作抵者。如江东乡大坪村《民国二十三年六月二十四日杨发龙以田作抵向杨清园借钞并行息字》：

> 立借钱字人杨发龙，今因家下要钱使用，无从得处，夫妻商议，情愿将到中云坡大埯作抵，四抵分明。要行出借，无人承受，自几（己）问到杨清国名下承借出钱伍拾陆仟文正，其钱青（亲）领入手用度，行息每月家（加）四十相凡（还）不误。如有误，得今有友凭，立借是实。
>
> 凭中　杨金毫④
>
> 民国弍拾二年六月二十四日笔立⑤

契中债务人杨发龙以地名中云坡之"大埯"作抵，向杨清国借钱56千，月利4%。"大埯"者，"埯"字在天柱文书中通常写作"墦"，而音同"虾"，指位处山坡、灌溉条件较差，仅适宜种植旱作物的土地类型，复因其形状而有"大

---

① 姚炽昌：《锦屏碑文选辑》，内部资料1997年版，第4页。

② 〔清〕林溥：《古州杂记》，载《中国地方志集成·贵州府县志辑》第18册，第573页。

③ 林芊：《明清时期贵州民族地区社会历史发展研究——以清水江为中心历史地理的视角》，知识产权出版社2012年版，第156页。

④ 张新民主编：《天柱文书·第一辑》第3册，第133页。

⑤ 张新民主编：《天柱文书·第一辑》第3册，第133页。

墦"①"长墦"②"小墦"③之称。

又如高酿镇上花村《民国十四年四月十七日陶燦仕以地作抵向龙显仁借钱字》：

> 立借字人陶燦仕，请因今我借到高酿等冲龙显仁承借元钱拾捌封
> 正，其元钱限至五月内归还，自愿将到土名高盘□园地一副作抵为据，
> 其元钱到契回。自借之后，不得异言。恐口无凭，立有借字为据。
> 　凭中　龙显祥
> 　民国十四年四月十七日　立④

契中"园地"，乃指农家的菜地或果园而言。以油树为抵押物者，在天柱文书中亦屡见不鲜。如瓮洞镇黄巡村《民国九年七月二十四日潘光禄、潘光贤以田作抵向潘光槐借钱并付息字》：

> 立借钱字人潘光禄、贤，今因家下要钱使用，无从得处，自己上
> 门问到潘光槐众等修路会上钱借出元钱肆仟文整，其钱议定行钱利每
> 月加利钱肆拾文，其钱亲手领用，限至周年本利相还，不至有误。如
> 有误者，自己将到土名墨凹头油树乙块作抵，上抵古路，下抵刘姓山坡，
> 左抵刘姓油树，右抵刘姓杉木，四抵分明作抵，日后不得异言。恐口
> 无凭，立此借字为据存照。
> 　亲笔　光贤
> 　民国九年庚申七月廿四日立借⑤

潘光禄、潘光贤兄弟因家中急需用钱，乃以油树一块作抵，向以潘光槐为

① 如江东乡大坪村《民国二十三年六月二十四日杨发龙以田作抵向杨清国借钞并行息字》，载《天柱文书·第一辑》第3册，第133页。
② 如江东乡大坪村《民国二十三年十二月二十一日杨发隆以田作抵向杨清园借钞并行息字》，载《天柱文书·第一辑》第3册，第133页。
③ 如瓮洞镇克寨村《民国二十七年六月二十八日刘修炳以墦作抵借钱字》，载《天柱文书·第一辑》第9册，第11页。
④ 张新民主编：《天柱文书·第一辑》第16册，第146页。
⑤ 张新民主编：《天柱文书·第一辑》第7册，第140页。

会首的钱会修路会上借得钱 4 千文。油树为天柱县较为普及的经济林木，分油茶与油桐二种。光绪《天柱县志·土产》云："至城东兴文里暨新兴里二图，下远口、远洞、地湖等处，土产茶油。"[1] 新编《天柱县志》载："油茶，常绿阔叶小乔木，系食用木本油料树种，以杨家、大祥、地湖、竹林、远口等乡最多。全县年产茶油籽 40 万斤，面积为全州之冠。"[2] 天柱县桐油之生产，规模更大。新编《天柱县志》载："油桐，落叶乔木，县内各地均可栽植，为经济树种之一，全县有分布，年产油桐籽 80 多万公斤。"[3] 民国学者丁道谦在其《贵州经济地理》中载："黔省桐油出产，据罗马国际农学会之统计，在民国初年，实占全国第一，民四起则逐渐低落，至民十后竟一蹶不振，反远落川、湘、鄂、桂等省之后。民二十五年以后，一以内销之数巨增，外销亦渐成为我国际贸易中之一主力，于是栽培转盛，而以黔东为尤多，年产约五万担；黔东各县，又以铜仁、玉屏、松桃、镇远为最著，岑巩、江口、思南次之，三穗又次之。黔东所产桐油，向多集中于铜仁的龙溪口，远销湖南常德。"[4] 此处未明确指出天柱县桐油产量，然据 1946 年《贵州省统计年鉴》之《贵州省各地桐油漆液茶油之产地及年产量统计表》，1937 年镇远专区共产桐油 1.7165 万市担，所辖各县产量如表 3-1 所示。

表 3-1　1937 年镇远专区各县桐油产量表[5]（单位：市担）

县别	桐油产量	县别	桐油产量
镇远	5800	郎岱	2000
黄平	440	紫云	400
炉山	1000	岑巩	1200
余庆	120	三穗	1100
台江	200	剑河	5
天柱	6000		
镇远专区总计：17165			

[1]〔清〕林佩纶等修，杨树琪等纂：(光绪)《天柱县志》，载《中国地方志集成·贵州府县志辑》第 22 册，第 208 页。
[2] 贵州省天柱县志编纂委员会编：《天柱县志》，第 446 页。
[3] 贵州省天柱县志编纂委员会编：《天柱县志》，第 446 页。
[4] 贵州社会科学编辑部编：《贵州近代经济史资料选辑（上）》卷一，第 279 页。
[5] 据 1946 年《贵州省统计年鉴》之"贵州省各地桐油漆液茶油之产地及年产量统计表"数据重制，贵州社会科学编辑部编：《贵州近代经济史资料选辑（上）》卷一，第 280—282 页。

根据统计数据,天柱县该年桐油产量占镇远专区 11 县总产量的三分之一多,仅次于铜仁县、都匀县、罗甸县、大定县、贞丰县,居全省第 6。上引潘光禄兄弟借贷契所抵押的油树,虽不能确认为油茶或油桐,然同具有较为可观的经济效益。

第三节　特殊形态之借贷

民间借贷除了无息、有息普通借贷外,还有典当、合会、预租、赊买等特殊借贷形式。民间典当问题,下文将有专章探讨,此处专论赊买与合会的借贷活动。

一、赊买

所谓赊买,指买方先向卖方取得物品,在约定期限内支付费用的经济形式。在自给自足的传统乡村社会,虽然主要的生活物品皆可自己生产,另有一些生活必需品却必须向各类坐贾、行商购买,为获得必要的银钱,也常将自家剩余的农产品出卖,于是,农户或商贩都不可避免发生赊买的可能。如前引加池寨嘉庆二十四年(1819 年)五月初四日《龙腾贵借银约》[1],该契立借约人龙腾贵,当系乡村从事牲畜买卖的小生意人,向姜廷德买猪 2 头,价值银 2 两 3 钱,当时无钱付款,于是以借条的形式先行赊买,约定待所买之猪卖出后再归还猪价,赊期内按 3% 的月利行息。又如前引民国十一年(1922 年)六月《姜元贞书信一封》[2],该信的书写人姜元贞因为帮人向乡场上三义和商铺赊出货物若干,约定到期补交货款,不料赊买人久未履约,尚欠银 3 两,商号只得写信向承办人姜元贞催款。

乡场集市是清水江地区乡村社会最主要的商品交易地。天柱县自明万历二十五年(1597 年)在清水江沿岸设立新市(瓮洞)、清江(鸬鹚)、新民(鸬鹚对岸)、远口等地设立集市,三天一场。至道光年间,境内增加坌处、白市、龙滩(兴隆)、天柱、邦洞、蓝田、高酿集市。光绪年间,再在县境边沿地区

---

① 张新民主编:《天柱文书·第一辑》第 1 册,第 336 页。
② 张新民主编:《天柱文书·第一辑》第 5 册,第 114 页。

开设竹林、大祥、汉寨等17个集市，规定每五天一场。到民国时期，全县有11个较大的集市，以天柱县城关、邦洞、远口最大，远口集市以乌油、杉木、茶油、桐油为主要交易商品，市场设有油号、木行，邦洞集市以桐油、土布、耕牛、生猪、蓝靛为主要交易商品，城关集市以百货、大米、手工制品为主要商品。民国三十七年（1948年），全县集市增至19个，其场期如表3-2所示。

表3-2　民国末期天柱县乡村集市开市日期表[1]

开市日期（农历每旬）	市集	开始日期（农历每旬）	市集
初一、初六	城关；坪地；注溪	初二、初七	瓮洞；坌处；渡马；八阳；润松；甘洞；大祥
初三、初九	蓝田；汉寨	初三、初八	兴隆
初四、初八	邦洞	初四、初九	远口；大段
初五、初十	白市；高酿；社学		

在各处场市中，每逢开市之日，商贩聚集，农户亦将谷物、禽畜、手工制造品等各类物品在市集待售，因为买卖双方大多为同地方的熟人，赊买、赊卖视为常事。如民国时期高酿镇的名医龙秀腰，即在高酿市集上开有药铺，今于其遗留下来的民国二十八年（1939年）、民国二十九年（1940年）两年日记残卷《补残生涯》[2]，其中就多见民众赊买药品的记载（见表3-3）。

表3-3　龙秀腰《补残生涯》载民国二十八年十一月、十二月赊买活动表

时间	赊买人	赊买金额	备注
十一月初九	姚汉德	1500 文	初十补
十二日	龙德霖 龙昭六 龙世名	1300 文 1449 文 1470 文	十七日补 结总账
十四日	罗正德	488 文	十五日收
十五日	粟根发	700 文	
二十日	龙德霖	1520 文	二十五日收清

---

① 据《工商行政管理》"集市"资料制表，载《天柱县志》（贵州省地方志编纂委员会编）第十四篇第三章，第683—684页。
② "天柱文书第一辑补遗"，第28盒。

续表

时间	赊买人	赊买金额	备注
二十五日	刘宗俊 龙见云 龙世名	240 文 1.18 元 11.114 万文	二十九日收清
二十八日	张天生	212 文	
二十九日	罗安发 龙见益 潘年科	100 文 1350 文 430 文	免 十二月十一日收 十二月十五日收
十二月初一日	张天生	600 文	
初二日	唐拾义	2 角	
初四日	刘启玉 张天生 杨神魁	1000 文 1700 文 800 文	初五收 十五日收 十五日收
初七日	潘德修	840 文	
初十日	罗勉三	724 文	
二十日	潘德修 林昌祯	230 文 150 文	免
二十五日	潘周冶	150 文	
二十六日	潘周冶	840 文	

从上表可以看出，民国二十八年十一月、十二月，龙秀腰在日记中详细记载的赊欠药款的乡民即有多人，另有更大数量仅在每日日记的总结处列出欠款总数，如十一月十二日载："本日共卖药钱 7 千 979，除令能、世名与德霖扣款外，实有未收钱四千三百四十九文"，十五日载："本日共卖钱 16 千 510，当收钱 16 千 930，下存未收钱 9 千 580"，十二月四日载："本日买药 9 千 465，收钱 4 千 240，下存未收钱五千二百四十五文[①]。"

在正常的买卖活动中，若得买人一时难以付清全款，亦可以赊买视之。如《民国二十八年六月初一日林某立典田借钱字》：

> 立典田借钱字人林□□，今因买到春花林昌福地名坪翁田乙丘，缺欠田价□拾元，无所寻出，只得反转立此典借字，照月加四，限至明年三月初一日付清，不得有误，若有误者，愿将此田给转林昌福耕种收花，不得异言，恐后无凭，立有此字存照为据。

---

① "天柱文书第一辑补遗"，第 28 盒。

亲笔　□□□

中华民国二十八年六月初一日　立①

此契中林某得买高酿镇春花村林昌福之田一丘，尚短少田价数十元，于是只得转立借据，以所欠款为本金，约定月息4%，限至来年三月初一日之前清偿，若违约则以此田出典给债权人，以产出物折息。

二、合会

合会乃是传统中国社会融集物资的重要办法之一，尤其对于以小农经济为主体的广大乡村社会，作用尤其重大。正如台湾学者曹竞辉所著《合会制度之研究》中所云："金融机关贷款之对象，多限于平常有相当存款实绩之存户，且尚须有人之保证，物之担保始可。银行如此，信用合作社、农会莫不如此，非一般平民、小农、负贩、零售商或薪酬阶层所能随意利用。一旦遇有急需，每苦告贷无门，处处碰壁，其向民间借款者，又须忍受重利盘剥。而邀会之人，则无须设定抵押，质之物品，按期付息或预扣利息，忍受高利之累。至于合会虽亦按期缴款，但系以其赢余，偿还本金，较之典当告贷，出入之间，实不可以道里计。"② 民众家庭经济基础薄弱，既难以享受国家金融机构资本贷放的权益，又难以承受民间各类借贷机构、个人的高额利息，以家庭动产、不动产典当，则个人产业本不宽裕，按期赎典不易，无产生存更难，至于纯粹互助性质的无息借贷，则常嫌借期甚短，借额较少，于是不得不乞灵于民间合会之组织。民间合会类型多样，徽州文书研究专家卞利将之细分为文会、祭祀性会社、经济性会社、慈善和公益性会社、宗教性会社等五大类型③。

贵州地区民间合会的发生时期，难以准确判定，道光时期贵州督学李宗昉所著《黔记》，其中载："市人醵银钱为会，每月籧之，团饮为乐，曰'上会'，妇人亦多为之。其始盖皆各省流寓之民，鲜土著者，故醵银寝以成俗。"④ 所谓"醵"

---

① "天柱文书第一辑补遗"，第25盒。
② 曹竞辉：《合会制度之研究》，联经出版事业公司1980年版，第5页。
③ 卞利：《明清时期徽州的会社初探》，《安徽大学学报（哲学社会科学版）》2001年第6期。
④〔清〕李宗昉：《黔记》，载《中国地方志集成·贵州府县志辑》第5册，第559页。

者,《说文解字》云:"会饮酒也",东汉郑玄注《礼记·礼器》"周礼其犹醵与"云:"合钱饮酒为醵",这类集钱会饮之风起源甚早,本非黔地的特殊风俗,盖随移民流动而带入,能够享受此等闲情者唯城市富人或闲人而已,而绝非广大农村社会的实况。乡村社会流行的各类会社,据民国学者张肖梅《贵州经济》说:"黔省农民减免高利贷压迫之方法,除尽可能缩短期限外,又盛行合会,以资周旋,就会款总额言,百元以下及二百元至四百元者各占25%为最多,六百元以上者占20%居其次。就期限言:以五年以下者最多,占85%以上;五年至十年者占15%;在十年以上者罕见。就合会之方法言,以摇会最多,占63.7%;认会次之,占17%,标会及七星会,各占4.8%;五圣会,占2.4%;用其他方式者,占7.3%。此为黔省农村社会间固有之金融制度也。"[1]对民国时期贵州地区民间经济性会社的状况及类型作了统计分析。

　　清水江地区由于可以利用清水江-沅江水道,与外界沟通较为便捷,其民间合会的发生年代当更早。以天柱、锦屏两县文书材料而言,早至道光初年即有成熟的民间合会组织,在清代民国时期,清水江地区的民间会社,除文人之间组织的文会外,祭祀性、经济性、慈善公益性、宗教性会社都发展繁荣。祭祀性的如清明会[2]、文昌会[3],慈善公益性的如老人会[4],修路、修桥、修井会[5],

---

[1] 张肖梅:《贵州经济》,第A19页。

[2] 清明会,亦称"众清会",是流行于黔东南苗侗地区的一种民间会社组织,由同姓同族的民众邀约组成,各成员筹集一定数额的资金,置备田产("清明田")或以钱放债、经商,以所获利润支付每年清明节祭扫或维修族墓的相关开支,亦可用盈余部分接济族人,如高酿镇木杉村《民国十二年刘森严典田字》,载《天柱文书·第一辑》第18册,第116页。

[3] 文昌会,为供奉文昌帝君而建的合会,传说文昌帝君是掌管士人功名禄位之神,因而信众甚多。如乾隆五十七年《竹林乡地垒文昌会碑》,载《天柱古碑刻考释(中)》,第217页。

[4] 老人会,由同村寨或相邻村寨邀约组建,各成员平均缴纳·定数额的会金或物资,交出推举的会长管理(或轮流管理),或置办田产,或放债经商,使资本不断累积,各成员家庭老人逝世后,以会中财物支付相关开支,如高酿镇上花村《民国三十六年三月七日龙广明交老人会移交清册》,载《天柱文书·第一辑》第16册,第58页。

[5] 修路会、修桥会、修井,因清水江流域多山,河流密布,交通不便,常由同一地区内的民众集资修建道路、桥梁,并常以剩余资金置备田产,以其收益为路桥维修资金,侗乡有"吃斋一世,不如修路三尺"之俗语;修井会则因修建、维护水井而组建,在苗侗地区,以女性组会为常见,称为"女儿井"。修路会的记载如光绪二十九年《高酿镇硝洞村"载在碑中"碑》,载《天柱古碑刻考释(上)》,第381页;修桥会如道光二十九年《坪地镇暗沟"千古不朽"碑》,载《天柱古碑刻考释(上)》,第142页。

宗教性的如土地会、飞山庙会①，皆在清水江文书中频繁出现，这些合会虽非以借贷为直接组织目的，但在客观上却发挥着借贷的功能。以清明会为例，其组建本是为了筹集物资、购买产业，保障每年家族清明节扫墓、祭祀的固定开支，但对于家境窘迫的族人而言，可以避免其临期无力备置因而不免告贷或变卖家产之苦。同时，由于清明会置有一定数量的产业，每年都有一定的收益，又可以在族人急需借贷时提供便捷。如天柱县竹林乡高坡村《民国十四年十一月十一日潘光祥借钱字》：

> 立借约字人潘光祥，今因家下要钱使用，无从得出，自己请中上门问到吾众等清明会承借出元钱叁仟伍佰文整，其钱每仟照月加伍利钱，其本不限远近，不得有误。若有误者，自愿以业作抵，土名园图墕右边冲头芳墙壹副，开明四抵，上抵通尧子油树，下抵通尧园场，左抵通尧芳山，右抵光槐园场，四抵分明，以业作抵，恐日过限，耕管抵业为利。今幸有凭，立此借字为据。
>
> 凭房亲　潘光信
> 　　　　　和
> 讨　笔　潘光月
> 民国拾肆年岁次乙丑仲冬月一日立借字为据②

契中潘光祥所借之清明会钱，查该地碑刻，有现存于该村二组路边的民国初年《高坡村潘氏清明会碑记》③，碑文载此会建于清同治元年（1862年），每人出稻谷若干，放贷数年，积累了一定资本，于同治九年（1870年）后先后买

---

① 土地会，由崇信土地神仙、祈求平安幸福的信众组建，以其资金支付修建土地祠、祭祀土地神的相关支出，如光绪二十二年《石洞镇岑卜羊角洞土地会碑》，载《天柱古碑刻考释（下）》第341页；飞山庙会，由崇信飞山公杨再思［杨再思是沅江——清水江流域广受信奉的神祇，据清魏德畹纂、汪尚友续纂《直隶靖州志·古迹》（道光十七年刻本）载："威远侯庙，一名飞山庙。在城西里许作新书院旧址左。祀宋诚州刺史杨通宝之祖杨再思，尝有功于靖者。宋绍兴三十年，初封威远侯，淳熙十五年改英济侯，嘉定十一年改广惠侯，淳祐九年改创远英惠侯。"］的信众所建，如竹林乡地垒村《地垒乾隆三十七年〈永垂千古〉碑》，载《天柱古碑刻考释（下）》，第19页。
② 张新民主编：《天柱文书·第一辑》第4册，第50页。
③ 政协天柱县第十三届委员会编：《天柱古碑刻考释（中）》，第500页。

田数丘，又买屋场一处以种树培植风水，为筹备祭扫族内无后族人的坟墓，又以会钱为借贷资本，潘光祥所借与此碑所载者当即同一清明会。

又如现保存于竹林乡地坌村门楼之内的《文昌会碑》载：

> 起秀斋终始创建之规，前二碑已备序矣！所未及者，帝君之会。夫帝君会何为而作也？先伯父立馆后，恐后人难于就学，特置产业以为聘师之资，犹虑所出无几，师奉（俸）有空，于乾隆廿八年丙戌约十六人，各出资一两作会。曰："文昌盖欲裕文教之昌明，聊修祀典于万一耳。"爰以会轮流生息，陆续置产，立先年所遗田为每岁束修之费，逐年帝诞之需，诚一举而两得者也。越壬子春，会元镌碑二，兄定远以序属，予思作会以作人，事则可大，隆圣而隆师，业则可久，可大可久，则是会之曲成，将同帝光之永被矣！岂小补者哉。后之登斯堂者，仰先伯父造就至意，固宜感激不不暨，而思十六人培成深心，亦宜振奋而不替云。侄生员彭兴谨序。
>
> 大清乾隆五十有七年岁次壬子秋七月吉旦立 [1]

上引碑文所载乾隆二十八年（1763 年）彭丕显等 16 人所约的文昌帝君会，每人出资 1 两，合 16 两，以此为本，借贷生息，使资产不断壮大，除了支付年度祭祀费用外，并陆续购置田产，整修学馆。

以借贷为直接目的而组建的经济性会社即各类钱、谷会，清至民国时期在清水江流域亦颇流行。这类会"多为邀会人因娶媳嫁女、修建房屋、经营商业、偿还债务等项用款时间较为集中而又一时难以备足资金时所采用。延续至今，仍为各地民间借贷的主要方式之一"[2]，其组建形式，由急需较大额度财物者（称为"会首"），邀请亲朋好友数名（一般在 10 人以内，称为"会脚"），在"会首"家商定每脚所出金额、会期、轮会规则，"会首"收取（称"接会"）第　次会（称"首会"）的会金，之后各会脚依次收会（称"二会""三会"以至"末会"）。

---

① 政协天柱县第十三届委员会编：《天柱古碑刻考释（中）》，第 217 页。
② 杨作栋主编，贵州省黔东南苗族侗族自治州地方志编纂委员会编：《黔东南苗族侗族自治州志·金融志》，第 155 页。

钱谷会分有息与无息之别，如为帮扶某位家庭贫困而又急需办理婚丧嫁娶、赎丁纳捐之事，或为延续其基本生存，使其渡过难关而结成的会，会金一般较少，多为无息，无息之会操作较为简单。为经营投资等目的而结成的会，则多为有息。因金额较大，先接会者可率先获得大笔资金，以之投资获利，故其接会规则复杂，除邀会人例接"首会"外，自"二会"始，或通过协商，或通过抽签，确定轮会次序，而尤以"标会"最为流行。所谓"标会"，即"二会"以下诸"会脚"多以贴息的方式当场投标（亦有少数"会首"亦参与投标者），其"标底"如"九五""九六""九七"不等，标"九五"者即愿意贴息5%，如每会脚会金为100元，则每会出105元，依此类推，标"九六"者每会出104元，标"九七"者出103元，贴息越高，接会越早。

在清水江文书中，民间合会尤其是邀会会单保存下来的较少，弥足珍贵。如清道光二十四年（1844年）锦屏县加池寨《姜凤仪借粮单》：

> 立会单字人本寨姜凤仪，今因粮食缺少无出，自愿邀约房族邦谷会一把，在谷乙千零八十斤，除了首会，余剩六角，只有九百斤，言定四年填足，每年填式佰柒拾斤，齐会之期不得推三缓四，其谷先簸后上秤，每年东道银叁钱八分，言定十月初十系样齐井，会内之人所欠私账不许相扣，如有相扣悬谷者，二年勿要加三加（四）。口说无凭，立此单纸乙纸为据。
>
> 计开列于后：开让，开义，大荣，明经，士成，成林（占式），凤仪（占头）
>
> 道光式拾四年十月初十日亲笔立
>
> 余剩养会之人填谷，乙巳年填谷乙百式十六斤，丙午年又养会九十斤，丁未年又养会谷三十斤，就云。[①]

契中邀会人姜凤仪，因为家中缺少粮食，无处筹措，只好邀约族人帮忙，组建一谷会，该会共有会脚7人，约定姜凤仪接首会，姜成林接二会，首会实得谷900斤，会期4年，每年填270斤，共出谷1080斤。因此会单对于其余6

---

① 张新民主编：《天柱文书·第一辑》第9册，第389页。

人的接会次序与填谷数量没有详细说明，尚难以准确推算每次接会的具体情况，但就邀会人而言，能在短时间内得到大宗稻谷，而不至于高利借贷或出卖产业购买，可以见出合会的便捷性和适用性。

天柱县亦流行钱谷会。《天柱县志》载，清至民国时期天柱县乡村民众在生产生活困难之时，除借贷、资产售卖外，"或与好友、亲朋邀会互济，换来钱物，解燃眉之急"[①]，如《道光二十五年十一月三日李明隆、李贵隆兄弟等立请会会单》：

> 立请会人李明、贵隆兄弟，今因家下要钱用度，无从得处，请到亲族会友杨万兴、宋德盛、林彩然二名、杨富科、李升亮、俊，姪爱科、神郎乙共拾脚，每名出九二钱乙千六百文，共成十六千，以付首会，众议填至四年元满不误。如有误者，将到洞背墙地冲脚墙地为抵。日后无凭，立会单为据。
>
> 二会，首会填四千八百文，下八脚各出□□□乙千四百文，共成十六千，以付二会二人收；
>
> 三会，首、二会各填钱四千八百文，后六人各填小脚乙千〇六十七文，共成十六千，以付三会二人收；
>
> 四会，首、二、三各填钱四千八百文，下四人各填小脚钱四百文，共成十六千，以付四会二人收；
>
> 五会，首、二、三、四各填钱四千八百文，五会只接十六千，余钱三千二百文，补三会乙千三百文，补四会乙千二百文，补五会五百文，补二会乙百文，补六会乙百文；
>
> 六会，众议会规，先钱后酒，双脚收□。
>
> 道光二十五年十一月三日立[②]

该钱会之邀会人李明隆、李贵隆兄弟因为家中缺少钱用，并且所需金额较大，非一般个人所能提供，乃邀集亲戚、朋友杨万兴等 8 人，一共组成 10 个会脚，

---

① 贵州省天柱县志编纂委员会编：《天柱县志》，第658页。
② 天柱县档案局（馆）庋藏契约文书，第89盒，第133份。

每脚出钱 1600 文，凑成 1.6 万，交给会首使用，此会会期 4 年，轮会 5 次。

据所见清至民国时期天柱县民间钱谷会的数份"会单"而言，其组建过程与同时期全国各地的钱谷会并无太多差异，一般都包括邀会、轮会、填会、收会等几个程序。而其运行机制则尚有地方特征，一是会期较短，大多为 4 年；二是金额较小，三是组会目的较单一，多为筹集家庭的消费物资。

总而言之，清代民国时期天柱县借贷活动盛行、类型多样，既有无息借贷、有息无质借贷、无息有质借贷，又存在着合会、赊买、典当等特殊形态的借贷，更有已消失于历史长河的借贷活动。这些借贷活动，无不承载着每一个乡民生活的悲欢，折射出每一个时代的变迁，值得后来者深入考察。

第四章
民间典当

　　清代、民国时期的天柱县，本为一个以自给自足的小农经济为主体的西南内地小县，境内民众多为自耕农或半自耕农，金额较小、期限较短的无息借贷固然通行，一旦借资较大、期限绵长，则无息势难为普通债权人所承受。而普通有息借贷，借期短者，债务人须按期归还本利，若借期较长者，则须按期交纳利息，对于生活拮据的借贷者来说，亦属困难，因此产生强烈的典当需求。既然依目前资料而言，清代、民国时期天柱县皆无典当机构，那么当民众选择典当时，只能出典给个人或民间机构。这一典当形式与普通质押借贷相似，皆须以产业作担保，所不同者，质押借贷中债务人并不实际让渡质押物的使用权，其利息以约定形式按期支付，而典当则由债权人直接使用质押物，以其收益抵冲利息。这一借贷形式，既消解了债权人的后顾之忧，又使得债务人的利息压力得以缓解，不失为一种较为符合历史经济环境的方法。职是之故，清代、民国时期，天柱县的民间私人典当活动较普通借贷行为尤为频繁，以《天柱文书·第一辑》内借贷文书数量而言，普通借贷文书 101 份，而典当契则高达 224 份（见附表 2）。

　　民间典当既为民间借贷的重要形式，而又有其特殊要求，故本章拟将二者略作比较，以使其活动程序与活动要件得到较为清晰的呈现。

第一节　民间借贷的基本程序

　　梳理清代民国时期天柱县民间借贷活动之过程，若稍加概括，无论普通借贷或典当，皆须经过请中觅借、定议立契、完约赎契三个阶段。

一、请中觅借

当民众急需用钱、用粮，而一时无法筹措，则只好告贷于他人。一般而言，借贷需有中人参与。中人各地俗称不一，如闽西乡村多称之为"说合"，如福建清流县嵩溪镇杨剑斌收藏之清代借贷契：

> 立抵借字人黄照繁今因无钱备祭完纳自情愿将己下耕作沙下坑田，原计租谷肆石正，递年典价壹千陆百文正。今托中说到洋地吕选亭姻叔名抵借过本铜钱壹仟捌百文正，其钱即交未欠，自抵借之后，其钱利息每月每仟纳息式拾文正，其钱约至本年八月内本利一足付还，不得欠少分文。如有欠少任许承抵人前去割谷收租，出抵人不敢阻挡生端异说等情。今欲有凭，立抵借字为照。
>
> 即日领到抵字内借过本铜钱壹仟捌半文正所收是实
>
> 批明中笔礼钱伍拾文正
>
> 光绪廿壹年肆月抵借字人 黄照繁
>
> 说合代笔 堂侄鸿通①

在清水江文书中，则大多称为"中""中见人"，在契约正文之后写有"凭中某某"等字样。民国时期法律定名为"居间人"，《中华民国民法》"债"编第 565 条载："称居间者，谓当事人约定一方为他方报告订约之机会，或为订约之媒介，他方给付报酬之契约。"并厘定其义务曰："居间人关于订约事项，应就其所知据实报告于各当事人，对于显无支付能力之人，或知其无订立该约能力之人，不得为其媒介。"②

在清水江流域，中人一般由债务人邀请，且多选择与自己关系密切，信用度较好、与债权人熟悉的亲朋好友担任。如瓮洞镇黄巡村《民国二十九年十二月三日吴德泉以田作抵向蒋太顺借钱并付息字》：

> 立借钱人吴德泉，今因要钱使用，无从得处，自己请中上门问到

---

① 俞如先：《清至民国闽西乡村民间借贷研究》，第 127 页。
② 徐百齐编：《中华民国法规大全》第 1 册，第 62 页。

蒋太顺夫妻名下承借钱贰佰仟文正，其钱照月加三行息相还不误，如误自愿将到土名荒田三涧田乙间计谷捌运作抵，若有本利不归，任从钱主下田耕种收花准利，借主不得异言。恐口无凭，立借字为据。

　　凭中　吴祖光

　　民国廿九年十二月初三日　亲笔立 ①

契中吴德泉为借钱使用，"无从得处"，乃约请族人吴祖光做中间人，向蒋太顺夫妻协商，借出款项。当然，如果借贷双方互相信任，也可不请中人而直接借贷。如石洞镇摆洞村《民国二十五年五月四日陈年森以田作抵向杨金发借钱并限期归还字》：

　　立拨借元钱字人摆洞寨陈年森，为因家下乏元钱使用，无从得处，上门问到地老村杨金发名下承借钱叁拾叁仟陆百文整，将到自己叁溪田乙丘收谷壹佰零五稊，上抵龙大文田，下抵张禄生田，左抵大文田，右抵二真田为界，四至分明，要钱作抵，限至九月归还，照扣算钱 ②，不得有误。若有误者，立有借字为据。

　　讨笔　龙宏科

　　民国廿五年丙子岁五月初四日立 ③

此契即由债务人陈年森自己直接上门与钱主杨金发商议，以约可收谷 3700 斤的大田为质押物，借出铜钱 3.36 万文。

亦有借贷双方已谈妥借贷条件，但仍需有中人在订立借贷契约时出面者。如摆洞村《民国二十三年八月一日王松柏以地基作抵向杨金发借钱加息并限期归还字》：

　　立有借钱字人摆洞村王松柏，今因要钱使用，无所出处，以屋基抵，

---

① 张新民主编：《天柱文书·第一辑》第 6 册，第 151 页。
② 照扣算钱者，乃民间借贷利息支付的方式之一，于借贷活动发生时即算清应付利息数额，于借贷款中扣除，到期债务人仍按原金额偿还，如甲向乙借 100 元，年利 30%，即 30 元，则于借贷时乙付给甲 70 元，而一年到期后甲则需向乙还款 100 元。
③ 张新民主编：《天柱文书·第一辑》第 2 册，第 136 页。

自己上门问到地老村杨金发名下承借钱捌拾贰仟文，已房屋地基一□，左抵李姓，右抵王松祥，上抵张姓，下抵大路，房屋作已钱捌拾贰仟文，照月加四行利钱，限到十月本利归还。若不归还，患字不得异言，若有异言，立有借钱字为据。

  亲笔

  凭忠（中）杨再德

  民国廿三年甲戌年八月初一日立 [①]

  契中王松柏因急需钱用，自己上门向杨金发借钱，以宅基地作抵，借得铜钱8.2万文，双方本已谈妥，但仍需请杨再德作为中证人，在契约内署押，以保障借贷活动的真实性。

  中人之作用主要有二，一是居间撮合，由中间人沟通借贷双方的具体情况，传达各自的经济需求，从中协调，促成借贷意愿的达成；二是真实见证，即通过中人的在场，表明借贷活动是真实、自愿的，一旦发生纠纷，自有中人出面评判。因清水江流域苗侗地区人口流动性较小，借贷双方基本共同生活在固定区域，彼此有或浅或深的了解，故中人的实际保证风险甚小，尚未见中人卷入因居间失误而导致的借贷风险纠纷文书资料。但即使如此，请中仍需支付相应的酬金。《中华民国民法》第566条载："未定报酬额者，按照价目表所定给付之；无价目表者，按照习惯给付。" [②] 天柱县借贷活动中人费用无固定价目，大略包括两部分，一是饮食招待，多由各参与人聚集于债权人家中，饮酒食肉，其花费由借贷双方协商承担；二是现金支付，则根据中人之实际劳动量按地方习惯由债务人支付，若债务人手头紧张，可由债权人垫付，但到赎约时须一并返还，如文斗寨道光廿四年十月廿七日《姜先宗典田契》，即在契末附加后批道："东道中人钱共银一钱，日后赎回要补。" [③]

  有借贷之需求，而当向何人求借，亦需考量。据民国二十三年（1934年）

---

① 张新民主编：《天柱文书·第一辑》第2册，第131页。

② 徐百齐编：《中华民国法规大全》第1册，第62页。

③ 陈金全、杜万华：《贵州文斗寨苗族契约法律文书汇编——姜元泽家藏契约文书》，第400页。

实业部中央农业实验所调查，贵州省民间现金、粮食借贷之来源主要有亲友、地主、富农、商铺、钱局数类（见表4-1、表4-2）。尤其是对于典当行为而言，以田地出典借贷，需严格遵守血缘关系的差序秩序，即由亲而疏，不可躐等，这将在后文专论典当章节中详述。

表4-1　民国二十三年贵州省25县与全国农家现金借贷来源百分比[①]

地区	合作社	亲友	地主	富农	商家	钱局	其他
贵州	0	4.2%	10.4%	64.6%	6.2%	4.2%	10.4%
全国	1.3%	8.3%	9.0%	45.1%	17.3%	8.9%	10.1%

表4-2　民国二十三年贵州省25县与全国农家粮食借贷来源百分比[②]

地区	亲友	地主	富农	商家	其他
贵州	1.9%	21.2%	46.2%	7.7%	23.0%
全国	10.9%	13.8%	46.6%	11.3%	17.6%

从上引二表可见，民国时期贵州省民间借贷的现金、粮食来源之最大部分皆出自富农，其次为地主。

而天柱县民间借贷之来源，以《天柱文书·第一辑》内所收101份普通借贷契约而言，其来源如表4-3所示。

表4-3　清至民国时期天柱县普通借贷物资来源百分比

合作社	房族	本寨	同姓	亲戚	其他
0	20%	6%	22%	9%	39%

以天柱县之借贷来源与全省、全国之情况相较，最可注意者，乃是族戚的

---

① 据张肖梅"农家借贷来源之调查表"制表，载于其《贵州经济》，第A18页，其数据来源于民国实业部中央农业实验所调查。本年贵州省农村借款来源之比例，1934年《农情报告》第11期内数据稍有差异，分别是典当7.4%、商店10.4%、地主32.9%、23.9%、商人25.4%，参见严中平等编：《中国近代经济史统计资料选辑》文表7-73"1934年中国农村借款来源百分比统计"，中国社会科学出版社2012年版，第231页。
② 据张肖梅"农家借贷来源之调查表"制表，载《贵州经济》，第A18页，其数据来源于民国实业部中央农业实验所调查。

比重。除了契中明确写明为房族近亲（如"胞兄""血侄""堂兄"等）及姻亲（如"舅爷""亲戚"等）者外，因苗侗民族普遍一姓聚居，且借贷之质押物以田地为多，则虽在契中未标明具体关系，而同族之可能为大，又占39%的既非同姓又未表明关系的借贷活动，其中若详加考证，为远近亲戚者，亦复不少。总而言之，天柱县民间借贷活动中借贷来源以族戚为主，信用社、钱局借出者则难得一见。

二、定议立契

待借贷活动双方达成借贷意向，当择日订立契约。以券契为信用凭证，乃是中外通例，起源甚早。如《商君书·定分》载："各罪主法令之吏，即以左券予吏之问法令者，主法令之吏谨藏其右券木柙，以室藏之，封以法令之长印。即后有物故，以券书行事。"[1]《睡虎地秦墓竹简·法律问答》也言："可（何）谓'亡券而害'？亡校券右为害。"[2] 都将契约印信作为法律执行的根本依据。民间借贷需订立契约以为凭信，亦自古已然。《战国策·齐四》所载冯谖为孟尝君收债于薛，"约车治装，载券契而行"，后又"诏诸民当债者，悉来合券，券遍合，起矫命以责赐诸民，因烧其券，民称万岁"[3]，可见战国时即有成熟的契约体制。至初唐长孙无忌等修唐律，更有详明之规定，如《唐律疏议·杂律》载："诸负债，违契不偿，一匹以上，违二十日笞二十，二十日加一等，罪止杖六十。"[4] 以契约之约定为追究责任的根本依据，并详细界定了因违背契约的不同而轻重有别的惩罚。自此之后，凡涉及民间借贷纠纷的案件，官方在审理时，无不以所订契约为首要判定依据，如《大清律》"户律"之"典买田宅"条例文载："告争家财田产，但系五年以上，并虽未及五年，验有亲族写立分书已定、出卖文约是实者，断令照旧管业，不许重分再赎，告词立案不行。"[5]《中华民国民法》之"债"编亦对契约之效力赋予法律保证，并进行了详尽的规定，如第246条载："以

---

① 章诗同注：《商君书》，上海人民出版社1974年版，第80页。
② 睡虎地秦墓竹简整理小组编：《睡虎地秦墓竹简》，第135页。
③〔汉〕刘向：《战国策》，上海书店1987年版，第91—92页。
④ 曹漫之主编：《唐律疏议译注》，吉林人民出版社1990年版，第878页。
⑤ 马建石、杨育棠主编：《大清律例通考校注》，第435页。

不能之给付为契约标的者，其契约为无效，但其不能情形可以除去而当事人订约时并预期于不能之情形除去后为给付者，其契约仍为有效。附停止条件或始期之契约，于条件成就或期限届至前不能之情形已除去者，其契约为有效。"[1]

少数民族地区的借贷契约，经历了一个较为漫长而缓慢的发展阶段。在民族文字产生或汉字传入之前，各少数民族自有其较为原始的契约形式。南宋周去非《岭外代答》载两广地区的瑶族"无文字，其要约以木契。合二板而刻之，人执其一，守之甚信"[2]。竹木契、石契等材质的契约，在各民族中使用甚广甚久。宋朱辅《溪蛮丛笑》记载活动于沅江流域的五溪蛮"刻木为符契，长短大小不等。冗其傍，多至十数。各至其事，持以出验。名木契"[3]。明代沈瓒撰《五溪蛮图志》，也立有"合木契"一条，曰："财物借贷，寄托以竹木，刻记于其上，分中剖之，各收其半，如符节然。彼此取与，无违期约。一有遗亡，则艰于取与也"[4]。明确指出湘黔毗连地带的少数民族以竹木刻画为财务借贷契约。清水江地区的苗侗民族，则有清代嘉庆年间古州厅同知林溥《古州杂记》载："苗人素不识字，无文券，即货卖田产，惟锯一木刻，各执其半以为符信。"[5]

然天柱县相对于清水江中下游流域区域，汉化的时间较早。即以建县时间而论，天柱县建于明万历二十五年（1597年），锦屏县建于清雍正五年（1727年），若再溯源而上，则为"生苗"地界，至雍正七年（1729年）始逐渐设八寨、丹江、古州、清江、都江、台拱六厅，纳入国家直接有序管理版图。故天柱县民间契约之规范化亦较早，张新民先生《天柱文书序》认为，"2009年9月以后征集到明代成化二年（1466年）、万历二十四年（1596年）、崇祯十六年（1643年）的田契、诉辞、合同，或可说明当地文书产生的年代，至迟当在13至14世纪之间。"[6] 则在明代中期天柱尚未建县之前，其地契约文化已较为成熟。

《天柱文书·第一辑》内所收录的普通借贷类文书，时间最早的一份为《嘉

---

① 徐百齐编：《中华民国法规大全》第1册，第47页。

② 〔宋〕周去非：《岭外代答》，载〔宋〕周行己：《周行己集》，浙江古籍出版社2015年版，第414页。

③ 〔宋〕朱辅：《溪蛮丛笑》，载《五溪蛮图志（附〈溪蛮丛笑〉）》，岳麓书社2012年版，第337页。

④ 〔明〕沈瓒：《五溪蛮图志》，载《五溪蛮图志（附〈溪蛮丛笑〉）》，第77页。

⑤ 〔清〕林溥：《古州杂记》，载《中国地方志集成·贵州府县志辑》第18册，第572页。

⑥ 张新民主编：《天柱文书·第一辑》第1册，"序"第2页。

庆二十四年九月二十四日刘岩锦、龙朝相借钱字》：

> 立借银人归非溪刘岩锦、□水寨龙朝相二人同本生理，买到摆洞
> 寨陈万红、陈万才、陈老乔、陈万垦四人杉木一单肆佰零捌根，凭中
> 刘文英议定价银壹佰式拾两正，因银拨借未得，二姓同立借字，行利
> 加三，自愿将到土名归弟溪田乙丘、岭岑田式丘作抵，朝相自愿将到
> 土名鬼脚冲田乙丘作抵，其银限至脱货还钱，不得有误。有误，任从
> 下田耕种，不得异言。恐口无凭，立字为据。
>
> 凭中 刘文英
>
> 朝相 亲笔
>
> 嘉庆二十四年九月二十四日 [①]

此契内借贷要素齐全，书写规范，与国内其他地区同时期文书无异。如安徽黟县十都西山韩氏文书《清嘉庆二十四年四月韩德言立借字》：

> 立借字人韩德言，今因急用，借到关帝会廿二股内九七银二两正，
> 言定周年二分行息，准期每年五月十三交利付会应用，不至短少，如
> 利不清，将身会二股除出，不得争论。恐口无凭，立此借字永远存照。
>
> 嘉庆二十四年四月 立借字人韩德言（押）
>
> 中见人应福（押） [②]

以贵州天柱县、安徽黟县两份同为嘉庆二十四年（1819 年）的普通借契两相对照，债权人、债务人、利率、中见人、书契人、立契时间等借贷契约要素皆完整无缺，仅细微处如立契时间的书写位置稍有不同而已。

立契活动除借贷双方、中人到场外，一般尚需聘请通晓文墨与契约书写格式的书手，代写契约，清水江文书中称之为"代笔""请笔""讨笔"，如瓮洞镇《民国二十六年九月二十四日黄道生以己业作抵向黄昭汉借钱并付息字》：

> 立借钱人黄道生，今因家下要钱用度，无从得处，自己上门问到

---

① 张新民主编：《天柱文书·第一辑》第 10 册，第 28 页。

② 刘伯山主编：《徽州文书（第二辑）》卷九，广西师范大学出版社 2006 年版，第 99 页。

黄昭汉名下承借钱贰拾千文正，其钱利息照月加三相还不误。若有误者，自愿将己业作抵，恐口无凭，立借字为据。

　　哀请代笔　宜新

　　民国廿六年九月廿四日立[1]

请人代书契约，亦如请中（人）一样，需支付报酬，故又有为节省这一开支，请中人代书者，则契中常写作"凭中代笔"，如瓮洞镇黄巡村《同治元年三月七日杨秀魁、杨秀金、杨秀鱼兄弟三人以屋场作抵向蒋再学借钱并行利契》：

　　立借钱人杨秀魁、金、鱼兄弟三人，今因家下要钱用度，无从得处，自己上门问到伊亲蒋再学名下借钱陆仟文足，其钱行利照月加式伍周年加三相还不误。如误，自愿将到老屋场左边姚家屋场内□作抵，若有误者，任从钱主耕管。借主不得异言，主借是实。

　　凭中杨显高代笔

　　同治一年三月初七日立借[2]

如前文所言，天柱县紧邻湖南，受楚文化影响较深，自明代建县以来，汉文化发展较为通畅，至民国三十年（1941年）十月贵州省政府编纂《贵州省概况统计》时统计，天柱县的识字率已高达17.95%，居全省各县之首，故借贷文书中亲笔书契者甚多，如黄巡村《同治三年一月十六日杨昌立以田作抵向蒋在学借谷字》：

　　立借谷子人杨昌立，今因借到蒋在学谷子式大斗，将到借主马安坡长田尾田坎上小田乙丘、坎上油树一副作抵，不得有误。若误，任从钱主典，借主不得异言。今欲有凭，立借是实。

　　凭中　杨宗福

　　借主亲笔

　　同治叁年正月十六日借[3]

---

① 张新民主编：《天柱文书·第一辑》第8册，第263页。
② 张新民主编：《天柱文书·第一辑》第7册，第233页。
③ 同上，第245页。

试将《天柱文书·第一辑》内 101 份普通借贷契内之书写者略做考察，债务人亲笔书契之例颇多，达 44 份，约占总数的一半，其中清代 10 例，民国 34 例，此亦可见天柱县文教水平之一斑。

天柱县民间借贷契约之契式，自清至民国基本一致。其正文一般为：

> 立借钱／谷字人某某，今因家下要钱／谷使用，无从得处，请中／
> 自己上门问到某某借到钱／谷若干，其钱／谷议定行钱／谷利若干，
> 限至某时本利相还，不得有误。恐口无凭，立借字为据。

若为质押借贷，则在"不得有误"后加"自将某物作抵，若误，任从钱／谷主如何处置，借主不得异言"等内容。正文之后，由书写者分别填注中人、保人、书手等姓名，有的还须分别画押，如有不识字者，则以圈点或十字代押，偶有钤私印者。最末注明立契时间。署名与立契时间之顺序，徽州、福建等地文书多时间在前、署名在后，而清水江流域文书，则几乎一律署名在前，而时间在后。

普通质押借贷，若质押物为房屋、田地，以及民间典当活动中，是否移交房地产业之老契，清代至民国时期全国各地习惯不尽相同。或无论质押借贷或典当，均需交老契，如黑龙江省龙江县"凡以田宅等项抵押与人者，除由原业主立契约外，并应将老契交与承典人或承押人收执。"[1] 或质押借贷交契，而典当不交，如大赉县则"典质田宅，以出典人字据为准，不交老契。如系以田宅向人押借银两，即须交付老契。"[2] 或则典当必须交契，而抵押借贷不交者，如山西省汾阳市"出典不动产，除典契交付典主外，并须将该产原契随带交付典户收执。"[3] 清水江流域纳入国家有效管理版图之时间即较晚，官给产业凭据如房地所有权契据、管业执照亦晚，故民间借贷习惯中，并不重视官给产业契据，只要有典当、质押契约为凭，即可杜绝争端之发生。天柱县虽自清代中期即有

---

① 前南京国民政府司法行政部编：《民事习惯调查报告录》，胡旭晟、夏新华、李交发点校，中国政法大学出版社 2005 年版，第 42 页。
② 同上，第 56 页。
③ 同上，第 127 页。

鱼鳞图册之绘制，民国时期更有官方颁给之土地管业执照，在民间质押借贷、典当活动中，同样无须转交老契。

三、完约赎契

借契立定，借贷双方各安其事，最后是完约赎契。当借贷人、出典人按照契约规定，借贷则本利按期付清，典当则备齐原本，即可向出贷人、承典人赎契。质押借贷自然是钱到契回，无其他争议。典当则因承典人拥有出典物的使用权，或有不肯退典之可能，故《大明律》规定：“其所典田宅、园林、碾磨等物，年限已满，业主备价取赎，若典主托故不肯放赎者，笞四十，限外递年所得花利追征给主，依价取赎。其年限虽满，业主无力取赎者，不拘此律。”[1]《大清律例》沿袭此条，仅于“花利”前加“多余”二字，改“依价取赎”为“仍听依原价取赎”，进一步明晰化，而排除了物价变动等影响因素，保证了典当双方的合法权益。清乾隆时期，为防患于未然，更在法律条例中规定：“嗣后民间置买产业，如系典契，务于契内注明‘回赎’字样；如系卖契，亦于契内注明‘绝卖永不回赎’字样”[2]，从而避免赎约时的纷争。

赎契之时，大多钱到契回即可，亦有在原借、典契上注明“收讫”“回赎”“涂销”字样者，如高酿镇优洞村《嘉庆二十四年九月二十四日刘锦岩、龙朝相借银字》[3]，即在契纸上标注“刘锦岩借字涂销”七个大字，以表示欠款已经清偿。又如瓮洞镇黄巡村《民国二十八年十二月十八日蒋泰开典田字》：

> 立典田人蒋泰开，今因家下要洋急用，无从得处，自己将到地名黄巡捕土名龙田右边一间，收谷六运，又并茨猪吼水田乙丘，收谷肆运，又并屋背銮田乙丘，收谷肆运，要行出典，先尽亲房，无人承受，自己请中上门问到亲戚杨永大名下承典为业，当日凭中三面言定典价洋贰拾肆元正，其洋即日领清，并不下欠分文，外无领字，恐后无凭，立典字为据。

---

[1] 怀效锋点校：《大明律》，辽沈书社1990年版，第53页。
[2] 马建石、杨育棠主编：《大清律例通考校注》，中国政治大学出版社1992年版，第437页。
[3] 张新民主编：《天柱文书·第一辑》第10册，第28页。

自请凭中代笔 太梅

民国二十八年十二月十八日立

民国三十年二月，此田赎转，杨永大亲笔批[①]

契中蒋泰开因家用紧急缺钱使用，将田以时洋24元的价格典给亲戚杨永大，因二人关系密切，故不需言定典期，两年后赎典之时，仅需杨永大亲批数字，典当活动自行终止。

也有由债权人出具专门的收款收物契据的情况，如瓮洞镇黄巡村《道光十九年六月五日蒋政怀领钱字》：

立领字人蒋政怀，今因领到蒋芝相道光十一年承借政伦、政怀众钱壹千文，政怀一半凭中本利一概领清，并不短少分文。恐后无凭，立领字据。

房侄 □士代笔

凭中 昌青

道光十九年六月初五日立领[②]

契中蒋政怀曾于道光十一年（1831年）借钱500文给蒋芝相，至道光十九年（1839年）六月五日，收回本利，特立下这张"领钱字"，交与债务人收管。然在天柱县，一般而言，借贷活动的终结，以原契退还最为常见，而特意另立收钱字据者则必有特殊缘由，如上引蒋政怀所立"领钱字"，乃因债权人由多方组成，为免争议，故立此契。另外，若债权人将借契遗失，也势必重立收据，以保障债务人的权益[③]。

第二节　民间典当的特殊程序

典契之订立过程，与普通借贷契大致相同，无不经历请中觅借、定议立契、

---

① 张新民主编：《天柱文书·第一辑》第6册，第251页。

② 张新民主编：《天柱文书·第一辑》第7册，第194页。

③ 债权人遗失契据的补救方式，参见本书第六章第二节。

履约赎契三个过程，然亦有特殊之处。其最明显者，为赋税过割、投税认证、转典与加典。

一、赋税过割

普通质押借贷中，亦有以田地为质押物者，然其并不让渡田地的使用权，仅将之作为违约保障，只有债务人到期不能履行返还本利的责任时，债权人才可以将质押之田产留置，以其收益来补偿损失，故并不牵涉到赋税的过割问题。而典当则不同，承典人已获得土地的使用权，乃至部分处置权，根据"有田有赋"的原则，相应田赋自当转移到承典人。且依实情而言，一般出典土地之人，家境多不宽裕，获得典价，转手用度，以致贫困度日益加剧，无力承担赋税，甚至逃亡他方，则政府无从收取其赋税。若典期较长，则与买卖相似，承典者再将之转典给他人，如此辗转易主，田赋更无从谈起。为防止此弊端，明代以来政府皆明令强调土地典当必须厘清赋税，及时交割。如《大明律》"户律""典卖田宅"条规定，民间典卖田地"不过割者，一亩至五亩，笞四十，每五亩加一等，罪止杖一百。其田入官"①。其违法之惩戒颇为严厉。《大明令·户令》第41条亦载："凡典卖田土、过割税粮，各州县置簿附写，正官提调收掌，随即推收年终通行造册解府，毋令产去税存，与民为害。"②《大清律》沿袭明律，依旧将之三令五申，促使民众在出典立契时，说明赋税情况。如安徽休宁县《清康熙四十六年（一七〇七）张玹典地契》，即言定"其地计数六亩，言定每年粮差银六钱八分，一应现年杂差在内"③，俱由承典人承担。又如《清道光二十一年（一八四一）胡梅芳转典地契》：

> 立转典白地契人胡梅芳，因为不便，今将自典杨善正村西祖遗平地一段，计数二亩五分，南北畛。西至孙廷华，东南俱至大汧，北至子汧，四至分明。同中言明，今立契出转典与孙述曾耕种。共作典价元丝银四十两整，一典三年为满，异日用原银去赎。如无原银，不限

---

① 怀效锋点校：《大明律》，第53页。
② 同上，第241—242页。
③ 田涛、[美]宋格文、郑秦主编：《田藏契约文书粹编》第1册，第9页。

年月。恐口无凭，立典契存照。

地上杂差，种地人一应办理，每年交粮纹银三钱七分半。

道光二十一年十二月二十六日 立转典白地契人 胡梅芳（押）

银系隆盛当平兑。

同中人 田光德

同治七年九月十二日，孙锦舒将此地原契原价转于杨庆宜耕种，

照批。

中人 杨松年（押）

杨招财（押）①

契中出典人胡梅芳，将家中祖传得典自他人的平地一段，转典与孙述曾，得银40两，典期3年，并于正文后注明该地所系之田粮银数额，明确转移于承典人。此地时经数十年，由孙述曾之后人孙锦舒照依原价转典与杨庆宜，亦注明其田赋缴纳照原契所示，转移于承典人。此地经过多次转典，而赋税明白。

典当田地之赋税过割，不仅需在典当立契之始即清晰注明，还需报呈官府，如山西省洪洞县《清嘉庆二十五年（一八二○）景学智典地连三契》之第二联载：

立典地文约人景学智，因差粮紧急无打兑，今将村西平地一段，计地五亩，出典与雷名下耕种。系东西畛。同中言明，典价纹银五十五两整。一典三年未满，银到许赎，如无原银，不计年限。恐口难凭，立约存照。

同中人 吕思孔（押）

韩威西（押）

嘉庆廿五年五月廿八日景学智立（押）

后批粮钱杂事，每亩钱二百文。

（加盖：洪洞县印）②

契内景学智因为难以应付赋税任务，将五亩土地出典给雷某耕种，言定典

---

① 田涛、[美]宋格文、郑秦主编：《田藏契约文书粹编》第1册，第63页。
② 同上，第44页。

期 3 年，且每年田赋 1000 文及附着于土地上所承担的杂事，皆由承典人担任。契尾加盖有该县县衙的红印。

　　田赋过割，虽为法律所明确规定，但在民间典当的实际操作中，恪守不渝者仍然有限。究其原因，或者是怵于报官过割的烦琐，或者是典当双方的经济地位不对称，承典者不愿承担赋税，而出典者又急于获得财物，不免朦胧交易。特别是偏远地区，田赋不过割的问题更为严重。如民国浙江永嘉地方审判厅报告称，缙云县之积习，"民间买卖田宅，每有业主易至数手，而粮不过户者。审其原因，均由前清推收粮吏需索规费甚巨，故民间为规避其索费起见，遂各隐匿其买卖事实，另由原承粮户向现管业主赍钱纳粮，称曰税户。相沿既久，视为习惯，民国以来亦未革除净尽。"[1] 田赋过割之手续，典、卖无异，买卖尚且不愿过割，则典当自无过割之理。又如民国江西南昌地审厅报告，乐安县"凡将田产出典与人者，其应完纳粮税仍归原业主完纳，典户得享有收租之权利，而并无赋税之义务。至典当契约之内容，无论曾否有此记载，业主不能要求典户补偿粮银。"[2]

　　贵州省清代民间典当之田赋过割情况，传统文献材料中未见有记载，查《清水江文书》第一、二、三辑，其中数百份民间借贷文书，皆少见有在契内厘清田赋过割问题者。直至民国二十五年（1936 年）贵州财政厅所办之《贵州财政月刊》中载冷然所写《我对于贵州清理田赋之一点意见及办法》一文，尚云："查黔俗有当卖田地，不当粮之习惯，得业者只图粮少，不妨给予高价，失业者希冀价增，粮存亦不与较。一旦书差临门，无力上纳，逃亡隐匿之风，由是以起，飞酒棚纳之弊，随之以生也。欲绝此弊，首先由局制备册式，令发各区有业者，自行填报。然后再委专员，协同区团，临田覆勘，改为粮随田走，按户清粮。无论得当得买，均须计挑征税，限期办毕。庶积弊可清，负担可望平衡也。惟计挑办法，亦应确定数量，因箩面有大小之不同，斗量有多少之各异，为便计算计，暂定每斗容量二十斤，五斗为一挑，各县一律，每田一丘，出谷

<hr />

[1] 前南京国民政府司法行政部编：《民事习惯调查报告录》，胡旭晟、夏新华、李交发点校，第 496 页。
[2] 同上，第 465 页。

多少，咸准此推算。"①此文对不过割之原因分析较为准确，亦可见在贵州境内的土地买卖、典当中，田赋不能按章过割乃是由来已久的普遍问题。

天柱县自明万历年间建县，原由开化较早的"四峒"和归化较迟的"三苗"组成，"四峒"之田亩经过官方清查，故其田赋较为清晰，而"三苗"地区（居仁、由义、循礼三里）则"系万历二十五年始行归化，其田原未清丈，并无亩数，只凭田形之大小，听各寨长口报秋粮，并非经官按亩、按户科编之数，多寡原数不均。凡苗一丁，纳鸡一只，折银三分，故举报之田税，示名之曰口报鸡粮，报县入册，输纳秋米"。延至乾隆时期"册籍遗编，户名变更，实有卖田不卖粮之陋习，致有田去粮存之偏枯，更有户绝遗丁之赔累。"②于是乃有乾隆初年之"三苗"里田赋清查，历时近 8 年，至乾隆九年方清查完毕，编造"各花户田丘禾把清册"共计 112 本③。

"四峒"地区既然田赋清查在前，"三苗"在后，然而在民间典当活动中，其田赋过割情况却恰恰相反，竟是原本开化较迟，且"卖田不卖粮"之陋习普遍存在的苗族地区在典当契中将赋税厘定得更为清晰。以《天柱文书·第一辑》中 224 份典当文书而言，其中注明田赋者有 13 份，其具体规定如表4-4。

---

① 贵州省财政厅月刊编辑部：《贵州财政月刊》第二卷，1930 年增刊号。

② "天柱文书第一辑补遗"。然天柱县苗乡乾隆以前"卖田不卖粮之陋习"亦不可一概视之，如《天启元年闰二月初十日潘合孙卖田契》："立卖田地契人潘合孙，今为时荒岁饥，母子商议，情愿将到自己祖业土名下粮田□□，并黄蜡冲田三丘，二处计禾四把，载粮六升。凭中卖与老黄田□□□，当日三面议价银五两正，其银是合孙母子领讫，其田付与□□□为业，日后不得异言，立此卖契为照。天启元年闰二月初十日。立卖田契人潘合孙（画押），同母吴氏（画押）。书人：潘楼孙。引中：潘乔孙，龙少梅。"此契系由凯里学院吴才茂、龙泽江于天柱县竹林乡梅花村吴家塿田野调查发现，由村民吴恒荣保存，竹林乡为明代"三苗里"之一，契中老黄田在梅花村之东，毗邻湖南，此份卖契立于天启元年闰二月，距"三苗里"归化不过二十余年，然已于契内开明田粮数目，交割于买主。吴才茂、龙泽江：《清代清水江下游天柱吴家塿苗族村落土地契约文书的调查与研究》，《原生态民族文化学刊》2011 年第 1 期。

③ 栾成显：《清水江土地文书考述——与徽州文书之比较》，《中国史研究》2015 年第 3 期。

表4-4　《天柱文书·第一辑》载清至民国时期天柱县民间典当田赋过割情况表

序号	契名	田赋情况	发生地
1	乾隆七年十一月二十五日潘赞成典田契	每年帮秋粮银 5 分	竹林乡高坡村
2	同治十年四月二日龙明珍典水田契	外纳一年粮钱 80 文	竹林乡高坡村
3	民国十五年三月五日吕国治典水田地契	每年补粮钱 400 文	竹林乡高坡村
4	民国三十二年十月十二日蒋景落当田字	帮粮谷一斗	白市镇对江村
5	民国三十二年十一月十三日吴唐氏爱莲、吴登松、吴才发典田契	每年外帮粮谷 10 碗整	远口镇远洞村
6	民国三十三年四月七日龙宏标典田契	军粮田主负责	高酿镇甘洞村
7	民国三十三年十一月二十六日杨胜富弟兄等典田契	田粮典主依管业证上粮	白市镇对江村
8	民国三十四年九月四日丁求保、丁求炳典田契	承典人每年负担军粮谷 36 斤	高酿镇甘洞村
9	民国三十五年二月十四日龙宏标典田契	军粮田主负责	高酿镇甘洞村
10	民国三十五年三月五日龙宏标典田契	军粮田主负责	高酿镇甘洞村
11	民国三十五年四月九日杨求富典田契	军粮谷典主每年付 4 大斗	白市镇对江村
12	民国三十五年十一月二十三日胡国眸典田地字	田赋由田主承担	高酿镇甘洞村
13	民国三十六年十一月十八日杨均信典田契	军粮田赋不关承典人事	江东乡大坪村

上表清代两份，皆发生于竹林乡高坡村，在明代属"三苗里"之由义里。其中《乾隆七年十一月二十五日潘赞成典田契》立于乾隆七年（1742年），时官方之清丈尚未结束，其契曰：

　　立典契人潘赞成，今因家下要银使用，无从得处，父子兄弟商议，情愿将到水田土名下元田大小陆丘，计禾贰拾伍稆，欲行出典，无人承就，自己请中□内问到龙□□名下承典，凭中议定典价纹银拾捌两整，□□赞成亲领入手用度，其田祖成耕种收花为利，在后备得原价上门赎取，不得短少分厘。今人不古，立此典契存照。

　　亲笔

　　凭中　潘连成

　　　　贵成

　　每年帮纳秋良（粮）银五分

　　乾隆七年十一月廿五日立典契 [①]

----

① 张新民主编：《天柱文书·第一辑》第 4 册，第 120 页。

此契内已于契末载明出典田地之田赋额为折银五分，并请承典人帮助缴纳。民国时期在典契内注明田粮情况者，亦或为原"三苗里"之区域，如竹林乡高坡村（由义里）、高酿镇甘洞村（居仁里），或为临近"三苗"之地，如远口镇远洞村、白市镇对江村、江东乡大坪村。试析其原因，一是"三苗里"自建县始田赋仅由寨长口报，多寡不均，或产量少而载粮多，或产量多反载粮少，交易过程中若不注明，不免矛盾丛生，因而更易引起典当双方的注意；二是乾隆初年"三苗里"田土清查，历时较久，影响巨大，田土之产量、科则、田赋都已然准确、明晰①，亦使得该地区之民众在交易中，关注田赋的缴纳情况。

但是，即使清乾隆以后天柱县之田地赋税已经较为清晰，且田地买卖中田赋过割已经成为通例②，但在清代民间典当活动中，典田而不移税依旧是民间普遍流行的习惯。即便在典契内注明田税由承典人缴纳，但同时明确写明"帮"字，意味着这本属出典人之责任，承典者不过是出于情感和道义上的帮助。至民国前期，天柱县之田地典当，虽使用权转移，而系于该田地之上的赋税并未随之过割，其间民国十二年虽有"新典契"之推行，而影响有限，出典人纳田赋的习惯依旧通行，如表4-4中《民国十五年三月五日吕国治典水田地契》中虽承典人暂为缴纳，但出典人须"每年补粮钱400文"，可知直至民国中期以前，典田而不过割赋税依旧是天柱县的通例。直至1940年以后，随着国家管控的强化，征税体系渐趋完善，及民众法律意识的增强，田赋过割之习惯才随之发生较大变化，责任归属得以逐渐厘清，表现在契约上，即是田赋由承典人承担者不再需书写"帮粮"等字样，而仅作"田粮典主依管业证上粮""承典人每年负担军粮谷三十六斤"等，反而是如承典人不愿承担田赋，则需要在契纸中加以说明，如江东乡大坪村《民国三十六年十一月十八日杨均信典田契》：

---

① 如《乾隆二十年三月三日潘德成卖田契》载出卖田地之详情为"马路冲田，四不等形，下田壹丘，计禾贰十三边，载粮一升三合七勺四抄〇七圭四立二粟八黍"，可见其赋额厘定已非常清晰、精确。载于《天柱文书·第一辑》第4册，第123页。
② 如天柱文书内存量较大的"计开过割清单"文书。

立典田契字人杨均信，今因家下要洋正用，无从得处，母子商议，情愿将到土名叶坪江通路丘乙连大小四丘，要行出典，请中上门问到亲识人伍氏银花名下承典，当日三面言定典价洋贰佰零贰万捌仟元正，其田自典之后，任从承典人耕管收花，其田限贰年赎契，其军粮、田赋不关承典人之事。恐后无凭，特立此典契字存照。

　　凭中　杨金毫

　　中华民国卅六年十一月十八日　代笔　均孝　立 [1]

契中明确规定，出典田地"任从承典人耕管收花"，但"军粮、田赋不关承典人之事"。虽然民国后期天柱县在实际典当活动中，尚不能确定承典人是否普遍愿意过割田赋，但是其权责之厘定无疑更为清晰，典当活动中需将田赋过割亦逐渐成为民众公认的程序。

二、投税认证

与田赋过割紧密联系的，是典当活动的投税认证。《大明律》"典卖田宅"条载："凡典买田宅不税契者，笞五十。仍追田宅价钱一半入官。"[2] 规定田宅典当在订立私契后，必须呈报税务部门，并按交易额缴纳税银，若违反法律，则"笞五十"，并将交易价格之半充公。典当之税率，《大明律》载："凡遇典买房产、田地、山滩、荡埠等项，无论乡绅士庶，该坊里长人，将所领契纸转给受业人户，使出业人将价值数目眼同填注，随同受业人赴州县照例纳税，每两三分。"[3] 其税额为典价的3%。乾隆二十四年（1759年）之前，概依明律，至该年二月，户部议复原任江苏布政使常亮条奏，定例曰："凡民间活契典当房产，一概免其纳税。其一切卖契，无论是否杜绝，俱令纳税。其有先典后卖者，典契既不纳税，按照卖契银两实数纳税。如有隐漏者，照律治罪。"[4] 此条于乾隆二十六年（1761年）入律，成为"典买田宅"的第九条例义。因典当免税后，假卖

① 张新民主编：《天柱文书·第一辑》第3册，第8页。
② 怀效锋点校：《大明律》，第53页。
③ 安徽徽州《明崇祯十年（一六三七）黄道涞卖地契》之官契契尾所附律法条文。田涛、[美]宋格文、郑秦主编：《田藏契约文书粹编》第1册，第6页。
④ 马建石、杨育棠主编：《大清律例通考校注》，中国政治大学出版社1993年版，第437页。

为典希图免税之风甚重，乾隆三十五年（1770年）巡视南城御史增禄、给事中王懿德条奏称："嗣后旗人、民人典当田房，契载年分，统以三五年以至十年为率，仍遵旧例，概免税契。十年后听原业取赎。如原业力不能赎，听典主执业，或行转典，悉从民便。倘立定年限以后，仍有不遵定例，于典契内分载年分者，一经发觉，追交税银，并照例治罪，以儆刁风。凡从前典契载有二三十年至四五十年以上者，统限于三年内，令各现在典主，在旗则首报佐领，在民则首报地方官，即令改典为卖，一体上税，免其治罪。如此次清厘之后，仍有藐法行私、匿不首明者，倘经查出，即照漏税之例，罚典价一半入官，仍照违禁例惩处。"该年七月，户部议复此奏，认为当"应纂为例，以便遵循。"① 然只要典契在十年之内，依旧无须纳税。

民国以后，随着西方法律体系的引进，各类具有现代意义的法律条规相继制定。民国三年（1914年），财政部颁布了《契税条例》，其第三条规定："不动产之买主或承典人须于契约成立后六个月以内，依左列税率，贴用印花，赴该管征税官署呈验注册，卖契税，契价之百分之九，典契税，契价之百分之六。"② 清代所订立之典契，至此亦须补税，并贴用印花。如山西省曲沃县《清光绪十七年（一八九一）杜天德典地连二契》，其原契为：

> 立典地文约人杜天德，因为使用不便，今将自己城北门外，计地三亩，其地东西畛。其邻东至路，西至坟，南至堰，北至谢兴娃，四至分明。央中说合，今情愿出卖于杜有义名下永远为业。时值典价文银九两整，当日银业两交，并不短欠。恐口不凭，立约为证。
>
> 光绪十七年十月十六日　立典地文约人　杜天德
>
> 同中人　苏虎儿
>
> 苏木瓜
>
> （加盖：曲沃县知事之关防）③

① 马建石、杨育棠主编：《大清律例通考校注》，第437页。
② 徐百齐编：《中华民国法规大全》第3册，第3046页。
③ 田涛、[美]宋格文、郑秦主编：《田藏契约文书粹编》第1册，第115页。

至民国三年《契税条例》公布后，此次典当活动，须再报官，补交契税，且重立官契，而将原契贴于官契之后。其官契曰：

官契

立典契人杜天德，今因急需钱款，情愿将房间、地三亩，托中典与杜有义为业。其房、地坐落小韩村庄处，南至，北至，东至，西至。四至登载明白。经中人苏虎儿等，并牙纪共同议定，典价足银制钱九两，典限□年。兹已将典价当面如数收讫。所有房间、地亩，应照契同即日归于典主管业，粮银照契过割，由典主自行完纳。典契应须遵例投税，该税金若干，先由典主执缴，限满赎契时由出典人照数认还。至所典之房间、地亩，实系□产业，与别房伯叔兄弟侄无干，亦未曾典当、抵押他人财物，以及来历不明各等情。如有以上一切情弊，情愿出头承当，与典主毫不牵涉。自典之日，两相允愿，各无翻悔。恐口无凭，合填官契一纸，付执为据。

应纳粮银

原中人　押

中华民国三年十月 日立　典契人　押

代笔人　押

沃字第二万七千四百五一号

如地亩畸零，不止一段，应另书清单，逐段开明四至，粘连契纸，由该管县知事盖用印信。

（加盖：曲沃县知事之关防）

（加盖：山西曲沃县印）

（加贴中华民国印花税票一分一张）

依照《契税条例》典税 6% 的税额计算，杜有义承典杜天德之房、地 3 亩，典价 9 两，应补交税银 5 钱 4 分。这相对于明代及清代前期的 3%，即清代中后期的免税，无疑加重了民众的负担，激起社会的普遍不满。故民国二十三年（1934 年）八月财政部颁布《改订契税办法》，规定："契税正税税率以卖六典三为最高限度，其在限度以上者缩减为卖六典三，在限度以下者悉仍照旧；契税附加以正税半数为原则，其在半数以上者缩减至正税之半，未达正税半数者悉仍其旧。"① 将税额减为 3%，然在 3% 的税率正额上，尚附有 1.5% 的附加税。

典当税银由何方缴纳？民国时期经历了两方共担至承典人独任的过程。民国五年（1916 年）财政部公布《补订契税条例施行细则》之第八条规定："典契税由承典人交纳，由出典人于限满赎产时，归还税额之半于承典人。前条典契税奉部令改为由承典人独任。"② 这乃是考虑到出典人乃银钱急用者，大概难以承受缴税负担的缘故。

投税认证之时，自明代始，就需要购买官契纸，重立官契③，或者是业主先领取官制契纸，其费用明代 "契纸用清水绵料，以便久长。每张价纸价银三厘，多索者重治。"④ 清代与此相同。民国三年《契税条例》其第四条规定："订立不动产卖契或典契时须由卖主或出典人，赴该管征税官署填具申请书，请领契纸，除缴纳契纸费五角外，无论以何种名目不得征收他费。前项契纸费由卖主与买主或出典人与承典人分担，申请书之格式由财政厅总长定之。"⑤ 领回契纸后，须在规定日期内交易、书契完毕，往当地征税官署缴税备案；或是先交易，出立私契，最迟六个月内，往征税官署换立官契，履行税款缴纳手续。如不用官契纸，则其典当行为不被官方认可，明律规定："颁式后有用白头文约不用部颁契纸者，不论被人告发及推收编审时验出，即以隐漏课罪，照律追半价入官，坊长、中见等役一并连坐。"⑥ 民国时期之契税律文亦认为："卖主或出典人以私纸订立契约者，得由征税官署处以五元以上五十元以下之罚金。逾限未税之契诉讼时无凭证效力。"⑦

典当官契之格式，明清时期多据原私契加以核对修改，移录入官契纸，加

---

① 徐百齐编：《中华民国法规大全》第 3 册，第 3063 页。
② 同上。
③ 官契因加盖官府红印，故称红契（又称赤契），以区别于私人订立书写的私契（又称白契）。
④ 此据《田藏契约文书粹编》所收安徽徽州《明崇祯十年（一六三七）黄道涞卖地契》之官契契尾所附律法条文，载田涛：《田藏契约文书粹编》第 1 册，第 6 页。
⑤ 徐百齐编：《中华民国法规大全》第 3 册，第 3046 页。
⑥ 安徽徽州《明崇祯十年（一六三七）黄道涞卖地契》之官契契尾所附律法条文，载田涛：《田藏契约文书粹编》第 1 册，第 6 页。
⑦ 徐百齐编：《中华民国法规大全》第 3 册，第 3046 页。

盖官府大印。民国三年（1914 年）《契税条例》颁行后，同年，民国政府财政部又颁行了《契税条例施行细则》，于各细微环节都进行了规范，其第二条载："契纸分典、卖二种，均用四联制，一联交业主收执，一联缴国税厅查核，一联存征税官署订册备案，一联汇呈财政部备查。"[1] 将典当、出卖明确划分，制定契纸存档的业主、国税厅、征税官署、财政部四级体制。其第六条载："契据应贴之特别印花，由立契据人照应缴税额向征税官署购买贴用，由该管官署加盖图章于印花票与骑缝之间。"[2] 启用了契据印花程序，以防伪造。其第十四条规定："各征税官署应于税契时将契纸内开列不动产之坐落四至、亩数与每亩价值及其总价另行注册。"[3] 则对征税部门的存档行为进行了规范。在文字条例之后，《契税条例施行细则》开列了四级契据的标准格式，其中征税官署存根与业主收据之样式如图 4-1、图 4-2 所示：

图 4-1　典当官契存根样式[4]

					存　根							
中华民国年月日 中买人主 财政局 给	立契年月日	原契几张	应纳税额	典价	四　至				面积	座落	不动产种类	承典人姓名
					北至	南至	西至	东至				

---

[1] 徐百齐编：《中华民国法规大全》第 3 册，第 3047 页。

[2] 同上。

[3] 同上。

[4] 同上，第 3048 页。

图 4-2　典契官契承典人收契式样 ①

中（2）华民国年月日　中买人主　县给	例则摘要 （1）	其他事项	四至	立契年月日	原契几张	应纳税额	典价	面积	四至	座落	不动产种类	承典人姓名

典契

注1：图4-2原表（1）处载例则摘要曰：不动产之卖主或承典人，须于契纸成立后六个月以内赴该管征收官署投税，订立不动产买契或典契时，须由卖主或出典人赴该管征收官署，填具申请书，请领契纸，缴纳契纸费五角。不动产之卖主或出典人请领契纸后已逾两月，其契约尚未成立者，原领契纸失其效力，但因有障碍致契约不能成立时，得于限内赴征收官署申明事由，酌予宽限。原领契纸倘因遗失及其他事由，须补领或更换时依第四条第一项之规定，缴纳契纸费。不动产之买主或承典人，逾契约成立后六个月之期限，不依本条例缴纳契税者，除规定率之税额外，并处以应纳税额之十倍罚金。前条奉部令六个月期限后，除纳定率之税额外，逾期一个月以内者，处以应纳税额之一倍罚金，逾期两个月以内者，处以应纳税额之二倍罚金，逾期三个月者，处以应纳税额之三倍罚金，逾期三个月以外，处罚均以三倍为限，不再递加。缴纳契纸时，匿报契价者，除另换契纸，改正契约缴纳税额外，并处以左列之罚金：匿报契价十分之二以上未满十分之三者，短纳税额之二倍；匿报契价十分之三以上未满十分之四者，短纳税额之四倍；匿报契价十分之四以上未满十分之五者，短纳税额之八倍；匿报契价十分之五以上者，短纳税额之十六倍，或由征税官署依所报契价收买之。部令匿报契价十分之一以上，未满十分之二者，处罚短纳税额之一倍。但匿报契价虽及一成，而核计短纳税额不及一元者，免罚。又前条原定二倍、四倍、八倍、十六倍及新增之一倍，酌罚金得分别情节轻重酌量伸缩，其情节最轻得减至定额一半之数，但须先行申明案由，呈报厅核准后执行之。契约成立后六个月之纳税期间，限于遵领官契纸者适用之，其私纸所书之契约，若事后不换此契纸，以逾限论。卖主或出典人以私纸订立契约者，得由征税官署处以五元以上五十元以下之罚金。逾限未税之契诉讼时无凭证效力。

注2：原表（2）注意：此纸仅有成立契约效力，未经赴局投税加盖县印以前，不能认为管业凭证。

---

① 徐百齐编：《中华民国法规大全》第 3 册，第 3049 页。

清代贵州境内民间典当税之征收，相对于中央权力控制较为严密的中东部省份来说，要明显松弛得多。故民间典当活动中向官方投税认证，改立官契者甚少。民国初年，贵州筹备处在其布告《为颁发印契以资信守事》内载："照得民国成立，各府州县印信已经更换，民间所有业契，与民国印不符，难资信守，前经财政司奉都督命令，特制三联契纸发行，各属一体遵办在案，本处成立，业将此项契税办法报明财政部划为国税，归本处征收，自应照式刻发三联契纸，无论业户原契已税未税，俱应一律请领。前清已税买契，产价每拾两纳税银贰角，未税者纳税银五角；前请已税当契，产价每拾两纳税银壹角，未税者纳税银贰角。从奉到民政长展限令之日起，仍限五个月内仰各业户从速挂号投税，逾限不投税者，原契作为废纸。其各凛遵勿违，切切！后余空白处，摘录业户原契，至该业户原契仍粘附于后，加盖骑缝印信合并饬遵。"[1] 此次典当官契之印刷式样显得比较简单，即照录布告原文，立契时于布告空白处简单载明典当活动之要件。民国三年财政部颁布《契税条例施行细则》，并规范四联制典契形制后，贵州自然必须遵行无误。至民国二十四年（1935 年）后，贵州省政府再次严令各县征收契税，凡土地买卖典当，均需由买主、典当者购买政府统一印制的契纸，并缴纳地契税。据《贵州省征收契税暂行章程》载：

> 第七条，新契于成契后六个月内赴该管征收官署投税，旧契未投税者，应于本章程实施后三个月内照率完纳。
>
> 第八条，新旧契约逾前条纳税期间延不投报者，除责令依率纳税处，应照左列各款征收罚金：（1）新契逾六个月以上未满十二个月者，旧契逾三个月以上未满九个月者，均照应纳税额加征十分之一罚金；（2）新契逾十二个月至十八月，旧契逾九个月至十五个月者，均照纳税额加征十分之二；（3）新契逾十八个月以上者，旧契逾十五个月以上者，均照应纳税额加征十分之三。[2]

民国时期，贵州省的民间典当税率时有波动。民国初年，规定"前清已税

---

① 张新民主编：《天柱文书·第一辑》第 2 册，第 25 页。

② 贵州省编辑组编：《侗族社会历史调查》，第 147 页。

当契,产价每拾两纳税银壹角,未税者纳税银贰角"[1],按银两与银元的兑换比率,则其税率当为2%。之后一度改为典价的3%,又据《契税条例》升至6%,民国二十四年(1935年)后改为2%,民国二十五年(1936年)以后又改为3%。据民国二十五年(1936年)八月十七日贵州省省长吴鼎昌给锦屏县县长的快邮代电称:"查本省契税率上年再次减征,今始恢复原率,惟本省各县迭遭匪扰,元气大伤,尚系实情。兹决议所有各县经征契税率一律仍照买四典二比例暂行减征,截至十二月底为止。但新订'征收契税章程',暨施行细则,领用官契纸办法及整顿各县契税办法各件,早经颁布实行,在此次减轻期内,只对税率一项外,其余新章程规定逾限处罚及一切办法均照案实施,以利催征。如有未税契约,务须激发天良,早自投税,踊跃输将,以重产权,勿再徘徊观望,致受加征之累。"[2]

清代清水江地区多为苗疆之地,自雍正年间始归王化,然之后动乱颇多,故中央管制力量之渗入较弱,从而导致该地区经济交易类契约,无论不动产之买卖或典当,多为私契,少见有领用官契者,则其缴纳税款自无从谈起。天柱县虽非生苗地界,官府亦多番催促民间白契换契投税,如《光绪十八年(1892年)十一月二十一日天柱县催督各寨业户将白契赴辕投税文书》:

> 钦赐花翎即补清军府署镇远府天柱县正堂金
>
> 为札饬督催赶办事,案据该绅首等以再恳酌减等情公禀到县,除原禀叙人告示,饬差各处张贴,并通饬各里绅首一体催督赶办外,合亟札敕,为此札仰该团绅等遵照,札到立即督催各寨业户,务将买田房白契赶紧赴辕投税,切勿仍前观望,隐匿其有税价。本县俯从该绅首之请,格外轸恤民艰,定章减为每千收钱十三文,外加本署纸、笔、房费等钱二文,团绅经受盘费钱三文,绝不格外索取,抑且随到随印,并不稽延时日。倘各业户仍敢隐匿抗延,准该绅首指名具禀,以凭提究。该绅等务须实心赶办,勿稍徇延,切切,特札。

① 贵州省编辑组编:《侗族社会历史调查》,第147页。
② 同上。

右札仰循礼上团绅姜恩成、刘荣邦、龙露森、龙登泮、姜超贵

准此

光绪十八年十一月廿一日　札 [1]

虽然在此通告中，官府已反复强调"格外轸恤民艰"，将买卖契税税率从3%降至1.3%，并试图恩威并施，督催地方团绅"实心赶办"，但依旧收效甚微，以所经业已出版之《天柱文书·第一辑》，及庋藏于天柱县档案馆的部分未出版文书，皆未见有清代官制卖契，而自清代中期以来即无须纳税的民间典当，则更不会换领官契。

民国以后提高契税额度，民间典当亦须纳税，税收体制日益严格，民国二年（1913 年）天柱县政府特出换契、交税通告，曰：

署理镇远□□柱县正堂赵　为

今饬开导依限换契□照得

财政司颁发天字卖契壹千张、典契五百张，业经专人承领到县。□□□期限于阴历二月十六日设立税契局，□□□大堂之侧。凡有田土山林房舍之人务须赶□将旧契来换新契，即可永远管业，所□□□效力最大。买契未税者，产价每十两□□□角。前清已税者，产价每十两税银二□□□□，未税者，产价每十两税银二角。前清□□□□，产价每十两税银壹角。每买契壹张，取纸价银壹角，每典契壹张，取纸价银半角。□□□银七分二厘，或纳银或纳钱均可照□□□民间田土山林房舍典买契据，无论已税未税者，均须照章更换完纳。城内限一月，城外限二月，皆要执旧契来县换领新契。□□□匿不换，抗延逾期及以多报少隐□□□□除补足税银外，仍照章加数倍处罚□□□据抵押与人，须由现管契之人垫纳，俟业主收还时，如数归还。今亟令饬□□□该乡人等一体知悉。自示之后，务须□□□□完纳税银，更换新契。自治团绅人□□□将自己旧契来换新契，以为先导。一□□□业户速来换契以昭信守，切速切□□□□阻挠，

毋得造谣违延致于重罚。

中华民国二年二月廿七日　令①

上引通告表明，民国时期天柱县管理民间契税的机构——税契局，成立于民国二年（1913 年）农历二月二十六日，并于次日即开展催督县内换契、征税工作，其管理之精细度与执行力度皆较清代有较大改观，是以导致官制契约的大量增加，如天柱文书中为数甚多新卖契等。但即使如此，民间典当活动中但凭私契、不换契投税的现象依旧十分普遍，由于这些个体间的行为零碎而隐秘，官方亦无可奈何。以《天柱文书·第一辑》而论，领用官方发行的"新典契"者，屈指可数。以现存的数份"新典契"来看，如江东乡大坪村《民国十二年三月三十日周规良新典田土契》②，其式样如下：

中华民国十二年三月卅日 给	中人 出典人	立契年月日	前业主揭交旧契张数	应纳税额	出典年限	典价	价值	新 典 契 四至				面积	坐落	不动产种类	承典人姓名
								北至	西至	南至	东至				
	出典人 杨恩银 中人 杨政堂	宣统三年四月廿八		式元陆角陆仙肆星		肆拾肆两肆钱				详原契		伍丘	寺坪州等处	田土	周规良

该"新典契"之原契立于清宣统三年（1911 年）四月二十八日，而改换官契则在民国十二年（1923 年），距天柱县税契局之通告已达十年之久。该出

---

① 陈金全、杜万华：《贵州文斗寨苗族契约法律文书汇编——姜元泽家藏契约文书》，第 575 页。
② 张新民主编：《天柱文书·第一辑》第 3 册，第 201 页。

典人杨恩银以寺坪州等处田土一共 5 丘，典与周规良，典价银 44 两 4 钱，按6% 的税率当交典税银 2.664 两，即民国时银元 2.664 元，另加此官契纸费 5 角，周规良当支出 3.164 元。除此契外，尚有瓮洞镇岑板村之《民国十二年吴见恒新承典田契》[1]：

新　典　契											
承典人姓名	不动产种类	坐落	面积	四至（东至·南至·西至·北至）	价值	典价	出典年限	应纳税额	前业主揭交旧契张数	立契年月日	中华民国十二年　月　日　给 出典人　杨氏新连 中人　吴见昆
吴见恒	田	老虎坡	三丘	东至　南至详原契　西至　北至		壹拾玖两肆钱正		壹元柒角壹仙肆星		民国十一年四月初二日	

此契之原契立于民国十一年（1922 年）四月初二，而领用官契却在民国十二年（1923 年），同样已违反《契税条例施行细则》："不动产之卖主或承典人，须于契纸成立后六个月以内赴该管征收官署投税"的规定[2]。

民国时期田地典当投契纳税时，官府发给纳税人凭证文书之式样，如瓮洞镇黄巡村《民国二十六年三月二十九日贵州财政厅出具杨永大典契纳税凭证》[3]：

---

① 张新民主编：《天柱文书·第一辑》第 8 册，第 118 页。

② 此契中典价 19.4 两，本只需缴税 1.164 元，而多交 0.55 元，或为逾期之罚款。

③ 张新民主编：《天柱文书·第一辑》第 6 册，第 240 页。

证 凭 税 纳 契 典	
此凭证 只纳应 纳税款 经征机 关不得 另以笔 资纸价 等项名 目需索 分文	贵州 财政厅 制发典 卖不动产 完纳契 税凭证
今据典业人 遵章完纳典契税银币 ▷百▷ 拾式元肆角▷分 合给凭证为据 典主姓名 杨永大 四至 详原契 不动产种类 田 典价 陆拾元正 坐落 下井 得典年月 民国十六年四月 面积 壹洞 应纳税额 中人 昌培 出典主 蒋景儒 应纳税额 中华民国贰拾六年 三月廿九日 县长 给	

此为杨永大于民国十六年（1927年）四月得典蒋景儒之田，典价为60元，时隔十年之后，方改换官契，缴纳税金，本来按照民国政府《契税条例》6%的税率，当有3.6元，而此处仅2.4元，当是按贵州省地方规定4%的税率征缴。同时，从该凭证的上端布告显示，征税契据已无须再行缴纳纸张笔墨费用。

其逾期罚款之契据，则如瓮洞镇黄巡村《民国二十八年三月二十九日天柱县政府出具杨永大罚金通告书》①：

书 告 通 金 罚
天柱县政府为通告事兹查有 杨永大 因典蒋景儒田坐落 区 保 甲 地名 下井 计价银陆拾元自 订立契据之日起已逾法定输 税期间 按照征收契税暂行章 程第八条第二项 之规定特处以应纳税额十分 之二成罚金应缴纳银币 肆角捌分 为此通告该承人遵 照限于日内到府 缴纳毋得迟延此告 县长（印） 经手人 中华民国廿□（六字缺上半）三月廿九日

① 张新民主编:《天柱文书·第一辑》第6册，第249页。

　　此份文书立定时间,《天柱文书》整理者断为民国二十八年（1939 年）三月十九日,然细察之,文书中之承典人、出典人、田地位置、典价与前引《民国二十六年三月二十九日贵州财政厅出具杨永大典契纳税凭证》相同,断无已缴纳罚金,而两年后反受偷税处罚之理,乃核检文书原照片,则"八"字之处上半恰有缺损,当以"六"字为是。既知以上两份契据乃由天柱县征税部门同时出具,而此《罚金通告书》内又明确注明其处罚额度乃据"征收契税暂行章程第八条第二项之规定,处以应纳税额十分之二成罚金",检《贵州省征收契税暂行章程》第八条第二项载:"新契逾十二个月至十八月,旧契逾九个月至十五个月者,均照纳税额加征十分之二。"杨永大得典之田本应交税 2.4 元,逾期罚款 0.48 元,正合此条之规定,亦可推天柱县政府除了在民国二年设局征税外,当在民国二十五年（1936 年）一月至六月之间又一次检核民间田地典当活动的投契缴税情况,而且此次检核催征之力度比民国二年（1913 年）更大,执行得也更为严格。

　　即使如此,直至民国末期,天柱县民间典当的投契征税工作推行得并不顺利,因民间私契的信用度颇高,而民众又出于希图省钱省事的目的,民间典当活动中依旧通行私契①。

三、转典加典

　　可以将质押物(典当物)转质(典)他人,亦典当与普通质押借贷所相异之点。然承典人在典期内,可将得典物自由转典,乃是各地通例。如清末民初湖北省恩施县调查报告称:"转当者,例如,质权人典入该田后,历年久远,业主讫不取赎,而质权人遂将该田地转典与他人是也。"②《中华民国民法》第八章"典权"第 915 条也规定:"典权存续中,典权人得将典物转典或出租于他人,但契约另有订定者或另有习惯者,依其订定或习惯。典权定有期限者,其转典或租赁之期限不得逾约典权之期限,未定期限者,其转典或租赁不得定有期限,转典

---

① 相对而言,民间不动产买卖活动的换契投税执行得较为顺利,相关官卖契、税单文书存世量较大,并产生了为逃避出卖税而"假卖为典"的现象,如《民国二十六年六月九日吴杨氏金花暨媳陶氏翠姣典田字》。张新民主编:《天柱文书·第一辑》第 7 册,第 46 页。
② 前南京国民政府司法行政部编:《民事习惯调查报告录》,胡旭晟、夏新华、李交发点校,第 265 页。

之典价不得超过原典价。"①

田地转典契约，在全国各地文书中屡见不鲜。如山西省新绛县《中华民国四年（一九一五）同兴宏转典房屋契》：

> 立转典房屋人同兴宏，今将所典杨姓房屋转典于张斗斗名下。院内北房就东一间，二门外西房就北一间半，侧地西□角一块，南墙堆粪地一块。出契典价银五两整，作七元，当日银业两交。一典五年为满，银到取赎，无银不计年限。恐口不凭，立转典契存照。
>
> 中华民国四年二月廿四日立转典契人同兴宏 字
>
> 公证人 柴务本　　同中人 李福田
>
> 王国选　　　　　靳协伦
>
> 王天保
>
> （加盖：新绛县印）
>
> （加贴中华民国印花税票二分一张）②

此契中房屋、粪地乃同兴宏得典于杨姓，今又转典于张斗斗名下，典期5年。后又附民国十二年原出典人杨允执赎典字据，可知在此次出典过程中，经历了出典→转典→原承典人赎典→原出典人赎典等过程。

天柱县亦多有转典契约，如江东乡大坪村杨金科名下一宗水田，即在典当活动中经过多次转典，如第一次出典契《民国四年十月十九日杨金汉、杨金科典田契》：

> 立契典田字人杨金汉、科，今因家下要钱用度，无从得处，兄弟商议，情愿将到土名吴公冲通恐丘水田大小伍丘，计谷八箩，正要内开四抵，上抵杨秋扒子，下抵溪，左抵大路，右抵溪，四抵分明，要行出典，无人承就，请中上门问到房族杨清全名下承典，当日凭中三面言定典价钱铜元贰拾四封文正，其钱亲领入手用度，其钱一并领清，并无下欠分，其田在与钱主耕管为业，收花为息，钱主不得异言阻，今欲有凭，立典字为据。

---

① 徐百齐编：《中华民国法规大全》第1册，第76页。

② 田涛、〔美〕宋格文、郑秦主编：《田藏契约文书萃编》第2册，第9页。

凭中　杨承得

立转典字人杨清全，今因家下要钱用度，无①，夫妻商议，情将土名吴公冲立转批杨森喜名下承典，当日凭中领足，领不另书，并无下欠分文，立转批是实。

中华民国肆年拾月壹十九日请笔杨承彬立②

契中杨金科兄弟二人将名下"土名吴公冲通恐丘水田大小五丘"，典与房族杨清泉，典得铜钱24封。杨清泉得典之后，很快又因为家中缺钱而将此田以原价"批转"（转典）给杨森喜。同为此田，杨金科赎回之后，不久再次出典，见《民国六年六月九日杨金科典田契》：

立契典田字人杨金科，今因家下要钱用度，无从得处，父（夫）妻商议，情愿将土名吴公冲通恐丘水田伍丘计谷伍石整，内开四抵，上抵杨秋扒子田，下抵溪，左抵大路，右抵溪，四抵分明，要行出典，无人承就，请中上门问到房族杨再和名下承典，当日凭中典价买谷肆石一斗正，其谷亲领入手用度，其谷一并领现，并无下欠分文，其田在与钱（主）耕管为业，收花为息，我典不得异言阻当，不关典主相干，日后不（备）得原价上门赎契，不得短少分（文）。恐口无凭，立典契为据。

凭中　杨再家

　　　　承德

民国丁巳年六月初九日请笔杨承彬立③

契中杨再和得典田产，三年后转典，见《民国九年十一月九日杨再和转典字》：

立转典字人杨再和，今于照依原价批转典与杨清全名下承当，（当）

---

① 此处"无"及后"无从得处"等字样，民间文书之写手文化水平参差不齐，错、漏、倒、衍屡见不鲜，为保存原契面貌，本书除常见误字影响理解者于本字后标注正字，其余一例照录。

② 张新民主编：《天柱文书·第一辑》第3册，第197页。

③ 同上，第198页。

日凭中亲族其钱亲领，领不另书。恐口无立（凭），立转典是实。

凭中　林发成

民国庚申年十一月初九日杨再和亲笔 ①

三年之后，杨清全再次将此田转典，见《民国十一年九月十二日杨清全转典字》：

立转典字人杨清全，今于照依原契原价转典杨森喜名下承典，当日中凭亲族领亲，领不另书，并无下欠分文，立批是实。

凭中　杨永贵

民国壬戌年九月十二日请笔再和立 ②

从以上数份契约文书来看，同一份田地，可在数人之间多次转典。

转手易典，其典价可否增减变化，则各因地方习俗而不同，如江苏省砀山县调查报告说：

凡转当不动产亦分二种：（一）由业主转当。典期已满，业主如不回赎，不得当户同意，即可径行加价转当于他人。（二）由当户转当。（甲）原价转典，期未满之前，当户可以所当之不动产原价转当于他人，仍以原约所载为有效。（乙）滥价转当。典期已满，业主无力回赎，当户如有急需，可滥价若干，转当于他人，即以原契交付于新当户，但业主钱到即赎，新当户如不得收益，仍不得滥价之利也。（丙）长价转当。无论典期满否，当户均可以所当之地加价转当他人，业主回赎时仍照原价交纳于原当户，原当户将己身所长之价如数备齐，向新当户回赎。③

天柱县之转典习惯，则以原价转典为多，如前引杨金科名下之水田，转典之际，都照原价"批转"。其"批转"手续，即由转典人在原典契末简要说明，

---

① 张新民主编：《天柱文书·第一辑》第3册，第199页。

② 同上，第200页。

③ 前南京国民政府司法行政部编：《民事习惯调查报告录》，胡旭晟、夏新华、李交发点校，第171页。

而无须如原契一样具备完整的立契手续，如瓮洞镇黄巡村《民国十六年五月六日蒋昌荣典田字》：

> 立典田人蒋昌荣，今因家下要钱用度，无从得处，夫妻商议，自愿将到己面土名同油凹脚水田乙丘收谷捌运，要行出典，自己上门招到房族蒋景耀名下承典为业，当日凭中言定典价钱式拾仟文正，其钱即日领清，并不下欠分文，外不书立领字，其田付与典主耕种，有颗谷乙石五斗正，日后备得原本上门抽字。恐口无凭，立典字为据。
>
> 蒋景耀将此田转典与内侄泰顺　泰长亲笔
>
> 凭中　蒋太顺
>
> 民国拾陆年丁卯岁三月初六日亲笔立 [①]

然若因特殊原因，不能以原价转典，则必须另立典契，严格规定原典主、承典人（转典人）及新承典人的权责，如瓮洞镇黄巡村《咸丰十年四月十四日杨岸芳典田契》：

> 立契典田人杨岸芳，情因先年用价得典荒田游希林、凤兄弟地名岩坪湾内田贰丘，又并右垄右边田壹截，共收谷十二运，其田不便管理，请中转典与蒋再学为业，三面议作时价扣水足钱拾八千钱整，钱契两交，书领为据，日后希林兄弟照原老字备本赎取，我方照新契备本赎归，但希林不得越赎，该田再学不得背退，该契自典之后，任凭照契管业。恐后无凭，立典契为据。
>
> 凭中　游希凤
>
> 咸丰十年四月十四日亲笔　立 [②]

契中转典人杨岸芳以价若干承典游希林兄弟荒田数丘，经垦种料理后，可收谷 12 运，然因管理不便，只得转典。然荒田与熟田之价值不同，自不能以原价转典，只得另立典契，并请业主游希凤为中见人，"三面议作时价扣水足

---

① 张新民主编：《天柱文书·第一辑》第 7 册，第 114 页。

② 同上，第 198 页。

钱拾八千钱整"。

转典典价之变化与否，必然影响到赎典。若同价转典，则业主自可向最后承典人赎取，而不再与中间承典人发生关系，如文斗寨《邓有训典田契》：

> 立典田约人邓有训，为因先年得典岩湾范老目田一丘，地名南湾，今凭中转典与文斗下寨姜映辉□叔名下承典为业。当管典价银拾伍两整，亲手领回。其田自典之后，任从姜姓招人耕种管业，邓姓不得异言。恐后无凭，立此典字为据。
>
> 外批：日后赎取向姜姓赎，不干邓姓之事。
>
> 凭中 潘绍祥 张正金 姜□□
>
> 道光二年二十九日 有训亲笔立 [1]

然若转典中典价发生变化，则须依次清理，以保证各承典人的经济利益，如前引《咸丰十年四月十四日杨岸芳典田契》，即在契内明确规定，"日后希林兄弟照原老字备本赎取，我方照新契备本赎归，但希林不得越赎，该田再学不得背退"。

典价与卖价不同，卖价与商品之市场价值大致相等，典价则多远低于实价。典当行业且不论，其自有其一套烦琐而隐秘的定价体系，如《平、祁、太经济社会史料与研究》内所收清代《典当商商业教科书》，即将十八省物产之成色、估价载之甚详，如"看木器类"载："南木一斤，银三钱；紫檀木一斤，银四钱；铁梨木一斤，顺纹，银二钱；花梨木一斤，银一钱五分。"[2] 乡村民众个体间的典当，亦一般守此通例，如清代民国时期闽西地区，"典价一般占到实际价值的50%左右，有的典价与实际价值的比率低于50%，最低的仅占实际价值的四分之一，有的高于50%，但最高不会超过80%。"[3] 因此，出典人若于出典后仍钱粮短缺，可以酌量向承典人商议，再行加典。如天柱县瓮洞镇大段村《同治九年二月五日游伯万典田字》：

---

① 陈金全、杜万华：《贵州文斗寨苗族契约法律文书汇编——姜元泽家藏契约文书》，第214页。
② 史若民、牛白琳：《平、祁、太经济社会史料与研究》，山西古籍出版社2002年版，第556页。
③ 俞如先：《清至民国闽西乡村民间借贷研究》，第218页。

立典田人游伯万，今因要钱使用，无从得处，夫妻商议，自愿将到先年得典游恩开土名上第坪大路边田式丘，收谷乙拾四运，移典于亲戚蒋昌江耕种收花为业，当日凭中三面议作典价钱陆千壹百文，扣水其钱即日领清入手用度，领不另书，任从钱主耕种收花，典主不得异言，日后备得原本上门抽约。恐后无凭，立典字执照。

立加典田人游伯万，情因所典二丘，不敷用度，再将契内得典恩开之田一并转典蒋昌江名，外加典价钱二千捌百文，扣水钱其钱当即领清，外不书领。立加典字，并批前典契内。

外家典价钱四百文足

凭中　伯有

　　　政年

亲笔

同治九年二月初二日　立典 ①

契中游伯万将先年承典游恩开的稻田两丘，于同治九年（1870 年）二月初二日转典于亲戚蒋昌江，典价钱 6100 文，然得典价后，依旧"不敷用度"，只得再向蒋昌江加典两次，一次 2800 文，一次 400 文，共计得典价 9300 文，为原典价的 152.5%。

第三节　民间典当的要件分析

作为一种特殊的借贷形式，民间典当在各基本要件上有相对严格的约束，尤体现在承典人、典期与回赎时间之上。

一、承典人

普通借贷活动中，对于债权人之选择，较少约束，出典则大不然。《宋刑统》"典卖指当论竞物业"条引唐宪宗元和六年敕令云："应典卖倚当物业，先问亲房，

---

① 张新民主编：《天柱文书·第一辑》第 9 册，第 179 页。

亲房不要，他人并得交易，房亲著价不尽，亦任就得价高处交易。"①规定出典之物，在同等价格下，必须按照亲疏差序原则出典，否则其典借活动得不到官方认可。之所以这样规定，一方面是为了保证家族产业不致旁落，从而维护家族利益；另一方面，这也是国家为防止人民流动、巩固基层乡村社会统治的需要。虽然明、清之法律已不再如唐、宋将此条规定沿袭下去，但在现实社会中，这一文化习俗依然得以存续。如《儒林外史》第十六回"大柳庄孝子事亲，乐清县贤宰爱士"②，匡超人之父匡太公因不愿将房子贱价卖给族弟，结果被族弟串通原房主（族叔）以"本家的产业是卖不断的"为由，强行将房子以原价回赎。匡太公得买族内叔辈的房屋，久已交割，按律已经完全拥有对房屋的所有权，明代《问刑条例》"典卖田宅条例"即规定："告争家财田产，但系五年以上，并虽未及五年，验有亲族写立分书已定，出卖文约是实者，断令照旧管业，不许充分再赎。告词立案不行。"③然而在宗法制度的约束下，匡太公的合法权益却并未得到尊重，不仅在祠堂里挨了打，而且被逼立下"吐退"文约，将房产以原价返还卖主。已经彻底交割的买卖活动尚且如此，则尚有保留权益的典当，其受宗法之束缚自然更大。《儒林外史》虽属小说家言，而文学源于生活，正可见此等事例之普遍，与宗族势力对于个人物权之制约。

清代以后，随着法律制度的不断完善，个人经济权利之保障得以加强，汉族地区的个人财产处置权所受宗法势力的束缚相对减弱，因而许多地区的产业典当已有一定程度的自由性。如安徽省休宁县《清康熙四十六年（一七〇七）张玹典地契》：

> 立典坡地文契人张玹，因为使用不便，今将自己原分村东坡地一段，系东西畛，立契典与庄里村柴名下□业耕动。同中面受典价银四十二两整。日后原价取赎，如无原价，不计年月，银主种地。其地计数六亩，言定每年粮差银六钱八分，一应现年杂差在内。恐后无凭，

---

① 〔清〕薛允升等编：《唐明律合编·宋刑统·庆元条法事类》，中国书店1990年版，第119页。
② 〔清〕吴敬梓：《儒林外史》，人民文学出版社1977年版，第197页。
③ 怀效锋点校：《大明律》，第371页。

立契存照。

康熙四十六年二月二十四日　立契人 张玹（押）

同中人　李克定

狄云飞

柴超凡（书）

（加盖：休宁县印）①

契中出典人张玹将自己名下的坡地一段，典与庄里村柴某，既然称"庄里村"，则与出典人非同一村的可能性较大，又张、柴异性，且文契中并无"先问房族"等语，其文契中人亦无一同姓人，可见其对自己产业之处置已经较为自由。

但是，在广大乡村社会，尤其是相对偏远的地区，个人产业的处理依旧受到宗族的制约。如山西省平遥、长治等地区，直至民国时期，"民间出典房地，须先尽自己本族，由近及远，如本族表示拒绝，始能与他人商洽，否则，典约虽已成立，本族出而主张，仍得享受尽先典置之权。"②深处西南内地、苗侗民族聚居的清水江地区亦然。

考察《天柱文书·第一辑》中，224 份出典文书，其契中明确承典人，房族有 64 份，亲戚 34 份，仅标同村寨而双方不同姓者 9 份，未标明双方关系者，其中同姓 47 份，异姓 64 份，典与合会者 2 份，寺庙者 1 份，另有残契 3 份，如表4-5所示。

表4-5　清至民国时期天柱县典当文书承典人身份统计表

承典人身份	文书份数	百分比	承典人身份	文书份数	百分比
房族	64	28.6%	亲戚	34	15%
同村异姓	9	4%	同姓	47	21%
异姓	64	28.6%	合会	2	0.8%
寺庙	1	0.4%	不可考	3	1.3%

---

① 田涛、［美］宋格文、郑秦主编：《田藏契约文书粹编》第 1 册，第 9 页。
② 前南京国民政府司法行政部编：《民事习惯调查报告录》，胡旭晟、夏新华、李交发点校，第 119 页。

所谓房族者，指拥有同一父系血缘关系者，近至同胞兄弟，远至五服之外的族人。《天柱文书·第一辑》所收典当类文书，其典当双方为同胞兄弟者，如白市镇对江村《民国三十三年十一月二十六日杨胜富弟兄等典田契》：

> 立契典田字人杨胜富弟兄等，今因为父母除灵金斋□□，弟兄人等商议，将祖父遗留之众田地名白头江水田壹块，收谷柒挑出典，弟兄人等请中上门问到胞弟杨胜全名下承典为食，三面言典价钞洋叁仟元正，其洋比日亲手领足，并无下欠分文，其田任由典主下田耕种收花为息，限至三年之内，弟兄上门续取抽约了当，典主不得异言。口说无凭，立出典一纸为据。
>
> 外批：田粮典主承认依管业证上粮
>
> 凭中　田宗全
>
> 代笔　杨胜贵
>
> 民国三十三年甲申十一月廿六日吉立 [1]

为近亲同族者，如江东乡大坪村《民国四年十一月十九日杨占有典田契》：

> 立契典田人杨占有，今因缺少用度，无从得处，情愿将到己分祖遗地名冲头塘众田连大小六丘，计谷叁石，四抵不列，欲行出典，请中问到房侄杨均善名下承典，当日凭中言定典价元钱陆仟肆佰文正，其钱亲领，领不另书，其田在与钱主耕管收租为息，日后备得元价对日上门赎取，不得短少分文。恐口无凭，立典契字为据。
>
> 凭中　杨汉毛
>
> 此契批与杨金发、杨金毫二人名下耕管收花为息，其契照依元契元价上门孰（赎）取，不得短少分文，立批是实。
>
> 民国四年十一月十九日秀和代笔立 [2]

为一般族人者，如瓮洞镇黄巡村《咸丰五年三月八日蒋政光转典田字》：

---

① 张新民主编：《天柱文书·第一辑》第1册，第57页。

② 张新民主编：《天柱文书·第一辑》第3册，第45页。

　　立转典田人蒋政光，今因家下要钱使用，无从得处，自己父子相义，
情愿将到土名其竹冲水田二丘，收谷二运，自己请中招到族内蒋在学
承典，当日凭中三面议定价钱叁仟七百文足，其钱典主亲领入手用度，
其田钱主收花准利，并不下欠角分，入后备原本赎取，典主不得异言，
立典是实。

　　凭中　蒋政宽

　　亲笔

　　（凭中　蒋昌宁

　　立转典田人蒋在学，先年得典蒋政光之田式丘，照契转典蒋政聪，
承典是实。昌有亲□。

　　同治十式年三月初四日典）

　　咸丰五年三月初八日　立典①

　　所谓同姓，即契内并未明确言明双方关系，仅从契内文字显示为同一姓氏
者，如竹林乡高坡村《光绪二十五年十二月二十六日潘通江典水田地契》：

　　立典水田地契人潘通江，今因家下要钱使用，无从得处，自己夫
妻商议，情愿将到土名园头冲渔□边水田壹丘，上抵典主田，下抵通
明田，左右抵路，四抵分明，要行出典，无人承受，自己上门问到潘
光世名下承典，当日凭中言典价钱式仟肆佰文整，其钱亲手领，其田
应从典主限三年登门赎取，不得短少分文。今幸有凭，立此典契存照。

　　凭中　潘通尧

　　笔　光彬

　　光绪二十五年十二月廿六日立②

　　然而，虽然在这类典契中仅表明双方的同姓关系，但只要处同一村寨者，
大抵皆为同族。如上引《光绪二十五年十二月二十六日潘通江典水田地契》，
虽在契约中并未标明双方的具体关系，然查《光绪二十九年一月十二日潘通江

① 张新民主编：《天柱文书·第一辑》第6册，第80页。
② 张新民主编：《天柱文书·第一辑》第4册，第145页。

卖水田契》：

> 立卖水田地契人潘通江，今因家要钱用度，无从得处，自己商议，
> 情愿将到土名园头冲□塘边脚水田大小壹丘，第叁拾柒丘，下禾四编
> 叁手，上抵卖主田，下抵通明田，左抵小路，右抵水圳，四抵分明，
> 欲行出卖，无人承受，自己问到房侄潘光世名下承买，当日凭中言定
> 卖价钱捌仟式佰捌拾文整，其钱□□领足，其田子孙永远耕管，日后
> 不得异言。今幸有凭，立此卖字存照。
>
> 　　房亲　潘光甫
> 　　　　　先
> 　　中　通尧
> 　　笔　光彬
> 　　清光绪二十九年新正月十二日　立 [1]

则可知潘光世实为潘通江之房侄，而非一般无血缘关系的同姓之人。如此，则典当双方为同族者，当占所有典当活动的绝大部分。

同村寨异姓间的借贷，如高酿镇甘洞村《民国某年六月二十二日杨通全典田契》：

> 立典田契字人杨通全，今因家下要钱使用，无所出处，自愿将到
> 土名冲巴田壹丘，上抵本主共田，下抵杨通茂田，左右抵山，自至分明，
> 要钱出典，自己上门问到本村陆志□、可二人名下承典，当日三面言
> 定价钱壹拾四千文正，限至明年二月钱到□为，不得有悟。若有悟者，
> 下田耕种，不得异言。恐口无凭，立有典字为据。
>
> 　　亲笔
> 　　民国□未年六月廿二日立典 [2]

所谓亲戚者，指家庭成员及父系亲属之外，与自己家庭有婚姻关系的家庭

---

① 张新民主编：《天柱文书·第一辑》第4册，第146页。
② 张新民主编：《天柱文书·第一辑》第20册，第102页。

或其成员。亲戚间的典当活动，如瓮洞镇黄巡村《民国十六年四月十一日蒋景儒典田契》：

> 立契典田字人蒋景儒，今因家下要钱使用，无从得处，夫妻商议，自将己面分土名下井水田右边乙洞收四运，要行出典，先尽亲房，无钱承受，自己请中上门问到伊亲内弟杨永大承典为业，当日凭中三面议定典价捌拾仟文正，其钱即日乙概领清，并不下欠分文，外不另立领字，自典之后，任从钱主下田耕种，典主不得异言。恐口无凭，立典字为据。
>
> 凭中代笔　昌培
>
> 民国十六年丁卯岁四月十一日　立典①

除了以上在典当契约中明确标出典当双方关系者，还有 64 份需要通过比对家谱、对勘其他各类契约文书甚至田野调查报告，方能确定二者关系，然以所经眼《天柱文书》而言，此类之中属亲戚关系者不在少数。以瓮洞镇黄巡村 43 份典当文书而论，当事人关系中同姓 2 份，房族 11 份，亲戚 20 份，关系不详者 10 份，互为亲戚之姓氏为蒋、杨、游、吴、刘、胡 6 姓，其未点明双方关系典当文书中，仅 1 份未在上 6 姓之中，其中尤以蒋、杨为当地大姓，标明亲戚关系之契约有 13 份，未详之文书中亦有 4 份之多。

通过以上分析，再来看天柱县典当双方之关系，则频次最高者为宗族，而亲戚次之，二者占据绝大比率，前者与清至民国时期天柱县浓厚的宗族观念密切相关，后者亦可谓苗侗地区"重母党"之习俗在经济活动中的表现。

清代民国时期天柱县乡村民众与寺庙发生典当关系的，也偶有可见。寺庙出借、承典财物，本是佛教教义中的合律行为，《根本说一切有部毗奈耶》卷二十二"出纳求利学处"载："佛言，若与物时，应可分明，两倍纳质，书其券契，并立保证，记其年月，安上座名及授事人字。"②入传中土后，至南北朝，寺庙林立，广积田土，放贷行为相当普遍，如《魏书·释老志》载北魏世宗永平二年沙门

---

① 张新民主编：《天柱文书·第一辑》第 6 册，第 228—229 页。
② 〔唐〕释义净译：《根本说一切有部毗奈耶》，民国二十五年版，第 23 册。

统惠深奏:"比来僧尼,或因三宝,出贷私财。"[1] 稍有规模的寺庙,皆有"长生库",放贷收息,宋代陆游《老学庵笔记》卷六载:"今僧寺辄作库,质钱取利,谓之长生库。梁甄彬尝以束苎就长沙寺库质钱,后赎苎还,于苎束中得金五两,送还之。则此事亦已久矣。庸俗所为,古今一揆。"[2] 佛教传入天柱甚早,据《天柱县志》,早在明万历年间,侗乡即已举办过"雷霆大法事",清代县内338寨,就有462处庵庙,常年香火不断。据光绪《天柱县志·坛庙》载,清末以县城城北对江观音洞庵田产最多,计有田47丘,年收谷286石5斗,另有墦地若干。各村寨亦多有寺庙庵堂,或祀佛、道神祇,或祀地方、民族神鬼,由村寨各姓共修或一姓专修,占有一定田土山林为庙产,以租金供庙中人员生活及祭祀费用。如《道光十八年三月十八日昙华山僧宏安典田契》:

> 立典契人昙华山僧宏安并徒周权[3],今因庵下要钱使用,以庵田一丘收谷柒拾箩,典与杨绍宁承典为业,两面议定典价钱叁拾肆仟,其田付与典主耕管收花为息。今欲有凭,立典契一纸为据。
>
> 亲笔
> 道光十八年三月十八日 立典[4]

此契之僧宏安属佛门何宗,今难确考,其借贷原因契内亦未明言,然此契后尚附有后批,乃本年十一月二十四日周权加典之字,则仅署周权一人,又《道光二十一年十一月十九日僧周权以田作抵向杨绍宁借钱字》[5],契中亦不见其师宏安之痕迹,则上契典田之原因或当与僧宏安有关(如老病等情形),而从此两份典借契来看,各寺庙确多有庙产,具备出贷、承典之条件。

在清水江流域,除佛教流行外,尚有地方神祇,其中最为民众崇奉者为飞

---

① 〔北齐〕魏收:《魏书》,中华书局1974年版,第3041页。
② 〔宋〕陆游:《老学庵笔记》,中华书局1979年版,第73页。
③ 据《天柱县志·第一辑》载:"佛庵虽布满侗乡,但侗族中真正受戒剃度,有教规可循的僧尼极少,每庵一般只有一二尼姑,和尚罕见。入庵为尼的多因生理缺陷,或逃婚和孤寡妇女,才剪发为尼,寻找归宿之地。"此处昙华山庵宏安当系法名,而周权则径称其俗名,且当其独掌此庵时仍仅此号,则当非真正受戒剃度者。
④ 天柱县档案局(馆)庋藏文书,第89盒,第28份。
⑤ 〔宋〕陆游:《老学庵笔记》,第131页。

山蛮首领杨再思，相传为五代时"十峒首领""诚州刺史""生以威德服溪峒苗夷而民受其福，终则精爽不昧，民立祠以祀。凡水旱灾厉，有祷克应。虽深山穷谷中，莫不有庙。"①其庙或名"飞山庙"，光绪《天柱县志》载："飞山庙，在县治西门外，设自有明初，后遇回禄，顺治十八年更立之，各里崇祀者不一。"或名"杨公庙""在城南七十里，垒处沿河俱建不一。"②其庙亦有产业，可向当地民众出贷，如高酿镇甘洞村文书《民国三年四月二日杨元金典田契》：

> 立典田契人杨元金，今因家下要钱使用，无所出处，自愿将到土名圭隆屋佩田一丘收谷十二边，上下抵冲，左右抵山，四至分明出典，自己上门问到公家飞山庙谷存在杨恩富家，承借谷四边，其谷限至六月出卖照价作钱，八月初二面结归还，不得有误。若有误者，下田耕种收花为利，不得异言，恐口无凭，立有典字为据。
>
> 　凭笔　杨元贵
> 中华民国三年四月初二日　立字③

上契出典人杨元金因为家中要钱使用，以自家一块收谷12边的水田出典与村寨所属的飞山庙，典出谷子4石。此契名为典契，实与普通抵押借契无二，双方议定，所借谷按照六月份谷价高昂时价格，典期4个月，至本年八月初二日归还，所说的田地仅作为防止逾期不还的抵押物，若杨元金到期不能如数归还谷价，庙谷保管人杨恩富方能下田耕种。

综上考察，可知清至民国期间天柱县民间典借中典借双方的关系构成，与族戚组织关系密切。这在文契中承典人选择的书写中，也表现得非常明显，如竹林乡高坡村《民国二十二年四月六日潘光怀典水田地契》：

> 立典水田地契人潘光怀（槐），今因家下缺少要钱使用，无从得处，自己父子商议，情愿将到自己之业土名龙凤山脚青山冲水田壹丘

---

①〔清〕吴起凤、劳铭勋修，唐际虞、李廷森纂：(光绪)《靖州直隶州志》卷七"秩官"，光绪五年刻本。
②〔清〕林佩纶等修，杨树琪等纂：(光绪)《天柱县志》，载《中国地方志集成·贵州府县志辑》，第22册，第179页。
③张新民主编：《天柱文书·第一辑》第20册，第194页。

出典，开明四抵，上抵潘光世田，下抵光文桐油湾，左抵潘姓油树，右抵潘姓油树，四抵分明，欲行出典。先问房亲，后问业邻，无人承就，自己请中上门问到龙贵华名下承典，当日凭中议定价钱柒拾伍仟，其钱亲手领用，另不领书，所领是实。其田出典，不限远近取续（赎），立此典字为据。

　　潘光槐清（亲）笔
　　民国贰拾贰年四月初六日立典①

　　上契出典人潘光槐因缺少钱用，以水田一丘准备出典，其承典人之选择顺序，是"先问房亲，后问业邻"，只有当房亲、业邻无法承典之时，才能将田产出典给其他人。典与异姓旁人的田产，在典契订立之时，常须家族中人证明方能保证典当活动的顺利开展。如石洞镇摆洞村《光绪二十九年闰五月二十六日龙大玖、龙大刚兄弟典田契》：

　　立典田契人舒大玖、刚兄弟二人，今因家下缺少用度，无从得处，自愿将到面分土名上摆田一丘，上抵典主，下抵龙吉根，左右抵坡为界，四至分明，凭家长中证，典与刘清广名下，三面议作典价银拾两零四钱正，其照市通用。自典之后，任从银主下田耕管收花，不得异言，日后备得原本，上门续（赎）约，典主亦不得异议。恐口无凭，立此典契为据。

　　凭中　杨招福
　　代笔　龙昌汗
　　光绪式拾玖年后五月廿陆日典②

　　上契出典田地人舒大玖、舒大刚兄弟二人，因缺少钱用，将田产典给外姓刘清广，在立契之时，除了有凭中杨招福在场见证外，还得"凭家长中证"。而对承典人而言，若为承典外姓人的田产，也常常考虑到出典方家族的意见，在立契之初即做好防范，以免日后争端，如文斗寨《范锡畴典田契》：

① 张新民主编：《天柱文书·第一辑》第4册，第63页。
② 张新民主编：《天柱文书·第一辑》第2册，第182页。

立典田约人岩湾寨范锡畴，为因缺少银用，无出，自愿将到田一
丘，地名龙榜，凭中出典与者寨屯邓有训名下承典为业，三面议定典
价银三十五两整，亲手收回应用。其田自典之后，任从典主耕种管业，
日后弟兄房族外人不得争论。倘有此情，俱在锡畴上前理落，不干典
主之事。恐后无凭，立此典字为据。

外批：银水九二三

凭中　范绍尧　宗尧　绍粹

嘉庆十八年十二月十四日亲笔　立①

契中"日后弟兄房族外人不得争论。倘有此情，俱在锡畴上前理落，不干
典主之事"，正是为了防止因外人承典而可能产生的由出典人家族引发的经济
纠纷。

二、出典物

传统乡村社会之典当活动，其典当物必然与当地之经济形态密切相关。以
《天柱文书·第一辑》内所收 224 份民间典当文书而论，其各类出典物的发生
频次如表 4-6 所示：

表 4-6　《天柱文书·第一辑》载典当文书出典物统计表

出典物	发生频次	出典物	发生频次
稻田	183	旱地（园圃）	20
油树（桐、茶）	14	柴山	4
房屋	2	屋基	1
油房	1	店地	1

由上表可见，出典物种稻田之比例占 81.7% 之多，占据绝大比重。究其原因，
一是清至民国时期天柱县为小农经济模式，耕地又相对分散。虽《天柱县志》载：
"在封建社会里，少数富人占有大量耕地，绝大多数贫苦农民只有少量土地或
没有土地，长期处于被压迫被剥削的地位。"然而据该书所载 1952 年土改前民
众成分与占有土地数，"全县有农户 37042 户，172777 人，共有耕地 182039 亩。

---

① 陈金全、杜万华主编：《贵州文斗寨苗族契约法律文书汇编》，第 132 页。

其中地主有 1709 户，11086 人，占总农户的 6.4%，占有耕地 52180 亩，人均占有 4.7 亩，为全县总耕地的 28.7%；富农有 776 户，5396 人，占农户的 3.1%，占有耕地 14446 亩，人均占有 2.7 亩，为全县总耕地的 7.9%；中农有 12443 户，64430 人，占总农户的 37.29%，占有耕地 81076.5 亩，人均占有 1.2 亩，为全县总耕地的 44.5%；贫农有 14403 户，68149 人，占总农户的 38.8%，有耕地 25007 亩，人均耕地 0.38 亩，为全县总耕地的 13.7%；雇农有 4251 户，11787 人，有耕地 971.6 亩，为全县总耕地的 0.5%；其他有 3444 户，11929 人，占总农户的 6.9%，有耕地 8359 亩，人均耕 0.7 亩，为全县总耕地的 4.6%。"① 则无地农户极少，而以中农占有耕地比例最大，为 44.5%，人均 1.2 亩，至于占有全县耕地 28.7% 的地主，其人均耕地数亦不过 4.7 亩。若进一步考虑民国末年频繁的天灾人祸与社会动乱，导致土地集中的加深，则清代民国时期天柱县的土地占有情况当更为分散，民众以自耕农半自耕农为主，有以田出典之可能。二是收益期短，且稳定可靠，不易产生利益纠纷。

与普通质押借贷活动只关注质押物价值之高低不同，典当活动中还得考虑典当物的管理成本和预期收益，譬如牲畜是常见的质押物，在普通借贷中，该牲畜多依旧由债务人照看，万一不能本利清偿，债权人将牲畜变卖即可得钱，而若债权人以典当之方式承典，则须负责该牲畜的看管饲养，虽亦可得所收益（如牛可租赁予人耕田），而风险甚高，一旦牲畜死亡，不免得不偿失，《大清律》"费用受寄财产"条载："凡受寄他人财物、畜产而辄费用者，坐赃论，以坐赃致罪律减一等。罪止杖九十、徒二年半。诈言死失者，准盗窃论，减一等。罪止杖一百、徒三年，免刺。并追还主。共被水火、盗贼、费失及畜产病死有显迹者，勿论。若受寄财畜而隐匿不认，依诓骗律。"② 故典当之物，以田地、山林、房产为主。

稻田之中，有一类较为特殊，即"养老田"，又称养膳田，此乃湘、黔农村家产分割之习俗。如民国初年常德地方审判厅调查称："凡家族当析产之际，

---

① 贵州省天柱县志编纂委员会编：《天柱县志》，第 348 页。
② 马建石、杨育棠主编：《大清律例通考校注》，第 526—527 页。

有父母及祖父母在者，多另提产业全部之一部，为父母及祖父母老年人养膳，无论何人不得私为处分，须待父母及祖父母亡故后，其承继之子孙始得享有利益，但经父母及祖父母可于养膳全部中提出一部为子孙必要之费用者，不在此限。"①天柱县苗侗地区亦长期流行"养膳"之制，这类田地，必须征得老人许可，方得出典。如远口镇远洞村《民国三十二年十一月十三日吴唐氏爱莲、吴登松、吴才发典田契》：

> 立典典水田契人吴唐氏爱莲、侄吴登松、子吴才发，今因家中缺少用度，无从得处，是以叔侄母子商议，情愿将到父母养老田地名崩塘梨子树脚水田大小拾丘，计谷贰拾玖箩，欲行出典，先问亲房，无人承受，自己请中上门问到吴恒训名下承典为业，当日凭中议定典价市洋贰仟贰佰捌拾元整，其洋亲手领足用度，其田任从典主耕管收花为息，日后不得异言，限至叁年，叁年将满对日登门赎契，不得短少分文。今幸有凭中，特立典契为据。
> 　　每年外帮粮谷拾碗整
> 　　凭中　吴会发
> 　　请笔　吴会林
> 　　民国叁拾贰年十一月十三日吴唐氏爱莲、侄登松、子才发仝立②

清代以后人口激增，稻田有限，开垦山林坡地遂为苗侗民众的当务之急。如《古州杂记》云："境内有可开垦水田者，一丘一壑，纤悉无余。无水之地，种植荞麦、大麦、包谷等，以裕旨蓄。"③旱地以种植各类杂粮（如小麦、玉米、红薯等）或经济作物（如烟叶、棉花、麻等），园圃以种植各类蔬菜，亦乡村家庭所必须者，而为人所乐于承典。如江东乡大坪村《咸丰六年一月二十八日杨全德典墦契》：

> 立典墦人杨全德，今因要钱用度，无从得处，父子商议，情愿将

① 前南京国民政府司法行政部编:《民事习惯调查报告录》,胡旭晟、夏新华、李交发点校,第787页。
② 张新民主编:《天柱文书·第一辑》第3册,第272页。
③〔清〕林溥:《古州杂记》第18册,载《中国地方志集成·贵州府县志辑》,第573页。

到房墻平墻地一块出典，无人承就，请中问到房兄杨开全名下承典，议定典价钱式千乙佰七十文足，其墻在与典主耕管，日后备得原价上门赎取，不得短少分文。恐口无凭，立典是实。

　　凭中　杨开喜

　　咸丰陆年正月廿八日　亲笔　立①

　　在清水江流域，林业贸易繁盛，优质杉木又价值不菲，本可为出典之物，然而，林木之收益期太长，杉木一般须18至20年方可成材，俟其发卖，遥不可待，且木材之年度固定收益额甚为有限，极少有人愿意承典，以急需资金一方而言，则又不如径直发卖来得干脆。故山林之中，只有具备年度固定产出者，方适合出典。在天柱县则以桐树、油茶树林以及柴山为主。

　　以桐树出典者，如江东乡大坪村《道光十八年十月二十日杨功亮典油树契》：

立契典油树人杨功亮，今因家要钱用度，无从得处，父子商议，将到土名中乘坡油树桐油树三分自己面分乙分，要行出典，无人承就，请中问到陈门丘氏桃娥名下承典，当日言定典价钱式拾式千式百正，其钱亲领入手用度，其油树在与钱主耕管收花为息，日后备得原价上门赎取，不得短少分文，立典是实。

　　凭中　杨再招　唐冠玉

　　（道光十九年十二月十三日，此契照依原价转典与杨玉堂耕管为业，陈光含推。凭中　杨秀彬　杨再招　唐冠玉）

　　道光拾八年十月廿日　亲笔　立②

　　以油茶树出典者，如前引瓮洞镇大段村《乾隆五十八年二月十二日蒋云俊典茶油山场契》③。

　　以柴山出典者，如瓮洞镇《民国十五年一月八日杨德银典柴山契》：

---

① 张新民主编：《天柱文书·第一辑》第3册，第155页。

② 同上，第149页。

③ 张新民主编：《天柱文书·第一辑》第9册，第146页。

立契典柴山人杨德银，今因家下要钱用度，无从得处，夫妻商议，自愿将到土名道运头古长上柴山壹副，上至岭抵良先油树，下抵盘路，左抵盘路，右抵云阶柴山，四抵分明，要行出典，请中招到黄招汉名下承典，当日凭中三面言定典价钱肆佰捌十文正，其钱即日领清，并不下欠分文，若有来理不清，典主当前理落，不干钱主之事，其山子孙永远耕管，典主不得异言。恐口无凭，立典字为据。

凭中 杨万春

民国十伍年新正初八日 亲笔 立 丙寅年[1]

在苗侗地区，虽居住之条件有精粗之别，但多自有其房屋，以之出租不易，除适宜开店经营，或本为商业场所，少有以之出典者。天柱县桐、茶油林颇多，稻田收获之后，尚可种植油菜，因而村落之间油坊常见，以之出典者，如竹林乡高坡村《同治十三年四月十三日潘代葵典油房地契》：

立典油房地契人潘代葵，自己情愿将到土名鱼塘冲油房一间半，欲行出典，自己问到潘仕发名下承典，当日言定价钱式千文整，其钱亲领，其油房仕发名下耕管为息，备得原价上门赎取，不得短少分文，二主情愿，不得异言。今幸有凭，立此典字是实。

外批：油榨百物在内

请笔 代全

皇清同治拾三年四月十三日立典[2]

以商店房地出典者，如瓮洞镇黄巡村《道光十五年闰六月二十四日胡兴刚典房地承认字》：

立承认人胡兴刚，今因承典伊亲长房蒋志光、二房蒋富极、三房蒋宗旺等，公议将到瓮洞场杨公庙码头边店地三间，上抵胡友德店坎，下抵河，左抵刘宏远店地，右抵杨公庙为界，三面议定典价钱五千文，

① 张新民主编：《天柱文书·第一辑》第 8 册，第 250 页。
② 张新民主编：《天柱文书·第一辑》第 4 册，第 218 页。

其钱众等亲领发积，其地任从银主建造居坐，其有后蒋姓不得那人私卖私赎，吴（务）要三房齐赎方准。今欲有凭，立承认为据。

凭中　胡义顺

其有字付与蒋志光收，具合同字

道光十五年又六月二十四日　立①

三、典当时间

典当活动之时间，常随典当物之性质而定，而大要以保障承典人的收益为目的。天柱县的典当习惯，柴山一般典于年初，以足以提供承典人一年的薪柴，如瓮洞镇克寨村《民国十五年一月二十五日杨德银传典柴山字》：

立转典字人杨德银，今因家下要钱用度，无从得处，夫妻商议，自愿将到土名土地堂盘山刘家祖角路坎脚直陇柴山壹副，上抵路，下抵德松山，左抵吴见煌，右抵吴元淮连祖角，四抵分明，要行出典，请中招到刘云阶名下承典，当日凭中三面言定典价钱二仟四佰八十文整，其钱即日领清，并不少欠分文，其山任凭钱主坎（砍）发（伐），典主不得异言，若有来理不清，典主当前理落，不干钱主之事，其山子孙永远耕管，恐口无凭，立转典字为据。

凭中　杨承林

民国十五年丙寅岁正月二十日立典　亲笔②

而油树则典于春、夏二季，使得典人可收获桐、茶籽，如竹林乡南头村《民国二年五月十二日潘丙和典油树字》：

立典字约人潘丙和，今因家下要钱用度，无从得处，自己母子商议，情愿将到土名凤流坡油树一团，今开四抵。上抵潘丙和油树，下抵盘圳，左抵丙和油树，右抵潘训油树，四抵分明，欲行出典，先问房亲，无

---

① 张新民主编：《天柱文书·第一辑》第7册，第185页。
② 同上，第2页。类似典契还有江东乡大坪村《同治五年二月四日补长春与其孙补岩祥典墙地契》（《天柱文书·第一辑》第3册，第160页）、瓮洞镇《民国十五年一月八日杨德银典柴山契》（《天柱文书·第一辑》第8册，第250页）等。

人承受，自己上门问到潘训名下承典，当日三面议定价钱叁仟捌十文整，其钱随契领足，其油树不限至某年登门赎取，不得短少分文，不得租（阻）留书契。恐口无凭，立有典字存照。

　　外批：九一钱

　　代笔　潘荣

　　中华民国二年五月十二日①

　　至于占据典当物绝大比重的稻田，其典当时间尤非随意而定。以《天柱文书·第一辑》内183份稻田典当契，其契约订立之时间分布如下表所示。

表4-7　《天柱文书·第一辑》载稻田典当活动之立契时间分布表

月份	文书数	百分比	月份	文书数	百分比
一月	6	3.3%	七月	7	3.8%
二月	23	12.6%	八月	3	1.6%
三月	43	23.5%	九月	5	2.7%
四月	26	14.2%	十月	9	4.9%
五月	12	6.6%	十一月	13	7.1%
六月	10	5.5%	十二月	21	11.5%
时间不详文书5份，占比为2.7%					

　　从上表可以看出稻田典当与天柱地区的稻作时令息息相关。元代王祯《农书·播种篇第六》载："南方水稻，其名不一，大概为类有三：早熟而紧细者曰籼，晚熟而香润者曰粳，早晚适中，米白而黏者曰稬。三者布种同时，每岁收种，取其熟好，坚栗无秕，不杂谷子，晒干鄁藏置高爽处，至清明节取出，以盆盎别贮浸之，三日漉出，纳草篅中，晴则暴煖，泡以水，日三数，遇阴寒则泡以温汤，候芽白齐透，然后下种，须先择美田耕治，令熟泥沃而水清，以既芽之谷，漫撒稀稠，得所，秧生既长，小满芒种之间，分而莳之。"②天柱县地界湘、桂，"春华秋实，夏葛冬裘，寒燠雨旸，与中土尤异"，只有"赖洞、执营、革

---

① 张新民主编：《天柱文书·第一辑》第5册，第234页。类似典契尚有竹林乡南头村《光绪二十八年六月四日潘仕华典油树契》（《天柱文书·第一辑》第5册，第231页）、竹林乡《道光二十五年二月七日潘士祥典油树地契》（《天柱文书·第一辑》第5册，第286页）、瓮洞镇黄巡村《咸丰十年三月十八日杨珍干典油树契》（《天柱文书·第一辑》第7册，第77页）等。
② 〔元〕王祯：《农书》，中华书局1956年版，第18页。

溪接镇远思州边界，山多田少，气候最迟。惟西门由汉寨、地笋以上，重冈叠嶂，极高苦寒，每值阴霾密布，动辄经旬，几同昼晦，或冬月之交，偶霏微细雨，即冻结成霰，遍布村落，旬月不消，居人习以为常，甚至夏四月犁田播种，五月六月栽秧，收薙最晚，有延至九月、十月始纳禾稼。"①若以五至十月为天柱县普遍的水稻生长、收获期，期间出典者据上表而言，仅占比25.1%，而十一月至次年四月之间出典者则达74.9%之多。如高酿镇木杉村《同治元年三月六日刘恩沛典田契》：

> 立典田契人刘恩沛，今因要钱使用，无处可得，自愿将到盘马路边田二丘出典，自己问到刘开珠名下承典，当面议定典价八千三百八十文正，限至十月上门赎约，不得有负，若有负任从钱主下田耕种收花，不得异言，恐口无凭，立有典契存照。
>
> 亲笔
> 同治元年三月初六日　立②

四、典期

典当契约的典期，清乾隆以前法律并无明确规定，自乾隆十八年（1753年），始定例"以三十年内外契载活绝为断"，"其自乾隆十八年定例以前，典卖契载未名之产，如在三十年以内，契无'绝卖'字样者，听其照例分别找赎。若远在三十年以外，契内虽无'绝卖'字样，但未注明回赎者，即以绝产论，概不许找赎。如有混行争告者，均照不应重律治罪。"乾隆三十五年（1770年）七月户部议复巡视南城御史增禄、给事中王懿德条奏，"嗣后旗人、民人典当田房，契载年份，统以三五年以至十年为率，仍遵旧例，概免税契，十年后听原业取赎"，将典期缩短为10年以内。《中华民国民法》第八章"典权"载：

> 第九一二条：典权约定期限不得逾三十年，逾三十年者，缩短为

① 〔清〕林佩纶等修，杨树琪等纂：（光绪）《天柱县志》，载《中国地方志集成·贵州府县志辑》第22册，第157页。
② 张新民主编：《天柱文书·第一辑》第19册，第22页。

三十年。

第九一三条：典权之约定期限不满十五年者，不得附有到期不赎即作绝卖之条款。

第九二三条：典权未定期限者，出典人得随时以原典价回赎典物，但自出典后经过三十年不回赎者，典权人即取得典物所有权。

第九二五条：出典人之回赎如典物为耕作地者，应于收益季节后次期作业开始前为之，如为其他不动产者，应于六个月前先行通知典权人。①

该法规定民间典当的最高期限为30年，如典契中未议定典期，则出典人随时可以用原典价赎取出典物，但若出典物为耕地，则应根据该地耕作规律，至少应保证承典人获得一期收成，若为房屋等物，则须在6个月前告知承典人。

考察《天柱文书·第一辑》中所收224份典当类文书，共记载有民间典当活动231次，其典期之规定情况如下表：

表4-8 《天柱文书·第一辑》清至民国时期天柱县民间典当典期统计表

典期	典借活动数目	典期	典借活动数目
不满一年	8	五年	4
一年	9	十年	1
二年	9	十五年	2
三年	49	二十五年	1
四年	1	三十年	1
未定典期145份			

由上表可见，清至民国时期天柱地区民间典当活动中，其典期之设定以不定期典当为主，占总典当活动数的约62.8%，其次为约定典期3年者，占21.2%。其典期在3年以上者共10次，最长者达30年之久。

若结合出典物之类型考察，则标明典期在10年以上者皆为墦地、山林、屋基。典山林者，如瓮洞镇克寨村《民国三十二年四月四日刘宜坤典园圃油山字》：

---

① 徐百齐编：《中华民国法规大全》第1册，第76—77页。

立典园圃油山人刘宜坤，今因家下要洋还账，无从得处，兄弟商议，自愿将到土名瓦窑江寨边二墱，并麻园式间，又并井水冲油山，又并滥泥冲油山，壹共三处，要行出典，请中招到叔父刘修池名下承典为业，凭中言定典价法币洋壹佰元正，其洋即日领清，无欠分文，领不另立，自典之后，任从钱主限管壹拾伍年，式比不得异言。今欲有凭，立典字为据。

凭中　吴必连

自请修炳代笔

民国三十二年岁次癸未四月初四日立 [1]

契中典价为法币 100 元，据江东乡大坪村《民国三十一年五月九日杨再云向杨金发借钞洋行利并限期归还字》，其利息每 100 元行利稻谷 1.5 担，若以每市担 90 公斤算，计 270 斤，而此契中旱地、麻园所出有限，桐（茶）油之价格起落无常 [2]，故承典人只得尽量延长典期，以平衡其年际预期收益。

又如瓮洞镇大段村《乾隆五十八年二月十二日蒋云俊典茶油山场契》：

立典茶油山场人蒋云俊，今因家下要银使用，无从得处，妻子商议，情愿将到自己面分地名鲫鱼冲转来大树脚茶油山场壹副，要行出典，无人承就，自己问到堂兄蒋云贵、启贤承典，当日凭中议定典价银玖柒色壹两伍钱整，其典价亲手领足，并不后少分厘，其山任从银住（主）耕收，不得异言，其山限至贰拾伍年备得原本上门抽约，为大龙姑爷过立典是实，在后不得添钱益当。

银住（主）戥九九平

典住（主）蒋云俊

凭中代笔　兴富

---

① 张新民主编：《天柱文书·第一辑》第 9 册，第 114 页。
② 桐油为民国时期清水江流域重要的外销商品，然市场起伏不定。民国初年销售旺盛，1915 年后市场低迷，1921 年后竟一蹶不振，1932 年后始市场回暖，1936 年后因外销涨价，植桐之风转盛。天柱县之桐油产量于 1940 年代中期达到高峰，1947 年后逐渐下降。

乾隆伍十八年癸丑岁二月十二日　典 [1]

典墡地者，如瓮洞镇克寨村《民国三十二年四月四日刘宜坤典墡场字》：

立典墡场字人刘宜坤，情因家下要洋还账，无从得处，兄弟商议，自愿将到土名瓮嫂背墡地壹塅，要行出典，请族戚问到伯父刘修槐名下承典为业，凭中言定典价洋肆拾元正，其洋即日领足，并无下欠分文，外无领字，自典之后，任从典主限管壹拾伍年，洋到抽字，二比不得异言。恐口无凭，立典字为据。

凭中　吴必连

自请修炳代笔

民国三十二年岁次癸未四月初四日立 [2]

典田修屋者，如瓮洞镇大段村《同治九年二月蒋政论、蒋昌升叔侄典店场田字》：

立典店场田人蒋政论、昌升叔侄，今因家下要钱用度，无从得处，自愿将到土名桥头路边店场田一涧，收谷叁箩，要行出典，请中招到房族蒋政昌承典为业，当日凭中三面议作典价钱叁仟贰佰文足，其钱即日清（亲）手领足，并不下欠分文，今不另书领字。其田任从钱主柱（住）造柱（住）座，限至三十年满，典主上门赎取，钱主移退，不得异言。钱主若要柱（住）座，每年上取阻（租）钱捌佰捌拾文，典主不得异言。今欲有凭，立典是实为据存照。

蒋伯友

凭代笔　景星

同治九年二月吉日立典 [3]

此契中之典当物虽为稻田，然位于桥头路边，且名为"店场田"，当系曾

---

① 张新民主编：《天柱文书·第一辑》第9册，第146页。
② 同上，第113页。
③ 同上，第181页。

作为店铺基地，蒋政昌承典此田，亦非以之耕种，乃建屋居住，自不能短期内即可退典。

而增值周期较短的稻田，则在典当中，常以较短典期呈现，尤以三年为期者居多。如白市镇对江村《民国三十六年三月二十三日舒吴氏子桃典水田地契》：

> 立典水田地契人舒吴氏子桃，今因家下缺少用度，无处得出，母子商议，自愿将到土名彭家冲头水田壹□出典，今开四抵，上抵桐油湾，下抵水田，左抵古路，右抵阳姓水田，四抵分明，欲行出典，自己请中上门问到舒张氏清凤名下承典，当日凭中言定典价谷子叁佰陆拾斤整，其田付与承人耕种叁年，日后备得原谷登门赎取，不得阻留文约，二比亲愿，日后不得异言，今幸有凭，立典字为据。
>
> 凭中 舒烈厚
>
> 代笔 舒烈富
>
> 民国三十六年丁亥岁三月廿三日立 字①

以田地为出典物，典期在一年以内，且非在农历二三月至八九月之间（水稻一季）的，其情况颇为特殊。或者是名为典契，实则是以田地为抵押物的普通借贷契，如高酿镇春花村《民国三十四年五月五日林在根典田契》：

> 立典田契字人良台林在根，今因家下缺乏粮食，自愿将到土名冲坑田1342，四至抵山，亲自登门问到亲房林昌名名下承典，当面三人议定白米老斗壹石肆斗正，其米亲手领足，限至本年九月半将米赎契，不得有误。若有误者，迨至明年清明下田耕种，不得异言。恐口无凭，立有典字为据。
>
> 典主（印）
>
> 祷笔 龙明国
>
> 民国三十四年□历五月初五日典②

---

① 张新民主编：《天柱文书·第一辑》第1册，第239页。
② 张新民主编：《天柱文书·第一辑》第18册，第218页。

此契貌似典契，出典人林在根因家中缺粮，将家中稻田典与亲房林昌名，典出白米老斗 1.4 石。而出典之时，已是农历端午，早已过了耕田下种时节，田中之稻，当已禾叶油油，契中又明确约定，所得之米应于本年九月半归还赎契，如果不能如约取赎，则来年林昌名可以下田耕种，反过来说，假使林在根可以在约定期限内归还，则无须移交田地，可知此次典当活动其实与普通抵押借贷相同。至于其是否行息，契中未明确注明，然若为原本返还，则此典当实为普通无息抵押，若需支付利息，则又与预卖（俗称"卖青苗"）相近。

五、回赎时间

典当活动中的取赎时间，亦不可随便，如民国七年（1918 年）江苏省赣榆县农会调查称："回赎之时期均以清明节为限，诚以清明节前麦苗甫见发生，灾熟未定，利害系属两面，节后则麦渐秀实，可望收获，斯时让赎，于当主必蒙损失，此所以限清明节前回赎也。契内虽无订定明文，而相沿已久，深入一般人心理，奉行唯谨。"[1]稻田之回赎期，亦与上文所述出典期一样，以水稻之种收时令为准，天柱县之民间谚语有"芒种忙忙栽，夏至谷怀胎""过了芒种不种棉，过了夏至不种田"等语，说明当地水稻栽种之最后期限不得晚于夏至，而普遍以清明节为播种时期，如高酿镇甘洞村《民国三十七年二月十二日龚祥标典田字》[2]：

> 立典田字人龚祥标，今因家下要洋使用，无所出处，自愿将到土名大得甘田乙丘，收谷叁挑，上抵典主田，东抵山，下抵祥贵田，左抵祥贵田，四至分明，自己上门问到秀桃名下承典，当日议定价洋壹佰伍拾万元正，不得异言，限至民国卅捌年清明将出。恐口无凭，立有典字为据是实。
>
> 代笔　龚祥贵
>
> 中华民国卅柒年二月十二日　立

---

[1] 前南京国民政府司法行政部编：《民事习惯调查报告录》，胡旭晟、夏新华、李交发点校，第 161—162 页。
[2] 张新民主编：《天柱文书·第一辑》第 20 册，第 340 页。

此契典期为 3 年，且明确约定必须在三月清明节之前赎典，否则承典人有权接着耕种一年。因只有在此节气之前确定是否继续耕种，才能保证选种、育秧程序的完成，从而不违农时。若承典人既已育种，则出典人即不得取赎，而至少需等此次收获期以后。概而言之，稻田通行的取赎时间，当在本次收获之后，来年播种之前，依天柱县的普遍稻作时令，则在九月末至来年三月内。

至于占很大比重的未定典期之典当活动，在天柱县形之于文契之中，或写成"不拘远近相赎"，或者索性不写典期。如高酿镇地良村《民国十四年三月二十六日龙文富典田契》[①]：

> 立典田契字人豪大龙文富，今因要钱使用，无所出处，自愿将到土名上建墓田大小四丘，收花一十八边，上抵山，下抵龙锦锡田，左抵水圳，右抵本主田，四至分明，要钱作典。自己请中上门问到亲房龙文模名下承典，当面议定价钱二十千文正，其田付与典主耕种收花为利，不限远近相赎回，不得异言。恐后无凭，立有典字是实。
>
> 民国乙丑年三月二十六日 亲笔 立

然而不定典期的典当，是否即如某些研究者所说"实际上是一种活卖"[②]，则不可贸然断定。因活卖与典当虽有相似之点（如可以回赎），但其更有本质的区别，即所有权的转移问题，活卖则原业主已将产业之所有权移交给承买人，而典当则所有权仍在出典方，其所转移者仅是该产业的使用权和收益权，以之偿付典期内典价之利息[③]。活卖之后虽然原业主仍然可以回买所卖出之产业，但已经是另一次买卖活动，而典当活动中的回赎，则仍属于同一典当活动中的一个必要环节，出典人在承典人耕种一季（年）之后，只要不违背耕作时令，随

① 张新民主编：《天柱文书·第一辑》第 14 册，第 204 页。
② 林芊：《凸洞三村：清至民国一个侗族山乡的经济与社会——清水江天柱文书研究》，巴蜀书社 2014 年版，第 39 页。
③ 对于活卖和典当的异同，台湾学者戴炎辉认为："活卖常与典混淆，盖其经济上效用相同，只其法律形式不同。活卖者将其所有权转移与买主，而典则否。"参见戴炎辉：《中国法制史概要》，汉林出版社 1980 年版，第 122 页。活卖问题的研究，参见黄华兵：《明清土地活卖习惯初探》，上海师范大学硕士学位论文，2009 年。

时可以取赎。不定典期的典当,在清代民国时期普遍存在,如湖北省兴山县"典当契约,均写当约人某,不定年限,田地交受典人上庄,受典人即照章完税,以后无论何时,均得取赎"[①];麻城县"典质权,俗谓之'当约',有不限年岁者,永久可以回赎"[②];另如汉阳、郧县等县,"凡典契内未定回赎期限者","均系永远可以回赎"[③];陕西省武功县"当地不附回赎期限,不论夏田、秋田,只当户收过一季禾稼者,业主即得回赎,当户不得阻挡"[④];保安县亦"有回赎期限者,非限满,不能回赎;未定回赎期限者,一年后即得回赎"[⑤]。天柱县的情况,亦与此相同,如前引瓮洞镇黄巡村《民国二十八年十二月十八日蒋泰开典田字》[⑥],契中虽不定典期,然据契约"后批",出典人得以在民国三十年(1941年)二月赎转。

不定典期之典当,既不同于活卖,则自然不会"形成一田二主"[⑦],即使在许多典当活动中,出典人在出典田地后,仍旧耕种,按期缴纳租金,如高酿镇地良村《民国十五年四月初五日刘泽欢典田契》:

> 立典田契人刘泽欢,今因要钱应用,无处可得,自愿将到土名岺细田二丘出典,其田上抵刘祥恩土,下抵典主田,左抵路,右抵山,四至分明,请中上门问到本房刘邦闻名下承典,当日议定元钱二十封整,其钱亲手领清,其田付与邦闻耕种,收花为利,自典之后,不得异言,恐口无凭,立有典字为据。
>
> 外批:此田仍放刘泽欢耕种,无论干旱与否,我欢甘愿当租谷十遍,此计。
>
> 　凭中　讨笔　刘口林
> 　民国丙寅年四月初五日　立[⑧]

---

① 前南京国民政府司法行政部编:《民事习惯调查报告录》,胡旭晟、夏新华、李交发点校,第 271 页。
② 同上,第 271 页。
③ 同上,第 272 页。
④ 同上,第 300 页。
⑤ 同上,第 307 页。
⑥ 张新民主编:《天柱文书·第一辑》第 6 册,第 251 页。
⑦ 林芊:《凸洞三村:清至民国一个侗族山乡的经济与社会——清水江天柱文书研究》,第 39 页。
⑧ 张新民主编:《天柱文书·第一辑》第 14 册,第 43 页。

　　有研究者认为："上列文书中典主刘泽欢，虽然田已转移到新业主刘邦闻名下，但注明'此田仍放刘泽欢耕种'，意味着转移的是田低（底），刘泽欢拥有田面的拥有权。一田二主的形式曲折地反映了地权转移的变化。"[①] 此种阐释颇值得商榷。"一田二主"盛行于明代至民国的江南地区，日本学者仁井田陞认为："把同一块地分为上下两层，上地（称田皮、田面等）与底地（称为田根、田骨等）分属不同人所有，这种习惯上的权利关系就是'一田两主'。田面权（上地上的权利）与田底权（底地上的权利）并列，也是一个永久性的独立物权。底地所有人的权利，是每年可以从享有土地使用收益权的上地所有人那里收租（固定的得利），但是欠租一般不成为解约原因。而且上地、底地的所有人，各自处分其土地时，互相间没有任何牵制，这是通例，也就是说，即是对上地转让出租，也可以任意作为，底地所有人的同意不是转让出租的要件。从而上地、底地所有人的异同变化，不会引起其他地方权益的任何消长。"[②] 若以天柱文书中众多的先典后租文书来看，是与"一田二主"绝不相关的。如以上引刘泽欢典田契约而言，刘泽欢将稻田出典给刘邦闻，典价钱 20 封，其田由承典人耕种，以田地之收益折作利息。然而，如前文所述，天柱县以小农为主体，人均耕地面积有限，则稻田出典之后，自然会产生无地或缺地的问题，同时，承典人本有属于自己的耕地，典入之后家庭劳动力有限，也未必有精力自己耕种，于是不得不寻找一个两全其美的方法，即田仍由出典人耕种，每年缴纳租金，此契中刘泽欢即是如此。而此种先典后租的交租比率，与普通租佃活动大体一致，即在 40% ～ 60% 之间，如瓮洞镇黄巡村《咸丰十一年四月二十一日杨昌立典田契》[③]，杨昌立以两丘共收谷 4 运的稻田出典给亲戚蒋在学，典价 6000 文，典期不定，并约定该田仍由杨昌立耕种，双方"收成四六分"。

① 林芊：《凸洞三村：清至民国一个侗族山乡的经济与社会——清水江天柱文书研究》，第 39—40 页。
② [日]仁井田陞：《明清时代的一田两主习惯及其成立》，载《日本学者研究中国史论著选译》卷八，中华书局 1992 年版，第 411 页。
③ 张新民主编：《天柱文书·第一辑》第 7 册，第 225 页。

第五章
民间借贷之利率

　　利率是民间借贷的核心问题，利率之升沉，可以觇见人心之厚薄与世风之淳窳。清至民国时期贵州地区民间借贷的利率，传统文献中记载非一，但皆认为利率极高，高利贷盛行，剥削严重，如《贵州通志·前事志》载："良苗终日采芒为食，四时不能得一粟入口，耕种所入，遇青黄不接之事，借谷一石，一月之内还至二石、三石不等，名为断头谷。借钱借米亦然，甚至一酒、一肉积至多时，变抵田产数十百金者，心怨而口不敢言。"①借谷1石，一月即须偿还2石、3石不等，则其月利高达100%甚至200%，真如其"断头谷"之名，至所载借一酒一肉亦可本利累积达银百两，则可谓骇人听闻。民国学者张肖梅《贵州经济》引民国二十三年（1934年）中央农业实验所在贵州25个县份的调查数据称："告贷仅有富农之门，自难免受高利贷之压迫。据上例，不论年利或月利，皆较全国平均利率为大。上项利率，尚系平均而来，若个别观察，则有高至五分以上，甚至达百分之一百二十之重利者。"②《黔东南苗族侗族自治州志·金融志》亦称："解放前，黔东南境内，高利贷活动较为普遍，一般年利为70%以上，最低者亦为50%，但须利上加利。因受高利贷盘剥而倾家荡产者，各地时有发生。"③传统文献如《天柱县志》在描述清至民国时期天柱县民间借

---

① 刘世显、谷正伦修，任可澄、杨恩元纂：(民国)《贵州通志·前事志》，载《中国地方志集成·贵州府县志辑》第7册，第309页。
② 张肖梅：《贵州经济》，第A18页。但据当年所调查的全国850县的数据，全国现金借贷平均年利率为34%，粮食借贷月利为7.1%，贵州地区则分别为36%与7.4%。两相对照，贵州地区的借贷利率亦不过略高于全国平均利率而已。
③ 贵州黔东南苗族侗族自治州地方志编纂委员会编：《黔东南苗族侗族自治州志·金融志》，贵州人民出版社1990年版，第156—157页。

贷的利率状况时，亦极言利率之高，与高利贷之害民。

若仅从以上材料来看，清至民国时期天柱县乃至整个清水江流域的民间借贷利率呈极端高利形态，并已成为普通民众家庭经济崩溃的重要原因，是导致地方经济凋敝、社会混乱的消极因素。然而，历史的真实面貌如何，还需以第一手史料——民间契约文书为基础，加以论证。因天柱县民间借贷类型的多样性，普通借贷与特殊借贷之行利方式各异，故分而论之。

第一节　普通借贷之利率

普通形式的借贷活动，在其立契之时，无论有息或无息，无论所借者为银钱或物品，一般而言，都会将利率情况标注于契内，因而对于其行利方式与利率高低可以进行较准确的分析。

一、行利方式

考察普通借贷利率的高低，必先分析其行利之方式。清至民国时期天柱县民间借贷活动中行利的方式，可分为四类：借钱行钱利，借钱行物利，借物行物利，借物行钱利。

1. 借钱行钱利

借钱以钱行利，即所借为银钱，利息亦采用银钱形式兑现，是民间普通借贷活动中的普遍现象。如石洞镇摆洞村《民国二十四年五月十二日龙长江以田作抵向杨金发借钱加息并限期归还字》：

> 立借钱契字人摆洞寨龙长江，情因家下要钱使用，无所出处，自己上门借到垴老杨金发元钱贰拾捌千文，自愿将到土名小圭脚溪田贰丘作抵，其田上抵路及山为界，下抵溪，左右抵溪为界，四至分明，要钱作抵，其钱照月加四行利，限至本年十月内本利归还。恐口无凭，立有借字作抵为据。
>
> 讨笔　龙大选

民国乙亥年古五月十二日立借[①]

契中债务人摆洞寨龙长江因家中要钱使用，向杨金发借出元钱 28 千文，双方约定以田 2 丘作抵，行钱利每月 4%，限定本年十月本利归还。按此次借贷活动计算，每月应出利息 1120 文，至本年十月共 6 个月，总计利息 6720 文，到期本利共需 3.472 万文。

在计算货币利息之时，尚须考虑其货币之品类。如上引龙长江之借契中的"元钱"，以"文"为单位。以"文"为单位者，分铜质有方孔的"制钱"或无孔的"铜板"两种，制钱有历朝铸造的"通宝"，大约民国十年（1921 年）左右停用；铜板俗称"毫子""铜毫"，天柱县流通者多为四川、湖南、湖北、广东等省铸造的 10 文、20 文、50 文、100 文 4 种，尤以 50 文者居多，如（民国）《今日之贵州》载："湖南省银行钞票，流通黔境者，前数年甚伙，近则渐见减少，每枚五十文之铜元，充斥市面。"[②] 制钱、铜板则用至新中国成立之初方被取缔。上契立于民国二十四（1935 年）年五月，则此 2.8 万文当系铜板。

除了制钱、铜板，自清至民国，天柱县通行的货币主要有银两，其中 1 两一锭的称"锞子银"，5 两、10 两一锭的因形似马蹄称"马蹄银"，50 两一锭的称"大元宝""翘宝"，以及散碎银两；银元，俗称"大洋""光洋""银洋"，以"元"为单位，清代有光绪元宝、宣统元宝、大清银币，民国时期发行的有中山开国纪念币、袁世凯头像币、孙中山头像币，以及墨西哥的"鹰洋"、越南的"搬庄"、澳洲的"花边"、日本的"龙洋"；另有四川、云南铸造的"半元币"和广东、广西造的银毫，以上皆为金属币。纸币有清光绪三十四年（1908 年）贵州官钱局发行的官银票，每张官银票可兑换十足票银 1 两，民国元年（1912 年）贵州银行发行兑换券，俗称"黔币""花边""双凤钞票"，与银元等价行使，民国十六年（1927 年）贵州省发行的中国银行国币，俗称"半截票"，民国二十四年（1935 年）全省发行的新滇纸币、中国农民银行钞票，同年十一月，

---

① 张新民主编：《天柱文书·第一辑》第 2 册，第 134 页。
② 京澳公路周览会贵州分会宣传部编：（民国）《今日之贵州》，载《中国地方志集成·贵州府县志辑》第 11 册，第 446 页。

国民政府实行币制改革，统一发行"法币"，由中国银行、中央银行、交通银行、农民银行发行，面值分 1 分至 1 万元不等，禁止银元流通；民国三十一年（1942 年），国民政府中央银行发行关金券，以关金券 1 元折合法币 20 元的比率与法币并行流通，面值自 10 分至 25 万元，由于面额过大，很快造成物价飞涨；民国三十七年（1948 年），国民政府再次币制改革，由中央银行发行"金圆券"以取代法币，面值自 1 角至 1 万元不等，以 1∶300 万的比率收兑法币，以 2∶1 的比率收兑银元，禁止金银币流通；民国三十八年（1949 年）七月，又改金圆券为银圆券，银圆 1 元可兑换金圆券 5 亿元。币制虽繁复，而清至民国期间民众使用最为频繁的有三：银两，铜钱（制钱、铜毫），法币，尤以铜钱最为普及。

货币中的银两，因既有重量固定的银锭，又有融化开的散碎银两，其成色不免精粗不一，民众在交易时为确保权益，常在其中契中注明银之成色，如瓮洞镇大段村《乾隆五十八年二月十二日蒋云俊典茶油山场契》，蒋云俊以茶油山场一副出典与堂兄蒋云贵等，"当日凭中议定典价银玖柒色壹两伍钱整，其典价亲手领足，并不后少分厘"[①]，注明典价银为九七色银。铜钱中的铜毫，也因为多省皆有发行，成色不一，有九一钱、九六钱、九九钱等名目，如瓮洞镇克寨村《咸丰十一年十月二十日刘昌沛兄弟典墙地契》：

> 立契典墙地人刘昌沛兄弟，今因家下要钱用度，无从得处，母子商议，自愿将到土名黄土坡园读墙地北边壹副出典，凭中典与族叔刘泰城名下承典，当日凭中议作典价九九钱壹仟式百文，其钱即日凭中照契领足，限至伍年后备得原本上门赎取。今欲有凭，立典契是实。
>
> 昌沛 笔
>
> 凭中 刘绍顶
>
> 咸丰拾壹年十月廿一日 立[②]

此契内标明所用之钱为九九钱。又如高酿镇木杉村《民国元年三月十二日刘泽永以田作抵加息借钱字》，债务人刘泽永以飞山庙门口稻田一丘作抵，向

① 张新民主编：《天柱文书·第一辑》第 5 册，第 146 页。

② 张新民主编：《天柱文书·第一辑》第 9 册，第 36 页。

人借出九一钱17千文。契中所注明的银钱成色，则借贷双方借、收钱皆以此为准。不仅如此，为保证钱币的价值，借贷活动双方甚至言明钱币的具体重量，如前引石洞镇冲敏村《道光二十二年九月一日龙朝富以田作抵向谭有博借钱字》，即于契内注明所借之钱7千文，重26斤。又如竹林乡南头村《光绪二十八年六月四日潘仕华典油树契》：

> 立典油树契人潘仕华，今因要钱用度，无从得处，自愿将到土名天华山油树一团，上抵潘姓油树，下抵水田，左抵毛坡，右抵水田，四抵分明，欲行出典，无人承就，自己问到邓祥先名下承典，当日言定典价钱壹仟伍佰文整，其钱典钱每仟重陆斤整，行利每仟钱加利肆佰伍拾文，限至冬月相还，不致有误，若有误者，任从邓姓搞修捡子为利，日后不得异言。今幸有凭，立此典字存照。
>
> 依口讨笔　彭启昌
>
> 光绪廿八年六月初四日　立字[①]

与银、钱之成色一样，契内准确核定典价钱之重量市斤，将来赎典之时，亦当满足此数。

民国后期币制紊乱，法币、金圆券、关金券、银圆券等价值朝夕变幻。如其时税务部门颁发的《三十六年所利得税计算须知》中所附1937年至1945年物价总指数表（见表5-1），自1937年至1945年，短短八年间，物价上涨1600倍。至1948年8月国民政府"以金元券代替法币,法币发行达到663万亿元，等于抗战前的47万倍，物价较战前上涨3492万倍"[②]。

表5-1　民国二十六年至三十四年全国物价总指数表[③]

年别	二十六年（1937年）	二十七年（1938年）	二十八年（1939年）	二十九年（1940年）	三十年（1941年）	三十一年（1942年）	三十二年（1943年）	三十三年（1944年）	三十四年（1945年）
总指数	103	131	220	513	1296	3900	12936	43197	163160

---

① 张新民主编：《天柱文书·第一辑》第5册，第231页。
② 张善熙：《中国历代通货膨胀及其治理策略》，《中华文化论坛》1997年第1期。
③ 成圣树、金祖钧：《从民国时期的三次币制变革看当时的通货膨胀》，《江西财经大学学报》2011年第4期。

贵州地区亦深受民国末期货币贬值物价飞涨之害，如民国三十七年（1948
年）秋至民国三十八年（1949 年）夏，贵阳市面上米、面粉、盐、白糖、菜油
市场零售价的价格上涨幅度极令人震惊，如表 5-2 所示：

表 5-2　民国三十七年八月十九日至三十八年五月三十一日贵阳市生活必需品
市场价格统计表 [①]

商品	单位	三十七年八月十九日市场零售价 [金圆券（元）]	三十八年五月三十一日市场零售价 [金圆券（万元）]	增长数（万倍）
米	石	8	28800	3600
面粉	袋	4	28000	7000
巴盐	百斤	19	85000	4473
白糖	百斤	35	84000	2400
菜油	百斤	30	48000	1600

从上表可以看出，不到一年时间，这几种为民众所日常必需的生活物资之
零售价格，增长竟然达到 1600 万至 7000 万倍，可见通货膨胀之极端严重，而
一般百姓的生活将何等艰难。

清水江地区的情况亦如此，《侗族简史》载："在黔东南地区，1937 年，法
币 100 元可买耕牛两头；到 1941 年以后，基本上文钱不值。三江县城祥泰商
行，1946 年 1 月，计有资金约 20000 银元，到年底盘点，按银元与法币比额计
算，仅值原资金的 20%。次年 1 月，该县的白米零售价，每市斤为 467 元，5
个月后涨到了 1300。布匹、油盐、粮食，一日数价，农民上午卖柴一挑，可买
米一升，中午买到半升，次日只能买到一筒。法币在群众中完全失去信用，许
多地方均以银币交易，或以物易物。在城镇的商人虽然不敢公开拒用法币，但
法币到手之后立即设法周转，或购进物资，或换成银元，许多工商业者因此而
破产。" [②] 民国三十六年（1947 年）三月三十日，锦屏贵州银行筹备处函报称："每

---

① 据《贵州省志·金融志》"贵阳市民国三十七年八月十九日与三十八年五月三十一日几种生活用
品市场价格比较表"数据制表。贵州省地方志编纂委员会编：《贵州省志·金融志》，方志出版社
1998 年版，第 48 页。
②《侗族简史》编写组：《侗族简史》，民族出版社 2008 年版，第 106 页。

斗十八斤之米需价一万三千元，猪肉一斤二千二百元。"① 故乡民在借贷活动中常以"时价""时洋"写入契中，以防止货币贬值而造成的损失。如瓮洞镇岑板村《民国三十年六月二十日吴德泉典田字》：

> 立典田字人吴德泉，今因要钱使用，无从得处，自愿将到土名岩坪景孝所种之田乙连四丘共收谷拾运，要行出典，自请中上门问到叔父吴祖澍名下承典，当日凭中言定典价洋时用钞洋壹佰贰拾元正，其洋即日领，并不下欠分文，自典之后，任从钱主下田耕种收花准利，其田限至三年钱到上门赎约。恐口无凭，立典字为据。
>
> 凭中 吴祖光
>
> 民国三十年辛巳六月廿日亲笔立 ②

契中所标注的"钞洋"，当即民国政府于民国二十五年（1936 年）发行的"法币"。又如岑板村《民国三十一年四月十五日游义和典田契》，亦于契中注明"典价市用钞洋伍百元"。至民国末期，纸币价值瞬息而变，债权人为确保利益，不得不以物折息，如高酿镇优洞村《民国三十七年三月十一日刘宗林典田契》：

> 立典契字人刘宗林，今因家下要洋使用，无所出处，自愿将到土名楠田一丘，上抵本主，下抵耀炳田，左右抵山，要洋出典，自己上门问到本寨龙大学名下承典，当面言定价洋壹佰万正，其洋每年认谷捌拾斤正，谷期八月内付清，其洋限至明年三月内将洋赎契，不得有误。若有误者，照契认谷，不得异言，恐后无凭，立有典为据。
>
> 亲笔
>
> 民国三十七年三月十一日 立典 ③

上契订立时间为农历一九四八年三月十一日，名为典契，实与普通抵押借

---

① 贵州省锦屏县志编纂委员会编：《锦屏县志》，第 712 页。

② 张新民主编：《天柱文书·第一辑》第 8 册，第 192 页。

③ 张新民主编：《天柱文书·第一辑》第 10 册，第 328 页。

贷契相近,刘宗林以田作抵,向本寨龙大学借得"洋壹佰万",此"洋"当系法币,虽币制巨大,而购买力甚为有限,且有日行贬值之势,故双方约定以谷行利,而每年不过80斤而已,若以之与《民国三十一年五月九日杨再云向杨金发借钞洋行利并限期归还字》①中所借"洋"200元,行利"每百元利谷一石五斗",《民国三十四年四月二日蒋景均、蒋景能以猪牛作抵借洋行利并限期归还字》②借"洋"1万元,行利"秋收贰石谷利",亦可窥见通货膨胀之严重。

2. 借钱行物利

对于传统乡村民众来说,银钱来之不易,在借贷活动中,常有借贷之后,无钱相还,只得以物产偿还者。如瓮洞镇黄巡村《光绪三年七月十六日杨秀林借钱字》:

> 立借钱字人杨秀林,今因家下要钱用度,无从得,自己上门问到伊亲旧(舅)氏蒋昌有兄弟名下承借钱陆仟文足,其钱行谷利秋八月粮谷每仟四大斗相还不误,若误,自愿将到土名水□冲水田乙丘收谷捌箩左抵,若有误者,下田耕种收花为息,借主不得异言,日后备得原本上门赎字。今欲有凭,立借字为据。
>
> 杨思陆
> 亲笔
> 光绪三年七月十六日立借③

契中杨秀林向舅父蒋昌有兄弟借钱6千文,约定每千钱利息稻谷4大斗,合计24大斗,至当年八月稻谷收获时节偿还,并以名下一块每年可收获8箩的稻田作抵押。

又如江东乡大坪村《民国三十一年五月九日杨再云向杨金发借钞洋行利并限期归还字》:

---

① 张新民主编:《天柱文书·第一辑》第3册,第64页。
② 张新民主编:《天柱文书·第一辑》第6册,第66页。
③ 张新民主编:《天柱文书·第一辑》第7册,第275页。

立借钞洋字人杨再云，今因家下要洋使用，无从得处，夫妻商议，情愿请中上门问到亲识房侄杨金发名下承借出钞洋弍佰元正，其洋每百元行谷利乙石五斗正，谷利限至八月秋收送入登仓，本限至对年相还不误。如有误者，将到三间田为抵，若有本利还至不清，钱主下田耕种收花为息。今欲有凭，立借字为据。

　　凭中　杨子受

　　民国卅一年五月初九日请笔蒋自清立 ①

契中债务人杨再云向房侄杨金发借出钞洋 200 元，约定以谷为利，每 100 元谷利 1.5 石，200 元共产生利息谷子 3 石，至本年八月稻谷收割后送入登仓，本金限至次年五月九日归还。

清至民国时期，天柱地区农村之主要农产品，除了稻谷外，还有桐、茶油等。如竹林乡高坡村《光绪三十二年四月二日李堂秋向潘光世借钱交息字》：

立借钱字人李堂秋，今因要钱用度，无从得处，自己上门问到潘光世名下借出钱拾仟文整，其钱行利每月每千钱上油乙斤为利，限至冬月相还，不至有误。如有误者，如有过限，岩田房屋三间左（作）抵，日后不得异言。今幸有凭，立借字存照。

　　请笔　李玉泰

　　光绪三十二年四月初二日立字 ②

契中李堂秋向潘光世借得铜钱（制钱或铜毫）1 万文，约定以油行利，据《天柱县志》载："油茶，常绿小乔木。系食用木本油料树种，以杨家、大祥、地湖、竹林、远口等乡最多。"③ 此处之"油"亦以食用茶油的可能性最大。本次借贷活动规定利息每钱 1 千文上油 1 斤，1 万文一月 10 斤，至冬月（农历十一月）一共 8 个月，利息共计油 80 斤。

---

① 张新民主编：《天柱文书·第一辑》第 3 册，第 64 页。
② 张新民主编：《天柱文书·第一辑》第 4 册，第 149 页。
③ 贵州省天柱县志编纂委员会编：《天柱县志》，第 446 页。

3. 借物行物利

清至民国时期，天柱县产业发展并不兴旺，农业所产亦不过大致满足家庭日常开支的需要，然而自清代中后期之后，县内天灾人祸频仍，乡民所急需的除了银钱之外，还有粮食等各类物资。因所借者都是地方常见之物，一般农家皆可获得，为方便计，大多即以同物行利。如甘洞镇洞边组《民国二十五年四月八日伍咏卓以田作抵向龚秀桃借谷付息字》：

> 立借谷字人伍咏卓，今因家下要谷使用，无所出处，自愿到土名洞边甘田乙丘作抵，上抵本人田，下龚砚彬田，左抵溪，右抵坡，四至分明为界，自己上门问到龚秀桃承借谷三挑半，每年利谷加五，不得异言，恐后无凭，立有纸字为据。
>
> 亲笔
>
> 民国廿五年四月初八日立 [1]

契中伍咏卓以田作抵，向龚秀桃借谷三挑半（7箩），约定年利50%，即3.5箩。此次借谷活动发生于农历四月初，正是青黄不接、农村普遍缺少粮食之时。

又如江东乡大坪村《民国三十八年九月三日杨德森以水田作抵借杨金发谷子并行利字》：

> 立借谷子人杨德森，今因家下要谷用度，无从得处，父子夫妻商议，请中上门问到房族杨金发名下承借谷子叁拾贰石整，周年行息谷每石加五斗正相还不误。如有误者，情愿将到自己面之业土名白土门首水田大小四丘计谷拾陆石将来作抵。日后如本息不登，任从谷主下田耕管收花为息，借谷人不得异言阻挡。恐口无凭，特立借字为据。
>
> 借谷人 杨德森
>
> 凭 中 杨清槐
>
> 中华民国卅八年九月初三日亲笔立 [2]

① 张新民主编：《天柱文书·第一辑》第20册，第336页。
② 张新民主编：《天柱文书·第一辑》第3册，第84页。

此次借贷活动正值民国覆亡之际，全国动乱，天柱县也不例外，"通货膨胀，社会混乱"，时值九月，正是稻谷收割之时，而江东乡大坪村人杨德森家中急需谷用，于是向房族杨金发借出谷子 32 石，言定利息周年每 1 石利 5 斗，共计利谷 16 石，到期共需偿还 48 石。

4. 借物行钱利

借谷物，亦有折行钱利者，这在借稻谷的借贷活动中较为常见。如瓮洞镇黄巡村《咸丰十年十二月十九日杨品刚以猪牛作抵向蒋在学借谷字》：

> 立借古（谷）子人杨品刚，今因借到蒋在学谷子乙石二斗，照开
> 年三四月价钱相还，不得有误。自愿将到猪牛作抵。立借是实。
> 　　亲笔
> 　　咸丰十年十二月十九日 ①

咸丰十一年（1861 年），正是黔东南地区苗民族农民起义时期，天柱县亦陷入战乱之中，此契订立时间为十二月二十九日，年末即将春节，而杨品刚家中竟然无米下锅，只得以自家的猪牛作抵，向蒋在学借出稻谷 1.2 石，双方约定照来年三四月间的谷价以钱相还。粮食的交易价，以粮食收获之时最低，而青黄不接的春夏之际最高，其正常的增幅常在 50% 以上，则其利息亦与行谷利大致相当。

利息分月利和年利两种。大概而言，货币借贷以按月行利为主，如石洞镇摆洞村《民国二十六年五月一日王广生以田作抵向杨金发借钱加息并限期归还字》：

> 立借字人□□村王广生，今因要钱用度，□抵将到土名李□以下
> 毫开田壹丘，上抵芳坪，左抵龙大鼎田坎，右抵大毛田为界，四至分明，
> 至抵垱老村杨金发借钱行月四利，共计贰拾柒仟六百文整，其钱代至
> 限字九月归凡（还），过限之后，照月□字行利，不得异言。恐口无凭，
> 立有借字行照。
> 　　亲（请）笔　王承康

---

① 张新民主编：《天柱文书·第一辑》第 7 册，第 230 页。

民国丁丑年五月初一日立借①

契中王广生向杨金发借钱 2.76 万文，约定月利 4%，折合 1104 文，借期 5 个月，共需利钱 5520 文。

民间谷物借贷，则基本以年利核算，如蓝田镇地锁村《民国三十七年四月十二日杨胜鱼向黄招汉借谷行息并限期归还字》：

> 立借谷字人杨胜鱼，今因缺少粮食，无从得处，自己上门借到亲识黄招汉名下借出老斗谷子五斗正，其谷言定加陆行息相还，行息限至八月底相还不误，特立借字乙纸为据。
>
> 凭中代笔 杨宏开
>
> 民国三十七年四月十二日立借②

契中借谷人杨胜鱼因缺少粮食，借得亲戚黄招汉老斗谷子 5 斗，年利 60% 即谷子 3 斗，至八月底稻谷收割时本利共还 8 老斗整。

二、利率计算

考察《天柱文书·第一辑》中所收 101 份普通借贷文书，契中无息者 21 份，占 20.8%，借钱行钱利者 61 份，占 60.4%，其详细利率情况如下表所示：

表 5-3　清代天柱县民间借贷借钱行钱利利率统计表

月利率	契约份数	月利率	契约份数
2.5%	7	3%	4
5%	1	不详	2
合计：14 份，约占总普通借贷契 14%			

表 5-4　民国天柱县民间借贷借钱行钱利利率统计表

月利率	契约份数	月利率	契约份数
3%	13	4%	25
5%	7	不详	2
合计：47 份，约占总普通借贷契 47%			

---

① 张新民主编：《天柱文书·第一辑》第 2 册，第 145 页。
② 张新民主编：《天柱文书·第一辑》第 3 册，第 228 页。

借物行物利的天柱县普通借贷，《天柱文书·第一辑》收借契7份，契中明确言定利率者皆为民国时期文书，其中年利50%的有4份，年利60%的1份，年利100%的1份；契中言之不详者1份，即瓮洞镇黄巡村《同治三年一月十六日杨昌立以田作抵向蒋在学借谷字》。

普通借贷中借钱行物利者11份，占普通借贷数的10.9%。其详细行利情况如下表所示：

表5-5　《天柱文书·第一辑》载清至民国时期民间借钱行物利表

序号	契名	出借人	借贷物及数量	抵押物	利率及借期	发生地
1	民国三十一年五月九日杨再云向杨金发借钞洋行利并限期归还字	房侄，杨金发	洋200元	田三间	每百元利谷1石5斗；利本年8月，本对年	江东乡大坪村
2	光绪三十二年四月二日李堂秋向潘光世借钱交息字	潘光世	钱10千文	房屋三间	每月每千钱上油一斤；本年冬月	竹林乡高坡村
3	民国三十四年四月二日蒋景均、蒋景能以猪牛作抵借洋行利并限期归还字	族内，蒋景粮	洋1万元	猪牛	秋收2石谷利；本金本年十二月	瓮洞镇黄巡村
4	民国十七年七月四日蒋昌极以田作抵向蒋景智借钱并行利字	族内，蒋景智	钱12千文	田一丘，收谷2运	谷利每千文70斤	同上
5	民国四年四月二十三日刘先荣以田作抵向潘光淮借钱并付息字	潘光淮	银10两5钱	水田一丘	利谷9箩10斤	同上
6	同治三年三月二十三日杨昌立以田做抵向蒋在学借钱字	蒋在学	钱3千文	黄古牛一边	每年谷利7斗5升	同上
7	光绪三年七月十六日杨秀林借钱字	亲戚，蒋昌有	钱6千文	田一丘，收谷8箩	谷利秋八月每千4大斗	同上
8	民国二十九年十二月二十四日刘修武以田作抵付息借钱字	舅爷，吴必珠、吴必忠	钱150千文	秧田，收谷6运	行利每年1担5斗3升	瓮洞镇克寨村
9	民国八年二月二十日龙祖昌向龙广才以田作抵付息限期归还借钱字	龙才广	钱4封	田一丘	每封行谷利3边；限本年十月本利归还	高酿镇地良村
10	民国元年三月十二日刘泽永以田作抵加息借钱字	□□兴	九一钱7千文	田一丘	每千每月当谷3斤；限明年三月上浣还清	高酿镇木杉村
11	民国三十一年五月二十八日刘常文向潘通和、潘年贵等以田作抵加限期归还字	某会经理人潘通和等	洋30元	水田一丘	利谷1箩；谷九月还，本本年冬月还	高酿镇邦寨村

借物行钱利者 1 份，占比 1%，即前引《咸丰十年十二月十九日杨品刚以猪牛作抵向蒋在学借谷字》，借谷子一石二斗，"照开年三四月价钱相还"。

综合而言，天柱县无息借贷甚多，约占本书统计的普通借贷总数的 1/5 左右，其有息的借贷活动，借钱行钱利型的，其利息在清代以月利率 2.5% ~ 3% 为常见，最高为 5%，在民国时期以月利率 3% ~ 4% 为常见，最高亦为 5%；借物（谷）行物（谷）利型的借贷，其利息以年利 50% 为常见，最高为 100%；而借钱行物利型、借物行钱利型的借贷，若计算其准确的利率，则首先将明确该时段该地区的物价，但此等常随时随地变动的材料保存甚少，本书亦不敢强作解。但民间自有其行事智慧，无论是借贷双方，还是中见之人，必能灵活考察物价之发展，在借贷双方的利益之间求得平衡之点，而与同一时、地民间借贷的普遍利率情况暗合。

第二节　特殊借贷利率之估算

以《天柱文书》而言，清至民国时期天柱县的民间特殊借贷活动主要有赊买、合会、典当三类。

一、赊买利率

以所见天柱文书而言，赊买形式的民间借贷活动中数额较小者，多无须支付利息，如前引龙秀腰日记《补残生涯》中所列 25 次赊买药物行为，无一需要利息。若是所赊买的金额较大，则需按普通借贷之例，立契行利，如前引高酿镇优洞村《嘉庆二十四年九月二十四日刘岩锦、龙朝相借钱字》[①]，木商（山客）刘岩锦等二人赊买摆洞寨陈万红等四人杉木 408 根，议价银 120 两，似此巨款，且赊买者系从事贩木生意，若能顺利转卖，获利甚大，按例行利，自然合情合理，于是赊买双方以普通借贷契约立契，以月利 3% 计息，每月利息银 3.6 两，并以赊买者水田 4 丘作抵。

① 张新民主编：《天柱文书·第一辑》第 10 册，第 28 页。

二、合会利率

笔者所经眼的清至民国时期天柱县民间钱会2份要素较为完整的邀会会单，一份为《道光九年六月廿四日李维亲约请钱会会单》：

> 立请约人李维亲，今约请会友十人，每脚出本银壹两五钱，以付会首，共成壹十五两整，共议首会加三填四年元满，二会加三填三年，加式五填一年，三会加三填二年，加二五填二年，至四会以下照加二五填满，不得异言，立会单为据。
>
> 式会：首会填银四两五钱，至三会以下各帮小脚壹两五钱；
>
> 三会：首、二会各填银四两五钱，至四会以下各帮小脚七钱五分；
>
> 四会：首、二、三会各四两五钱，至五会以下各帮小脚式钱一分四厘；
>
> 五会：首、二、三会各填银四两五钱，四会填银三两七钱五分，余银式两二钱五分；
>
> 六会；七会；八会；九会；十会；末会。
>
> 道光九年六月廿四日 [1]

上引钱会会单中，李维亲邀请亲友10人组成一会，每名会脚出银1.5两，合15两，约定连同首会一共轮会5次，每次两名会脚共分会银，契中明确规定每次轮会各会脚该出利率，如"首会加三填四年元满，二会加三填三年，加式五填一年，三会加三填二年，加二五填二年，至四会以下照加二五填满。"即收首会的两名会脚每次按会脚银的30%年利填会4年，其余八脚的填会利息都有详细约定，利率自年利25%至30%不等。

也有在邀会会单中未详细注明利率，但可以从其填会数额加以推算者，如《道光二十五年十一月三日李明隆、李贵隆兄弟等立请会会单》：

> 立请会人李明、贵隆兄弟，今因家下要钱用度，无从得处，请到亲族会友杨万兴、宋德盛、林彩然、杨富科、李升亮、俊，姪爱科、

---

[1] 天柱县档案局（馆）庋藏文书，第89盒，第20份。

神郎乙共拾脚，每名出九二钱乙千六百文，共成十六千，以付首会，众议填至四年元满不误。如有误者，将到洞背墦地冲脚墦地为抵。日后无凭，立会单为据。

二会，首会填四千八百文，下八脚各出□□□乙千四百文，共成十六千，以付二会二人收；

三会，首、二会各填钱四千八百文，后六人各填小脚乙千〇六十七文，共成十六千，以付三会二人收；

四会，首、二、三各填钱四千八百文，下四人各填小脚钱四百文，共成十六千，以付四会二人收；

五会，首、二、三、四各填钱四千八百文，五会只接十六千，余钱三千二百文，补三会乙千三百文，补四会乙千二百文，补五会五百文，补二会乙百文，补六会乙百文；

六会，众议会规，先钱后酒，双脚收□。

道光二十五年十一月三日立[①]

此会单乃因李明隆、李贵隆兄弟家中急需钱用，只好邀请亲友杨万兴等 8 人组成一会，共 10 脚，每脚出钱 1600 文，共成 1.6 万，约定会期 4 年，每次轮会皆双脚接会，其具体填会金额如下表所列：

表 5-6　道光二十五年十一月三日李明隆等钱会填会金额统计表（单位：文）

	首会	二会	三会	四会	五会	六会
会首	−1600	−2400	−2400	−2400	−2400	
二脚	−1600	−2400	−2400	−2400	−2400	
三脚	−1600	−1400	−2400	−2400	−2400；+50	
四脚	−1600	−1400	−2400	−2400	−2400；+50	
五脚	−1600	−1400	−1067	−2400	−2400；+650	
六脚	−1600	−1400	−1067	−2400	−2400；+650	
七脚	−1600	−1400	−1067	−400	−2400；+600	
八脚	−1600	−1400	−1067	−400	−2400；+600	
九脚	−1600	−1400	−1067	−400	+250	
十脚	−1600	−1400	−1067	−400	+250	
	16000	16000	16000	16000	16000	100

---

① 天柱县档案局（馆）庋藏文书，第 89 盒，第 133 份。

此钱会所采用的是固定金额收会之法，每会固定 1.6 万，每名会可分得 8 千文，至第 5 此轮会，结余 100 文，以作再次商议会规、轮会的聚会开支。其中各名会脚的收益额如下表：

表 5-7　道光二十五年十一月三日李明隆等钱会会脚盈亏金额统计表（单位：文）

	支出	收入	总盈亏数	总盈亏率	年盈亏率
会首	11200	8000	−3200	−40%	−10%
二脚	11200	8000	−3200	−40%	−10%
三脚	10150	8000	−2150	−26.875%	≈ −6.72%
四脚	10150	8000	−2150	−26.875%	≈ −6.72%
五脚	8217	8000	−217	−2.7125%	≈ −0.68%
六脚	8217	8000	−217	−2.7125%	≈ −0.68%
七脚	6267	8000	+1733	+21.6625%	≈ +5.42%
八脚	6267	8000	+1733	+21.6625%	≈ +5.42%
九脚	4217	8000	+3783	+47.2875%	≈ +11.82%
十脚	4217	8000	+3783	+47.2875%	≈ +11.82%

此上表可以看出，此次钱会各会脚的盈亏率均较低，邀会的李明隆兄弟首会收取会银 1.6 万文，填会 4 年，额外支出 3200 文，相当于普通借贷活动中年利 10% 的借贷支出，第二轮接会的两名会脚额外支出 2150 文，相当于年利约 6.72% 的普通借贷支出，三会二人额外支出 217 文，四会二人收益 1733 文，五会二人收益 3783 文。然若以资本增值的实际情况而言，前二会四人可能收益更大，以清代法律规定而天柱县常见的月利三分而言，即月利 3%，年利 36%，首会二人若以所收会钱 1.6 万出贷，每年可得利钱 5760 文，4 年可得 2.304 万文，而钱会支出不过 6400 文，可收益 1.664 万文，同样，以二会二人而言，3 年出贷可收 1.728 万文，钱会支出 4300 文，再减除前一年共支出 3200 文，应得利息 1152 文，尚可收益 1.1828 万文。当然，这一类以扶助邀会人为目的的钱会，必须以深厚的情感为纽带。但是，即使以前引《道光九年六月廿四日李维亲约请钱会会单》而言，其利率也最高不过年利 3 分，低于当时法律规定年利 36% 的标准，可以大幅减轻民众的经济压力，这也是钱会之所以流行的最主要原因。

三、典当利率

在《天柱文书·第一辑》所收的 224 份清至民国期间天柱县典当文书中，

名为典当，实为普通无息非占有制借贷的颇为常见，如高酿镇甘洞村《光绪三十四年一月十三日杨秀春典田字》：

> 立典田字人杨秀春，今因家下要钱使用，无所出处，自愿将到土名圭得田三丘，收禾十二边，一丘抵瑞富田，下抵焕章，第二丘上抵山，下抵和，左抵山，右抵焕章田，四至分明，要钱出典，四已上门问到本寨杨炳泽承典，言定价钱一千文，限二月初二归还，若有不得，下田重收花为利。如典之后，不得异言，立有典字存照。
>
> 代笔 杨通焕
>
> 光绪三十四年正月十三日 [1]

契中出典人杨秀春将 3 丘共可收谷 12 边的稻出典与本寨杨炳泽，典价 1 千文，然细查契文，此次出典日期为光绪三十四年（1908 年）一月十三日，而约定归还日期为本年二月初二，仅仅 20 天，对于承典人而言，这么短暂的时间并无耕种收益之可能。可知此典当有两种可能，如果出典人能够在二月初二日以前归还典价，则此契实与普通无息借贷无异，只有当出典人到期无法还款，此契才真正具有典当的意义。而之所以将日期定在二月初二，乃因此日临近惊蛰，乃民间一个标志春耕开始的节日，如清代项朱树《古禾杂识》言"二月二日土地生日，俗食油煠年糕，谓之'撑腰'。是日乡间下瓜茄诸菜种。"[2] 又如高酿镇甘洞村《民国十六年十二月二十七日杨光容典田契》：

> 立典田契字人杨光容，今因家下要钱使用，无所出处，自愿将到土名便冲田大小五丘收花壹佰边，上抵杨光有田，下抵典主田，左右抵山，四至分明，要钱出典，请中上门问到本房杨通海名下承典，当中议定价钱陆拾陆仟文正，其田限至明年叁月将赎，不得有误，若有误者，下田耕种，不得异言。恐口无凭，立有典字为据。
>
> 亲笔

① 张新民主编：《天柱文书·第一辑》第 20 册，第 183 页。
② 〔清〕项映薇：《古禾杂识》，载《古千杂识灯窗琐话》，文物出版社 2016 年版，第 6 页。

凭中　杨通盈

民国十六年十二月二十七立[①]

此契之大小五丘可收谷 100 边之稻田，典价 6.6 万文，以于民国十六年（1927年）十二月二十七日出典，约定次年三月赎取，在此冬末春初的两三个月亦为稻田修整待耕之时，与上引《光绪三十四年一月十三日杨秀春典田字》无异，一样近似无息借贷，只有出典人逾期不能取赎，此次典当活动才能真正开始执行。这种名为典当，实为无息借贷的典当契约，在《天柱文书·第一辑》所收清至民国 224 份民间典当契约中，至少有 8 份，见《民国十六年十二月二十七日杨光容典田契》《民国三十二年五月十四日龙天富典田契》《民国三十二年五月七日龙天富典田契》《光绪三十四年一月十三日杨秀春典田字》《民国某年六月二十二日杨通全典田契》《民国十九年四月十八日杨通茂典田契》《民国十九年四月刘耀乙、刘宗琦父子二人典田契》《民国二十二年六月二十二日刘荣昌典田字》等文书。

亦有名为典契，而实际为普通有息抵押借贷者，如高酿镇优洞村《民国二十八年十一月五日伍绍钱典田契》：

> 立典田契字人伍绍钱，今因家下要钱使用，无所出处，自愿将到土名德困田一丘，收花拾挑，上抵杨承风田，下抵龙荣先田，左抵山，右抵右抵胡启田田，四至抵清，要钱出典，自己登门问到本房清明会钱经手人伍华廷名下承借钱贰拾捌仟文正，其钱照月加四行息，限自明年二月本利归还，不得有误。若有误者，下田耕种收花为利，不得意（异）言，立有典字为据。
>
> 代笔　伍绍钟
>
> 民国贰拾捌年十一（月）初五日立典[②]

契中出典人伍绍钱向族中本房清明会经手人伍华廷借出会钱 2.8 万文，约

① 张新民主编：《天柱文书·第一辑》第 21 册，第 244 页。
② 张新民主编：《天柱文书·第一辑》第 12 册，第 150 页。

定月利 4%，即 1120 文，限来年二月内本利归还，借期 4 个月，以自家一丘收谷 10 挑的田地作抵，如过时不能归还，则清明会人可下田耕种收谷抵息。又如高酿镇甘洞村《民国十二年十二月二十日陆志安典田契》：

> 立典田契字人陆志安，情因家下要钱使用，无所出处，自愿将到名圭因溪田乙丘，收花四十边，上抵山，右抵溪，下抵溪，四至分明，要钱出典，上门问到潘宏斌名下承典当，言定价钱贰拾封，蜡（腊）月初一日照月加四行利，限到二月不得误，若有误者，下田耕种收花为利。恐口无凭，立有典字为据是实。
>
> 　子笔
> 　民国拾二年十二月二十日　立字①

此契亦名为典契，实乃普通有息抵押借贷，所借之钱 20 封，月利 4%，计800 文，借期 3 月，共产生利息 2400 文。双方约定若到期债务人陆志安不能归还，则债权人可获得所典之田的耕种权，以该田之收成为利息。

在其余 200 余份民间典当文书中，有少量以田租计息的，如高酿镇木杉村《民国三十七年三月二十日龙氏先行典田字》：

> 立典田字人龙氏先行，今因要谷正用，无可得处，自愿将到地名高简田乙丘出典，请中上门问到彭氏求善名下承典，当面议定价谷贰拾挑，其田四至上抵粟宏钧田，下抵龙大湾田，左抵山，右抵构（沟），四至分明，其谷亲领入手，其田付与求善耕种贰年，□□□满将赎，自典之后，不得异言。恐口无凭，立有典字为据。
>
> 　外批：此田转佃与原典人耕种，每年甘认租谷捌挑，限至清明称付。
> 　凭中、代笔　刘定中
> 　民国叁拾柒年叁月廿日　立②

契中龙氏先行因缺少谷用，以田一丘向彭氏求善出典，典得谷子 20 挑，

---

① 张新民主编：《天柱文书·第一辑》第 20 册，第 62 页。
② 张新民主编：《天柱文书·第一辑》第 19 册，第 84 页。

典期 2 年，双方约定依旧将所典之田转给出典人耕种，每年交租谷 8 挑，则此租谷即可视为典价之利息，年利 40%。

又如瓮洞镇克寨村《民国三十三年十二月二十六日刘良汉、刘良池典田契》：

> 立契典田字人刘良汉，池（情）因家下谷要用度无得处，自愿将
> 到土名竹山脚水田出典，请中招到刘修槐、宜楷、修灯等名下承典为业，
> 当日中凭三面言定典价谷子柒石正，其谷即领清，无欠升斗，自典之后，
> 任从谷主下田耕种，典主不得异言。日后无凭，立典字为据。
> 外批：其田典主月耕，付颗壹石贰斗正，典颗老斗卅碗。
> 凭中　黄昭汉
> 刘宜清
> 民国卅三年十二月廿六日自请男刘修灯之笔 [①]

据契末"自请男刘修灯之笔"可知，出典人刘良汉与承典的 3 人当为父子关系，亦因此缘故，刘良汉典出谷子 7 石，所典之田依旧转与出典人耕种，每年仅出谷 1.2 石，年利约 17%。像这类以所典之田转佃出典人，以租谷作利息的典当活动，如高酿镇甘洞村《民国三十六年四月六日龙宏标典田契》，龙宏标以田半丘出典与凸洞村龙氏先凤，典价谷子 5.5 挑，典期 1 年，此田仍由龙宏标耕种，每年出租谷 3.5 挑，折算年利 64%。

尚有契中既无明确利率规定，又未转佃计租，但可以根据所典之田的产量估算利率者，如白市镇对江村《民国三十五年四月九日杨求富典田契》：

> 立契典田字人杨求富，今因家下缺少军粮用度，无从得处，夫妻
> 商议情愿将到己分土名白头江水田壹间，实收计谷一十四箩，内开四
> 抵，东抵魏姓田，南抵杨姓田，西抵业主田，北抵杨姓田，四抵分明，
> 要行出典，无人承受，请中上门问到杨氏长连名下承典，当日三面言
> 定典价谷子陆石整，其谷子每斗归定壹拾三斤正，其谷子亲手领足，
> 并不下欠升合，日后被（被）得典价谷子上门抽乐（约）了当，典主

---

① 张新民主编：《天柱文书·第一辑》第 9 册，第 128 页。

不得言论，其田典与谷主耕种收花为息。恐口无凭，立典契字为据。

内添捌字

外批：军粮谷典主每年干（甘）付四大斗。

凭中　陈代芳

中华民国三十伍年四月初九 天富笔 ①

此契出典人杨求富因为无谷缴纳军粮，其夫妻商议将水田一间出典与杨氏长连，典得谷子 6 石，每斗 13 斤，共 780 斤，此田每年可收谷 14 箩，约 7 石，若按天柱县租佃活动中佃者、田主平分收成的惯例，得典人之纯收益约为 3.5 石，则年利约为 58%，与天柱县普通谷物之借贷年利率 50% 之数相差无几。

《天柱文书·第一辑》中所收清至民国时期天柱县 224 份民间典当类文书中，以稻田典当，契中标明该田之产量，或注明租佃租谷数额，而得典为银钱者，占有很大比重，略计有 82 份之多（见表 5-8）。这类典当活动，由于钱谷之间的兑换比例常有变动，须参考当地当年谷物价格，方能估算出其利率之大小。

表 5-8 《天柱文书·第一辑》载田地产量之民间典当活动统计表

序号	契名	典物产量	典价	备注
1	乾隆七年十一月二十五日潘赞成典田契	水田大小六丘，收禾25稿	银 18 两	每年帮秋粮银 5分
2	乾隆四十三年三月十六日罗氏三妹典田契	田一丘，收禾40稿	银 2 两	
3	道光十七年三月八日唐加富典田契	水田一丘，收谷5箩	钱 3200 文	
4	道光二十一年四月八日游润色转典田契	田一股，收谷30运	九九钱 4.8 万文	转典人依旧耕种，秋收分花
5	咸丰三年三月十日游希林、游希凤典田契	水田三丘，又田一截，收谷16运	钱 2.6 万文	出典人依旧耕种，每年交干谷1石2斗
6	咸丰五年三月八日蒋政光转典田字	水田二丘，水田收谷2运	钱 3700 文	
7	咸丰七年四月十日游润文典田约	水田一间，收谷4运	钱 4500 文	
8	咸丰八年三月四日杨集道典田契	田二丘，收谷10运	九六钱 1.64 万文	

① 张新民主编：《天柱文书·第一辑》第 1 册，第 82 页。

序号	契名	典物产量	典价	备注
9	咸丰八年三月十三日蒋政长典田契	水田一间，收谷4运	钱6600文	
10	咸丰九年八月九日杨昌立典田契	田一截，收谷5箩	银3两5钱	秋粮4大斗，钱主付，其田典主耕种
11	咸丰十年三月二十二日杨珍干典田契	田一间，收谷2运	钱3400文	出典人依旧耕种，收成四六分
12	道光十年三月二十四日蒋荣谱典田山场契	水田三间，收谷6箩	钱1.2万文	
13	咸丰十年四月十四日杨岸芳典田契	田二丘又一截，收谷12运	钱1.8万文（扣水）	
14	咸丰十年四月十五日杨昌立典田契	田一丘，收谷2斗	钱800文	出典人依旧耕种，分花
15	咸丰十一年四月二十一日杨昌立典田契	田二丘，收谷4运	钱6000文，扣水钱30文	出典人依旧耕种，收成四六分
16	同治元年九月八日刘文泽典田字	田三丘，收谷5运	钱8400文，扣水花40文	
17	同治二年四月三日蒋政严典田字	田一丘，收谷7运	钱6700文	
18	同治二年八月八日蒋政长当园圈字	园一间	钱400文	
19	同治四年四月六日游氏兵香、游希林、游希凤母子典田契	田一丘，收谷3箩	钱3700文	
20	同治七年三月二十八日蒋昌文典田字	水田二丘，收谷7运	钱5800文	
21	同治八年三月二十日蒋昌文典田字	田五丘，收谷12运	钱1.5557万文	
22	同治九年二月五日游伯万典田字	田二丘，收谷14运	钱6400文；后加典3200文。	
23	同治九年二月蒋政论、蒋昌升叔侄典店场田字	田一间，收谷3箩	钱3200文	过期居住，每年钱880文
24	光绪二年三月二十五日蒋政辰典田字	田二丘，收谷7运	钱8000文	
25	光绪六年十月十九日杨安乐、杨永富、杨永大退典田契	收谷4运	钱4000文	
26	光绪七年二月蒋政儒典田字	田一涧，收谷1运	钱1600文	
27	光绪八年十二月十七日蒋昌禄、蒋景和叔侄领赎典田价钱字	田一涧，收谷6运	钱3.62万文	
28	光绪十三年三月八日蒋景堂、蒋景顺典田字	水田一丘，收谷4运	钱8400文	
29	光绪十五年十月十一日龙沛来典田契	田一丘，收禾96稱	钱9000文	其田付与典主耕管收花为利，其钱作银价6钱2分。

续表

序号	契名	典物产量	典价	备注
30	光绪二十七年三月二十八日蒋昌吉典田字	水田一涧，收谷 4 运	钱 6000 文	
31	光绪三十年三月八日王昌年、王昌喜典田契	田一间，收谷 4 箩	九一钱 5280 文	
32	光绪三十二年二月十二日杨宗保典田契	田一丘，收谷 4 运	钱 4000 文	
33	光绪三十三年二月二十日杨占鳌、杨占春、杨占演等叔侄典田契	田二间，收谷 50 箩	钱 1.3 万文	
34	光绪三十四年一月十三日杨秀春典田字	田三丘，收谷 12 边	钱 1000 文	
35	民国二年十二月二十一日杨今明典田契	水田一丘，收谷 4 石	九一钱 1.38 万文	
36	民国二年十二月二十一日杨今科典田契	水田二丘，收谷 5 石	九一钱 2.26 万文	收水 950 文，一共钱 1.645 万文
37	民国四年三月八日蒋景树典田字	秧地二涧，又田一丘，共收谷 8 运	千 10.72 万文	
38	民国四年十月十九日杨金汉、杨金科典田契	水田大小五丘，收谷 8 箩	铜元 24 封	
39	民国四年十一月十九日杨占有典田契	田大小六丘，收谷 3 石	元钱 6400 文	
40	民国五年七月十六日杨金玉加典契	水田二间，收谷 20 箩	原价，2.26 万文，加典 2000 文	
41	民国七年五月二十二日刘长庚典田字	田一丘，收禾 120 边	银 66 两	
42	民国八年六月十七日龙才显典田契	田一丘，收谷 16 边	铜元 10 封	
43	民国十年七月六日王氏凤月、龙成元、龙成宾娘子三人思安田契	田二丘，收禾 30 边	钱 10 封	
44	民国十一年三月二日蒋景琳典田契	秧田一间，收谷 2 运	钱 1 万文	
45	民国十二年二月八日吴门杨氏金花暨子吴德深典田契	田七丘，收谷 20 运	钱 8 万文	
46	民国十四年三月二十六日龙文富典田契	田四丘，收谷 18 边	钱 2 万文	
47	民国十五年三月十六日蒋张氏银翠典田字	水田二丘，收谷 10 运	钱 4 万文	
48	民国十六年二月二十日佚名典田契	田三丘，收禾 48 边	钱 40 封	田仍出典人耕种，每年认谷 24 边
49	民国十六年四月十一日蒋景儒典田契	水田一间，收谷 4 运	钱 8 万文	
50	民国十六年五月六日蒋昌荣典田字	水田一丘，收谷 8 运	钱 2 万文，谷子 1 石 5 斗	

续表

序号	契名	典物产量	典价	备注
51	民国十六年十二月二十四日杨金有典田契	水田一丘，收谷6石4斗	元钱8.88万文	
52	民国十六年十二月二十七日杨光容典田契	田五丘，收花100边	钱6.6万文	
53	民国十九年四月刘耀乙、刘宗琦父子二人典田契	田一丘，收花5挑	钱9.9万文	田仍出典人种，认谷2石5斗
54	民国二十三年二月十三日吴氏彩乔典田契	水田一丘，又两（土监）收谷44箩	钱85.2万文	
55	民国二十三年四月十六日蒋景田当田字	水田三丘，收谷10运	钱11.8万文	
56	民国二十四年三月十九日胡启林典田契	田二丘，收禾24边	钱22万文	
57	民国二十五年一月二十四日刘修炳典田字	水田一截，收谷5运1箩	钱22.8万文	
58	民国二十五年六月十四日吴梁氏伯贞、吴德泉母子典田字	水田一丘，收谷5运	光洋60元	
59	民国二十六年二月二十八日龙万生典田还清明会钱字	田一丘，收谷10边	钱9.14万文	仍旧耕种，每年认谷5边
60	民国二十七年四月十八日蒋景福典田字	田一间，收谷3运	洋10元	
61	民国二十八年二月二日杨永兴典田字	水田八丘，收谷6运	洋30元	
62	民国二十八年三月二日蒋太本、蒋太开典田字	田四丘，收谷十□运	洋32元	
63	民国二十八年十二月十八日蒋泰开典田字	田一间收谷6运，又二丘收谷8运	洋24元	
64	民国二十八年三月二十七日龙万礼典田字	田一丘，收花15稿	钱16.66万文	
65	民国二十八年七月十二日杨通贵将先年出典之田托典与李高顺	田一丘，收花4挑	钱8.25万文	本年认谷2挑，限明年四月交清
66	民国二十九年十二月三日吴德泉典田字	水田三丘，收谷6运	钞洋150元	
67	民国三十年三月二十二日杨通才典田契	田一丘，收禾18边	钞洋30元	
68	民国三十年六月二十日吴德泉典田字	田四丘，收谷10运	洋120元(时用)	
69	民国三十一年一月二十七日罗□高典田字	收谷6运	288元8角	
70	民国三十一年四月十五日游义和典田字	田一丘，收谷7运	市用钞洋500元	每年付颗谷3石
71	民国三十二年二月七日吴祖让因典田契难找故纸作废杜退字	田一丘，收谷12运	洋350元	

续表

序号	契名	典物产量	典价	备注
72	民国三十二年五月十四日龙天富典田契	田四丘，收禾24边	洋350元	
73	民国三十年十二月三日杨再云典田契	田一丘，收谷16箩	市洋118元	
74	民国三十年十二月二十日吴展银、潘氏新姣典水田契	水田大小十丘，收谷28箩（父母养老之田）	洋410元	
75	民国三十二年十月十二日蒋景落当田字	水田一丘，收花20箩	国币1050元	帮粮谷一斗
76	民国三十二年十一月十三日吴唐氏爱莲、吴登松、吴才发典田契	水田大小十丘，收谷29箩（父母养老之田）	市洋2280元	每年外帮粮谷十碗整
77	民国三十三年十月十三日杨德汉典田契	田一间，收谷5运	洋6000元	
78	民国三十三年十一月二十六日杨胜富弟兄等典田契	水田一块，收谷7挑	钞洋3000元	叩粮典主依管业证上粮
79	民国三十四年六月十一日刘荣懋典水田地契	水田一丘，收谷14箩	洋4.18万元	
80	民国三十五年十一月二十三日胡国晔典田地字	田一丘，收花7挑	法钞12万	田赋由田主承担
81	民国三十七年二月十二日龚祥标典田字	田一丘，收谷3挑	洋150万	
82	民国年间杨有成典田契	水田一丘，收谷14箩	洋2.48万元	民国叁拾□年

据张肖梅《贵州经济》中所载民国二十七年（1938年）米价，黔东南地区"平均每市担仅为二元九角八分"[1]，上表中瓮洞镇黄巡村《民国二十七年四月十八日蒋景福典田字》，蒋景福以一块收谷3石的稻田出典于杨永大，典得洋10元，以租佃惯例而言，承典人约可得1.5石谷的收益，碾谷作米约1石，按此年的平均米价近3元，则此次典当的年利率约为30%，与同年普通货币借贷年利率36%（如《民国二十七年五月二十五日龙德芳以田作抵向高酿高等学校借洋元并付息字》[2]）至48%（如《民国二十七年七月二十三日伍永标以田作抵向伍永贤借洋并付息字》[3]）大略相近。

---

[1] 张肖梅：《农业之产销与推广及其改进计划》，载《贵州经济》，第G6页。
[2] 张新民主编：《天柱文书·第一辑》第15册，第120页。
[3] 张新民主编：《天柱文书·第一辑》第12册，第148页。

除了以上所列或为无息借贷，或标明利息额度，或据契中内容可准确计算、约略估算行利额度者，另有一部分民间典当活动，仅凭契约内容难以估算利率情况。然而如前文所述，清至民国时期天柱县的民间典当与普通抵押借贷之实质大体相同，前者所异者只在其对抵押物的占有方式为占有性质，因而以所占有物的收益为利息。

根据对《天柱文书·第一辑》所收特殊形态民间借贷文书的考察，其中小额赊买活动多为无息，数额较大者则一般依据普通借贷惯例行利；民间合会之利率常依合会组建目的而选择不同的行利方式，亲朋间以经济互助性质立会者，其利低，一般合会则以略低于同时期普通借贷利率惯例规定利率；清至民国时期天柱县的民间典当，因其性质本与普通抵押借贷类似，其利亦与普通借贷利率大体相当。

第三节　利率之特征与原因

一、利率特征

通过对清至民国时期天柱县民间普通借贷与特殊借贷活动利率状况的统计与估算，可以看出，其利率状况呈现三大显著特征。

其一，无息借贷占有较大比率。无息借贷常被传统文献资料所忽视，而高利贷则常被刻意渲染，如《天柱县志》载："地主借钱给贫苦农民，一般月息4分、5分、6分、7分不等。有的利倍于本，穷人向地主借钱，按双方商定的年息或月息归还。有'5分息'的，借100元，每月还5元息。亦有'10分息'的。还有'场息'，在一场内，借10元，下场还1元息。有的在集市上以赌钱的方式出现，在一场内，借5元，下一场还6元，超期又加一成，农民称为'马打滚''阎王债'。贫苦农民家中青黄不接或收到天灾人祸而缺粮时，只好向债主借贷。当年插秧时节借一斗，秋收还1.5至2斗。有的当年向地主借过年米一挑，次年秋收还两挑。地主借实物给农民，有的折价计息，有的'借物还物'，总是借少还多。越是饥年，借粮借款的利息越高。当贫雇农陷入困境时，将自己仅有的田土或房屋低价出卖或典当抵押。贫苦农民受高利贷的盘剥而倾家荡产、逃荒要饭、卖儿卖女的惨状经常发生。白市乡地主乐章德放高利贷利息翻番，借谷一挑还两挑，年收利谷 5 万公斤。白市新舟村有地主 9 户，每年放稻谷债 1.45 万公斤，除还本外，坐收利息 12325 公斤，占谷本 85%。"[①]生动渲染出高利盘剥的残酷场景。

然而，通过对《天柱文书·第一辑》所收 225 份借贷文书及"《天柱文书·第一辑》补遗文书""天柱县档案局（馆）藏文书"的统计分析，除了契约文书中的为数不少的无息借贷，如《天柱文书·第一辑》所收 101 份普通借贷文书，其中无息者有 21 份，占 20.8%，至于未立契的无息借贷，即从上文所引龙秀腰日记账簿《补残生涯》一册，其中无息赊买活动就屡见不鲜，至于或无书面文字记载或资料散佚者，其数量当更为庞大。

其二，民国时期利率高于清代利率。民间借贷之利率，自《唐律》开始，历朝法律皆有较为明确的规定。《唐六典》"比部郎中员外郎"条载："凡质举之利，收子不得逾五分。"是其月利之上限为 5%。《宋刑统》"受寄财物辄费用"条载："诸公私以财物出举者，任依私契，官不为理，每月取利，不得过陆分。"[②]月利不得过 6%。至明代修《大明律》，其"违禁取利"条则规定："凡私放钱债及典当财物，每月取利，并不得过三分。"清沿明例，《大清律例》"违禁取利律文"条载："凡私放钱债及典当财物，每月取利并不得过三分。年月虽多，不过一本一利。违者，笞四十，以余利计赃，重于笞四十者，坐赃论，罪止杖一百。〇若监临官吏于所部内举放钱债典当财物者，（不必多取余利，有犯即）杖八十违禁取利，以余利计赃，重（于杖八十）者，依不枉法论。（各主者，通算折半科罪。有禄人三十两，无禄人四十两，并杖九十。每十两加一等，罪止杖一百、流三千里。）并追余利给主。（兼庶民官吏言）其负欠私债违约不还者，五两以上，违三月，笞一十，每一月加一等，罪止笞四十。五十两以上，违三月，笞二十，每一月加一等，罪止笞五十。百两以上，违三月，笞三十，每一月加

① 贵州省天柱县志编纂委员会编：《天柱县志》，第 349 页。
② 〔清〕薛允升等编：《唐明律合编·宋刑统·庆元条法事类》，中国书店 1990 年版，第 231 页。

一等，罪止杖六十。并追本利给主。"[1] 法定无论普通借贷或是民间典当，月利最高额度为 3%，违禁取利者将处以不同程度的惩罚。同时，若债务人违约不还，除追缴欠款外，亦当施以自笞 10 次至杖 60 杖的处罚。直至 1910 年，清廷修《大清现行刑律》，依旧沿用"凡私放钱债及典当财物，每月取利并不得过三分"[2] 的规定。

清末以来，随着社会舆论对民间借贷利率的关注，尤其是对高利贷的抨击，官方法律对民间借贷利率的规定有所变化。1902 年开始清廷设立了由沈家本、伍廷芳主持的修订法律馆，至 1911 年修成《大清民律草案》，其对利率的规定有了显著变化，其第二编"债权"载：

> 第三百三十条：债权可生利息者，其利率周年为百分之五分。但法令有特别规定，或有特别之意思表示者，不在此限。
>
> 第三百三十一条：债务人约明以周年百分之六分以上之利率支付利息，经一年后，得随时将原本清偿之权利，不得以契约除去或限制之。
>
> 前项规定，于无记名证券不适用之。[3]

《大清民律草案》对于利率之计算，改月利为年利，其限额亦由月利 3%（年利 36%）下调为年利 5%，仅原利率的 13.9%。然时值易代之际，《大清民律草案》并未得以颁布施行。然以法律的操作性而言，骤然间利率差额如此巨大，势难为社会所接受。故至民国十四（1925 年）、十五年（1926 年）北洋政府修成《民国民律草案》并加以调和与修正，修订期间，官方在审理民间借贷纠纷时，仍以清末《大清现行刑律》为依据，以"月利三分"为准则。在《民国民律草案》中，其"债编"载：

> 第二百九十一条：应付息之债务，其利率未经约定，亦无法令可据者，周年利率为百分之五。

---

[1] 马建石、杨育棠主编：《大清律例通考校注》，第 522 页。
[2] 〔清〕沈家本等：《大清民律草案》卷十一，宣统二年七月仿聚珍版。
[3] 杨立新点校：《大清民律草案·民国民律草案》，吉林人民出版社 2002 年版，第 43 页。

第二百九十二条：约定利率逾周年百分之十五者，经一年后，债务人得随时清偿原本。

第二百九十三条：约定利率逾周年百分之三十者，法院应酌减至百分之三十以下。①

北洋政府的《民国民律草案》，将利率限额调整为年利 30%，合月利 2.5%，与明清官方颁行的法定利率略有调整。这次所修正的草案，也因政治局势的剧变而中止。直到北伐后全国基本一统，南京国民政府继承了清末与北洋政府民律草案的基本内容，并吸收日本、德国民法典的立法原则，自 1929 年至 1931 年陆续编纂颁布《中华民国民法》，方成为我国第一部正式颁布实施的民法典。其第二编"债编"载：

第二〇三条，应付利息之债务其利率未经约定亦无法律可据者，周年利率为百分之五。

第二〇四条：约定利率逾周年百分之十二者，经一年后债务人得随时清偿原本，但需于一个月前预告债权人。

第二〇五条：约定利率超过周年百分之二十者，债权人对于超过部分之利息无请求权。

第二〇六条：债权人除前条限定之利息外，不得于折扣或其他方法巧取利益。

第二〇七条：利息不得滚入原本再生利息，但当事人以书面约定利息迟付逾一年，从经催告而不偿还时，债权人得将迟付之利息滚入原本者，依其约定。②

据以上条文可见，《中华民国民法》将法定民间借贷利率的最高额度从年利 36% 下调为 20%，债务人的经济压力得以大幅度降低。总的看来，自唐代至民国，官方法律对民间借贷利率限额呈下调趋势，债务人的权益日趋减轻。明、清两代，皆以月利三分为法定利率上限，直至民国《中华民国民法》规定的年

① 杨立新点校：《大清民律草案·民国民律草案》，第 240—241 页。
② 徐百齐编：《中华民国法规大全》第 1 册，第 60 页。

利 20%。

　　然反观清至民国天柱县的民间借贷，则其利率变化趋势竟与国法之变化截然相反，不仅未见下降，反而有明显的上升。以《天柱文书·第一辑》所收 101 份普通借贷文书而言，清代的民间借钱行钱利借贷文书共 17 份，其中月利率为 2.5% 者 7 份，3% 者 4 份，无息者 3 份，利率不详者 2 份，仅 1 份为月利 5%。以法定月利三分而言，天柱县民间货币借贷的利率基本控制在此限额之下。民国的民间借钱行钱利借贷文书共 64 份，月利为 4% 者 25 份，无息者 17 份，3% 者 13 份，5% 者 7 份，利率不详者 2 份，除无息借贷部分及利率不详者共 19 份外，利率皆在年利 20% 以上，即月利高达 5% 之高利者亦为数甚多。借物行物利的清至民国时期天柱县普通借贷，则大多保持在年利 50% 的额度左右，变化不大。然比对《民国民律草案》和《中华民国民法》，民国时期天柱县的民间借贷利率高出国家法律规定限额甚多，高利贷现象似非常严重。

　　其三，谷物利率高于货币利率。考察笔者所见清至民国时期民间契约文书，货币借贷之利率，年利最高者为月利 5%，折合年利 60%，然谷物借贷则年利 50% 为常态，甚至有高至 100% 者。如高酿镇甘洞村《民国三十四年二月二十五日姚俊贤以屋基作抵向王老川借谷付息并限期归还字》：

　　　　立借谷字人硝洞村姚俊贤，因家下要谷食，无处可得，亲（请）人上门问到甘洞洞边王老川借得谷壹挑，自愿认谷息壹挑，限期到本年九月土王本息归还，将屋基一坪作抵，上抵龙林佑田，下抵溪，右抵田长松屋基，左抵溪，四至分明，要谷出抵，到期不得有误。恐后无凭，立有借字是实。

　　　　代笔　龙大运

　　　　民国叁拾四年二月二十五日　立 [①]

　　契中高酿镇硝洞村姚俊贤因家中缺粮，以屋基作抵，向邻村甘洞村王老川借出谷子 1 挑，其借期不过 8 个月，而利谷 1 挑，利息高达 100%。

---

① 张新民主编：《天柱文书·第一辑》第 21 册，第 32 页。

二、利率形成原因

若进而分析其利率特征的深层原因，可从以下几个方面考察：

其一，密切的族戚关系，导致无息、低息借贷的流行。

清水江地区的侗、苗民族，自古即结寨而居，重视家族组织的构建，以血缘关系之远近组成小款、大款，进而随地缘之远近组建"联款"。在"款"内，各有款约，如《侗族谚语》所说："Gaenml jiv yangp senl，侗置乡村，Gax jiv ngac menc，汉置衙门，Gaeml jiv jinl bial，侗置石头法，Gax jiv banc gal，汉置枷锁。"[1] "Guagl baengh jiuc jeans，国靠国法巩固，Xaih baengh jiuc kaenp，村靠民法约束。Guagl baengh jiuc sop guagl biingc taik，国有法依国太平，Xaih baengh jiuc kaenp xaih taik biingc，寨有规循寨安宁。"[2] 通过"埋岩""立碑"等形式，款约作为民族习惯法，深入人心。各款约的最核心要素，即维护家族间的团结，如道光二十九年（1849年）黎平县《天甫六洞合款》，其第一条即云："宗族父母该当敬的，同胞兄弟该当爱的，亲戚朋友当要和睦的，妻子奴仆当要慈悯的，乡里不可参商，患难得以相助，宗族不可忌妒，疾病赖以扶持。"[3] 该县光绪十八年（1892年）七月初八日纪堂、登江、弄邦、朝洞四寨四小款所共立的《永世芳规碑》亦云："盖设禁碑流传，以挽颓风而同款古道事：照得人有善恶之悬殊，例有轻重之各异。故效朝廷制律，以平四海而安九州。□野□条，以和宗族而睦乡里。"[4] 日就月将，口耳相传，款约精神深入民众生活的各个方面，如锦屏县隆里乡侗族村寨华寨村，至今尚有《劝和歌》等歌谣，其《劝亲戚歌》道："我问世间亲戚们，亲戚莫有两个心。结亲都要结义气，不论富来不论贫。富贵不是永远富，贫的不是永远贫。哪个有难救哪个，送点钱粮莫痛心。结得好亲救八难，亲顾亲来邻顾邻。"[5] 认为族戚之间，应当消弭贫富之见，互相扶持。天柱县民以侗、苗为主体，明代建县之初，"旧辖三苗，朱君新割五里，清丈田赋，

---

① 张盛等编：《侗族谚语》，贵州民族出版社1996年版，第227页。
② 同上，第219—220页
③ 贵州省黎平县志编纂委员会编：《黎平县志》，第147页。
④ 徐晓光：《款约法——黔东南侗族习惯法的历史人类学考察》，第42页。
⑤ 同上，第209页。

增一新里于四峒之中，加半坊厢于六里之外，寨图有别，里甲攸均，乡约以解其纷，千保以均其役，一好尚而同风俗，此得道之至易也。若驭苗之法，归化定其名，赏款鼓其义。"① 朱梓治县之策，即分外注重"乡约"与"款"的利用，"赏款鼓其义"，通过大小笼络"侗款""苗款"，以达到政令的畅通与管理的有效。

除了不断完善"款"制，自朱梓莅职开始，即大力推行汉文化，倡导伦理道德的建设。以侗、苗款为基础，融合汉文化中的家族观念，使其以血缘关系为纽带，强化宗族的内部管理，完善家族内部的伦理秩序。这在天柱县表现得最为显著的，即是宗祠、族谱的发达。据政协天柱县第十三届委员会所编的《天柱民族建筑博览》统计，天柱县有95座宗祠，该县"100多个姓氏中有42个建有家祠，现在保存完好的家祠有30多座"②。清至民国时期，天柱县乡村以宗祠为基地，公推族长，商议族内事务，制定族规族约，调处族人纷争。以祭祀为最核心活动，通过聚族祭祖，敦宗睦族，以沟通族人间的情感，强化宗族的凝聚力。道光二十二年（1842年）初刊、宣统三年（1911年）天柱县《胡氏族谱》"祠规"载："礼重祭祀，非徒庶品之丰、节仪之备也，在诚与敬而已，然必平日能尽孝弟之人，当祭之日而又一心志、洁气体、肃衣冠、澄意虑，萃精凝神，乃可与祖考精神相接，若生平为人不率祖父之教，放辟邪侈，辱及先人，坠其旧业，对越之际，惭愧不暇，何面目以见祖宗而致其诚敬哉！虽五鼎三牲，三揖百拜，而欲祖宗之来享，不能也。"③

族谱是敬宗收族的另一重要载体，也是联络族人情感，倡导宗族互助的重要推动力。清代天柱县远口镇厦寨《罗氏家乘·凡例》云："族中有孤幼者，时其饥寒而赈恤之，盖房分虽疏，祖宗视之则一人也，况彼既成立，亦自不忘，毋令落魄以贻宗党羞。若有刻薄残忍，恃富贵而凌宗族，挟血气而欺孤弱，天埋灭绝，难逃天谴。族中叔侄兄弟，务须和睦，不得以小事而坏大义，有不是者，

---

① 〔清〕林佩纶等修，杨树琪等纂：（光绪）《天柱县志》，载《中国地方志集成·贵州府县志辑》第22册，第197页。
② 政协天柱县第十三届委员会编：《天柱民族建筑博览》，贵州大学出版社2015年版，第113页。
③ 《胡氏宗谱》，宣统二年仲夏天柱县孙文治、刘贤书刻本。

申明族长公处，不可辄起讼端，耗散家财，玷污祖宗。"①《胡氏族谱》亦称："每祭祭毕，房长以谱本命族中善书者数人，挨次登载，一岁之生娶卒葬，并通族人之臧否，其有婚姻相赒，患难相恤，善则力劝，厄则力阻，养亲事长能孝而弟，亲姻乡里能睦而顺，与端方正直学术事功之类，皆足书之，屡有足书者，赏之，卒则配享于祠，其有作奸犯科者，亦书之，不能改则削，久而愈甚则惩之，再三不改则除其名，不许载谱入祠。"在传统乡村社会，社会评价决定着个人的身份与地位，一旦为家族所不齿，势必成为孤家寡人，而逐出宗祠、族谱，则不仅名誉扫地，甚而生则为异端，死则为游魂，无所凭系归依。正因为有了民族性的款约与宗族性的宗祠、族谱，使得僻处西南、侗苗为主的天柱县乃至清水江地区，虽国家统治力量介入较迟，法律条规渗透不深，而不至于道德失范、社会失序，而且，在民间借贷活动中，亦也秉承互助精神，产生大量各类形式的无息、低息借贷。

其二，汉文化的普及与自助团体的组建，亦成为无息、低息借贷产生的重要因素。

《韩诗外传集释》云"古者八家而井田……八家相保，出入更守，疾病相忧，患难相救，有无相贷，饮食相召，嫁娶相谋，渔猎分得，仁恩施行。"②以儒家文化为主流的汉文化，蕴含着浓厚的民间互助思想。天柱县建县后，随着儒家学说的普及，以及佛、道善恶观念的涵化，使得原本民风淳厚、注重族戚团结的侗、苗乡村民众在经济活动中，面对利益的诱惑，得以保持对情感与道德的尊重。翻检清至民国时期天柱县的民间族谱，都有儒家伦理道德贯穿始终，如乾隆四十五年（1780年）初刊、民国二十九年（1940年）重刊《杨氏族谱》即首载"圣谕"，其前四条云："敦孝弟以重人伦，笃宗族以昭雍睦，和乡党以息争讼，重农桑以足衣食"。若一检光绪《天柱县志·耆德传》，其中更记载许多乡里耆德抚慰助困、周济乡邻的事例，如：

> 王伟，城坊人，好施不倦，亲族待以举火者甚众，岁饥，出粟赈济，

---

①《罗氏家乘》，民国元年孟夏天柱县王瑞卿、苏泰茂刻本。
②〔汉〕韩婴撰，许维遹校释：《韩诗外传集释》，中华书局1980年版，第143页。

全活无算，有贷金不能偿者，辄还其券。年八十余，生八子，万历间拜寿官额曰耆俊，乡人钦之。①

杨正二，旧志三图注溪人，天启间举乡饮者二，年八十，富而好施，远近之人多美之。②

吴光二，字尚贤，（清）邑北新兴之永泰官庄人，仁让敦厚，富而好礼，重道崇儒，生平所赒恤者无算。③

吴昌周，即尚贤次子，隆准丰颜，体貌魁梧，席丰厚之业，继志述事，克绳祖武，乐善好施，终身不倦，尝集借券，度力不能偿者，悉焚之。子孙科甲蝉联，人以为盛德之报。④

刘成，居仁章寨人，武生，为人好善乐施，尝修砌古路桥梁以济行人，族戚有孤贫者，悉赒之。⑤

吴顺彝，兴文地湖人，国学生，秉性严明，处事能持大体，尤好扶持善类。人有急需，必设法助伙如愿乃已。乡邻争讼，众口纷吷，公徐出一言以定是非，事遂冰释。每遇公件，平情处置，不随不激，地方阴受其福。⑥

潘占先，由义人，生平仗义，尝至黎属藕洞探视，中途遇人携一少女哭甚哀，占先问故，女云：'父欠人债，将卖我以偿。'因劝勿卖，随解囊出银交女父，并不道其姓名，归亦不向人言，故乡里少有知者。⑦

梁伯茂，字子升，三图重鳌村人也。性温恭，不炫己长，不扬人短，卓然皞皞王民，其乐善好施，扶危济困，诸雅量难以罄述。⑧

吴修信，兴文独坡人，生平好善乐施，乡邻族戚被困危者皆受其惠，尤急公好义，慷慨捐输。⑨

① 〔清〕林佩纶等修，杨树琪等撰：（光绪）《天柱县志》，载《中国地方志集成·贵州府县志辑》第22册，第262页。
② 同上，第262页。
③ 同上，第263页。
④ 同上，第263页。
⑤ 同上，第263页。
⑥ 同上，第263页。
⑦ 同上，第264页。
⑧ 同上，第264页。
⑨ 同上，第264页。

杨再书，字汉超，三图黄家寨人，性含宏和逊，公正严明，如好贤亲仁、买物放生、救饥恤贫、扶危济困诸雅量，族人咸资赖焉。①

通过官方褒扬、史志登载、乡民传颂等方式，为乡村民众树立了优秀的楷范，民间更多自发组成亲缘性、地缘性、行业性的互助团体。亲缘性的互助团体，在清至民国时期天柱县流行最为广泛的，其中莫过于"清明会"。如《民国二十六年三月杨氏家族为祭祖之赀订捐银买田列产业草书》：

尝读书曰，事死如事生，事亡如事存，方不愧为人子之道。窃思本房始祖，原从阳期步口而来，辟开稳江址居，开设江步，裕国通商，迄今万斯年矣。稽先辈叨天眷顾，地灵人杰，科甲联登，火烟发登，数百人名，庶有斯千丘冢坟墓遗，然不少荷前人曾经勒石竖碑，墓垂万世不紊，而后辈尤贵同心致祭打扫，方为尊宗敬祖，希图同心报本，无非捐赀建会，希图会建绵远，何若将赀置买粮田，永垂后世，可谓诚心报本。由是特约房内在会钱购买粮田，每届清节，将田谷出售，以备香帛酒醴，并预专人先扫坟台，暨则同心以礼致祭，俾祖宗而鉴格，庶子孙繁昌无替矣。是为序。

计开老坟山列后（略）

计开田丘逐一列后（略）

计开在会有股人名列后（略）

一议每年在清明先日务要预专人将各处坟山一律斩草光净；一议在会之人每年在清明前一日前来听候，次早正清明日一同坟山祀祭，不到坟山者，不给祭礼；一议和睦为本，敦伦自依，尊卑有序，男女自别，恪守三刚（纲）八德，不宜违背，倘有不遵，公同处罚，重则送官究治。②

"清明会"以家族筹资祭祖为主，以"和睦为本"，族人各出财物，购买田地，以田产之收成为每年祭祀的固定费用，免去了临时集资、贫户告贷之苦。同时，

---

① 〔清〕林佩纶等修，杨树琪等撰：（光绪）《天柱县志》，载《中国地方志集成·贵州府县志辑》第 22 册，第 265 页。
② 张新民主编：《天柱文书·第一辑》第 2 册，第 137 页。

"清明会"亦具有出贷的作用，在灾荒年月给予族人以财物支持。

除了"清明会"，还有诸如"冬至会"等互助性会社，如高酿镇甘洞村《民国三十四年十二月十九日胡启林向本族冬至会借谷并限期归还字》：

> 立借字人胡启林，兹借到本族冬至会谷壹佰伍拾式斤，限至明年
> 九月间无息归还，不得有误，否则即由介绍人胡贤广负责偿还。此据。
> 　介绍人　胡贤广（押，左母指）
> 　债务人　胡启林（押，左母指）
> 　代　笔　胡启然（押，左母指）
> 　民国卅四年古十二月十九日 [①]

契中胡启林因年末缺粮，请族人胡贤广为介绍人，向本族冬至会借出谷子152斤，约定来年九月秋收之时原本填还即可，无须利息。

地缘性的民间互助团体，以"老人会"较为常见，此会以扶持遭受丧事的家庭为目的，参会之人或提前或临期上交财物，帮助丧家料理后事，准备一应费用。如高酿镇上花村《民国三十六年三月七日龙广明交老人会移交清册》：

> 本会于民国二十八年四月十一日本寨龙显顺之母亲去世，为补助
> 孝家治理丧事互相便利起见，本寨人士发起组织一老人会，规定每会
> 员上会铜元伍百文、米三老升、酒三件，旋自政府通行币制，本会又
> 改收市洋伍角，自民国三十三年冬季本会龙宪模、魁父亲去世，值物
> 飞涨，洋价日形低落，无补于事，又约集本会会员商讨规定，改收物质，
> 由宪模、魁父亲已得收会之会员，改收钱纸一捆，其余以后之会员一
> 律收猪肉半斤，米酒仍照前之规定，本会会员如过白孝，照常移交一
> 份清册，不得违背规定，共同遵守。
> 　会员姓名列后
> 　收钱纸会员计拾式名
> 　龙显顺　龙宪淘　龙宪能　龙显豪　龙见柏　龙宪增　龙见椿
> 　龙德海　龙祥贵　龙祥佑　龙照衲　龙见槐

---

① 张新民主编：《天柱文书·第一辑》第21册，第135页。

以上会员本月收钱纸一捆，扣洋捌佰元正

一、收猪肉半斤会员计式拾柒名

龙宪模 龙□益 龙见忠 龙昭柴 龙见云 龙宪魁 龙见恺

龙秀明 李政纪（此会龙显顺代上李姓此会）

龙见祥（以下未上此会）龙令求 龙宪洛 龙宪松 龙显和

龙昭祖 龙令泽 龙见吉 龙见争 龙廉臣 龙令增 龙令勤（除洋不上）

龙友元 龙令嗣 龙友三 龙祥桢 龙令容 龙宪田

卸任 龙广明

新任 龙见孔

合计 过本会规定米粮，白米壹石肆斗式升

过本会规定酒桐粮 酒叁拾件

收纸钱扣洋捌佰元，拾式名，共收洋合玖仟陆佰元，收猪油半斤，扣洋壹仟元，除本人外有贰拾陆名，共收洋合计式万陆仟元

两数总共合计叁万伍仟陆佰元正 [1]

上引"老人会移交清册"，记载了成立于民国二十八年（1939 年）的村寨"老人会"的组织活动情况，此会以龙姓为主题，然亦兼容同寨"小姓"李姓入会，会员所出物资，既有货币，又有米、酒、肉等丧事必需品，有了这些财物支撑，经济窘迫、遭受丧乱变故的家庭得以免除临时借贷的窘迫与花费。

行业性的互助团体，据《天柱县志》载，清末至民国时期成农业有"轩辕会"，入会需交纳一日工资，每年农历九月十六日同业人员齐祭会餐；皮革业有"孙膑会"，入会时交纳会费 5 元，每年农历十月十三日会员集会县城会首贺兴隆家饮宴 3 日；木业有鲁班会，每年农历六月十三日同业会员祭会；铁业有尉迟恭会，每年农历三月十四日和九月九日同业会员会祭。其他行业也将本行业创造发明人物奉为祖师，有理发业"吕洞宾"，织布业"黄道婆"，酿酒业"杜康"，染纺业"葛洪"，造纸业"蔡伦"等，其规模较小，会员的组织也不稳定。各行业合会以各行祖师为祭祀对象，通过合祭、会饮等方式，联络情感，互通

---

① 张新民主编：《天柱文书·第一辑》第 16 册，第 58—63 页。

商业信息，亦提供财务扶持。

其三，清末至民国具体的社会状况与谷物借贷的特殊性，导致钱、物借贷利率的波动。

虽然清至民国时期天柱县的民间借贷，低息或无息占有较大比例，然以《天柱文书·第一辑》所收清至民国时期天柱县民间借贷契约而言，超出官方法律规定利率者亦复不少。如其中101份普通借贷契中，超出法定利率（清代月利3%，民国年利20%）者有48份，占总数的约48%之多，其中清代者1份，为瓮洞镇黄巡村《咸丰五年二月二十二日蒋再宽向蒋昌遐借钱并付息字》[①]，债务人蒋再宽向债权人"房侄"蒋昌遐借钱640文，约定不限远近归还，然利率高达"照月加五"，即月利5%，远远超过清律规定的月利3%；而民国时期官方法律已将利率上限下调，可天柱县民间借贷中不仅未降，反而大有上升，仅月利达4%者即有25份，月利5%者亦有5份，合计30份，占超出法定利率48份的62.5%。针对这种现象，学界曾长期以阶级分析法加以解释，认为是地主对农民的经济剥削，如前引新修《天柱县志》就载："当贫雇农陷入困境时，将自己仅有的田土或房屋低价出卖或典当抵押。贫苦农民受高利贷的盘剥而倾家荡产、逃荒要饭、卖儿卖女的惨状经常发生。"[②]然而若深入分析，则情况殊不如此之简单。

与民间借贷的利率之高低关系最为密切的，是地方经济社会状况之好坏。若社会安定，雨旸适当，农业收获较为可观，乡村民众生活得以保障，则借贷需求自然大为降低，即使有少数家庭无论因何原因有借贷之需要，大多能较为容易向宗族、亲戚、朋友寻求或无息或低息的财物帮助。反之，若时逢乱世，或地方灾荒，大部分自耕小农皆衣食无着，家庭基本运转朝不保夕，普遍存在借贷之需求，则自然难以获得宗族、亲友的借贷，即使家境富饶的地主或富农愿意出贷，根据资本市场的供求状况，以及债权收益的高风险因素，自不免提高借贷利率，加强借贷活动的保障机制，甚而"宁可挖窖埋藏，也不贪这点

---

① 张新民主编：《天柱文书·第一辑》第6册，第127页。
② 贵州省天柱县志编纂委员会编：《天柱县志》，第349页。

利息"①。譬如民国十五年（1926 年），天柱县爆发大旱灾，粮食收成仅二三成，全县大灾荒，市场上米一碗价 500 文，而官方无力赈济，乡民死亡过半，可以想见，设若此时，嗷嗷待哺之乡民大多有告贷之需求，必然难觅出借之人，而有粮之家，即使面对再高的收益诱惑，恐怕也不敢轻易出借。循此以观，则上述清至民国时期天柱县的高利贷活动，与地方社会境况之关系极为密切（如表 5-9 所示）。

表 5-9 《天柱文书·第一辑》载清至民国时期天柱县月利三分以上之借贷活动统计表

债务人	债权人	借贷时间	借贷物与年利率	县内社会经济状况
蒋再宽	房侄：蒋昌諟	咸丰五年二月	钱 640 文；月 5%	咸丰三年粮食歉收，本年姜应芳起义
蒋政春	亲戚：杨宗堂	民国八年四月	谷子 5 硕；年 50%	此年县内瘟疫盛行，城乡死人甚多。
潘光禄潘光贤	潘光槐	民国九年七月	钱 4000 文；月 4%	此年县内瘟疫盛行，四乡传染，仅城中病死 300 余人。
刘泽欢	本房：刘东贵	民国十年三月	钱 70400 文；月 4%	此年瘟疫盛行，仅城中青壮年病死 379 人。
佚名	龙才广	民国十二年六月	钱 4000 文；月 5%	此年 5 月，川军熊克武部过境，任意拉夫、派款、征谷。
丁邦乔	龙泽槐	民国十四年二月	钱 51 封；月 4%	上年大旱，百姓流亡；此年又大旱，继而水灾，斗米价 1200 文，最高 1600 文，兼之瘟疫流行，死者甚多。
潘光祥	本族清明会	民国十四年十一月	钱 3500 文；月 5%	
潘年俸	潘光槐	民国十六年二月	钱 1 万文；月 4%	上年先水灾，继而旱灾，县署无力赈济，村民死亡过半，碗米 500 文。
刘泽欢	刘新鸢	民国十七年五月	谷 3 挑；年 50%	此年惊蛰后冰冻，桐树无果。
龙德芳	胡国柱等孔圣会	民国十八年五月	钱 4.5 万文；月 4%	时任县长贪赃枉法。
潘光甫	潘光槐	民国十九年三月	钱 1.5 万文；月 5%	
龙求保	龙先泗	民国二十年十一月	钱 24 封；月 4%	民国十八年瘟疫盛行，死者甚多；民国十九年土匪盘踞县城，任意奸淫抢掠，乡民惊恐，稻谷无人收割，任其枯落。
龙求保	龙先泗	民国二十年十一月	钱 24 封；月 4%	
龙先翰	本族清明会	民国二十一年三月	钱 2400 文；月 4%	县内疟疾盛行。
龙喜根	龙文模；姚皆林	民国二十一年五月	钱 10 封；月 4%	

---

① 毛泽东：《寻乌调查》，载《毛泽东农村调查文集》，人民出版社 1982 年版，第 147 页。

续表

债务人	债权人	借贷时间	借贷物与年利率	县内社会经济状况
龙则贵	本寨：龙圭多	民国二十三年七月	钱 6 万文；月 4%	
杨发龙	杨清国	民国二十三年六月	钱 5.6 万文；月 4%	
王松柏	杨金发	民国二十三年八月	钱 8.2 万文；月 4%	
杨发隆	胞弟：杨清国	民国二十三年十二月	钱 3 万文；月 5%	
刘荣昌	本寨：刘发祥	民国二十四年三月	钱 50 封；月 4%	
杨再兴	杨金发	民国二十四年四月	钱 14.7 万文；月 4%	
龙大祥	杨金发	民国二十四年四月	光洋 10 元；月 5%	
龙长江	杨金发	民国二十四年五月	钱 2.8 万文；月 4%	
龙德芳	本寨：胡国柱	民国二十四年七月	钱 8 万文；月 4%	
伍绍江	本房：伍永全	民国二十四年六月	钱 10.27 万文；月 4%	
伍永德	本房：伍永贤	民国二十四年七月	钱 5.6 万文；月 4%	
伍咏卓	龚秀桃	民国二十五年四月	谷 3 挑半；年 50%	
龙喜安	龙永祥	民国二十五年十一月	钱 3 万文；月 4%	
龙德芳	龙永祥	民国二十六年二月	钱 17.52 万文；月 4%	
王广生	杨金发	民国二十六年五月	钱 2.76 万文；月 4%	
龙国元	龙永祥牛王会	民国二十六年三月	钱 3 万文；月 4%	此年惊蛰后冰冻，全县荞麦、油菜冻坏无数；清水江大水，毁田 1.8 万挑；渡马乡一带瘟疫盛行，人畜死亡甚众。
伍永标	本房：伍永贤	民国二十七年七月	光洋 64 元；月 4%	
胡英楷	黄招汉	民国二十九年六月	洋 40 元；月 4%	
龙登焕	胞弟：龙登辉	民国三十三年六月	洋 2600 元；月 4%	
姚俊贤	王老川	民国三十四年二月	谷 1 挑；年 100%	
杨胜鱼	黄招汉	民国三十七年四月	谷 5 斗；年 60%	
杨德森	房族：杨金发	民国三十八年九月	谷 32 石；年 50%	
龙德芳	龙泽喜；龙泽贵	民国某年八月	大洋 19 元 4 角；月 4%	

细观上表，可知天柱县民间借贷利率的一个重要转折期为民国八年（1919年）至民国十七年（1928年），在这长达 10 年的时间里，天柱县天灾人祸频仍，且规模大，损失惨重，因而借贷之利率亦随之而激增，普遍在月利 4% 以上。经过长期的灾荒，县内经济元气大伤，民众亦心有余悸，此后直至民国结束，

全县的民间借贷利率呈现出两极趋势，或者纯为互助形式，或者行利高达月利4%以上，月利3%甚少，之下的则尚未见及。

至于谷物借贷之利率，自清代至民国，行利皆在年利50%以上，远远高出货币借贷之利率水平，此则与谷物价格的波动性及谷物借贷的急迫性息息相关。谷物之价格，每以年末与青黄不接时价格最高，而秋收时节价格最低，如20世纪二三十年代毛泽东所作《兴国调查》称，该地区"冬春两季，谷价大贵，较之秋天贵一倍，秋天每担一元半，冬春常是三元"。一般而言，谷物价格，冬春季节较秋收时涨幅在50%～100%之间①。贵州地区自然也不例外，如1946年贵州省政府统计室数据载（见表5-10），以上等籼粳米之价格而言，九月新米上市时每市石为13671元，至十二月，已涨至23136元，涨幅达169.23%，五六月份是粮价上涨的另一高峰，因1947年通货膨胀严重，至五月份贵阳每市石上等籼粳米价已达46694元，无法合理估算涨幅，然即以本年同等米价格而言，也达22716元，增出66.16%。

表5-10　民国三十五年贵阳市粮食价格统计表（单位：国币元/市石）②

	籼粳米（上）	籼粳米（中）	籼粳米（下）		籼粳米（上）	籼粳米（中）	籼粳米（下）
一月	16195	13671	11147	七月	20192	17878	15775
二月	15354	13461	11358	八月	14723	13461	11147
三月	17457	15144	12830	九月	13671	12409	11147
四月	20832	18299	15985	十月	14723	13671	12199
五月	22716	20402	18930	十一月	15775	14302	12620
六月	22505	20612	18930	十二月	23136	21033	19561

注：民国三十五年一月上等籼粳米、中等籼粳米、下等籼粳米价格与民国三十年十月相比，价格分别上涨了14.09倍、13.46倍、12.73倍。

---

① 以《经济统计》1937年第5期及该刊第6期之统计数据为例，1936年米价之最低、最高指数，湖北黄陂分别为100、178.4，江西泰和为100、178.4，广西富川为100、167.7；同年小麦价格之最低、最高指数，黄陂分别为100、244.9，湖北远安为100、177.6，泰和为100、266.3。上海银行周报社编纂：《经济统计》，1937年第5、6期，第224、262—268页。
② 贵州省政府统计室编：《贵州省物价年刊·三十五年度》，1946年，第13页。

因此，各历史时期谷物借贷利率皆普遍高于货币借贷利率，如唐玄宗《发诸州义仓制》："闻贫下之人，农桑之际，多阙良种，咸求倍息。"[①]倍息者，即年利率为100%；《宋史·食货志》载宋太宗时诏曰："比年多稼不登，富者操奇赢之资，贫者取倍称之息"[②]；明代王植之《苏州济农仓记》曰："盖其用力劳而家则贫，耕耘之际，非有养不能也。故必举债于富家，而倍纳其息。"[③]清中期黄可润言："北方债利甚重，每借一石，加利三五斗。"[④]其实南方亦大多皆然，乾隆时期江西广饶九南道秦承恩尝欲节制民间谷利，"甲年正月初一日，押谷一石，十二月三十日取赎，只许加利三斗。"[⑤]然收效甚微。另外，债务人对于货币与谷物借贷，常有需求度的差异，诚如民国学者熊正文《中国历代利息问题考》所云："贷谷多为消费目的，乃生活所必需，有时缺乏，虽贷利较高，亦不能不借。其需要之伸缩性小，故贷利高。反之，贷款之目的，每为生产，除付贷息而外，无利润可图，借贷即停止矣。"[⑥]直至1930年10月毛泽东在江西省兴国县调查时，其情况依然是有谷之家"只愿卖谷，不愿借谷"，且云"50%的谷利拿市价来说，并不算怎样厉害"，而谷物借贷，"要有大好的人情，才办的到"[⑦]。据此而言，清至民国时期天柱县谷物借贷利率高于货币借贷的现象，本为全国普遍之通例[⑧]，是不足为奇的。

其四，利率的地区差异与地主的剥削性，导致高利贷的存在。

衡量利率的高低，一般都以法定利率为参照，然亦不可一概而论，因民间借贷利率常随地区的不同而参差不一。所谓地区差异，一方面是国家统治力量中心区与边远区的差异。在国家控制力较强的地区，官方法律的精神得以更为

---

① 〔清〕董诰等编：《全唐文》卷二十三，第270页。
② 〔元〕脱脱等撰：《宋史·食货志》，中华书局1977年版，第4159页。
③ 〔明〕王直撰：《抑庵文集》，上海古籍出版社1991年版，第27页。
④ 〔清〕徐栋编，〔清〕丁日昌续编：《牧令书辑要》卷四文书局本，第1页。
⑤ 〔清〕贺长龄：《皇朝经世文编》卷四十，光绪十五年上海广百宋斋本。
⑥ 熊文正：《中国历代利息问题考》，北京大学出版社2012年版，第163页。
⑦ 中共中央文献研究室编：《毛泽东农村调查文集》，人民出版社1982年版，第203页。
⑧ 如云南省博物馆所藏宜良县契约文书，其中6份清代民国时期谷物借贷文书，其年利率皆在50%—80%之间，见吴晓亮、徐政芸主编：《云南省博物馆馆藏契约文书整理与汇编》第二卷，《宜良契约文书》，人民出版社2013年版，第719—731页。

深入地普及入乡村民间社会，民众法律意识增强后，面对超出法定利率的情况，维权意识相应加强，必然导致区域民间借贷利率趋同于官方规定。而边远地区则不同，国家控制力弱，民众法律意识淡薄，而地方风俗惯例却深入人心，短时段内难以更改。如清水江流域地处西南内地，人口以苗侗少数民族为主，民族习惯早已楔入民众生活的各个方面，这也造成了《中华民国民法》颁行后，清水江地区民间借贷利率并未因此而发生改变的局面。天柱县相对于清水江流域的其他县而言，汉文化的渗入相对较早较深，然在明、清、民国前期沿用数百年的"月利三分"标准后，亦难以在短时间改用新法，是以以笔者所经眼的《天柱文书》而言，在民国二十年（1931年）后的民间借贷文书中，未见契中有诸如"年利二分"字样的记载。

地区差异的另一方面，指民间借贷利率的城乡差异。对此，熊正文《中国历代利息问题考》论曰：

> 同一时代在城市之贷利，往往低于乡村，此在明以后尤为显然。何以二者利率不同，究其原因有三：（1）因有城市为政府机关所在，政治力量可以较易支配民众之行为，故在城市借贷，其利率受法定利率之影响，较在乡村更为直接。（2）城市交通方便，金融机关较为完备，故于资金之供给，较在乡村为易集中周转，以适应其需，故利率应低。（3）城市之中，工商业资金之需要，不若乡间农业之经常的存在，且需要至急。资金一时之不急需要，不能致高利之存在。有此三因，所以乡村有较城市甚高之贷利。①

据经眼史料而言，清至民国时期天柱县之钱庄、银行、典当业皆极不发达，县城内并无钱庄与典当铺。至民国二十八年（1939年），始于县政府内设立"天柱县农业信用合作社"合作室，由贵州省合作事业管理处统管，该年5月21日成立平甫信用社；民国政府各类银行皆未见有进驻天柱县城的记载，仅有"中国农民银行青溪合库""中国农民银行镇远办事处"分别于民国三十年（1941年）、

---

① 熊文正：《中国历代利息问题考》，第162页。

三十六年（1947 年）在天柱境内发放过两次数额甚小的贷款。故天柱县城之民众，其借贷亦难以仰仗城区经融机关的优势，只能告贷于私门。县城商业较乡村繁荣，获得借贷之可能性也当较乡村为大，然其借贷利率如何，则限于资料，难以考证。因以目前笔者所见《天柱文书·第一辑》、"天柱文书第一辑补遗"及部分天柱县档案局（馆）藏文书，尚未发现有县城民众借贷活动之确切资料。准确而言，本文所讨论的清至民国时期天柱县之民间借贷，皆为乡村借贷，其借贷活动中产生的高额利率，地域（西南内地乡村）因素亦不当忽视。

　　本书所讨论者，皆为清至民国时期天柱县的乡村借贷，其中按官方法定利率而言确属明显高利贷的，大多有其特殊的社会历史与地域原因，已如前论，然而这并非要绝对抹杀阶级剥削的存在。"天下熙熙，皆为利往"，即使有民族风俗、义利思想的影响，面对可观的收益，也难免不使人动心。高额的借贷利率，确实使部分乡村民众日益贫困，丧产失业，从而拉大乡村贫富差距，使土地日趋集中。如高酿镇地良村人龙德芳，家境本属小康，然自民国七年（1918 年）因家用不敷，只得多次借、典（见表 5-11），所借之钱行息甚高，大多皆按月利 4% 计算，其质押物品由田地而至房屋地基，可见其家境的每况愈下。

表 5-11　天柱县高酿镇地良村龙德芳典借活动表

时间	类型	交易内容	原因
民国七年七月	借	大洋 16.25 元；月息 3%；息按季交清；以田作抵	
民国十八年五月	借	钱 5.3 万文；月息 4%；以田作抵	缺少用度，无所出处
民国二十四年七月	借	钱 8 万文；月息 4%；以田作抵	缺少钱用
民国二十五年七月	典	田一丘；价 240 千文；典期 3 年	家下要钱用度，无所出处
民国二十六年二月	借	钱 175 千 2 百文；月息 4%；以田作抵	家下要钱使用，无所出处
民国二十六年七月	典	田 2 丘；价 440 千；	要钱使用，无所出处
民国二十六年八月	借	房屋地基；洋 19.4 元，月息 4%	
民国二十七年五月	借	洋 66.5 元；月息 3%；息两季付清；田 1 丘作抵	家下要洋元使用，无所出处

　　至民国二十九年（1940 年），终不免变卖产业以偿还借债，《民国二十九年七月十六日龙德芳典田契》载：

　　立卖田契人地良龙德芳,今因偿还凤债,无所出处,自愿将到地良岩禁本己屋脚田三丘出卖,其左边乙丘,东抵本主及胡姓田,南抵荒坪,西抵溪,北抵廷魁田;其中间乙丘,东抵荒坪,南抵屋基,北抵胡姓田;其右边乙丘,东抵马路,南抵马路,西抵荒山,北抵姚姓田,四至分明,要洋出卖,请中问到本寨龙颜锦、胡启模二人承买,当日议定价洋左乙丘乙拾捌元,其中间乙丘廿九元八角,右边乙丘乙佰零二元,三共式佰四拾九元八角文正,其洋领足入手应用,其田付与买主耕管为业,字(自)卖之后,不得异言。恐口无凭,立有卖字是实。

　　代笔、凭中　龙永祥

　　龙德芳注名亲笔

　　民国廿九年七月十六日　立字[①]

　　除了因债变卖产业外,家中本来田地甚少之民众,为生计所迫,典当田产继而由自耕农沦为佃农的也为数不少。如瓮洞镇黄巡村《咸丰十年三月二十二日杨珍干典田契》[②]:

　　立契典田人杨珍干,今因缺少用度,无从得处,父子商议,将到土名马安坡长田尾上一截田一开,收谷式运,要行出典,自己请中招伊亲蒋在学名下承典,凭中言定典价钱叁千四百文足正,其钱即日领清,并不短少,其田钱主耕管,典主不得异言。其田付与典主耕种,收花四六分。今欲有凭,立典是实。

　　凭中　杨秀益

　　子笔　杨昌立

　　咸丰拾年叁月廿二日　立典

　　契中承典人蒋在学为当地颇有资产的地主,虽与出典人为亲戚关系,而将得典之田转佃后,并未按租佃平分收成的惯例,而是四六分成,不得不说剥削甚重。而在地方动乱、经济萧条,兼家庭经济窘迫的背景下,杨珍干一家愈加

---

① 张新民主编:《天柱文书·第一辑》第15册,第121页。
② 同上,第213页。

贫窭，典田之钱不久告罄，至本年四月，只得与儿子杨昌立商议，再次将"屋脚秧田坎上小田乙丘收谷二斗"出典与蒋在学，见《咸丰十年四月十五日杨昌立典田契》①，典得钱 800 文，原田主杨昌立亦成为佃农。之后，杨昌立于咸丰十一年（1861 年）四月将"屋背塘丘田坎上田乙丘收谷三运""马安坡长田坎上田乙丘收谷乙运"典与蒋在学，典得钱 6 千文，田仍为杨昌立耕种，每年四六分成。迨及同治二年（1863 年）四月，杨珍干、杨昌立一家已度日艰难，只得将家中原已出典的"马安坡长田""屋背塘丘田"完全出卖与蒋在学，得银 29.5 两，见《同治二年四月三日杨昌立卖田契》②。然得此款项，并未给予杨家以生活水平上的改善，至同治三年（1864 年）一月，家中连食用粮食都难以为继，只得将仅剩的"小田乙丘"并"油树一副"作抵，向蒋在学借出谷子 3 斗度日，见《同治三年一月十六日杨昌立以田作抵向蒋在学借谷字》③。家中田已卖完，则原有与人合养之耕牛已无用处，为补贴家用，杨昌立将"黄古牛一边"再以 3 千文钱的价格抵押给蒋在学，见《同治三年三月二十三日杨昌立以田作抵向蒋在学借钱字》④。然事态并未就此结束，无田可耕的杨家于本年四月十日再次与蒋在学签订了两份契约，其一为《同治三年四月十日杨昌立租园圃小田字》：

> 立租园圃小田耕种人杨昌立，今因租到蒋在学园圃小田长田角地
> 土，每年包谷二升，柿子买主□分租主二分。今欲有凭，立租是实。
> 　租主亲笔
> 　同治三年四月初十日立　租⑤

此契名为"租契"，实际包含两个过程，从契中"柿子买主□分租主二分"可知，这些园圃、小田、柿树原属杨家所有，杨家先将产业出卖，然后再行租种。

同时所立的另一份契约为《同治三年四月十日杨昌立卖仓楼房屋板片字》：

---

① 张新民主编：《天柱文书·第一辑》第 15 册，第 215 页。
② 同上，第 241 页。
③ 同上，第 245 页。
④ 同上，第 249 页。
⑤ 同上，第 254 页。

立卖仓楼、瓦屋、板片人杨昌立，今因缺少用度，无从得处，父子商议，自己将到仓楼、瓦屋面分请中招到蒋在学买，凭中言定卖价钱四千八百扣水正，其钱每年行取谷利乙大石，秋之收日丹（担）至钱主仓付粮，不得短少升角，不得有误，自愿将到卖主邀之会钱八千文一脚面分二千四百文左抵，限至四年接会之日，钱主看领。若误，卖主自愿择□屋，父子不得异言阻挡。今欲有凭，立卖仓楼是实。

凭中　杨思升

亲笔

同治叁年四月初十日　立[1]

从上契可见，至此杨昌立一家之经济已经处于崩溃的边缘，虽不断变卖产业，努力寻求解决方法，如组建钱会，但都无济于事，连仓楼、房屋都难以保存。但没有仓楼、房屋，如何生存？还好双方本为亲戚关系，得暂时租借使用，约定每年行利稻谷 1 石。杨家此前所典、卖产业为自家独立所有，到本年六月四日，最终将与族人共同拥有的产业山田出卖，《同治三年六月四日杨昌荣、杨昌立、杨宗福叔侄等卖田油树契》[2] 载，杨昌立将叔侄等人共有的田一丘及油树出卖给蒋在学。至此，杨珍干、杨昌立一家，已由一个自给自足的自耕农，转变为蒋在学家纯粹的佃户，片土片瓦非己所有。咸丰、同治年间，正是天柱县动乱如焚的时期，杨昌立一家的遭遇当并非特例。

---

① 张新民主编：《天柱文书·第一辑》第 15 册，第 255 页。
② 同上，第 256 页。

第六章
民间借贷之违约处理

在大多数情况下，民间借贷活动既为官方法律所规制，又被地方习俗所约束，借贷双方将按照契约的要求，谨守各自权责，共同维护借贷活动的顺利完结。而官方对融合法律与习俗的地方借贷习惯，也采取默认态度，一旦发生违约行为，其处理之方式，只要依地方通行的借贷习惯，得到当事双方认可，即使有些细节不合条律，亦不作干涉。《宋刑统》即言："诸公私以财物出举者，任依私契，官不为理。"①1943年民国政府中华法令编印馆《（日华对译）中华民国习惯调查录》"发刊之词"亦称："造成一国之础本、形成一国之国风，即习惯也。故此如有无视该民族之习惯、而规定各种法令、则不能期待于行政之万全者明矣。原来中华民国，注重习惯者颇深，诸般法律皆以为准，如审判判决之时，在法律内阙欠此种条文时，则尽根据习惯以为通例也。故拟企图于中华民国法令之万全者，不可不洞悉中国固有而在国内现行之习惯。"② 对于西南少数民族地区的各类民事争端，中央朝廷更为重视民族习俗习惯，《大清律例》"刑律·断狱"之"断罪不当"条第一条例文载："其一切苗人与苗人自相争讼之事，俱照苗例归结，不必绳以官法，以滋扰累。"③清代民国时期天柱县民间借贷活动中，对于违约处理主要通过逾期生利、质物留置、改立契据、债务减免、保人负责、地方调解、提请诉讼等方式解决。

---

① 〔清〕薛允升等编：《唐明律合编·宋刑统·庆元条法事类》，第 231 页。
② 胡旭晟：《20 世纪前期中国之民商事习惯调查及其意义（代序）》，《民事习惯调查报告录》"序"，第 13 页。
③ 马建石、杨育棠主编：《大清律例通考校注》，第 1117 页。

第一节　逾期生利与质物留置

一、逾期生利

逾期生利，是处理违约行为的最常见方式。借贷双方在订立契约时，大多会将借贷之期限、利率之额度、本利之偿付方式作出规定，一旦债务人到期不能履约，则必须担负违约责任，支付逾期的利息，以弥补债权人的损失。如石洞镇摆洞村《民国二十六年五月一日王广生以田作抵向杨金发借钱加息并限期归还字》：

> 立借字人□□村王广生，今因要钱用度，□抵将到土名李□以下毫开田壹丘，上抵芳坪，左抵龙大鼎田坎，右抵大毛田为界，四至分明，至抵地老村杨金发借钱行月四利，共计贰拾柒仟六百文整，其钱代至限字九月归凡（还），过限之后，照月□字行利，不得异言。恐口无凭，立有借字行照。
> 　　亲（请）笔　王承康
> 　　民国丁丑年五月初一日立借[①]

契中王广生向杨金发借钱 2.76 万文，约定月利 4%，折合 1104 文，借期 5 个月，共需利钱 5520 文。如到期债务人不能遵约清偿本利，则"过限之后，照月□字行利，不得异言"。

又如前引《民国三十七年三月十一日刘宗林典田契》[②]，刘宗林以田出典，向本寨龙大学借出钱 100 万，借期一年，利息稻谷 80 斤，且约定利谷该年八月付清，本金则限至来年三月内偿还，"若有误者，照契认谷，不得异言。"

逾期生利，固为官方所许可，但生利之限度，则牵涉自唐代以来法律所重点关注的"一本一利"问题。所谓"一本一利"，指借贷利息之上限只能与本金齐平而不可超出，如借债 100 元，即使借期再长，本利不得大于 200 元。唐

---

① 张新民主编：《天柱文书·第一辑》第 2 册，第 145 页。
② 张新民主编：《天柱文书·第一辑》第 10 册，第 328 页。

代以前，流行"倍称之息"，年利率常高达100%甚至更多，如《魏书·高宗纪》载高宗和平二年诏云："刺史牧民，为万里之表。自顷每因发调，逼民假贷，大商富贾，要射时利，旬日之间，增赢十倍。上下通同，分以润屋。故编户之家，困于冻馁；豪富之门，日有兼积。为政之弊，莫过于此。"[1] 数十日之内，本利竟累积至十倍之多，可谓骇人听闻，如此则"一本一利"自无从谈起。然正因高利病民，政府不得不加以管制，一方面降低利率，一方面限定利息之上限。《唐六典》卷六"比部郎中、员外郎"条规定："凡质举之利，收子不得过五分，出息、债过其倍。若回利充本，官不理。"[2]《宋刑统》亦载："每月取利不得过陆分，积日虽多，不得过壹倍，若官物及公廨本利停讫，每计过伍拾日不送尽者，余本生利如初，不得更过壹倍。"[3] 明、清直至民国法律，在下调利率的同时，皆秉持此一条文精神。如《大清律》载："凡私放钱债及典当财物，每月取利并不得过三分。年月虽多，不过一本一利。违者，笞四十，以余利计赃，重于笞四十者，坐赃论，罪止杖一百。违禁取利，以余利计赃，重于杖八十者，依枉法论。"[4]

"一本一利"的初衷，本是为了减轻贫穷百姓的经济负担，防止短期的高利盘剥，保证借贷的公正性。然而，随着利率的不断下调，短时间内利过于本难以实现，如依明清时期的"月利三分"，至少两年之后利息才会与本金之数齐平。在此背景下，若债务人在超过期限之后，长时间不清偿债务，而仅依"一本一利"，势必损害债权人的经济利益。故《大清律》又规定："其欠负私债违约不还者，五两以上，违三月，笞一十，每一月加一等，罪止笞四十。五十两以上，违三月，笞二十，每一月加一等，罪止笞五十。百两以上，违三月，笞三十，每一月加一等，罪止杖六十。并追本利给主。"[5] 对契约约定的借贷期限予以保护，严厉制裁恶意逾期不还债的行为。同时，对于民间借贷习惯中的逾

---

① 〔北齐〕魏收：《魏书》，中华书局1974年版，第119页。
② 〔唐〕李林甫等：《唐六典》，中华书局1992年版，第195页。
③ 〔清〕薛允升等编：《唐明律合编·宋刑统·庆元条法事类》，第231页。
④ 马建石、杨育棠主编：《大清律例通考校注》，第435页。
⑤ 同上，第522页。

期生利现象，只要不至于产生争端，亦多听之任之。

民间之习惯，则无论债权人或债务人，皆对逾期生利普遍认同。如民国初年安徽省太和县调查报告称："债权人与债务人必立有一定之契约，届期不能履行，延误契约上之期间者，在此期间后之期间，仍须补算利息，此之谓'过期算利'。"[1] 逾期之时间越长，则须还之数额越大，如竹林乡高坡村《康熙三十二年某月十日潘明所卖山契》：

> 立卖山地契人潘明所，今因在前于□□年吃通平内禾五十斤，今算该壹拾七年，该本利禾肆百七拾五斤，凭中潘华所算明，无从得处，自愿将到土名园头路脚山场一块，卖与潘清宇为业，凭中言定价银壹两壹分正，其银系明所亲领讫用度，其山场付与清宇子孙耕□□，在后如有房族人等言论，在业主向前理落，不干得业人之事。一卖一了，二卖二休，今欲有凭，立此卖山场永远管业存照。
>
> 凭中 潘华所
> 康熙叁拾贰年甲戌岁□月初十日立
> 卖 潘明所 孙男 潘明寿 代笔 石永锡[2]

契中潘明所借某人稻谷 50 斤，拖延至 17 年之久，至康熙三十二年（1693 年）核算，本利已累至 475 斤，其中利息达 420 斤，超过了本金的 8 倍，依其本利数据计算，其利率为年息 50%。

又如瓮洞镇黄巡村《咸丰三年至十一年杨泽金欠蒋在学钱清单》[3] 载：

> 咸丰三年三月廿日杨泽金借蒋再学钱四千文，共算八年，周年加式伍相还，每年利钱乙千文，八年捌千文，本利共计壹十二千文。

上引借贷活动，利息年利 25%，低于其时"月利三分"的法定利率，然而八年借期，杨泽金共支出利息 8 千文，亦为借贷本金 4 千文之两倍。可见在天

---

① 前南京国民政府司法行政部编：《民事习惯调查报告录》，胡旭晟、夏新华、李交发点校，第 430 页。
② 张新民主编：《天柱文书·第一辑》第 4 册，第 107 页。
③ 张新民主编：《天柱文书·第一辑》第 7 册，第 231 页。

柱县民间借贷习惯中,"一本一利"并非逾期计息的准则。也正是因为官方"一本一利"的法律约束力量微弱,利息可以无限累积,从而导致了民间借贷活动中不限借期的借贷现象的普遍存在。如竹林乡高坡村《民国十九年三月十七日潘光甫向潘光槐借钱收息字》:

> 立借约字人潘光甫,今因要钱用度,无从得出,自己亲口上门问到潘光槐名下承借出元钱壹拾伍千文正,其钱每仟照月行利五十文正,不限远近相还,不得有误。若有误者,自愿将到土名马路冲水田壹间作抵,上下抵刘姓水田,左抵潘姓水田,右抵刘姓水田,恐日后久拖不还,任从子孙下田收花为利。恐口无凭,立此借字为据。
>
> 　　讨笔　潘光华
> 　　民国十九年庚午三月十七日　立①

契中潘光甫向潘光槐借钱 1.5 万文,约定月息每千钱 50 文,共计每月利息 750 文,年息 9 千文,只 20 个月利息就可达到本金数额,若按"一本一利"之法律规定,债权人最多只能获得 1.5 万文利息,一年八个月后,便不能再继续计息,故债权人必不肯将借期定为"不限远近"。而天柱借贷文书内明确标明"不限远近归还"字样者甚多,以《天柱文书·第一辑》内 101 份普通借贷契约而言,其中"不限远近归还"者达 10 份,近十分之一。但同时反过来说,也正是因为通行逾期生利,才能促使债务人在最短的时间内偿还债务。

对于逾期计利,还有一个须加讨论的问题,即逾期之利息是否可以计入本金,再行计息,此即唐代以来法律所谓的"回利充本"。如借贷 100 元,月息 3%,借期一年,若债务人逾期至 5 年,则若按照逾期叠加利息计算,则当偿还之总数为 $100+100 \times 3\% \times 12 \times 5$,计 280 元。而若依"回本作利"之法算,则其第一年当还 136 元,至第二年则将 136 元为本计算,至年底须还 184.96 元,第三年又以 184.96 为本计息,以此类推,至第五年底须还本利达 465 元,超出叠加计利法之数达 66%,这种满年"回利充本"的方式尚属常情,因若债务人按期

---

① 张新民主编:《天柱文书·第一辑》第 4 册,第 59 页。

清偿，债权人本可获得如许利润，民间甚至有逢月、旬回利之法，则其金额累计之速度更快，如"湖南有孤老钱者，每日按照算术级数加增利息。临湘又有借洋一元，每日还利一角，十日之后改作复利计算。因此本金一元，一月之后当付本利八元。"①

"回利充本"与"一本一利"息息相关，都是为了防范债权人在短时期内对债务人进行高利盘剥。唐宋以降皆禁止"回利充本"，《宋刑统》规定，诸公私以财物出举者"又不得回利为本，（其放财物为粟麦者，亦不得回利为本及过壹倍。）若违法积利，契外掣夺及非出息之债者，官为理。"②元代《至元杂令》"典质财物"条亦言："不得回利为利本，及立倍契"。③但是基于同样的原因，利率自"月利三分"（元、明、清律）而年利5%（《大清民律草案》）而年利30%（《民国民律草案》）而年利20%（《中华民国民法》），在正常借贷活动期限中，"利大于本"已难实现，若债务人再逾期不偿，则其利息滚入本金的合理性在清末又引起争议，最后《大清民律草案》第二编债权第三百三十二条，专门针对此一问题，规定说："当事人若预约至清偿期之利息滚入母金中，且偿还其利息者，其预约为无效。利息延迟一年以上，经债权人催告，债务人亦不偿其利息时，债权人得将利息滚入母金中，并请求其利息。"给予特殊情况下"回利作本"的合法性，这一条文后被《中华民国民法》采纳，正式付诸实施。

"回利充本"虽长时间为法律所不许，但在清至民国时期借贷活动中普遍存在。如江西省赣南地区，"有滚利作本者，例如，本年息金至年终尚未清偿，即滚入次年母本计算，通常称为繁利息（即复利息）"④，又如湖北汉阳县，"债务人如到期不能本利还清者，若利亦不能还，即将利滚算入本"⑤，又如邻近天柱的湖南省武冈市，"借钱以二分行息，如借本钱一百千，每对年则认息钱二十千。对年不能偿息，则债权者与债务者双方算明，连本带利，即以

---

① 哲明：《农村高利贷》，《新中华》卷一，1934年第8期。
② 〔清〕薛允升等编：《唐明律合编·宋刑统·庆元条法事类》，第231页。
③ 黄时鉴：《元代法律资料辑存》，浙江古籍出版社1988年版，第39页。
④ 前南京国民政府司法行政部编：《民事习惯调查报告录》，胡旭晟、夏新华、李交发点校，第453页。
⑤ 同上，第544页。

一百二十千作本，次年即以一百二十千起息。又对年再不还息，仍如前算无异，即谓之息上起息。借谷亦同。此系武冈近城二、三十里之内则然，谚云'八年九年三十砍'，即此之谓。"①

天柱县"回利充本"现象亦偶有所见，如高酿镇优洞村《民国二十七年三月十八日刘根深典田字》：

> 立典田字人本寨刘根深，今因家下要钱使用，无所出处，自愿将到土名登毛田乙丘出典，其田界限上抵山，下抵本主田，左抵路，右抵山，四至分明，要钱出典，自己上门问到龙大河名下承典，当面言定价钱柒拾仟文正，甘认当谷壹佰四拾斤，其谷限至九月归还，不得有误，若有误者，其谷利为本，下田耕种收花为利，不得异言。恐口无凭，立字存照。
>
> 亲笔
>
> 民国贰拾柒年叁月拾捌日　立②

此契名为典契，实与普通质押借贷契约无异。债务人刘根深向龙大河借钱7万文，约定该款每年行谷利140斤，须在九月交清，如果到期不还，则以利息回充入本，且债权人可以耕管所质押之田，以其收成抵冲"回利充本"之后的利息。但是，从目前所见天柱县借贷文书而言，"回利充本"者仅此一例而已。

二、质物留置

质物留置，指借贷活动中债权人以动产、不动产为质押，若违约不偿，则债权人有权将该质押物进行留置处理，以质物之收益来填补损失的行为。《清史列传》卷四十二《程矞采传》载："先是，江西郡属，向有各村殷户于青黄不接之际，仿钱典例，听民以物质谷，每石加息二斗。春出秋归，三年不赎则将所质之物变价作抵，行之称便。"③清末民初甘肃省调查报告亦称："指牲畜作

① 前南京国民政府司法行政部编：《民事习惯调查报告录》，胡旭晟、夏新华、李交发点校，第559页。
② 张新民主编：《天柱文书·第一辑》第11册，第149页。
③〔清〕国史馆臣：《清史列传》，第3326页。

保借者，以赢马牛羊作担保而为短期借贷也。此种保借多属于短期，因牲畜之孳生倒毙不常。若期限过久，纠葛必多。如甲向乙借钱若干，契约内注明一赢马若干蹄，牛羊若干蹄角作为担保，届期若不克履行债务，则债权者得主张占有保借物品而牵策以去。此甘肃全省习惯，以庆阳县一带为盛行。"①此一处理方式亦为官方法律所许可，《中华民国民法》特设"留置权"一章，规定：

第九二八条：债权人占有属于其债务人之动产，而具有左列各款之要件者，于未受清偿前得留置之：

一，债权已至清偿期者

二，债权之发生与该动产有牵连之关系者

三，其动产非因侵权行为而占有者

第九三二条：债权人于其债权未受全部清偿前，得就留置物之全部行使其留置权。

第九三五条：债权人得收取留置物所产生之孳息以抵偿其债权。②

对质押物的留置处理，普通质押借贷与民间典当稍有区别，因质押借贷中，债权人多并未实际占有质押物，待债务到期后，须上门收取质物，若为动产，则可作价抵偿，或将其出卖。如前引《同治三年三月二十三日杨昌立以田做抵向蒋在学借钱字》③，规定至偿还日期，"若有短少，钱主将牛出卖，借主不得异言"。又如《民国三十四年四月二日蒋景均、蒋景能以猪牛作抵借洋行利并限期归还字》④，二人以家中猪牛作抵借钱，契内亦议定"若误任从洋主将猪牛出本利"。

若质押物为不动产，则债权人可索取借贷契中所质押的房屋、地基、田地，或下田耕种，如高酿镇地良村《民国十七年五月二十日刘泽欢以田作抵向刘新鸾借谷付息并限期归还字》：

① 前南京国民政府司法行政部编：《民事习惯调查报告录》，胡旭晟、夏新华、李交发点校，第584页。
② 徐百齐编：《中华民国法规大全》第1册，第77页。
③ 张新民主编：《天柱文书·第一辑》第7册，第246页。
④ 张新民主编：《天柱文书·第一辑》第6册，第66页。

立借谷字人刘泽欢，今因家下缺少粮食，无处借出，自己上门借
到刘新鸾谷子叁挑，每挑加伍行息，限至十月内本利一体归还，不得
有误，倘有误者，自愿将岑细坡田乙丘作抵，上下本主，左抵路，右
抵山，四至分明，至期未获，任凭借主下田耕种收花为利，恐口无凭，
立有抵字可拿。

代笔　刘庆

民国十七年五月廿日　立 [①]

契中刘泽欢向刘新鸾借谷子 3 挑，年息 50%，约定至本年十月内本利清偿，
以稻田一丘作为质押，若逾约，则债权人即"下田耕种"，以所收稻谷为逾期利息。
质押田地之产量，在质押借贷之始，大多已经按照货币、谷物借贷的不同利率
估算清楚，足以保证其收益不低于同期利息。

或则由债权人将田地出典、出租以获利，如瓮洞镇黄巡村《同治二年三月
二十日杨万和领会钱字》：

立领会钱字人杨万和，今因领到首会蒋再学会钱叁拾仟文足，其
钱领足，照会规填三年加叁壹年加式伍上岸，不得有误，如误，自愿
将到自己面分土名雷公冲地名绵花冲田丘作抵，共收谷壹拾伍运，任
从首领出典，填还众会支拥，至□□候钱凌，任照会仪吃凌外，罚会
仪壹堂，如有不凌，惟会首一人问处，所据领字是实。

凭中　吴开成　杨翠华

代笔　杨先之

同治弍年三月廿日立典 [②]

此契乃是钱会中的抵押行为，杨万和加入以蒋再学为首会的钱会，领出该
期会钱共 3 万文，因其轮会较早，按会规尚需按照会金的年利 30% 填会 3 年，
年利 25% 填会 1 年，并以一丘收谷 15 运的稻田作抵，若到轮会之期不能如数

---

① 张新民主编：《天柱文书·第一辑》第 14 册，第 53 页。
② 张新民主编：《天柱文书·第一辑》第 7 册，第 239 页。

如期上会，则将稻田出典，以典资抵冲预定会金。

或则直接将所质押的田地出卖，其出卖之对象，既可另择他人，如文斗寨《姜占魁借当契》：

> 立借当字人姜江氏同继子姜占魁，为因有事在司，缺少银用，无出，自愿请中将到坐落土名眼翁田大小壹丘，约谷十三担，今凭中当与龙里司寨罗天才名下，实借过本银叁拾两整，亲手领回应用。其银言定，限至五月十五日之内（归还），不得短少为（违）误。今欲有凭，立此借当字。
>
> 外批：过限昭（照）月加叁行利。
>
> （本年七月廿二日将此当业，卖与姜绍熊为业，银价罗天才收清。）
>
> 凭中 曾开泰 姜通义
>
> 占魁 亲笔
>
> （凭中 龙绍宾
>
> 姜通义 笔批）
>
> 道光十七年四月初八日 立①

契中文斗寨姜占魁母子有事前往龙里司办事，因缺少资费向当地居民罗天才借出本银 13 两，以家中一丘年收谷 13 担的稻田作抵，约定至本年五月十五日之前归还，过期则以月息 3% 计算，然直至本年七月二十二日，债务人亦未能清偿本利，于是债权人做主，将此田断卖与文斗寨姜绍熊。

又可即由债权人承买，如高酿镇甘洞村《民国十一年闰五月二十七日杨□洋以田作抵向龙锦奎、龙锡锦兄弟借钱并限期归还字》：

> 立借钱字人杨□祥，情因要钱使用，无所出□□□□□□□□云、龙锦奎、龙锦锡兄弟共钱陆千文正，自愿□□□□□□□□三十边作抵，其田上抵路，下抵元贵山，左右抵小路，四至分明，□□□□初二日归还，不得有误，倘若到期不得，此契作为断卖契，□□□无凭，

---

① 陈金全，杜万华主编：《贵州文斗寨苗族契约法律文书汇编——姜元泽家藏契约文书》，第 334 页。

立有此约为据。

　　凭□　□□明

　　　　　　□

　　灿

　　民国十一年又五月二十七日立 [1]

若质押物为房屋、地基，则将由债权人全权代管，自己居住亦可，租赁于人亦可，如黄巡村《同治元年三月七日杨秀魁、杨秀金、杨秀鱼兄弟三人以屋场作抵向蒋再学借钱并行利契》：

　　立借钱人杨秀魁、金、鱼兄弟三人，今因家下要钱用度，无从得处，自己上门问到伊亲蒋再学名下借钱陆仟文足，其钱行利照月加式伍周年加三相还不误，如误，自愿将到老屋场左边姚家屋场内□作抵，若有误者，任从钱主耕管，借主不得异言，立借是实。

　　凭中　杨显高　代笔

　　同治一年三月初七日　立借 [2]

或也可径行售卖，如文斗寨《姜发元借当契》：

　　立借当字人姜发元，为因生理缺少银用，无从得处，自己借到姜仕朝、映辉二人名下实借过银叁两伍钱整，照月加叁行息，不拘远近相还。自愿将到分下先年得买田一丘坐落地名也丹抵当。日后本利交还，如有不归，仰当头发卖。恐后无凭，立此借当字为据。

　　凭中　姜周杰

　　依口代笔　朝佐

　　乾隆五十六年八月初四日　立 [3]

又如高酿镇地良村《民国五年四月二十日龙明标以房屋及地基作抵向龙荣

---

① 张新民主编：《天柱文书·第一辑》第 20 册，第 227 页。
② 张新民主编：《天柱文书·第一辑》第 7 册，第 233 页。
③ 陈金全，杜万华主编：《贵州文斗寨苗族契约法律文书汇编——姜元泽家藏契约文书》，第 45 页。

喜借钱并付息限期归还字》：

> 立借钱字人龙明标，今因要钱，借到龙荣喜钱一十八千八百文整，其钱照月行利加三，自愿将到土名寅寨房屋屋地基乙间，上抵显田、明屋基，下抵竹山，左抵大路，右抵喜藩屋基，四至分明，其房屋地基三股均分，标乙股作抵，要钱借到，限至本年十月本利归还，不得有误，若有误者，任从钱主折卖与人，我借主不得异言，恐口无凭，立有借抵字为据。
>
>   凭中　汤应林
>
>   龙儒兴
>
>   祖林
>
>   亲笔
>
>   民国五年四月二十日　立字 [1]

在民间典当活动中，质押物之使用权既已转交给债权人，则质押物之留置就显得更为简单，由承典人继续承典即可，如石洞镇冲敏村《民国三十六年十二月二十五日杨朝坤典田契》：

> 立典契字人摆洞村杨朝坤，今因家下要洋使用，出处自愿将到土名盘岑田壹丘，上抵大羽山，下抵典主田，左抵大将田，右抵典主田为界，四至分明，要洋出典，自愿将到盂盂村吴汉祥名下承典，当面议定价钞洋壹佰万元正，其洋亲手领清应用，其田付与典主耕种三年收花为息，限至三月清明将洋过付赎典，若不赎典，再耕种为息。是典之成，不得异言，若有异言，立有典字为据。
>
>   讨笔　龙启藩
>
>   中华民国三十六年十一月二十五日　立典 [2]

契中杨朝坤将田一丘出典给吴汉祥，典价"钞洋"100万元，赎典日期定

---

① 张新民主编：《天柱文书·第一辑》第15册，第107页。
② 张新民主编：《天柱文书·第一辑》第2册，第310页。

在三年之后的清明节之前，若到期不能赎取，则承典人可以顺延典期。此顺延之年数，有长达数十年之久者，如瓮洞镇黄巡村《咸丰五年三月八日蒋政光转典田字》[①]，契纸后附承典人蒋在学于同治十年（1871年）三月初四日将此田转典与蒋政聪的批语，则此田之典期已逾16年之久，又如高酿镇上花村《光绪三十年一月十七日龙岳彩典园地契》：

> 立典园地契约字人演德岳彩，祖父先年得典岑孔村龙金连咸丰元年得典本寨园一团，今因龙岳彩无所出处，自愿将到土名中间寨园一团，东抵典主地基坎三角，南抵路，西抵路，北抵典主地基，四至分明，要钱转典，请中问等（到）冲龙显德、显钟兄弟二人承转典言定典价八千文整，其钱亲手领足，其园付与典主耕管，不限远相赎。自典之后，不得异言。恐口无凭，立典字为据。
>
> 凭中　龙和兴
> 光绪三十年正月十七日　立 [②]

这一团菜园土地乃龙岳彩之祖父于咸丰元年（1851年）得典，至此时光绪三十年（1904年）将之转典，已过54年。然如前文所述，天柱县民间典当活动中典期常不确定，有长至数十百年者。但即使如此，亦不能改变该土地的所有权归属，只要原出典之业主有回赎之能力与需要，即可回赎。

第二节　改立契约、债务减免与保人负责

一、改立契约

改立契约，指借贷活动到期而一方不能按约完结，债权人与债务人商议重立契约，以解决违约纠纷的行为。若违约者为债权人一方，则所改立之契约，多在原借贷契约的基础上，通过进一步严格规定清偿日期，提高借贷利率，择

---

① 张新民主编：《天柱文书·第一辑》第6册，第80页。
② 张新民主编：《天柱文书·第一辑》第16册，第139页。

定质押之物，明确违约后果，以促使债务人在最短期限内偿还相关债务。如文斗寨《范世珍借契》：

> 立借字人岩湾寨范世珍，今因家下缺少银用，无处得出，亲自问到文斗寨姜映飞名下，借过本银四两整，亲手领回应用。其银限在十二月还清，不得有误，如有误者，各自换约出当。今恐无凭，立此借限字为据。
>
> 亲（请）笔 范述尧
>
> 乾隆五十一年十一月二十四日 字 [①]

此契中债务人范世珍向姜映飞借出本银 4 两，为期甚短，故并无利息，然双方约定，若到期不还，则"各自换约出当"，即重立典当契约，以债务人之产业出典，而以其收益折算本利。

又如石洞镇摆洞村《民国二十四年四月五日杨再兴以房屋作抵向杨金发借钱并限期归还字》：

> 立限钱字人槐坪寨杨再兴，情因借到摆洞地老村杨金发名下承借钱壹佰肆拾柒仟文正，以此借良久尚未尚然未还，定限到十月本利加四赔还，至时若不赔还，将房屋一座与地基作抵，至日果然未获赔还，定把此屋地基与他管理作业。自限之后，不得反悔异言。恐口无凭，立有限字一纸付与手执为据。
>
> 讨笔 陆开珠
>
> 民国式拾肆年岁次乙亥四月初五日立 [②]

此契所立"限"字，乃因杨再兴曾借得杨金发钱 14.7 万文，其原定利率不详，然杨再兴长期未能偿还债务，于是双方重立此契，将归还的最后期限定为本年十月，按 4% 的月利本利赔还，且言定以其房屋一座与地基作抵，若到时债务人依旧不能还钱，则房屋与地基将全归债权人"管理作业"。

---

① 陈金全、杜万华主编：《贵州文斗寨苗族契约法律文书汇编——姜元泽家藏契约文书》，第 41 页。
② 张新民主编：《天柱文书·第一辑》第 2 册，第 132 页。

若为典当活动，出典人已无力赎典，且钱粮之需求仍然急迫，则可以重订买卖契约，以中止其违约行为。如《民国三十三年十月十六日陈代芳卖田契》：

> 立契卖田字人陈代芳，今因家下要洋使用，无从得处，自己将到土名角水口田大小乙共叁丘，收花捌挑正，载税照管业证过，内开四抵，东抵芳田，南抵代照田，西抵代培田，北抵河，四抵分明，要洋出卖，自己请中上门问到胞弟陈代炳名下承买，当日凭中言定价洋捌仟贰佰捌拾元正，先除典价，洋前后乙并领亲（清），不得异言。若有异言，不甘（干）买主之事，卖主里落。恐口无凭，立有卖字是实。
>
> 　凭中　袁进书
> 　　　　化南
> 　请笔　杨云程
> 　民国卅三年十月十六日　立卖[①]

然如前文所述，天柱县家族观念甚浓，改典作卖，非可贸然为之，必须考虑家族内部的要求，一般亦如田地典、卖，保障族人的优先权。上引陈代芳之田，原承典人为谁今不可考，然当出卖之时，则首先想到的是其胞弟。

民间借贷活动的违约行为，不仅发生于债务人一方，债权人亦有可能。如在占有型质押借贷活动中，债权人在借贷期内未能妥善保管质押物，以致损毁或亡失时，自当担负相应责任。如房屋典当中，"若约明回赎期限，则在此期限内，房屋若有损坏，应归业主修理"[②]，若甚而有焚毁等情形，则承典人亦须担负相应赔偿责任。天柱县之民间借贷活动中，其普通借贷之质物并不转移，而典当又以田地占据绝大比重，债权人因质押物之损毁而导致的违约可能性不大，最为常见者，乃是到期债务人还债赎契时，债权人将原契约丢失的违约补救。

天柱县之民间借贷契类皆单契，即契纸仅书写一份，交由债权人收管，到期债务人清偿欠款本利后，债权人再将契约取出交还，以示借贷活动之终结。若届时债权人将原借契遗失，则不得不另寻他法弥补。其解决之方法，普通借

---

① 张新民主编：《天柱文书·第一辑》第 1 册，第 70 页。
② 前南京国民政府司法行政部编：《民事习惯调查报告录》，胡旭晟、夏新华、李交发点校，第 291 页。

贷是由债权人出具收款凭证之"收（领）字"，如高酿镇优洞村《咸丰十一年
四月十二日龙昆隆出具县龙神送借钱本利还清收字》：

> 立收字人高冲寨龙昆隆，今收到高鲁寨龙神送于咸丰十年所借
> 二千文，一契本利一概收清，并无后欠，兹因老契遗失，日后寻出遗
> 为故纸，不得重讨。恐口无凭，立收字为据。
> 代笔　杨通衡
> 咸丰十一年四月十二日　立 ①

契中龙神送于咸丰十年借龙昆隆之钱 2 千文，到次年四月十二日本利偿还
之时，龙昆隆将原契遗失，为避免日后找到后再索偿，只得请人代书"收字"
一纸付与债务人。

如果债权人为多人，自不能人人各执一契，则债务人分别偿还时，为留凭证，
各债权人须单独出具领钱字据，如黄巡村《道光十九年六月五日蒋政怀领钱字》：

> 立领字人蒋政怀，今因领到蒋芝相道光十一年承借政伦、政怀众
> 钱壹仟文，政怀壹仟凭中本利一概领清，并不短少分文。恐后无凭，
> 立领字为据。
> 房侄昌士代笔
> 凭中　昌贵
> 道光十九年六月初五日立领 ②

契中蒋芝相于道光十一年（1831 年）借蒋政伦、蒋政怀等人各 1 千文，其
中蒋政怀的借款至道光十九年（1839 年）蒋芝相才本利还清，因原借契不在债
权人处，故其在收银之时必须出具领字。债权人为多人，若赎契之时收管原借
契的债权人将契纸失落，则各债权人都需要分别出具"收（领）字"。如高酿
镇丰保村《宣统三年六月二十日龙作宾领银字据》：

---

① 张新民主编：《天柱文书·第一辑》第 12 册，第 224 页。
② 张新民主编：《天柱文书·第一辑》第 7 册，第 194 页。

立领银字人龙作宾，今因收领到平自寨陈天元借我父亲兄弟大人
众银二十两正，立有借字在我叔父荣富手执，以后借字执出，以为故纸。
今人不古，立有领字是实。

亲笔　立

宣统辛亥年六月廿日立领 [1]

在房屋、土地典当活动中，则更为郑重，一律须另立证明文书，或立"吐
退字"。如江东乡大坪村《光绪八年四月十九日杨承瑚典田土退契字》：

立土退字样领钱人杨承瑚，今因先年得典罗炳开之田土名大垄丘
田乙丘，又并房树脚田乙开，又并老井塘田乙丘，乙共二张契，以为
上门赎取，不得短少，并无下欠文，其有典契寻至不出，日后寻出典契，
以为故纸无用，不得异言。恐后无凭，立吐退字样为据。

凭中　杨成喜

光绪捌年四月十九日请代笔清贤立 [2]

或立"收挥字"，如高酿镇甘洞村《民国二年九月六日杨通文典价收据》：

收挥□□人杨通文，情因胞姐淑娥、梅，先年得典杨通义本寨脚
田□丘，典价钱壹拾弍仟八百文，今因典限已满，田转卖与堂兄杨通华，
典价已收，典契寻找不出，倘后查出，作为废纸。恐口无凭，立有收
挥为据。

亲笔　杨通文

民国二年九月初六日立收挥 [3]

改立"收领字""吐退字""收挥字"等契约而产生的一切费用，则将由债
权人一方承担。

---

① 张新民主编：《天柱文书·第一辑》第 16 册，第 232 页。
② 张新民主编：《天柱文书·第一辑》第 3 册，第 2 页。
③ 张新民主编：《天柱文书·第一辑》第 21 册，第 351 页。

二、债务减免

在传统乡村社会，民间借贷的当事双方即常具有一定的情感基础，或为同一地区，或为同一家族，或为亲戚关系，如当债务人因家庭经济状况所限，实在无力偿还债务，或虽债务人有偿还债务的实力，而债权人顾念感情，秉持有无相通的精神，也大多会作出让步，相应减少本利金额，甚至免除债务。如锦屏县加池寨《姜恩瑞欠姜开让猪价欠条》（咸丰元年三月十四日）：

> 立欠猪价字人本房姜恩瑞，喜事无钱交足，今欠到本房叔公姜开让银乙两四钱乙分，自愿照月加三行利，不得有误。恐口难凭，立此欠字为据。
>
> 凭中代笔 姜凤仪
>
> 咸丰元年三月十四日 立
>
> 至十二月廿八日母亲手还清，他不要利退回。①

此契债务人姜恩瑞，因家中办喜事，向本房叔公姜开让借银一两四钱一分，约定月利3%，然至本年十二月二十八日姜恩瑞之母还账时，姜开让本应收取10个月的利息，共计0.423两，但他竟将送来的利银原数退回。姜恩瑞还钱赎契之后，又在原契之末加以记载，感激之情，溢于言表。

体恤债务人之困苦，本是苗侗民族凝聚家族与亲戚内部情感关系的有效方式，而汉文化的传入，如儒家"救灾恤邻"与佛教"慈悲喜舍"的思想，更促进了这一美德的发扬，使"弃债""焚券"之善举广得以效仿与传播。如明末黎平府五开卫人卢成蛟，"性鲠直，人有过辄面规之，有急则必分所有以予之，闻人忠孝仁义事，则极口称赞，盖天性然也。"后"念世谛无常，浮生若寄"，遂皈依佛教，诚心念佛，而更加"好施予，琳宫梵宇祠庙之创造，神佛之雕塑，以及桥梁道途施茶粥草履，凡有方便于人者，燃灯设醮赈孤，凡有利益于幽者，种种善举，无间巨细，必以公为归，公或为倡导，或自举行，罔敢弗虔，罔敢

---

① 张应强、王宗勋主编：《清水江文书（第一辑）》第1册，第362页。

或吝，数十年如一日。"① 清乾嘉时期锦屏县铜鼓人徐为和，"弱冠补弟子员，食廪饩，长益砥砺，以古圣贤自期。凡修学宫、创书院、砌桥梁，立宗祠等事，重赀捐助，以一身肩其任。平时与后进讲论文艺，必以躬行实践为主，乡里以穷困告之，必周之，遇读书、婚娶之无力者，酌量周恤，藉以成立者不少。有贷者，计不能偿，悉焚其券，岁歉则出廪粟以食饥者，活人无算，功德及人，不能悉举。锦屏知县李匾其门曰'仁延后绪'。"② 咸丰中古州厅（今剑河县）人黄永兴，"治水絮为业，就河岸见一妇人，号泣投水，急救之，诘其情，则以鬻豕得赝银，夫归，责之亟，妇不堪虐，故偷河，黄怜之，出所积金约五两予妇，曰：'汝持予银归，诡言贩豕者换来，汝夫得银，必不他究。'妇拜谢归，由是夫妻好合如初，黄亦终不索偿。"③《天柱县志·人物志》中，也常见"弃债"之善举，如明代天柱县城居民王伟："好施不倦，亲族待以举火者甚众，岁饥，出粟赈济，全活无算，有贷金不能偿者，辄还其券。年八十余，生八子，万历间拜寿官额曰耆俊，乡人钦之。"④ 又如清代"崇道重儒"的大善人吴尚贤，热心公益，扶持寡弱，其子吴昌周，亦"席丰厚之业，继志述事，克绳祖武，乐善好施，终身不倦，尝集借券，度力不能偿者，悉焚之。子孙科甲蝉联，人以为盛德之报。"⑤

当然，除了情感、道德因素，债务人的现实经济状况，亦常能促使债权人权衡利弊，策略性地减轻本利，以达到债务人足以偿还的能力水平，并增强其还贷的勇气，因一旦债务之累积，成为压垮"骆驼"的"最后一根稻草"，则极可能导致债务人丧失还款的信心，使债权人本利皆成泡影。如《姜国彩借银当田字（道光二十四年十一月十八日）》：

> 立借字人剪赖寨姜国彩，为因先年国彩、吴焕奎、姜绍、姜士文

---

① 〔清〕余谓修，陈瑜纂：（光绪）《黎平府志》，载《中国地方志集成·贵州府县志辑》第 18 册，第 214—215 页。
② 同上，第 160 页。
③ 同上，第 221 页。
④ 〔清〕林佩纶等修，杨树琪等纂：（光绪）《天柱县志》，载《中国地方志集成·贵州府县志辑》第 22 册，第 262 页。
⑤ 同上，第 263 页。

合伙生理贩木，国彩、焕奎向加池寨姜开让借过本色银壹佰两，多年本利无归，至道光贰拾肆年，开让取讨，伙等无银归还，苦求开让让利将色银壹佰两折归银伍拾两，伙计四人分每人名下落银壹拾贰两五钱，各写抵当，每年每名下上谷利壹佰伍拾斤，不得短少，本银不拘远近归还，各还各清，国彩自愿将剪赖国道屋坎下田一丘作当。空口无凭，立此借当字为据。

　　凭中　吴焕章

　　子请湖笔

　　道光贰拾肆年十一月十八日　立①

此契剪赖寨姜国彩、吴焕魁、姜绍、姜士文四人合伙做木材贩卖生意，向加池寨姜开让借出本银 100 两，然因生意失败，致使欠债多年本利不能偿还，直到道光二十四年（1844 年）债权人索讨，仍旧无银相还，四人只得苦苦哀求，最后将欠款减免掉绝大部分，本利共减为 50 两，每人分摊 12.5 两，各以田作抵，每年利谷 150 斤，以使各家皆足以承担。在天柱县，亦流行着"借钱是亲家，还钱是冤家"②的民间谚语。

三、保人负责

无论按法律或地方习俗，民间借贷活动中负责居间介绍的中间人一般并不负有违约代偿的连带责任，因此，若借贷双方互信度低，或债务人经济情况差，到期不能偿还的可能性大，则债权人为保障其经济权益，在出借伊始，即令债务人寻得有偿还能力之人作保证，契约文书中常称作"中保"。一旦成为保人，其法律责任重大。《大清律》"户律·钱债"之"违禁取利"条第一条例文载："听选官吏、监生人等借债，与债主及保人同赴任所取偿，至五十两以上，借者革职，债主及保人各枷号一个月，追债入官。"③此条虽专指待任官员为上任而筹措费

① 同册尚有与姜国彩同时向姜开让借钱，无力偿还，同被减免债务的姜朝圣、姜士文之契据。分别见于《清水江文书（第一辑）》第 4 册，第 209、338、339 页。
② 秦秀强：《天柱县民间谚语集锦》，载天柱县政协、非物质文化遗产宝库编委会编：《天柱县非物质文化遗产宝库》，贵州大学出版社 2009 年版，第 137 页。
③ 马建石、杨育棠主编：《大清律例通考校注》，第 523 页。

用的借贷活动，但保人得与债主同赴借债人任所取偿，可见其连带关系之密切。《中华民国民法》更强化保人的责任，其"保证"一节载：

> 第七三九条：称保证者，谓当事人约定一方于他方之债务不履行债务时，由其代负履行责任之契约。
>
> 第七四○条：保证债务，除契约另有订定外，包含主债务之利息、违约金、损害赔偿，及其他从属于主债务之负担。
>
> 第七四三条：保证人对于因错误或行为能力之欠缺而无效之债务，如知其情事而为保证者，其保证仍为有效。①

随举三条，即可知保人责任非同一般，故在民间借贷活动中，为人作保是一件极需谨慎的事，风险极大，一旦债务人逾约，即须代为追索。如瓮洞镇黄巡村《民国四年四月二十三日刘先荣以田作抵向潘光淮借钱并付息字》：

> 立借字人刘先荣，缺少用度，无从得处，自己上门问到潘光淮名下承借老宝银拾两零伍钱，并纳利谷九箩零拾斤，另自己将到土名丫婆坳桥头水田壹丘左（作）抵，上本主，下本主，右抵路，左抵本主水田，日后不得有误，若有误者，耕种收花为利，日后不得异言，今姓（幸）有凭，立有借为据。
>
> 凭保人　潘通前
> 亲　笔　刘先荣
> 民国四年四月廿三日立借②

契中刘先荣向潘光淮借贷，以田一丘作抵，据其开列四至，刘先荣当拥有田多丘，应该具有偿还能力，然仍需请与潘光淮有一定交情的潘通前作保，方使此次借贷活动顺利达成。此中之具体原因虽已难考证，但潘通前既答应作保，则须负责本次借贷的偿还，如刘先荣逾期不偿，则潘通前当代债权人追索。

若债务人无质押物，或无偿还能力，到期保人追索不得，还当代为偿还。

---

① 徐百齐编：《中华民国法规大全》，第 1 册，第 69—70 页。
② 张新民主编：《天柱文书·第一辑》第 6 册，第 137 页。

如前引高酿镇甘洞村《民国三十四年十二月十九日胡启林向本族冬至会借谷并限期归还字》①，契中胡启林经族中胡贤广介绍并作保，从族中冬至会上借出谷子 150 斤，约定来年九月归还，并不需要支付利息，但因为胡启林并未以任何物品质押，且有届期不偿之可能，故契中明确讲定，到时由保人胡贤广负责偿还。又如《民国二十年年六月二十六日林启焕立退契字》：

> 立退契约字人林启焕，因先丁卯年四月二十八日得借元钱与暮溪村黄贞宁，面中人龙坤岩同领钱伍封整，契钱照月加四行息，以契仍坤岩伞上冲桥头下边田乙丘作抵，四至开清，愿帮妹丈贞宁抵当借钱，妹没之后，贞宁寒贫，以钱难还，是今辛未年六月廿一日，岩自愿本利一体算合钱乙十壹仟六佰文整，登明赎字，两下全清，所以文失落无字归原，其钱亲收无久，恐后取出字约，以为故纸，若有来历后患，今凭墨水记退字为据存照。
>
> 民国辛未年六月廿六日启焕亲笔退字②

此契中暮溪村（时属县第六区，今高酿镇）黄贞宁于民国十六年（1927年）（丁卯）请妻兄龙坤岩作中保，并以保人之稻田为抵押，向林启焕借钱五封，月息 4%，至民国二十年（1931 年）（辛未）六月，已经累积本利 1.16 万文，而其时黄贞宁丧妻之后，家境更为贫寒，无力还债，作为中保人的龙坤岩只得代为清偿。

又如《民国六年十月初四日舒光美立转退借字》：

> 立转退借字人舒光美名下得领杨俊德亲笔立成之借字乙章，因为舒光辉之次子舒少毛名下欠账不还，数年不清，杨俊德只得无奈，请凭中杨相金、龙忠庆立成借钱式拾千文正，外借油伍十斤正，在与手拨扣账目，光辉之妻杨氏开变子母不愿还扣账目，流落借约，舒光美一时寻之不出，只得立成退约字乙章，后裔子孙清出老字无用。
>
> 凭中 □□□

---

① 张新民主编：《天柱文书·第一辑》第 21 册，第 135 页。
② "天柱文书第一辑补遗"，第 27 盒。

民国丁巳年十月初四日光美亲笔 ①

此契记录了另一笔借贷活动中借债人违约不还，而由中保人负责的债务纠纷。债务人舒少毛昔年曾请杨俊德作保 ②，向舒光美借钱，然债务到期之后，债务人欠账不还，迁延数年，其家人亦不愿代为清还，杨俊德被逼无奈，只得请杨相金、龙忠庆二人为中间人，向原债权人舒光美签立一份借钱2万文、借油50斤的借契。由此可见，替人作保，确实担负不小的风险。

第三节　民间调解与司法诉讼

一、民间调解

上两节所讨论的逾期生利、质物留置、改立契据、债务减免、保人负责等违约处置方式，乃由借贷活动当事双方所和平协商而达成，然若双方对于借贷活动某方面持有异议，各不相让，难以达成一致意见，则不免引起争端，只得请求家族或地方势力居中调解，以求得双方都能接受的处理办法。

民间借贷中的重大争端，最为常见的约有三种。一是赖账不还，如上引《民国六年十月初四日舒光美立转退借字》③，契中舒光辉之次子舒少毛曾向舒光美借钱若干，而逾期不还，向其家人讨要，其母杨氏亦不愿还，最终只好由中保人杨俊德代为偿还。

二是转典纠纷，由于承典人在典期内将得典之产业转手再典，若典期较长，而又经过多次转手，则不免因此而产生纠纷。如瓮洞镇黄巡村《咸丰十一年八月一日游希贤清白概领字》：

> 立清白概领字据人游希贤，情因我房游成顺将荒田长陇坡分落两
> 分田，一股卖与蒋再学为业，其田先典与游润色，润色将田转典与杨

---

① 天柱县档案局（馆）庋藏契约文书，第89盒，第119份。
② 此契中虽未明确指出杨俊德为舒少毛向舒光美借贷活动中的保人，然舒少毛之家人尚在，而债权人得向杨俊德索偿，而其虽感无奈，而不得不代为偿还，则当为原保人无疑。
③ 天柱县档案局（馆）庋藏契约文书，第89盒，第119份。

政慈，政慈将田送我夫妇耕种为业，再学向我赎取，因先后扣足不一，二比争论，捏以背买横骗等情，控经捕主案下，蒙伊亲杨翠华、吴源恺等入中劝解，今俱已算清领足，日后我游希贤兄弟不得借故生端。恐口无凭，书立清白概领为据。

　　凭伊亲　刘文运　吴源恺　杨政慈　杨翠华

　　叔公　游成顺　堂弟　游老四、五

　　咸丰拾壹年八月初一日　亲笔　立①

　　契中所争议的田地，乃原属于游成顺名为"荒田长陇坡"之其中一股，此田先由游成顺典与游润色，至道光二十一年（1841年），游润色转典给其姐夫杨辅仁，见《道光二十一年四月八日游润色转典田契》：

　　立转典田契人游润色，今因家下要钱使用，无从得处，自愿将到先年得典游城顺粮田土名慌田小地名长垒六股之中城顺面分壹股，此时未分，不便记载，田丘一股，收谷三十运，要行转典，请中招到姊丈杨辅仁承典为业，三面议作典价九九足钱四拾捌仟文整，其钱即日领足，钱字两交，其田典主仍讨耕种，每年秋收临田分花，不得隐瞒升合，若有隐瞒，任从钱主转典拨耕，典主不得异言，日后备得原价上门取赎抽约。今欲有凭，立典是实。

　　亲笔

　　凭中　杨超前

　　　　游润泽

　　咸丰二年三月杨政慈将此契田土送与大女荷云耕种　慈批

　　道光式十乙年四月初八日　立典②

　　于咸丰二年（1852年）三月，承典者杨政慈（疑为杨辅仁之子）又将该田转送给大女儿杨荷云及女婿游希贤耕种，至咸丰十一年（1861年），田主拟将

① 张新民主编：《天柱文书·第一辑》第7册，第226页。
② 同上，第195页。

所出典的这块稻田出卖给蒋再学，出卖之前，按例先需赎典，而由于时隔数十年、转手数人，对于典价产生较大争议，乃至终争讼于官府。

三是典卖质物。因天柱县民间借贷习俗中，普通质押借贷之质押物并不转交给债权人，若债务人在未清偿债务之前将质押物出卖、出典，使原质押物失去债务保证作用，则必然引起纠纷。如高酿镇地良村《民国十六年三月三日龙祖昌赎回田契清白杜后字》：

> 立清白字杜后字人龙祖昌，情因己未年所借龙才广之钱肆仟文，将母亲之养老田求芳作抵，因母亲归世，其田卖与长子祖益，至丁卯年才广将抵字认昌归还，昌实属难还，广具控到局，局长公断偿还一十六千文，因昌自愿，木下再劝才富兄弟帮昌偿还一十六千，将抵字赎回，不得拖欠分文，自后祖昌不得妄为作抵别人，倘有妄行抵典，有我中人秉公究治，不得异言，立有清白付与富兄弟手执为据。
>
> 凭中　姚皆举
> 　　　龙才多
> 　　　汤应麟
> 民国十六年丁卯三月初三日汤应麟笔[①]

契中龙祖昌于民国八年（1919年，己未）一月初，以母亲的养老田土名求芳者为抵押，向龙才广借钱4千文，月息三分，然之后其母去世，家人在处理遗产时，将该田卖与家中长子龙祖益，而龙祖昌则并未及时偿还欠款，至民国十六年（1927年，丁卯年），债权人龙才广手执抵押借据向龙祖昌索偿，无奈此时龙祖昌既无力还钱，又拿不出抵押田产，于是债权人向司法机关控诉，经局长查验，此次借贷活动为期八年零四个月，本息合计1.6万文。后由本房族人龙才富[②]从中劝解，并合力集资帮其偿还欠款，方得使此争端得以解决，并于这份"清白杜后字"中再三告诫龙祖昌不能再犯。

[①] 张新民主编：《天柱文书·第一辑》第13册，第259页。
[②] 同上，第258页。龙祖昌与从中调解的龙才富兄弟为本房近亲，见所收之《民国十六年一月十日龙祖昌卖山场字》。

二、司法诉讼

因借贷纠纷而产生争讼，虽于事理来说并无异处，然对于传统中国社会而言，却大受非议。《周易》"讼"卦载："讼，有孚，窒惕，中吉，终凶。利见大人，不利涉大川。""彖"辞释之曰："讼，上刚下险，险而健。'讼，有孚，窒惕，终吉'，刚来而得中也；'终凶'，讼不可成也；'利见大人'，尚中正也；'不利涉大川'，入于渊也。"争讼无论败诉，抑或胜诉，皆大非吉事，"上九"卦辞即言："或锡之鞶带，终朝三褫之"，而"象"辞释曰："以讼受服，亦不足敬也！"①《论语·颜渊》亦载孔子之言曰："听讼，吾犹人也。必也，使无讼乎？"朱子《四书章句集注》引杨时之言曰："子路片言可以折狱，而不知以礼逊为国，则未能使民无讼者也。故又记孔子之言，以见圣人不以听讼为难，而以使民无讼为贵。"②因而历代儒者，若得君行道，自当美政安民，即使失意在野，也当觉民化俗，而促进人际之间的守望相助、和睦共处，避免争讼，正是题中应有之义。

苗侗地区家族观念浓厚，民族风俗习惯、款约皆有调处族内、族际纠纷的条规，明清以来蕴含着丰富的睦邻息讼精神的汉文化传入后，更加强化了民众贱讼、止讼的集体心理。如清初黎平府人王祚允"喜读人，遇必敬礼之，乡邻有争竞，力为解，兴讼者鲜。"③王修邻，"孝友平易，好善乐施，与物无忤，邻里有争竞者，善为解，不令官。"④中潮所人牛光斗，"生平孝友，好善乐施，遇有争者，辄善解之。"⑤天柱兴文里地湖人吴顺彝："国学生，秉性严明，处事能持大体，尤好扶持善类。人有急需，必设法助伙如愿乃已。乡邻争讼，众口纷咬，公徐出一言以定是非，事遂冰释。每遇公件，平情处置，不随不激，地方阴受

---

① 〔宋〕朱熹：《周易本义》，中华书局2009年版，第59—62页。
② 〔宋〕朱熹：《四书章句集注》，第137页。
③ 〔清〕俞谓修，陈瑜纂：(光绪)《黎平府志》，载《中国地方志集成·贵州府县志辑》第17册，第215页。
④ 同上。
⑤ 同上。

其福。"①

又如天柱县兴盛的谱牒文化，清代、民国之族谱大多于谱首恭列康熙"圣谕十六条"，如宣统二年（1910年）续刻的《胡氏宗谱》载："和乡党以息争讼。古者五族为党，五州为乡，睦姻任恤之教，由来尚矣。乡党之中，生齿日繁，比闾相接，睚眦小失，狎昵微嫌，一或不识，凌竞以起，遂至屈辱公庭，委身法吏，负自觉无颜，胜者人皆侧目，以里巷之近，而举动相猜，报复相寻，何以为安生业、长子孙之计哉！"②民国二十九年（1940年）秋重刊的天柱《杨氏族谱》首列"家规"亦谆谆训诲"毋因财利而参商手足""忠孝节义是非必出于至公"，其"祠堂榜文"亦曰："阖族人等，一体知悉，听其详言，务宜循规蹈矩，温良恭让，和党睦族，若不遵守规矩，逞势霸蛮之徒，阖族重处，决不姑贷。"③

除了家族规约，地方基层自治组织如大小款、联款、团练也会以保境安民为目的，制定各类条规，以约束扰乱地方安宁的行为。如从江县东部高增寨康熙十一年（1672年）七月初三日所立的款碑，其序称：

> 为尝思事以靖地方，朝廷有法律，乡党有禁条，所以端土俗。近年吾党之中。有好强过人者，肆行无忌，勾串油火敲诈勒索，危害庶民，凡是（事）不依寨规款法，殊堪痛恨。是以齐集诸父（老）于鼓楼前议款，严设禁条，凡婚姻、田土、民情纠葛之事，遵以长辈理论，其有不清，另请乡正、团长理明，决不容横行无理，奔城具控咬情生事。倘敢仍入前辙，众等严处。④

清末从江县六洞地区大款规约《六洞公众禁约》⑤，其第九条亦载：

> 事理不平，先经团众公论是非，释纷不下，再送朝廷。倘有不遵

---

① 〔清〕林佩纶等修，杨树琪等纂：（光绪）《天柱县志》，载《中国地方志集成贵州编》第22册，第263页。
② 《胡氏宗谱》，宣统二年仲夏天柱县孙文治、刘贤书刻本。
③ 《杨氏族谱》，民国二十九年孟秋天柱县得月楼粟庆发刻本。
④ 徐晓光：《款约法——黔东南侗族习惯法的历史人类学考察》，第64页。
⑤ 六洞者，今为从江县贯洞、龙图、新安、庆云，与毗连黎平县肇兴、顿洞六个乡镇。

众议，妄行禀告衙门者，团众先行举罚，后论是非。①

另如文斗寨《光绪朝文斗地方团练呈黎平府团练条规十条文书》，其第九条亦道：

> 一议我团中每因婚户、田土、银钱细故，动辄兴词告状，以致荡产倾家。言念及此，深为扼腕，自议之后，毋论大小事件，两边事主诣本地公所各设便宴一席，一起一落，请□首人齐集，各将争论事件实情一一说明，不得展辩喧哗、强词夺理。众首人廉得其情，当面据理劝解，以免牵缠拖累、播弄习唆之弊。如两造各坚执一词，势难了息，即投营上团首将一切情节详细告诉，众等查问明确体察情形议决。倘有负固不服逞习抗公，立即联名禀官重究。但我团首不得循情左袒、偏执臆见，以昭公道而服人心。②

如此，既有家族性规约，又有地方性禁条，故一旦家族内部发生大小矛盾纠纷，多由族中尊长、耆老在祠堂中评判调解，而族际纠葛，亦多由各族族长、乡绅主持公道，不到万不得已，不得贸然争讼于官府。如文斗寨《乾隆五十五年（1790 年）八月九日姜国珍等山场纠纷处理文书》：

> 立清白分山合同约人下寨姜国珍、启才、应飞、周杰、俨党、兴才等，上寨姜廷伟、姜明、光周、文龙、文奇、龙香保等，为因白号山场早已分清栽木无异，今有姜兴才所栽杉木在白号山头，二比混争，意欲兴讼。族人亲友不忍坐视，于中释纷解劝，将兴才所栽之山并地，公处拾二股，将十一股断与姜启才、国珍等五十两之山纸上有名六人收租管业所有，一股断与姜明相、文龙、文奇十两之山有名人等收租管业，日后不得异言。恐后无凭，立此合同各执一纸存照。
>
> 【半书】立分合同为据
>
> 映飞手承一纸

---

① 张子刚：《从江石刻资料选编》，载徐晓光：《款约法——黔东南侗族习惯法的历史人类学考察》，第 58 页。

② 潘志成、吴大华：《土地关系及其他事务文书》，第 180 页。

> 凭中：姜廷式、姜士朝、姜廷盛、姜岩生、姜官科
>
> 代笔：姜文勤
>
> 乾隆五十五年八月初九日　立 [①]

契中文斗上、下两寨因山林木材的所有权纠纷，争议不决，"意欲兴讼"，而当事人的族人亲友"不忍坐视"，为之调解商议，最终使之划清股份，消弭矛盾。又如同寨《道光二十八年（1848 年）十一月十八日姜朝望等错卖山木一事处理文书》：

> 立错字人姜朝望、朝吉、光禹、光照、光宗、光典、广珍、大振、绞生、光限、钟英、老宋、广□等，为因错卖姜相荣、相魁、相开、宗揆、光文、光本、光祖、天相等之山，地名加十塘，别名冉抵，卖与客人彭太和砍伐。相荣弟兄等查出，将木阻止，当请乡保理论。我等自知理虚，蒙寨老、乡保求到相荣等，念在知之详情，朝望、光照众等自愿登门倍（赔）谢，出立错字为据，使日后我等不得借故生端。如有此情，自干不便。立此错字为据。
>
> 凭中：范锡寿、姜永发、绍奇、德宏
>
> 保长：罗老龙
>
> 代笔：李天才
>
> 道光廿八年十一月十八日　立 [②]

此契中姜朝望等人错卖姜相荣等所有的山林杉木，被林主当场抓获，眼见大开争执，同样因得到寨老等人从中调处，仅由错砍方上门赔罪，出立"认错字"，就令原本可能大起争端的矛盾消解于和风细雨之中。

民间借贷活动中的纠纷，亦同样绝大多数通过民间调解来解决。如石洞镇撰洞村《清宣统元年十月二十四日杨福保与刘清广为息争地基清白了息字》：

> 立清白了息事人杨福保，情因牛栏地基乙坪，正式丈式尺，横乙

---

① 潘志成、吴大华：《土地关系及其他事务文书》，第 220 页。
② 同上，第 221 页。

丈式尺，东抵龙姓共沟，南抵刘姓屋基，西抵杨姓共沟，北抵杨姓共沟为界，当与刘清广，相争故，我两造父弃年幼，二比杳冥，今得地方寨老入中劝解，刘姓补我足银伍两四钱四分，其银亲手领足，其牛栏地基任从清广永远起造为业，自今已后，不得横争。恐口无凭，立有清白了息字约为据。

寨老　张吉发　杨胜锦　刘汉全　龙绪云

亲笔　福保

宣统元年十月廿四日　立 [1]

契中杨福保与刘清广一块牛栏地基的归属问题发生争执，此地据杨福保称乃是其父先年典当给刘清广，然刘清广则显然认为该地基乃买卖所得，已经完全拥有其所有权和处置权，而原当事人一方的杨福保之父已经去世多年，原典当或买卖活动之中见人也无从对质，更未有纸质契据为凭，因此杨福保与刘清广之争执长期得不到解决，最后只得请"地方寨老入中劝解"，使双方各退一步，由刘清广补银五两四钱四分，以买断该地基的所有权，可永久建造房屋使用，而杨福保一方亦不得再行"横争"。

民间调解以息事宁人、促进地方与家族的和谐为目的，以和平协商、劝强扶弱为手段，以道德相感召，以情感为纽带，虽常与法律相出入，然在民间纠纷中却能游刃有余，补官方司法机关效能之不足。如前引游希贤、蒋再学的典、卖纠纷，纠葛丛生，即使控告至司法部门，亦难以解决，最后还是求助于地方调解，见《咸丰十一年八月一日吴元恺、杨翠华、刘文运等清白虑后字》：

立清白虑后人吴元恺、杨翠华、刘文运、杨政慈等，情因游希贤、蒋再学为典赎争论，捏控捕主案下，二彼自知愧悔，央内咸入中劝改，二彼自愿心平意服，中间并无压迫等情，日后若有滋事，惟我等是问，执出清白，自干罪咎。恐口无凭，立清白字约寸（存）照。

咸丰十一年八月初一日　杨政慈　笔立 [2]

---

① 张新民主编：《天柱文书·第一辑》第 2 册，第 185 页。

② 张新民主编：《天柱文书·第一辑》第 7 册，第 227 页。

民间调解有时若按法律条约来衡量，无疑是不完全公平的，如渡马乡共和村《民国三十三年二月二十二日袁均贵典到袁进财田土无效清白字》：

> 立清白字人袁均贵，今因典到下甘溪袁进财冲关水田壹间及□栏田三丘，收花拾陆挑，田限三年相赎，每年仓付谷四石，今念族中解决，典主今备原价赎返，日后洋主再发现典字无效。恐后无凭，立此清白字样为据。
>
> 经受收洋人　袁进勋
>
> 凭　袁通富　袁进丰　政勋
>
> 典价洋伍仟八百元正　此据
>
> 亲笔 袁进勋（中指印）
>
> 民国二十三年十二月二十二日　立 [1]

契中袁均贵得典袁进财水田共可收谷 16 挑的稻田，典价 5800 元，约定典期在 3 年以上，然未至典期，出典人准备赎典，这按照典当的活动规则，是不允许的 [2]。然在族人的劝导之下，即使自己的经济权益受损，承典人终念同族的情义，同意将得典田地以原价退还给出典人。

对于民间民事活动，即使最终通过司法诉讼之渠道解决，地方司法部门在处理时，依旧会考虑民间习惯的有效性。如民国初年大理院规定："判断民事案件，应先依法律所规定；法律无明文者，依习惯法；无习惯法者，依法理。" [3] 而在基层司法部门的具体判决中，则民间习惯的影响力将更大，尤其是在民族地区，司法判决必须考虑如何维护地方和谐、安定民族情绪。如前引高酿镇地良村《民国十六年三月三日龙祖昌赎回田契清白杜后字》，龙祖昌于民国八年（1919 年）借龙才广钱 4 千文，至民国十六年（1927 年）债权人控告到县司法局，

---

[1] 张新民主编：《天柱文书·第一辑》第 3 册，第 216 页。

[2] 如《中华民国民法》之第九二三条规定："典权定有期限者，于期限届满后出典人得以原典价赎回典物。"（第三编"债权"第八章"典权"）清代民国时期民间典当习惯，凡定有期限之典当，亦禁止先期赎典，如清末民初陕西保安县知事之调查报告称："保安典当田房，定有回赎期限者居多。其定有回赎期限者，非限满，不能回赎。"（《民事习惯调查报告录》第 307 页）。

[3] 周东自编：《大理院判例解释新六法大全·民法汇览》，世界书局 1924 年版，第 1—3 页。

按照清代民国时期行利之法规，须"一本一利"，则债务人最终归还之金额当在 8 千文之内，然虽经"局长公断"，仍须"偿还 16 千文"，已达本金之 4 倍，可见司法部门之判决民事纠纷时，面对官方法律与民间习惯，权衡利弊，多以后者为准，甚至不惜与国法违忤。

结　语

　　民间借贷是社会经济活动中的重要内容，以之为突破口，深入考察民间生活的各个方面，与大、小传统文化的博弈，进而寻绎社会发展变化的全面景象，是一值得深入挖掘研究的重要课题。本书以清水江下游天柱县为例，利用弥足珍贵的《天柱文书》作为一手、核心资料，对清至民国时期民间借贷活动的诸方面进行了较为详细的梳理、分析，力图探寻民间借贷的规律、特征及其产生原因，考量其利率的真实状况，尤其针对传统文献中描述的高利贷问题，作了较为细致的探究，澄清了一些阶级分析法下存在的认识误区。通过研究，得出如下结论：

　　天柱县地处湘、黔毗邻地区，远离国家政治、经济、文化中心，明万历二十五年（1597年）之前，羁縻于湖南靖州，中央控制力量甚为薄弱。建县以后，因地理区位原因，僻在边隅，兼之辖内民众以侗、苗民族为主体，中央治理政策多以安抚为主，以维护地方安谧为目的，法参汉"夷"，在尊重民族风俗习惯原则下，积极推进汉文化的建设。由于首任县令朱梓即制定了较为合理、笃实、长远的文化发展策略，并长期为后来者所遵循，其积极利用侗、苗民族原有的家族、族群管理制度（如寨老、侗款、苗款），倡导汉文化家庭、社会、国家伦理规范，塑造了清至民国时期族戚观念浓厚的地方文化特色，从而巩固了乡村社会的稳定性与团结性。由于血缘、地缘关系的强化，使得血缘、地缘群体内部关系更为紧密，经济互助性亦随之增强。

　　限于客观地理、资源因素，清至民国时期天柱县的经济发展并不乐观。多山少地的地理条件，使农业发展基础欠缺，清代粮食供给长期处于紧张状态，民国时期虽有所改观，甚而丰年有较大数额的粮食输出，然而这更多地归结于民国中后期农村土地的日益集中与贫富差距的拉大，而并不代表全县普遍的粮食盈余。林业资源是天柱县的重要经济发展优势，加上清水江下游河道优越的航运条件，一度成为带动县域经济发展的主要动力，然而通观清代至民国数百年间，雍正之前江路不畅，太平天国起义后，"江湖道阻，木积如山，朽烂无用，苗人穷乏"，继之绵延数十年的咸同之变，抗日战争时期，"清水江筏运，几至全部停顿"，林业贸易繁荣发展的时间并不甚长。木材贸易之外，稍足述者，为桐（茶）油的出产，然总额有限。其余如工业、制造业等，清至民国时期天柱县皆未见可观成绩。因此，该时期广大民众家庭经济甚为紧张，潜在借贷需求较大。尤其是一遇灾荒动乱之年，借贷需求更为迫切。

一般而言，官方借贷之利率远远低于民间借贷，然而清至民国时期天柱县官方借贷系统匮乏，仓储制度弊政丛生，无法给予民众以及时帮助，民国时期银行并未普及至天柱县，即使农业合作社亦成效甚微。同时，在清代至民国时期，天柱县的典当行业停滞不前，无论是有官方背景的典当机构，还是由私人所创办的典当铺，皆未能发展成型。故而民众在有借贷需求之时，只好求助于民间个体与组织。

清至民国时期天柱县的民间借贷，类型多样，既有无息或有息、有抵押或无抵押的普通借贷，又有典当、合会、赊买等形式的特殊借贷活动，其中尤以民间典当最为普遍。清代至民国时期，天柱县并无典当行业，民间典当的承典人皆为私人或民间组织，其实质与普通抵押借贷甚为类似。借贷一般须经历请中觅借、订立契约、完约赎契三个程序，而按照清代、民国的法律规定，民间典当更应订立官契，向税务机关缴纳一定比率的税费，并同时及时过割田赋，但清水江流域的民间典当则绝大部分为私契（白契），以所见天柱文书而言，仅民国时期有寥寥数份官契，即田赋过割也少见交代清楚者。

清至民国时期天柱县民间借贷的原因，约有数端。其一是生活消费与赋税缴纳的压力。天柱县以小农经济为主体，民众家庭收入甚为有限，大多尚在温饱线上挣扎，而自清末以来，苛捐杂税层出不穷，愈发使乡村经济雪上加霜，贫困化日益加剧。其二是天灾人祸与家庭变故。贫乏的家庭经济与沉重的捐税压力，造成了广大农村的贫困化，而自清末民国天柱县又水、旱、冰冻灾害频发，更为严重的是瘟疫、疟疾的频繁流行，加上这一时期动乱的社会状况，清代咸同民族起义、民国以降军阀混战等等，皆足以摧毁小农家庭的存在基础，造成大规模的民间借贷热潮；另外，即使在一般年份，诸如家庭成员的死亡、意外事故亦造成突如其来、急迫的借贷需求。其三是商业、个人发展投资。清至民国时期天柱县的商业贸易并不十分繁荣，具有规模者主要为木业贸易，更为活跃的是遍布于乡镇集市与村落的小型商贩，然无论木业或小商贩，都有产生借贷的可能。为改变个人与家族命运，读书求仕是重要的自我发展投资，由此也会引发借贷的产生。虽然以其影响之大小而言，生活消费与赋税缴纳为造成民间借贷发生的最主要潜在动因，而天灾人祸与家庭变故则成为借贷活动发生的导火索，前者使借贷成为可能，后者则使借贷变为现实。投资性的借贷活动，在清至民国时期天柱县的民间借贷活动中，虽所占比例较小，但不容忽视。

借贷利率是民间借贷的核心问题。清至民国时期天柱县的民间借贷利率，无息借贷占有较大比重，其中除了民间互助性的有无相通且无须立契，而仅极少部分因保存于信函、日记、账簿之中才得以为后人所知的借贷活动外，小额的民间赊买乃至立契的普通借贷或特殊借贷，皆有可观比例零利息借贷的存在，这与同时期天柱县的地方、民族文化习俗息息相关。清代法定利率为"月利三分"，以所见天柱县民间借贷而言，除了极个别特殊案例，大多遵循法律规定。民国前期大致沿用"月利三分"的成例，1929 年至 1931 年南京国民政府颁行的我国第一部现代意义上的民法典，将利率下调为年利 20%，但是在天柱县，民间利率不仅并未随之降低，反而呈现激增的趋势，月利 3% 乃之 4%、5% 者屡见不鲜。造成民国时期天柱县民间高利贷盛行的原因，一方面是天柱县僻处西南，中央控制力薄弱，被乡村社会遵循数百年的明清法定利率，势难在短时间更改；而更为重要的是，天灾人祸的剧烈与频繁，苛捐杂税的沉重，使得乡村社会普遍贫困化，借贷需求面广，而能够提供物资借贷者锐减，供不应求的借贷状况，自然使得利率不随法定利率下降，反而明显攀升。

虽然清至民国时期天柱县由于族戚观念的浓厚，民间互信互助性质的无息、低息借贷分量不少，超出法定利率的高利贷并不成为常态，即使是高利贷也常有较为复杂的社会、历史原因，而并非单纯的阶级剥削。但是，这并非完全否定高利贷的剥削性质。在趋利性的市场经济中，供不应求的借贷市场，常使得一些具有出贷能力的地主、富农，自然而然地追逐高额利润。

浓厚的族戚观念，影响及于民间借贷，其债权人、承典人多为家族内部与亲戚之间的成员，基于情感的互信与民俗、族规的制约，私契在实际生活中的威信甚高，即便契约要素残缺，如中人缺位的情况，其信用度并未因之而减损，更少见有因契约订立问题而产生后续纠纷。争讼是族戚文化批判的焦点，在天柱县，如产生借贷违约行为，普遍以和平协商的方式进行解决，其解决方式大致有逾期生利、质物留置、保人代偿及债务减免等数类，若借贷双方意见分歧较大，难以达成一致意见，则多借助于民间调解，通过地方、族戚势力入中排解，即使最终不得已对簿公堂，官方之处理也常以民间习惯为重要的评判标准。

民间借贷是一个值得深入挖掘的题域。作为清代民国时期清水江流域民间借贷问题的第一部专著，本书依托新发现、整理的天柱文书这一珍贵历史材料，比勘传统文献中与地方历史社会发展实况关系最为密切的地方志，辅以必要的田野调查，尽己所能地参阅古今相关文献资料，吸收前人的研究成果，以期在个人能力范围内，最大限度地深入、准确窥探清水江流域民间借贷的整体面貌，从而丰富对此题域的认识。中国是一个农业大国，农业、农村、农民的问题直接关系着国家事业发展全局，自古以来即成为国家关注的焦点，在21世纪，这一问题尤为当务之急，而农村金融无疑是农村经济的核心，在新的形势下，完善农村金融制度，固然要以新的眼光直面农村发展的实际，以新的手段创造新的发展活力；另一方面，回顾历史，借鉴有益的历史实践经验，也是改革、发展的重要维度。在此背景下，本书的研究，或许不无其现实意义。

然而，限于作者知识的浅薄，理论素养不足，资料收集尚待加强，即使就文中已经搜集的材料而言，也还停留在现象描述层面，加之田野调查的广度、深度远远不够，又导致现象描述平面化。移借明清之际大学者顾炎武"采铜于山"的妙喻，本书虽亲入宝山采得少许铜矿，然欲使之成为珍美的铜器，则还待进一步深挖广采，再加淬炼之功，而欲达成此目的，必须有时间的投入与学养的增进，尚非一时所能办，只能俟诸异日。

参考文献

一、契约文书

1. 张新民主编:《天柱文书·第一辑》,南京:江苏人民出版社,2014 年。

2. 张应强、王宗勋主编:《清水江文书(第一辑)》,桂林:广西师范大学出版社,2007 年。

3. 张应强、王宗勋主编:《清水江文书(第二辑)》,桂林:广西师范大学出版社,2009 年。

4. 张应强、王宗勋主编:《清水江文书(第三辑)》,桂林:广西师范大学出版社,2011 年。

5. 陈金全等:《贵州文斗寨苗族契约法律文书汇编——姜元泽家藏契约文书》,北京:人民出版社,2008 年。

6. 唐立、武内房司等:《贵州苗族林业契约文书汇编(1736—1950 年)》,东京:東京外國語大學アジア·アフリカ言語文化研究所,2002 年。

7. 吴大华主编,潘志成、吴大华编著:《土地关系及其他事务文书》,贵阳:贵州民族出版社,2011 年。

8. 高聪、谭洪沛:《贵州清水江明清土司契约文书·九南篇》,贵阳:贵州民族出版社,2013 年。

9. 王钰欣、周邵泉:《徽州千年契约文书》,石家庄:花山文艺出版社,1993 年。

10. 田涛等:《田藏契约文书粹编》,北京:中华书局,2001 年。

11. 刘伯山等:《徽州文书》,桂林:广西师范大学出版社,2006 年。

12. 吴晓亮、徐政芸:《云南省博物馆馆藏契约文书整理与汇编》,北京:人民出版社,2013 年。

二、地方志与社会经济法律史料

1.〔清〕王复宗纂:(康熙)《天柱县志》,《中国地方志集成·贵州府县志辑》第22册,成都:巴蜀书社,2006年。(本文所用贵州省古代、近代地方志皆据巴蜀书社2006年版《中国地方志集成·贵州府县志辑》,后不详注。)

2.〔清〕林佩纶等修,杨树琪等纂:(光绪)《天柱县志》,《中国地方志集成·贵州府县志辑》第22册。

3.刘中燠等修,张德培等编辑:(民国)《天柱县五区团防志》,《中国地方志集成·贵州府县志辑》第22册。

4.〔明〕沈庠修、赵瓒纂:(弘治)《贵州图经新志》,《中国地方志集成·贵州府县志辑》第1册。

5.〔明〕谢东山修、张道纂:(嘉靖)《贵州通志》,《中国地方志集成·贵州府县志辑》第1册。

6.〔清〕鄂尔泰等修,靖道谟、杜诠纂:(乾隆)《贵州通志》,《中国地方志集成·贵州府县志辑》第4册。

7.〔清〕蔡宗建修,龚传坤等纂:(乾隆)《镇远府志》,《中国地方志集成·贵州府县志辑》第16册。

8.〔清〕俞渭修,陈瑜纂:(光绪)《黎平府志》,《中国地方志集成·贵州府县志辑》第17册。

9.〔清〕余泽春修,余嵩庆等纂:(光绪)《古州厅志》,《中国地方志集成·贵州府县志辑》第19册。

10.〔清〕吴宗周修,欧阳曙纂:(光绪)《湄潭县志》,《中国地方志集成·贵州府县志辑》第39册。

11.刘显世、谷正伦修,任可澄、杨恩元纂:(民国)《贵州通志》,《中国地方志集成·贵州府县志辑》第6—11册。

12.李世祚修,犹海龙等纂:(民国)《桐梓县志》,《中国地方志集成·贵州府县志辑》第37册。

13.罗骏超:(民国)《册亨县乡土志略》,《中国地方志集成·贵州府县志辑》第27册。

14. 阮略：（民国）《剑河县志》，《中国地方志集成·贵州府县志辑》第 22 册。

15.〔清〕李宗昉：《黔记》，《中国地方志集成·贵州府县志辑》第 5 册。

16.〔清〕林溥：嘉庆《古州杂记》，《中国地方志集成·贵州府县志辑》第 18 册。

17. 京滇公路周览会贵州分会宣传部编：（民国）《今日之贵州》，《中国地方志集成·贵州府县志辑》第 11 册。

18. 贵州省天柱县志编纂委员会编：《天柱县志》，贵阳：贵州人民出版社，1993 年。

19.〔清〕吴起凤、劳铭勋修，唐际虞、李廷森纂：（光绪）《靖州直隶州志》，光绪五年刻本。

20.〔明〕沈瓒编撰，〔清〕李涌重编，陈心传补编：《五溪蛮图志》，长沙：岳麓书社，2012 年。

21.〔清〕爱必达、罗绕典：《黔南识略·黔南职方纪略》，杜文铎点校，贵阳：贵州人民出版社，1992 年。

22. 贵州省黎平县志编纂委员会编：《黎平县志》，成都：巴蜀书社，1989 年。

23. 贵州省黔东南苗族侗族自治州地方志编纂委员会：《黔东南苗族侗族自治州志·金融志》，贵阳：贵州人民出版社，1990 年。

24. 永定县地方志编纂委员会编：《永定县志》，北京：中国科学技术出版社，1994 年。

25. 睡虎地秦墓竹简整理小组编：《睡虎地秦墓竹简》，北京：文物出版社，1990 年。

26. 曹漫之：《唐律疏议译注》，长春：吉林人民出版社，1990 年。

27.〔清〕薛允升等编：《唐明律合编》，北京：中国书店，1990 年。

28. 黄时鉴：《元代法律资料辑存》，杭州：浙江古籍出版社，1988 年。

29. 怀效锋点校：《大明律》，沈阳：辽沈书社，1990 年。

30. 马建石、杨育棠：《大清律例通考校注》，北京：中国政法大学出版社，1993 年。

31. 杨立新点校：《大清民律草案·民国民律草案》，长春：吉林人民出版社，2002 年。

32.《清实录》，北京：中华书局，1986 年影印本。

33.〔清〕昆冈、李鸿章等：《钦定大清会典事例》，清光绪二十五年重修本。

34. 怀效锋：《清末法制变革史料》，北京：中国政法大学出版社，2010 年。

35. 前南京国民政府司法行政部编：《民事习惯调查报告录》，胡旭晟、夏新华、李交发点校，北京：中国政法大学出版社，2005 年。

36. 民国实业部中国经济年鉴编辑委员会：《中国经济年鉴》，上海：商务印书馆，1936 年。

37. 贵州省财政厅月刊编辑部：《贵州财政月刊》，1930 年增刊号。

38. 中国第二历史档案馆：《中华民国史档案资料汇编》，南京：江苏古籍出版社，1991 年。

39. 瞿宣颖：《中国社会史料丛钞》，长沙：湖南教育出版社，2009 年。

40. 陈登原：《地赋丛钞》，北京：中国财政经济出版社，1987 年。

41. 严中平等：《中国近代经济史统计资料选辑》，北京：科学出版社，1955 年。

42. 李文治、章有义：《中国近代农业史资料》，上海：生活·读书·新知三联书店，1957 年。

43. 史若民、牛白琳：《平、祁、太经济社会史料与研究》，太原：山西古籍出版社，2002 年。

44. 贵州社会科学编辑部编：《贵州近代经济史资料选辑》，成都：四川省社会科学院出版社，1987 年。

三、古代著作

1.《史记》，北京：中华书局，2013 年。

2.《汉书》，北京：中华书局，1962 年。

3.《魏书》，北京：中华书局，1974 年。

4.《新唐书》，北京：中华书局，1975 年。

5.《宋史》，北京：中华书局，1977 年。

6.《明史》，北京：中华书局，1974 年。

7.《清史稿》，北京：中华书局，1977 年。

8.〔汉〕刘向：《战国策》，上海：上海书店，1987 年。

9.〔元〕马端临：《文献通考》，北京：中华书局，1986 年。

10.〔清〕王先谦：《庄子集解》，成都：成都古籍书店，1988 年。

11.章诗同注：《商君书》，上海：上海人民出版社，1974 年。

12.〔清〕董诰：《全唐文》，北京：中华书局，1983 年。

13.〔唐〕陆贽：《陆贽集》，北京：中华书局，2004 年。

14.〔唐〕白居易：白居易集，北京：中华书局，1979 年。

15.〔宋〕袁采：《袁氏世范》，北京：中华书局，1985 年。

16.〔宋〕洪迈：《容斋随笔》，北京：中华书局，2005 年。

17.〔宋〕陆游：《老学庵笔记》，北京：中华书局，1979 年。

18.〔宋〕黄震：《黄震全集》，杭州：浙江大学出版社，2013 年。

19.〔元〕王祯：《农书》，北京：中华书局，1956 年。

20.〔明〕宋应星：《野议·论气·谈天·思怜诗》，上海：上海人民出版社，1976 年。

21.〔清〕陈宏谋：《五种遗规》，北京：中国华侨出版社，2012 年。

22.〔清〕魏源：《魏源集》，北京：中华书局，1976 年。

23.〔清〕潘德舆：《潘德舆家书与日记》，南京：凤凰出版社，2015 年。

24.〔清〕韩超：《苗变纪事》，成都：巴蜀书社，1993 年。

25.〔清〕程瞳：《新安学系录序》，合肥：黄山书社，2006 年。

26.〔清〕吴敬梓：《儒林外史》，北京：人民文学出版社，1977 年。

四、近人著作

专著类

1.陆国香：《湖南农村借贷之研究》，南京：实业部国际贸易局，1935 年。

2.杨西孟：《中国合会之研究》，上海：商务印书馆，1935 年。

3.宓公干：《典当论》，上海：商务印书馆，1936 年。

4.张肖梅：《贵州经济》，重庆：中国国民经济研究所，1939 年。

5.程滨遗、罗巨峰、夏益赞、吴泽：《田赋史》，重庆：正中书局，1944 年，上海书店 1989 年影印。

6.丁道谦：《贵州经济研究》，贵阳：贵州中央日报社，1945 年。

7. 贵州省政府统计室编：《贵州省物价年刊·三十五年度》，1946 年。

8. 王亚南：《中国半封建半殖民地经济形态研究》，北京：人民出版社，1957 年。

9. 孔经纬：《中国近百年经济史纲》，长春：吉林人民出版社，1980 年。

10. 傅筑夫：《中国经济史论丛》，北京：生活·读书·新知三联书店，1980 年。

11. 戴炎辉：《中国法制史概要》，台北：汉林出版社，1980 年。

12. 曹竞辉：《合会制度之研究》，台北：联经出版事业公司，1980 年。

13. 毛泽东：《毛泽东农村调查文集》，北京：人民出版社，1982 年。

14. 傅衣凌：《明清社会经济史论文集》，北京：人民出版社，1982 年。

15. 贵州省图书馆：《贵州历代自然灾害年表》，贵阳：贵州人民出版社，1982 年。

16. 费孝通：《江村经济》，南京：江苏人民出版社，1986 年。

17. 傅衣凌、杨国祯：《明清福建社会与乡村经济》，厦门：厦门大学出版社，1987 年。

18. 漆侠：《宋代经济史》，上海：上海人民出版社，1988 年。

19. 杨有耕等：《侗族社会历史调查》，贵阳：贵州民族出版社，1988 年。

20. 叶显恩：《清代区域社会经济研究》，北京：中华书局，1992 年。

21. 刘俊文主编，姚荣涛、徐世虹译：《日本学者研究中国史论著选译》第八卷"法律制度"，北京：中华书局，1992 年。

22. 刘秋根：《中国典当制度史》，上海：上海古籍出版社，1995 年。

23. 徐唐龄：《中国农村金融史略》，北京：中国金融出版社，1996 年。

24. 常梦渠、钱椿涛：《近代中国典当业》，北京：中国文史出版社，1996 年。

25. 张盛等编：《侗族谚语》，贵阳：贵州民族出版社，1996 年。

26.《贵州六百年经济史》编委会编：《贵州六百年经济史》，贵阳：贵州人民出版社，1998 年。

27. 李金铮：《借贷关系与乡村变动：民国时期华北乡村借贷之研究》，保定：河北大学出版社，2000 年。

28. 刘秋根：《明清高利贷资本》，北京：社会科学文献出版社，2000 年。

29.〔清〕张履祥：《杨园先生全集》，北京：中华书局，2002 年。

30. 李飞：《中国金融史》，北京：中国金融出版社，2002 年。

31. 马俊亚：《混合与发展：江南地区传统社会经济的现代演变（1900—1950）》，北京：社会科学出版社，2003 年。

32. ［法］童丕著，余欣、陈建伟译：《敦煌的借贷：中国中古时代的物质生活与社会》，北京：中华书局，2003 年。

33. 李金铮：《民国乡村借贷关系研究——以长江中下游地区为中心》，北京：人民出版社，2003 年。

34. 徐畅：《二十世纪二三十年代华中地区农村金融研究》，济南：齐鲁书社，2005 年。

35. 张健：《新安文献研究》，合肥：安徽人民出版社，2005 年。

36. ［美］黄宗智：《中国历史上的典权》，北京：中华书局，2006 年。

37. 罗宁：《中国气象灾害大典·贵州卷》，北京：气象出版社，2006 年。

38. 曲彦斌：《中国典当史》，北京：九州出版社，2007 年。

39. 《侗族简史》编写组：《侗族简史》，北京：民族出版社，2008 年。

40. 罗彤华：《唐代民间借贷之研究》，北京：北京大学出版社，2009 年。

41. 熊文正：《中国历代利息问题考》，北京：北京大学出版社，2012 年。

42. 林芊：《明清时期贵州民族地区社会历史发展研究——以清水江为中心历史地理的视角》，北京：知识产权出版社，2012 年。

43. 徐晓光：《款约法——黔东南侗族习惯法的历史人类学考察》，厦门：厦门大学出版社，2012 年。

44. 林芊：《凸洞三村：清至民国一个侗族山乡的经济与社会——清水江天柱文书研究》，成都：巴蜀书社，2014 年。

45. 政协天柱县第十三届委员会编：《天柱民族建筑博览》，贵阳：贵州大学出版社，2015 年。

46. 姚炽昌：《锦屏碑文选辑》，内部资料，1997 年。

47. 王宗勋等：《锦屏林业碑文选辑》，内部资料，2005 年。

48. 政协天柱县第十三届委员会编：《天柱古碑刻考释》，贵阳：贵州大学出版社，2016 年。

论文类

1. 张祖荫：《震泽镇之农民》，《新青年》第 4 卷 3 号，1918 年 3 月。

2. 韩德章：《浙西农村之借贷制度》，《社会科学杂志》第 3 卷第 2 期，1932 年 6 月。

3. 王寅生：《高利贷资本论》，《中国农村》第 1 卷第 5 期，1934 年。

4. 许涤新：《农村破产中底农民生计问题》，《东方杂志》第 32 卷，1934 年。

5. 哲明：《农村高利贷》，《新中华》第 1 卷第 8 期，1934 年 4 月。

6. 薛暮桥：《农产商品化和农村市场》，《中国农村》第 1 卷第 3 期，1934 年 12 月。

7. 骆耕漠：《信用合作事业与中国农村金融》，《中国农村》第 1 卷第 2 期，1934 年 11 月。

8. 陈晖：《中国信用合作社的考察》，《中国农村》第 1 卷第 8 期，1935 年 5 月。

9. 路耕漠：《近年来中国农村金融中的新事态》，《中国农村》第 1 卷第 9 期，1935 年 6 月。

10. 王一桂：《我国农业金融组织概况及其繁荣方法》，《农林新报》第 18 期，1935 年 6 月。

11. 张洪绩：《贵州农村中的高利贷》，《东方杂志》第 32 卷 14 号，1935 年 7 月。

12. 刘兴唐：《唐代之高利贷事业》，《食货》第 1 卷第 10 期，1935 年。

13. 李文治：《清代鸦片战争前的地租、商业资本、高利贷与农民生活》，《经济研究》1956 年第 5 期。

14. 傅衣凌：《论乡族势力对于中国封建经济的干涉》，《厦门大学学报》1961 年第 3 期。

15. 徐迎冰：《中国早期的信用和信用业》，《南方金融》1982 年第 7 期。

16. 方行：《清代前期农村高利贷资本问题》，《经济研究》1984 年第 4 期。

17. 周力农：《清代台湾的"胎借银"》，《清史论丛（第六辑）》，北京：中华书局，1985 年。

18. 郑庆平：《中国近代高利贷资本及其对农民的盘剥》，《经济问题探索》1986 年第 4 期。

19. 中国金融学会利率研究会：《全国民间借贷利率学术研讨会综述》，《金融与经济》1986 年第 7 期。

20. 谢重光：《关于唐后期至五代沙州寺院经济的几个问题》，《敦煌吐鲁番出土经济文书研究》，厦门：厦门大学出版社，1986 年。

21. 唐耕耦：《唐五代时期的高利贷—敦煌吐鲁番出土借贷文书初探》，《敦煌学辑刊》1986 年第 1 期。

22. 刘秋根：《试论两宋高利贷资本利息问题》，《中国经济史研究》1987 年第 3 期。

23. 果鸿孝：《清代典当业的发展及其作用》，《贵州社会科学》1989 年第 2 期。

24. 张忠民：《前近代中国社会的高利贷与社会再生产》，《中国经济史研究》1992 年第 3 期。

25. 彭文宇：《清代福建田产典当研究》，《中国经济史研究》1992 年第 3 期。

26. 周翔鹤：《清代台湾民间抵押借贷研究》，《中国社会经济史研究》1993 年第 3 期。

27. 刘秋根：《论清代前期高利贷资本的活动形式》，《中国经济史研究》1995 年第 1 期。

28. 王天奖：《近代河南农村的高利贷》，《近代史研究》1995 年第 2 期。

29. 单强：《民国时期江南农村信贷市场之特征》，《中国经济史研究》1995 年第 2 期。

30. 唐耕耦：《敦煌写本便物历初探》，《敦煌吐鲁番文献研究论集（第五辑）》，北京：北京大学出版社，1995 年。

31. 张善熙：《历代通货膨胀及其治理策略》，《中华文化论坛》1997 年第 1 期。

32. 钱浩、蒋映铁：《民国时期的浙江典当业》，《浙江学刊》1997 年第 2 期。

33. 李三谋、方配贤：《民国农村高利贷与土地兼并》，《农业考古》1998 年第 3 期。

34. 徐畅：《"合会"论述》，《近代史研究》1998 年第 2 期。

35. 麻国庆：《"会"与中国传统村落社会》，《民俗研究》1998 年第 2 期。

36. 张继焦《民间借贷、民间信用与金融制度变迁》，《云南社会科学》1998 年第 5 期。

37. 刘三谋、李震、刘德雄:《近代农村传统的资金借贷》,《古今农业》1998 年第 4 期。

38. 王世华:《明清徽州典商的盛衰》,《清史研究》1999 年第 2 期。

39. 王裕明:《清末民初典当业当簿剖析》,《中国社会经济史研究》1999 年第 3 期。

40. 刘秋根:《明清民国时期典当业的资金来源及资本构成分析》,《河北大学学报(哲学社会科学版)》1999 年第 4 期。

41. 周绍泉:《徽州文书与徽学》,《历史研究》2000 年第 1 期。

42. 沈炳尧:《清代浙江金衢严乡村借贷的资本研究》,《浙江学刊》2000 年第 1 期。

43. 周玉英:《从文契看清代福建民间借贷关系》,《福建师范大学学报(哲学社会科学版)》2000 年第 1 期。

44. 刘秋根:《关于中国古代高利贷资本的历史作用:读〈资本论〉第三卷第五编》,《史学月刊》2000 年第 3 期。

45. 刘秋根:《明代高利贷者的社会构成》,《河北大学学报(哲学社会科学版)》2001 年第 1 期。

46. 曾维君:《略论中国古代高利贷资本利率演变趋势》,《湖南社会科学》2001 年第 2 期。

47. 卞利:《明清时期徽州的会社初探》,《安徽大学学报(哲学社会科学版)》2001 年第 6 期。

48. 李金铮:《近代长江中下游地区农家的收支对比及其相关因素:以 20 世纪 20—40 年代为中心》,《学海》2002 年第 4 期。

49. 昝金生:《论近代江南农村的"合会"》,《中国经济史研究》2002 年第 4 期。

50. 李金铮:《政府法令与民间惯行:以民国政府颁布"年利 20%"为中心》,《河北大学学报(哲学社会科学版)》2002 年第 4 期。

51. 李金铮:《民国乡村私人、店铺借贷的信用方式:以长江中下游地区为中心》,《中国社会经济史研究》2002 年第 4 期。

52. 刘秋根:《关于明代高利贷资本利率的几个问题》,《河北学刊》2002 年第 5 期。

53. 徐畅：《20 世纪 20—30 年代中国农村高利贷特点简述》，《烟台师范学院学报（哲学社会科学版）》2003 年第 1 期。

54. 柯荣柱：《作为保险机制的互助会：标会、摇会及其效率比较：完全和不完全借贷市场》，《中国社会科学评论》2003 年第 2 期。

55. 张介纯：《浙东地区清代的民间金融组织——钱会》，《宁波广播电视大学学报》2003 年第 7 期。

56. 温锐：《民间传统借贷与农村社会经济——以 20 世纪初期（1900—1930）赣闽边区为例》，《近代史研究》2004 年第 3 期。

57. 徐畅：《高利贷与农村经济和农民生活关系新论：以 20 世纪二三十年代苏、浙、皖三省农村为中心》，《江海学刊》2004 年第 4 期。

58. 戴斌武：《民国时期贵州农村高利贷盛行原因分析》，《贵州文史丛刊》2005 年第 1 期。

59. 徐越、方光禄：《清末和民国徽州民间的经济互助——以徽州会书为中心》，《黄山学院学报》2005 年第 2 期。

60. 高石钢：《民国时期西北农村高利贷行为分析》，《宁夏师范学院学报》2007 年第 1 期。

61. 陈峥、黄馨莹：《民国时期广西农村预卖作物探析》，《河池学院学报》2007 年第 1 期。

62. 张琼：《民国时期政府对四川典当业的监督与管理》，《武汉大学学报（人文科学版）》2007 年第 3 期。

63. 陈峥、刘启强：《民国时期广西农村常见合会种类及特点》，《河池学院学报》2007 年第 3 期。

64. 吕利、曹云飞：《民国时期上海地区的合会：（1900—1948）法制史的角度》，《枣庄学院学报》，2007 年第 6 期。

65. 俞如先：《清至民国民间借贷利率研究：以闽西培田为例》，《江西师范大学学报（哲学社会科学版）》2007 年第 12 期。

66. 常红萍：《明清江南典当业探析》，《浙江农业科学》2008 年第 3 期。

67. 杨柳：《市场、法律与地方习惯——清代台湾的胎借》，《中外法学》2009 年第 1 期。

68. 杨经华：《晚清南、北侗地区涵化差异管窥》，《西南民族大学学报（人文社会科学版）》2010 年第 6 期。

69. 张新民：《清水江文书的整理利用与清水江学科的建立——从"清水江文书集成考释"的编纂整理谈起》，《贵州民族研究》2010 年第 5 期。

70. ［日］白井佐知子：《论明清时代徽州的典与当》，卞利、胡中生主编：《民间文献与地域中国研究》，合肥：黄山书社，2010 年。

71. 史达宁：《清水江借贷契约初探》，张新民主编：《人文世界——区域传统文化（第四辑）》，成都：巴蜀书社，2011 年。

72. 陈峥：《民国时期广西乡村民间借贷负债额特点分析》，《河池学院学报》2011 年第 1 期。

73. 吴才茂、龙泽江：《清代清水江下游天柱吴家塬苗族村落土地契约文书的调查与研究》，《原生态民族文化学刊》2011 年第 1 期。

74. 罗正副、王代莉：《多族共生、边疆开发与跨学科视域——近 500 年清水江流域文明发展史研究的几点思考》，《教育文化论坛》2011 年第 2 期。

75. 马国君：《清水江流域林木生产的社会规约探析——以现存契约文书为分析依据》，《原生态民族文化学刊》2011 年第 3 期。

76. 安尊华：《略论民国时期清水江下游地区的民间借贷——以天柱县高酿镇木杉村为例》，《原生态民族文化学刊》2011 年第 3 期。

77. 陈铮、宋永忠：《民国时期华南民族地区乡村民间借贷的特点分析》，《华南农业大学学报（社会科学版）》2011 年第 3 期。

78. 宾长初：《清代徽州钱会的计量分析——基于徽州文书第二辑所收会书的考察》，《中国社会经济史研究》2011 年第 4 期。

79. 成圣树：《从民国时期的三次币制变革看当时的通货膨胀》，《江西财经大学学报》2011 年第 4 期。

80. 张新民：《走进清水江文书与清水江文明的世界——再论建构清水江学的题域旨趣与研究发展方向》，《贵州大学学报（社会科学版）》2012 年第 1 期。

81. 张新民：《叩开苗疆走廊文化的大门——以清水江流域天柱县契约文书为中心的调查》，张新民主编：《人文世界——区域、传统、文化（第五辑）》，成都：巴蜀书社，2012 年。

82. 张中奎：《一份清水江文书年代考论》，《农业考古》2012 年第 1 期。

83. 张新民：《清水江文书整理与研究笔谈》，《贵州大学学报（社会科学版）》2012 年第 2 期。

84. 刘秋根、王丽彦：《民国时期华北农村银钱借贷分析——基于五本借贷账本之上》，《古今农业》2012 年第 3 期。

85. 刘征：《民国时期西北农村高利贷盛行原因分析》，《边疆经济与文化》2012 年第 10 期。

86. 盘应福：《清代中后期清水江下游文斗苗寨的产业信贷方式——基于对"借当契"与"典契"的讨论》，洪名勇主编：《生态经济评论（第四辑）》，北京：经济科学出版社，2013 年。

87. 张应强：《清水江文书的收集、整理与研究刍议》，《原生态民族文化学刊》2013 年第 3 期。

88. 安尊华：《试论清水江流域的民间地权转移——基于文书的考察》，《贵州大学学报（社会科学版）》2013 年第 3 期。

89. 王凤梅、赵永伦：《清水江文书书写程式的宗族性探讨——以天柱县高酿镇地良村契约文书为例》，《贵州大学学报（社会科学版）》2013 年第 4 期。

90. 栾成显：《清水江土地文书考述——与徽州文书之比较》，《中国史研究》2015 年第 3 期。

91. 黎志刚：《宋代民间借贷与乡村贫富关系的发展——以"富民"阶层为视角的考察》，《古代文明》2015 年第 3 期。

92. 林展、陈志武：《阶级身份、互联性交易、季节性与民间借贷——基于民国时期北方农村家计调查》，《清华大学学报（哲学社会科学版）》2015 年第 5 期。

93. 孟亚君：《我国民间借贷现状、问题及出路》，《中国管理信息化》2015 年第 24 期。

94. 鲍正熙：《二十世纪上半叶苏州典当业》，苏州大学硕士学位论文，2001 年。

95. 陈峥：《民国时期广西农村高利贷研究》，广西师范大学硕士学位论文，2006 年。

96. 兰雪花：《清代福建粮食市场论述（1646—1840）》，福建师范大学硕士学位论文，2006 年。

97. 耿雪敏：《唐代的民间高利贷》，云南师范大学硕士学位论文，2007 年。

98. 王锋：《民国时期江西乡村借贷研究》，南昌大学硕士学位论文，2012 年。

99. 任杰：《民国时期的民间借贷与农村经济——以二十世纪二三十年代的四川为例》，四川师范大学硕士学位论文，2013 年。

100. 徐攀：《晚晴至民国时期赣南地区借贷关系研究》，赣南师范学院硕士学位论文，2013 年。

101. 顾玉乔：《清代以来徽州乡村民间借贷研究——以〈徽州文书〉中收录的收借条为中心》，安徽大学硕士学位论文，2014 年。

102. 杨勇：《近代江南典当研究》，复旦大学博士学位论文，2005 年。

103. 俞如先：《清至民国闽西乡村民间借贷研究》，厦门大学博士学位论文，2009。

104. 李道永：《民国时期民间借贷习惯研究》，郑州大学博士学位论文，2012 年。

105. 崔尧：《清代清水江下游典当契约研究——以清水江契约文书为中心》，贵州民族大学硕士学位论文，2015 年。

附　表

附表 1　《天柱文书·第一辑》载清至民国时期民间普通借贷文书统计表

序号	出处	契名	出借人	借贷物及数量	抵押物	利率及借期	发生地	备注
1	2.131	民国二十三年八月一日王松柏以地基作抵向杨金发借钱加息并限期归还字	摆洞地老村，杨金发	钱8.2万文	房屋地基	照月加四利；本年十月	石洞镇摆洞村	
2	2.132	民国二十四年四月五日杨再兴以房屋作抵向杨金发借钱并限期归还字	摆洞地老村，杨金发	钱14.7万文	房屋地基	照月加四利；本年十月	同上	钱前已借未还，故立此契
3	2.133	民国二十四年四月八日龙大祥以田作抵向杨金发借光洋加息并限期归还字	摆洞地老村，杨金发	光洋10元	田一丘	每月加五利；本年十月	同上	
4	2.134	民国二十四年五月十二日龙长江以田作抵向杨金发借钱加息并限期归还字	摆洞地老村，杨金发	钱2.8万	田二丘	照月加四利；本年十月	同上	
5	2.136	民国二十五年五月四日陈年森以田作抵向杨金发借钱并限期归还字	摆洞地老村，杨金发	钱3.36万文	田一丘，收花105稿	照扣算钱；本年九月	同上	
6	2.145	民国二十六年五月一日王广生以田作抵向杨金发借钱加息并限期归还字	摆洞地老村，杨金发	钱2.76万文	田一丘	加四利；本年九月	同上	
7	2.178	光绪九年十一月二十一日刘发祥以田作抵向龙昌化等借钱字	龙昌化、龙昌燦等兄弟四人	银88两1钱	田二丘	无息；本年十二月初十	同上	借贷原因见P179
8	2.180	光绪十二年二月二十九日王玉荣以田作抵向刘二见、刘宗照等借钱加息并限期归还字	汉寨，刘二见、刘天元	银10两6钱	田一股	照月加三利；来年二月	同上	契名二月当为十二月

续表

序号	出处	契名	出借人	借贷物及数量	抵押物	利率及借期	发生地	备注
9	2.241	宣统四年十月十六日杨玉吉、龙伯鉴以田作抵向龙伯凤借银字	龙伯凤	银19两1钱	田五丘	钱主下田耕种收花为息；不限远近	同上	
10	2.321	道光二十二年九月一日龙朝富以田作抵向谭有博借钱字	谭有博	钱7000文（重26斤）	田一丘，收花120稱	开年二月内本利归还	石洞镇冲敏村	
11	3.64	民国三十一年五月九日杨再云向杨金发借钞洋行利并限期归还字	房侄，杨金发	洋200元	田三间	每百元利谷1石5斗；利本年八月，本对年	江东乡大坪村	
12	3.83	民国三十八年八月二十六日杨德森借杨金发猪肉并限期归还字	杨金发	猪肉350斤	土	本年八月底	同上	
13	3.84	民国三十八年九月二日杨德森以水田作抵借杨金发谷子并行利字	房族，杨金发	谷子32石	水田4丘，收谷16石	周年行息每石加五斗	同上	
14	3.133	民国二十三年六月二十四日杨发龙以田作抵向杨清国借钞并行息字	杨清国	钱5.6万文	大墙	每月加40文	同上	
15	3.135	民国二十三年十二月二十一日杨发隆以田作抵向杨清圆借钞并行息字	胞弟，杨清国	钱3万文	长墙一节	每千照月加50文	同上	
16	3.226	民国二十九年六月二日胡英楷向黄招汉借钱行息并限期归还字	瓦瑶江，黄招汉	洋40元	店面房屋	照月加四利；本年九月	蓝田镇地锁村	
17	3.228	民国三十七年四月十二日杨胜鱼向黄招汉借谷行息并限期归还字	亲识，黄招汉	谷子5斗（老斗）		加六行息；本年八月底	同上	
18	4.50	民国十四年十一月十一日潘光祥借钱字	本族清明会	钱3500文	墙一副	照月加五利；本不限远近	竹林乡高坡村	
19	4.52	民国十六年二月七日□年傔向潘光槐借钱收息字	潘光槐	钱1万文	油树一块	每千照月加40文，本年十月	同上	
20	4.59	民国十九年三月十七日潘光甫向潘光槐借钱收息字	潘光槐	钱15钱	水田一间	每千照月行利50文；不限远近	同上	
21	4.149	光绪三十二年四月二日李堂秋向潘光世借钱交息字	潘光世	钱1万文	房屋三间	每月每千钱上油一斤；本年冬月	同上	

序号	出处	契名	出借人	借贷物及数量	抵押物	利率及借期	发生地	备注
22	6.32	民国八年四月十日蒋政春以田作抵向杨宗堂借谷字	亲戚，杨宗堂	谷子5硕	田二丘，收谷3运	本利7硕5斗；本年秋收	瓮洞镇黄巡村	
23	6.66	民国三十四年四月二日蒋景均、蒋景能以猪牛作抵借洋行利并限期归还字	族内，蒋景粮	洋1万元	猪牛	秋收2石谷利；本金本年十二月	同上	
24	6.86	民国十七年七月四日蒋昌极以田作抵向蒋景智借钱并行利字	族内，蒋景智	钱1.2万文	田一丘，收谷2运	谷利每千文70斤	同上	
25	6.127	咸丰五年二月二十二日蒋再宽向蒋昌退借钱并付息字	房侄，蒋昌退	钱640文		照月加五；不限远近	同上	
26	6.137	民国四年四月二十三日刘先荣以田作抵向潘光淮借钱并付息字	潘光淮	银10两5钱	水田一丘	利谷9箩10斤	同上	
27	6.140	民国九年七月二十四日潘光禄、潘光贤以田作抵向潘光槐借钱并付息字	潘光槐等修路会	钱4000文	油树一块	每千每月加利钱40文；周年	同上	
28	6.151	民国二十九年十二月三日吴德泉以田作抵向蒋太顺借钱并付息字	蒋太顺	钱20万文	田一间，收谷8运	照月加三利	同上	
29	7.194	道光十九年六月五日蒋政怀领钱字	借钱人：蒋芝相	钱1000文				道光十一年借
30	7.197	咸丰元年十二月二十七日蒋加益向蒋再学借钱并行利约	族内，蒋再学	钱596文		照月加二五利	同上	
31	7.205	咸丰七年闰五月二日吴□□向蒋再学借钱并行利字	亲戚，蒋再学	钱2000文		照月加二五利	同上	
32	7.230	咸丰十年十二月十九日杨品刚以猪牛作抵向蒋在学借谷字	蒋在学	谷子1石2斗		照开年三四月价钱相还	同上	
33	7.231	咸丰三年至十一年杨泽金欠蒋在学钱清单	蒋再学	钱6000文		共八年，周年加二五利，年利1000文，本利1.2万文	同上	
34	7.233	同治元年三月七日杨秀魁、杨秀金、杨秀鱼兄弟三人以屋场作抵蒋再学借钱并行利契	亲戚，蒋再学	钱6000文	老屋场	周年加三利	同上	

续表

序号	出处	契名	出借人	借贷物及数量	抵押物	利率及借期	发生地	备注
35	7.245	同治三年一月十六日杨昌立以田作抵向蒋在学借谷字	蒋在学	谷子2大斗	田一丘,油树一副		同上	
36	7.249	同治三年三月二十三日杨昌立以田做抵向蒋在学借钱字	蒋在学	钱3000文	黄古牛一边	每年谷利7斗5升	同上	
37	7.257	同治四年四月十四日游希林向蒋再学借钱并加息字	蒋在学	钱4000文	会脚一股	照月加二五利	同上	
38	7.262	同治七年四月一日杨秀来向蒋再学借钱加息并限期归还字	亲戚,蒋再学	钱4000文	会脚一股,12千	照月加二五利;接会日	同上	
39	7.275	光绪三年七月十六日杨秀林借钱字	亲戚,蒋昌有	钱6000文	田一丘,收谷8箩	谷利秋八月每千文4大斗	同上	
40	8.263	民国二十六年九月二十四日黄道生以己业作抵向黄昭汉借钱并付息字	黄昭汉	钱2万文	己业	照月加三利	瓮洞镇	
41	9.11	民国二十七年六月二十八日刘修炳以墙作抵借钱字	胞兄,黄昭汉	钱3万文	小墙二橙	来年二月	瓮洞镇克寨村	
42	9.32	民国三十七年三月八日刘宜盛以田作抵借谷字	黄昭汉	谷子1石6斗	水田一丘,收谷6运	本利本年八月秋收	同上	
43	9.84	民国二十九年十二月二十四日刘修武以田作抵付息借钱字	舅爷,吴必珠、吴必忠	钱15万文	秧田,收谷6运	行利每年1担5斗3升	同上	
44	9.139	民国三十六年一月十四日陈再炳以身作抵借钱字	亲戚,刘修槐	洋1.2万元	本身	本年底归还	同上	
45	10.28	嘉庆二十四年九月二十四日刘岩锦、龙朝相借钱字	摆洞寨,陈万红、陈万才等四人	银120两	田四丘	行利加三,货物脱手即还	高酿镇优洞村	因赊买立借契
46	10.162	民国三年三月二日刘金富以屋坪地基作抵向刘求定借银付息并限期归还字	堂弟,刘永弟	银8两	屋坪地基	照月加三利;来年二月	同上	
47	10.190	民国十八年三月四日杨胜海以田作抵向杨宗寿借洋并限期归还字	本族,杨宗寿、杨宗成	大洋15元	田一丘,收花36稿	本年三月初十	同上	
48	10.218	宣统三年六月五日龙令伴以田作抵向林启禄借钱字	□□寨,林启禄	钱8000文	田八丘,收花24边	本年十月归还	同上	

序号	出处	契名	出借人	借贷物及数量	抵押物	利率及借期	发生地	备注
49	12.32	民国三十一年四月二十八日伍绍全以田作抵向张祚铭借洋并付息限期归还字	摆洞村，张祚铭	洋 115 元	田一丘	限本年五月归还，逾期照月加四行息	同上	
50	12.137	民国二十四年六月二十二日伍绍江以田作抵向伍永春借钱付息并限期归还字	本房，伍永全	钱 10.27 万	田一丘	照月加四利；来年三月本利归还	同上	契名中"伍永春"当为"伍永全"
51	12.138	民国二十四年七月八日伍永德以田作抵向伍永贤借钱付息并限期归还字	本房，伍永贤	钱 5.6 万文	田一丘	照月加四利；本年十一月本利归还	同上	
52	12.148	民国二十七年七月二十三日伍永标以田作抵向伍永贤借洋并付息字	本房，伍永贤	光洋 64 元	田一丘，收花 8 挑	照月加四利；不限远近	同上	
53	12.165	民国三十二年九月二十日伍绍银暂借吴永贤父子毗连房屋避雨垦约字	族叔，伍永贤	岭条屋基地		日后伍永贤建屋时截退	同上	
54	12.224	咸丰十一年四月十二日龙昆隆出具县龙神送借钱本利还清收字	高鲁寨，龙神送	钱 2000 文			同上	钱于咸丰十年所借
55	13.79	民国十二年六月二十二日佚名向龙才明以田作抵付息限期归还借钱字	好寨，龙才广	钱 4000 文	田一丘，收花 18 边	照月行利 50 文；限七月三十日本利归还	高酿镇地良村	契名"龙才明"当作"龙才广"
56	13.88	民国二十五年十一月二十四日龙喜安向龙永祥以田作抵加息限期归还借钱字	龙永祥	钱 3 万文	田一丘，收谷 36 稛	照月加四利；不限远近	同上	后批，此钱系宗胆土地会款
57	13.89	民国二十六年三月十二日龙国元向龙永祥以田作抵加息限期归还借钱字	牛王会经首人，龙永祥	钱 3 万文	田一丘	照三行利加四；二年	同上	

续表

序号	出处	契名	出借人	借贷物及数量	抵押物	利率及借期	发生地	备注
58	13.239	民国八年二月二十日龙祖昌向龙广才以田作抵付息限期归还借钱字	龙才广	钱4封	田一丘	每封行谷利3边；限本年十月本利归还	同上	后批，辛酉年十月初一日结上，加八封，每封照月行利加四
59	14.22	民国十年三月二十五日刘泽欢以田作抵向刘东贵借钱并付息字	本房，刘东贵	钱7400文	田一丘	利每千40文	同上	后批，壬戌年三月廿五日归十封零九十枚
60	14.53	民国十七年五月二十日刘泽欢以田作抵向刘新鸾借谷付息并限期归还字	刘新鸾	谷3挑	田一丘	每挑加五行息；限本年十月本利归还	同上	
61	14.58	民国二十年十一月二十七日龙求保以田作抵向龙先泗借铜元付息并限期归还字	龙先泗	钱24封	田一丘	照月加四利；限来年二月	同上	
62	14.59	民国二十年十一月二十七日龙喜德以田作抵向龙先泗借铜元付息并限期归还字	龙先泗	钱24封	田一丘	照月加四利；限来年二月	同上	
63	14.62	民国二十一年三月十五日龙先翰以田作抵向清明会借钱付息字	清明会	钱2400文	田一丘	每月每千加40文；不限远近	同上	
64	14.70	民国二十二年四月二十五日刘荣昌以田作抵向王氏秀香借钱付息字	王氏秀香	钱70封	田一丘	限来年二月归还	同上	
65	14.72	民国二十二年十二月十七日刘荣昌以田作抵向龙喜淑借钱付息并限期归还字	龙喜淑	钱33封600文	田一丘	限明年三月归还	同上	
66	14.75	民国二十三年八月十日刘荣昌以田作抵向王氏秀香借钱并限期归还字	本寨，王氏秀香	钱128封	田二丘	限明年三月归还	同上	

序号	出处	契名	出借人	借贷物及数量	抵押物	利率及借期	发生地	备注
67	14.78	民国二十三年八月十日刘荣昌以田作抵向栗根林借钱限期归还字	本寨，栗根林	钱96封	田一丘	限明年三月归还	同上	
68	14.79	民国二十四年三月六日刘荣昌以田作抵向刘发祥借钱限期归还字	本寨，刘发祥	钱50封	田一丘	每月每封加四行息；限明年三月内归还	同上	
69	14.138	民国二十三年七月十日龙则贵以田作抵向龙圭多借钱并付息限期归还字	本寨，龙圭多	钱6万文	田一丘	照月加四利；限十月归还	同上	
70	14.214	民国二十一年五月二十四日龙喜根以田作抵向姚皆林、龙文模借钱并付息字	地良，龙文模、姚皆林	钱10封	田一丘，收花24边	照月加四利；不限远近	同上	
71	15.98	光绪二十九年四月十八日龙荣喜以田作抵向龚占年借钱并付息字	甘洞场，龚占年	银13两8分	田二丘，收禾30稿	照月加三利；本年五月内归还	同上	
72	15.107	民国五年四月二十日龙明标以房屋及地基作抵向龙荣喜借钱并付息限期归还字	龙荣喜	钱1.8808万文	房屋并地基一间	照月加三利；本年十月	同上	
73	15.110	民国七年七月二十九日龙德芳以田作抵向罗经邦、龙绍南借大洋并付息字	南区高小校维持会长，罗经邦、龙绍南	大洋16元2角5仙	田一丘，园一团	照月加三利；息按季交	同上	
74	15.115	民国十八年五月十九日龙德芳以田作抵向胡国柱、龙才多、龙泽柱等借元钱并付息字	胡国柱等所邀孔圣会	钱4.5万文	田一丘	照月加四利；不限远近	同上	
75	15.116	民国二十四年七月二十八日龙德芳以田作抵向胡国柱借钱并付息字	本寨，胡国柱	钱8万文	田一丘	照月加四利	同上	
76	15.118	民国二十六年二月二日龙德芳以田作抵向龙显奎借钱并付息限期归还字	龙永祥	钱17.52万文	田一丘	照月加四利；限本年还清	同上	
77	15.120	民国二十七年五月二十五日龙德芳以田作抵向高酿高等学校借洋元并付息字	高酿高等学校	洋66元5角	田一丘	照月加三利；息两季付清	同上	

续表

序号	出处	契名	出借人	借贷物及数量	抵押物	利率及借期	发生地	备注
78	15.123	民国某年八月一日龙德芳以房屋地基作抵向龙泽喜、龙泽贵借大洋并付息字	龙泽喜、龙泽贵	大洋19元4角	屋基一间	照月加四利	同上	民国26年（本册P121有其民国29年卖田还债契）
79	15.194	民国三十三年三月十九日龙汉权以田作抵向龙德润借洋并限期归还字	龙德润	洋97元	田一丘（下抵放洋人）	限本年三月三十日本利归还	同上	
80	16.50	民国三十二年二月十五日林再标以田作抵借洋行息字	演大村共上的洋	洋124元	田一丘	照月加三利；不限远近	高酿镇上花村	
81	16.146	民国十四年四月十七日陶燦仕以地作抵向龙显仁借钱字	高酿等冲，龙显仁	钱18封	园地一副	限五月内归还	同上	
82	16.147	民国十八年五月三十日龙元招以田作抵向龙显仁加息借元钱字	龙显仁	钱60封	秧地一丘，收禾12稿	照月加三利；不限远近	同上	
83	16.215	民国三十年三月十日龙政钟借洋字	潘年中	洋60元		照月加三利；限本年八月初十归还	高酿镇丰保村	
84	16.232	宣统三年六月二十日龙作宾领银字据	借钱人，平□寨陈天元	银20两			同上	此钱系陈天元借于龙作宾之父叔等人，原契遗失
85	19.74	民国元年三月十二日刘泽永以田作抵加息借钱字	□□兴	九一钱7000文	田一丘	每千每月当谷3斤；限明年三月上浣还清	高酿镇木杉村	
86	19.108	民国四年一月十日姚秀山、姚再清、再全等父子四人收钱领字	借钱人，堂侄姚再兴				同上	契内言为前堂侄姚再兴出事借钱

续表

序号	出处	契名	出借人	借贷物及数量	抵押物	利率及借期	发生地	备注
87	19.131	民国十六年三月二十日姚再升以屋作抵借钞字	粟用□	钱4.5万文	屋二间	限本年腊月归还	同上	
88	19.132	民国十七年端阳日姚再升以田作抵加息借钱字	姚再兴		田三丘				此因姚再升先年借木杉寨龙通顺钱50千文，每年照月加五行息，无钱相还，乃借姚再兴之田相抵，契名有误，姚再兴田甚多，见P133归户册
89	19.142	民国二十六年刘泽欢以园地作抵加息借钱字	坪墓，姚□□	钱10封	园地一间	利每千月□□；限本年九月	同上	残契
90	19.183	光绪二十七年三月十日龙连榜以田作抵加息借钱字	本房祖	银8两4钱5分	田一丘	照年加三利	同上	
91	19.238	民国三十三年六月二十日龙登焕以田作抵向龙登辉借钞洋付息并限期归还字	胞弟，龙登辉	洋2600元	田一丘	照月加四利；本利限来年二月还	高酿镇勒洞村	
92	20.29	民国十四年二月二十五日丁邦乔以田作抵向龙泽槐借钱并纳息限期归还字	地额村，龙泽槐	钱51封	收谷90边	照月加四利；本年闰四月还	高酿镇甘洞村	

续表

序号	出处	契名	出借人	借贷物及数量	抵押物	利率及借期	发生地	备注
93	20.64	民国十一年闰五月九日陆志安以田作抵向潘宏彬借钱并限期归还字	克列村，潘宏彬	钱15封	田一丘	限本年九月归还	同上	
94	20.227	民国十一年闰五月二十七日杨□洋以田作抵向龙锦奎、龙锡锦兄弟借钱并限期归还字	龙锦奎、龙锡锦	钱6000文	田收谷30边	限本年□□初二归还	同上	残契
95	20.336	民国二十五年四月八日伍咏卓以田作抵向龚秀桃借谷付息字	龚秀桃	谷3挑半	田一丘	每年利谷加五	同上	
96	21.32	民国三十四年二月二十五日姚俊贤以屋基作抵向王老川借谷付息并限期归还字	甘洞洞边，王老川	谷1挑	屋基一坪	息1挑；本年九月还	同上	
97	21.135	民国三十四年十二月十九日胡启林向本族冬至会借谷并限期归还字	本族冬至会	谷152斤		无息，限来年九月	同上	若逾期不还，由介绍人胡贤广负责
98	21.162	光绪二十九年五月四日龙恩德归还本息收条	不详	银9两7钱		照月加三利；本利共14两5分	同上	
99	21.182	民国二十六年十二月十日龙光棚以田作抵向胡贤文借钱并限期归还字	胡贤文	钱2万文	田一丘，收禾30边	照月加三利；限明年十二月本利归还	同上	
100	21.242	民国十五年十一月二十三日杨通焕以田作抵向杨通海借钱并限期归还字	杨通海	钱20封	田一丘	明年二月二十三日归还	同上	
101	22.353	民国三十一年五月二十八日刘常文向潘通和、潘年贵等以田作抵加限期归还字	某会经理人潘通和等	洋30元	水田一丘	利谷1箩；谷九月还，本本年冬月还	高酿镇邦寨村	

附表 2 《天柱文书·第一辑》载清至民国时期民间典当文书统计表

序号	出处	契名	典主	典物状况	典价	典期	文书发生地	备注
1	1.57	民国三十三年十一月二十六日杨胜富弟兄等典田契	胞弟：杨胜全	水田一块，收谷7挑	钞洋3000元	三年	白市镇对江村	外批：田粮典主依管业证上粮
2	1.82	民国三十五年四月九日杨求富典田契	杨氏凤莲	水田一间，收谷14箩	谷子6石，每斗13斤		同上	外批：军粮谷典主每年付4大斗
3	1.97	民国三十二年十月十二日蒋景落当田字	田宗明	水田一丘，收花20箩	国币1050元	二年	同上	外批：帮粮谷一斗
4	1.164	民国三十二年十月六日舒烈祥典水田契	清明会	水田一丘	当欠谷		坌处镇大山村	欠清明会谷子公7石5斗
5	1.239	民国三十六年三月二十三日舒吴氏子桃典水田契	舒张氏清凤	水田一块	谷子360斤	三年	同上	
6	2.97	光绪十九年四月十六日马大年典田契	本寨，陈万祖	田一丘	钱2200文	五年	石洞镇摆洞村	
7	2.98	光绪十九年六月十三日马大年典田契	本寨，陈万祖	田二丘	钱1.28万文	十年	同上	
8	2.182	光绪二十九年闰五月二十六日龙大玖、龙大刚典田契	刘清广	田一丘	银10两4钱		同上	
9	2.288	民国二十八年三月二十七日龙万礼典田字	本村，杨招宗	田一丘，收花15稠	钱16.66万文	三年	石洞镇冲敏村	
10	2.301	民国三十八年六月二十九日龙世川典田契	本寨，吴胜理	田一丘	谷子68斤	一年	同上	

续表

序号	出处	契名	典主	典物状况	典价	典期	文书发生地	备注
11	2.310	民国三十六年十二月二十五日杨朝坤典田契	盂盂村，吴汉祥	田一丘	洋100万元	三年，限三月清明前	同上	
12	2.322	光绪三十年二月十七日龙尚广收典田价银子	妙福村，龙建广、保之子龙化堂	大小田八丘	银3两5钱		同上	原契失落
13	3.2	光绪八年四月十九日杨承瑚典田土退契字	罗开炳	田一间，又一丘			江东乡大坪村	原契失落
14	3.8	民国三十六年十一月十八日杨均信典田契	亲识，伍氏银华	田大小四丘	洋202万8000元	二年	同上	军粮田赋不关承典人事
15	3.9	咸丰十年三月八日王光烈典田契	亲识，罗德茂	水田二丘	钱5500文		同上	时用花清扣水钱每千扣30文，参见138页
16	3.18	光绪三十年三月八日王昌年、王昌喜典田契	王罗氏李桃	田一间，收谷4箩	九一钱5280文	三月	同上	
17	3.23	民国四年三月四日王凤林典田契	亲识，刘修远、□	土一丘	钱1.4万文		同上	外批，民国丁巳年二月初二日转典王广福，王广福再转典于王荣昌
18	3.45	民国四年十一月十九日杨占有典田契	房侄，杨均善	田大小六丘，收谷3石	钱6400文		同上	外批，转典杨金发、杨金毫二人名下
19	3.46	民国五年七月十六日杨金玉加典契	杨占银	水田二间，收谷20箩	原价，2.26万文，加典2000文		同上	
20	3.61	民国三十年十月二十一日杨再德典水田契	房族，杨金发	水田一丘	市洋61元	三年	同上	

序号	出处	契名	典主	典物状况	典价	典期	文书发生地	备注
21	3.62	民国三十年十二月三日杨再云典田契	房侄，杨金发	田一丘，收谷16箩	市洋118元	三年	同上	
22	3.69	民国三十三年五月十八日杨承宗典田契	房族族兄，杨金发	水田一丘	洋2349元8角，内包颗谷2石		同上	
23	3.149	道光十八年十月二十日杨功亮典油树契	陈门邱氏桃娥	桐油树一分；共三分占一分	钱2.22万文		同上	外批，道光十九年十二月十三日原价转典杨玉堂；
24	3.155	咸丰六年一月二十八日杨全德典墦契	房兄，杨开全	墦地一块	钱2170文		同上	
25	3.158	同治元年四月二十一日杨安邦典地荒地墦油山契	杨玉堂等	田一丘，收谷2石4斗，园圃2团，油树一副，水田一间，收谷2石1斗，屋基	钱1.68万文		同上	
26	3.160	同治五年二月四日补长春与其孙补岩祥典墦地契	亲识，杨二一、杨俊江、罗公梅	墦4团，油树柴山2股	钱2400文		同上	
27	3.165	光绪元年六月八日杨仲明土退典契字	出典人，杨占鳌兄弟	园一丘	钱1000文		同上	
28	3.188	光绪二十二年五月二十四日杨燦章、杨树培、杨元益等吐退字	出典人：杨咸新；赎典人，杨占春	水田一丘	钱6500文		同上	钱会钱
29	3.191	光绪三十三年二月二十日杨占鳌、杨占春、杨占演等叔侄典田契	杨占演	田二间，收谷50箩	钱1.3万文		同上	

续表

序号	出处	契名	典主	典物状况	典价	典期	文书发生地	备注
30	3.195	民国二年十二月二十一日杨今明典田契	房族，杨银喜	水田一丘，收谷4石	九一钱1.38万文	三年	同上	
31	3.196	民国二年十二月二十一日杨今科典田契	房族，杨银喜	水田二丘，收谷5石	九一钱2.26万文	三年	同上	外批，一共十九封，收水950文，一共钱1.645万文
32	3.197	民国四年十月十九日杨金汉、杨金科典田契	房族，杨清全	水田大小五丘，收谷8箩	铜元24封		同上	后附转典契
33	3.198	民国六年六月九日杨金科典田契	房族，杨再和	水田五丘，收谷5石	谷子4石1斗		同上	
34	3.199	民国九年十一月九日杨再和转典字	杨清全				同上	即前典田
35	3.200	民国十一年九月十二日杨清全转典字	杨森喜				同上	即前典田
36	3.204	民国十六年十二月二十四日杨金有典田契	亲识，罗洪泽	水田一丘，收谷6石4斗	元钱8.88万文	二年	同上	
37	3.212	民国年间杨有成典田契	堂弟，杨松林	水田一丘，收谷14箩	洋2.48万元		同上	民国三十□年
38	3.214	民国二十五年袁盛丰出典袁盛财田土簿记	1. 出典人，袁盛丰；2. 出典人，承典人，袁盛财；3. 出典人，袁盛丰，承典人，袁盛财	1. 田半丘；2. 田一丘；3. 田一丘	1. 钱14万文；2、谷4石；3、5.5万文		渡马乡共和村	1. 民国二十五年；2.3. 民国二十六年九月契名有误
39	3.216	民国三十三年二月二十二日袁均贵典到袁进财田土无效清白字	出典人，袁进财；承典人，袁均贵	田三丘，收谷16挑		三年	同上	出典纠纷，退典

序号	出处	契名	典主	典物状况	典价	典期	文书发生地	备注
40	3.217	民国三十三年十二月三十日杨氏妹花典田字	胞弟，袁进财	田半丘，收谷4挑	谷子4石5斗		同上	丈夫外出，母子女三人无人照料无所出处
41	3.219	民国三十八年三月二十二日袁世元、袁世祥兄弟二人典田契	1. 本寨，袁盛财 2. 袁五谷	1. 田二丘 2. 田一丘	1. 谷子5石 2. 谷子5石	1. 五年 2. 三年	同上	
42	3.229	民国三十八年六月二十五日吴贤儒典春苗田契	亲识姨弟，陈世廷	水田一间	钞洋102元		蓝田镇地锁村	
43	3.268	民国三十年十二月二十日吴展银、潘氏新姣典水田契	吴恒顺	水田大小十丘，收谷28箩（父母养老之田）	洋410元	三年	远口镇远洞村	言明出典原因为"老母去世，缺少葬费"
44	3.272	民国三十二年十一月十三日吴唐氏爱莲、吴登松、吴才发典田契	吴恒训（顺）	水田大小十丘，收谷29箩（父母养老之田）	市洋2280元	三年	同上	外批，每年外帮粮谷10碗整
45	4.63	民国二十二年四月六日潘光怀典水田地契	龙贵华	水田一丘	钱7.5万文	不限远近	竹林乡高坡村	出典人契首署名潘光怀，契尾署潘光槐
46	4.120	乾隆七年十一月二十五日潘赞成典田契	龙□□	水田大小六丘，收禾25稗	银18两		同上	后批，每年帮秋粮银5分
47	4.145	光绪二十五年十二月二十六日潘通江典水田地契	潘光世	水田一丘	钱2480文（4斤）	三年	同上	
48	4.217	同治十年四月二日龙明珍典水田契	周万寿	水田二丘	钱4200文	三年	同上	外批，一年粮钱80文

315

续表

序号	出处	契名	典主	典物状况	典价	典期	文书发生地	备注
49	4.218	同治十三年四月十三日潘代葵典油房地契	潘仕发	油房一间	钱2000文		同上	外批，油榨百□在内
50	4.227	民国十五年三月五日吕国治典水田地契	杨盛源	1.水田一丘；2.水田六丘	1.钱100封；2.钱100封2800文	1、三年2、三年	同上	2.外批，每年补粮钱400文
51	4.251	民国三十一年三月十八日潘光照典水田字	潘积禄	水田一丘	洋218元	三年	同上	
52	4.258	民国三十三年九月六日潘光照典水田地契	周道全	水田大小三丘	油62斤	三年	同上	
53	4.291	道光十七年三月二十六日潘明泰典油树地契	潘光明	油树一块	足钱1084文		同上	
54	5.45	民国三十四年六月十一日刘荣懋典水田地契	刘荣富、刘荣□、刘荣江	水田一丘，收谷14箩	洋4.18万元	三年	竹林乡梅花村	
55	5.133	民国八年一月二十三日吴运昌典田赎取均派字	龙姓	水田五丘，收谷20箩			同上	契内言明，日后赎取，其价吴会斌名下一半，会汉、先二人一半（三人系兄弟）
56	5.206	民国七年十一月五日刘期玉典山田地契	刘常元	水田一丘	钱2.128万文	三年	竹林乡竹林村	
57	5.222	道光十七年三月八日唐加富典田契	塘连甲	水田一丘，收谷5箩	钱3200文		竹林乡南头村	
58	5.231	光绪二十八年六月四日潘仕华典油树契	邓祥先	油树一团	钱1500文，每千重6斤		同上	此实为借契，言明行利每千钱加利肆佰伍拾文，限至冬月相还

序号	出处	契名	典主	典物状况	典价	典期	文书发生地	备注
59	5.234	民国二年五月十二日潘丙和典油树字	潘训	油树一团	九一钱3080文	不限	同上	
60	5.286	道光二十五年二月七日潘士祥典油树地契		油树一块	□□950文		竹林乡	残契
61	6.11	光绪三十二年二月十二日杨宗保典田契	亲戚，吴见烁	田一丘，收谷4运	钱4000文		瓮洞镇黄巡村	
62	6.17	宣统三年九月十二日蒋昌寅典园圃字	房兄，蒋合春	园二间	钱1840文		同上	
63	6.33	民国十一年三月二日蒋景琳典田契	亲戚，杨宗进	秧田一间，收谷2运	钱1万文		同上	此似为借契
64	6.39	民国十五年三月十六日蒋张氏银翠典田字	族兄，蒋昌廉	水田二丘，收谷10运	钱4万千文		同上	堂嫂亡故，缺少埋葬费用
65	6.80	咸丰五年三月八日蒋政光转典田字	族内，蒋在学	水田二丘，水田收谷二运	钱3700文		同上	后附，同治十年三月初四日蒋在学将此田转典与蒋政聪字
66	6.106	民国三十二年二月七日吴祖让因典田契难找故纸作废杜退字	出典人，亲戚，蒲氏银兰	田一丘，收谷12运	洋350元		同上	出典日期为民国三十一年正月二十七日
67	6.132	同治四年四月六日游氏兵香、游希林、游希凤母子典田契	蒋在学	田一丘，收谷3箩	钱3700文		同上	
68	6.220	民国十二年二月八日吴门杨氏金花暨子吴德深典田契	杨氏长翠	田七丘，收谷20运	钱8万文	三年	同上	

续表

序号	出处	契名	典主	典物状况	典价	典期	文书发生地	备注
69	6.228	民国十六年四月十一日蒋景儒典田契	内弟，杨永大	水田一间，收谷4运	钱8万文		同上	
70	6.243	民国二十七年四月十八日蒋景福典田字	杨永大	田一间，收谷3运	洋10元		同上	中人与前契同
71	6.245	民国二十八年三月二日蒋太本、蒋太开典田字	族内，蒋昌培	田四丘，收谷10□运	洋32元		同上	
72	6.251	民国二十八年十二月十八日蒋泰开典田字	亲戚，杨永大	田一间收谷6运，又二丘收谷8运	洋24元		同上	后附，民国三十年二月赎转
73	6.270	民国三十三年十一月二日蒋门胡氏玉环典田字	亲戚，杨永大	水田二丘，收谷8运	谷子4石		同上	契内言家内要谷子吃饭，无从得处
74	7.8	民国三十七年三月十八日蒋景淮典田契	蒋泰钦	水田一丘，收谷12运	谷子9石（30碗老斗）		同上	契内言家内要谷急用
75	7.12	光绪六年十月十九日杨安乐、杨永富、杨永大退典田契	出典人，刘楚坤	收谷4运	钱4000文		同上	此系其祖任得典田
76	7.15	宣统三年十二月二十一日刘恩荣典墙土字	亲戚，杨丙先	墙三团	钱4500文		同上	
77	7.28	民国二十九年三月十三日蒋昌保土退字	出典人，蒋荣才	水田二丘			同上	田系蒋昌保已故祖父得典，今蒋荣才之子蒋政玉赎回
78	7.46	民国二十六年六月九日吴杨氏金花暨媳陶氏翠姣典田字	房族，吴祖□、吴祖魁、吴德馨叔侄	田大小数丘并随山场	钱170万文		同上	契内言明"自出典之后，任凭承典主子孙永远管业"

序号	出处	契名	典主	典物状况	典价	典期	文书发生地	备注
79	7.51	民国二十八年二月二日杨永兴典田字	蒋景耀	水田八丘，收谷6运	洋30元			
80	7.58	民国三十三年十二月五日蒋昌成、蒋景培叔侄典田字	亲戚，杨秉清	水田一丘，收谷4运	谷子200斤，课谷120斤		同上	
81	7.77	咸丰十年三月十八日杨珍干典油树契	亲戚，蒋在学	油树一副	2000文		同上	
82	7.83	光绪八年十二月二十四日杨宗玉典字	亲戚，蒋昌有	契内无出典物信息	钱2500文		同上	
83	7.114	民国十六年五月六日蒋昌荣典田字	房族，蒋景耀	水田一丘，收谷8运	钱2万，谷子1石5斗		同上	后批，此田后转典与内侄泰顺
84	7.123	民国二十五年六月十四日吴梁氏伯贞、吴德泉母子典田字	亲戚，蒋泰顺	水田一丘，收谷5运	光洋60元		同上	
85	7.129	民国二十九年十二月三日吴德泉典田字	蒋泰顺兄弟	水田三丘，收谷6运	钞洋150元		同上	
86	7.176	嘉庆十九年三月八日蒋政东典田约	房叔，蒋弘仕	园一分	钱200文		同上	后批，嘉庆二十年又出银2钱
87	7.185	道光十五年闰六月二十四日胡兴刚典房地承认字	出典人，亲戚蒋志光、蒋富极、蒋宗旺等	店地三间	钱5000文		同上	言明其地银主造屋居仕，蒋姓不得私卖私赎，要三房齐赎方准
88	7.187	道光十六年三月四日蒋秀运典油树字	族叔，蒋□相；族侄，蒋昌应	油山一分，油树一分	钱1600文		同上	

续表

序号	出处	契名	典主	典物状况	典价	典期	文书发生地	备注
89	7.195	道光二十一年四月八日游润色转典田契	姊丈，杨辅仁	田一股，收谷30运	九九钱4.8万文		同上	此田系游润色得典于游城顺。转典人依旧耕种，秋收分花
90	7.198	咸丰三年三月十日游希林、游希凤典田契	杨岸芳	水田三丘，又田一截，收谷16运	钱2.6万文		同上	出典人依旧耕种，每年交干谷1石2斗
91	7.202	咸丰五年三月十八日杨珍干典油树字	蒋在学	油树一副又半截	九六钱2200文		同上	
92	7.203	咸丰七年四月十日游润文典田约	蒋再学	水田一间，收谷4运	钱4500文		同上	
93	7.204	咸丰七年四月十五日杨珍干典油树契	亲戚，蒋在学	油树一副	钱2500文		同上	言油子准利
94	7.207	咸丰八年三月四日杨集道典田契	亲戚，蒋在学	田二丘，收谷10运	九六钱1.64万文		同上	
95	7.211	咸丰九年八月九日杨昌立典田契	堂侄，杨宗明	田一截，收谷5箩	银3两5钱		同上	秋粮4大斗，钱主付，其田付与典主耕种
96	7.213	咸丰十年三月二十二日杨珍干典田契	亲戚，蒋在学	田一间，收谷2运	钱3400文		同上	出典人依旧耕种，收成四六分
97	7.215	咸丰十年四月十五日杨昌立典田契	亲戚，蒋在学	田一丘，收谷2斗	钱800文		同上	出典人依旧耕种，分花
98	7.224	咸丰十一年四月杨秀全兄弟二人典田字	蒋在学	田一间	钱2000文		同上	
99	7.225	咸丰十一年四月二十一日杨昌立典田契	亲戚，蒋在学	田二丘，收谷4运	钱6000文，扣水钱30文		同上	出典人依旧耕种，收成四六分

续表

序号	出处	契名	典主	典物状况	典价	典期	文书发生地	备注
100	7.235	同治元年九月八日刘文泽典田字	蒋再学	田三丘，收谷5运	钱8400文，扣水花40文		同上	油子作利
101	7.259	同治五年二月二十一日杨恩沛、杨恩相兄弟领典田价字	出典人，杨恩沛、杨恩柏兄弟	田二丘	钱9110文		同上	先年出典
102	7.263	同治七年十二月九日吴见星、吴见平典油树山土字	亲戚，杨宗玉	油山一团，又一副	钱2500文		同上	
103	7.279	光绪二十六年三月六日蒋泰盛领典老屋塆上仑思科钱字	蒋昌凤、蒋景星	田				契名有字误读
104	8.9	民国六年二月六日吴见唐典田字	堂侄，吴祖文	田大小十丘	钱4万文		瓮洞镇岑板村	
105	8.44	民国二十三年四月十六日蒋景田当田字	族中，蒋景耀	水田三丘，收谷10运	钱11.8万文		同上	
106	8.118	民国十二年吴见恒新承典田契	杨氏新连	田三丘	银19两4钱		同上	原契立于民国十一年四月初二日，应纳税额为1元7角1仙4星
107	8.184	咸丰十年四月十四日杨岸芳典田契	蒋再学	田二丘又一截，收谷12运	钱1.8万文（扣水）		同上	内言此田原系杨岸芳得典游希林、凤兄弟田，因耕种不便乃转典，禁越赎
108	8.192	民国三十年六月二十日吴德泉典田字	叔父，吴祖澍	田四丘，收谷10运	洋120元（时用）	三年	同上	

续表

序号	出处	契名	典主	典物状况	典价	典期	文书发生地	备注
109	8.197	民国三十一年四月十五日游义和典田契	胞兄，游义儒	田一丘，收谷7运	市用钞洋500元		同上	每年付颗谷3石，为母亲养老费，母死做丧葬之资，义儒不得私自领取
110	8.234	民国二十三年二月十三日吴氏彩乔典田契	房叔，胡贡乡	水田一丘，又两（土监）收谷44箩	钱85.2万文		瓮洞镇瓮洞村	
111	8.250	民国十五年一月八日杨德银典柴山契	黄招汉	柴山一副	钱480文		瓮洞镇	契内言明，其山子孙永远耕管，典主不得异言
112	8.259	民国二十五年一月二十四日刘修炳典田字	胞兄，黄招汉	水田一截，收谷5运1箩	钱2.28万文		同上	
113	8.276	民国三十一年一月二十七日罗□高典田字	亲识，刘修炳	收谷6运	288元8角		同上	
114	9.2	民国十五年一月二十五日杨德银传典柴山字	刘云阶	柴山一副	钱2480文		瓮洞镇克寨村	契内亦言明，其山子孙永远耕管
115	9.5	民国十七年三月八日刘宜清典墙场园字	黄招汉	墙一块	钱1000文	二年	同上	
116	9.12	民国二十七年六月刘修炳典房屋契	胞兄，黄招汉	房屋半重	光洋18元，作借7200文		同上	
117	9.36	咸丰十一年十月二十日刘昌沛兄弟典墙地契	族叔，刘泰城	墙地一副	九九钱1200文	五年	同上	
118	9.113	民国三十二年四月四日刘宜坤典墙场字	伯父，刘修槐	墙地一凳	洋40元	十五年	同上	要洋还账

序号	出处	契名	典主	典物状况	典价	典期	文书发生地	备注
119	9.114	民国三十二年四月四日刘宜坤典园圃油山字	叔父，刘修池	土二塝，又麻园二间，又油山一处	法币100元	十五年	同上	要洋还账
120	9.121	民国三十三年十月十三日杨德汉典田契	陈克显	田一间，收谷5运	洋6000元		同上	后附转典字，典与黄招汉
121	9.128	民国三十三年十二月二十六日刘良汉、刘良池典田契	刘修槐、刘宜楷、刘修灯	水田	谷子7石		同上	田仍出典人耕种，每年付谷子1石2斗（老斗，30碗）
122	9.146	乾隆五十八年二月十二日蒋云俊典茶油山场契	堂兄，蒋云贵	茶油山一副	九七色银1两5钱	25年	瓮洞镇大段村	
123	9.159	道光十年三月二十四日蒋荣谱典田山场契	房兄，蒋荣瑛、蒋荣登	水田三间，收谷6箩	钱1.2万文		同上	
124	9.166	咸丰八年三月十三日蒋政长典田契	堂兄，蒋政秩、蒋政彰	水田一间，收谷4运	钱6600文		同上	
125	9.167	咸丰八年六月十四日蒋荣彬典园地字	房侄，蒋政经	园一间。又一副	钱600文		同上	
126	9.170	咸丰十一年五月二日蒋昌秀典当屋字	房亲，蒋政经、蒋政长	房屋一股并楼上店一间、火炉一架、正屋一间	钱720文		同上	缺少资费
127	9.172	同治二年四月二日蒋政严典田字	房弟，蒋政经	田一丘，收谷7运	钱6700文		同上	此田原系蒋政学得典房兄政猷之田
128	9.174	同治二年八月八月蒋政长当园圃字	胞兄，蒋政经	园一间	钱400文		同上	
129	9.177	同治七年三月二十八日蒋昌文典田字	族叔，蒋政维	水田二丘，收谷7运	钱5800文		同上	
130	9.178	同治八年三月二十日蒋昌文典田字	族叔，蒋政维	田五丘，收谷12运	钱1.5557万文		同上	

续表

序号	出处	契名	典主	典物状况	典价	典期	文书发生地	备注
131	9.179	同治九年二月五日游伯万典田字	亲戚，蒋昌江	田二丘，收谷14运	钱6400文；后加典2800文，又加典400文		同上	此田系游伯万得典于游恩开。
132	9.180	同治九年二月五日游伯万典田字	亲戚，蒋昌江	田二丘，收谷14运	钱6000文		同上	此契为前契之草稿
133	9.181	同治九年二月蒋政论、蒋昌升叔侄典店场田字	房族，蒋政昌	田一间，收谷3箩	钱3200文	三十年	同上	过期居住，每年钱880文
134	9.186	光绪二年三月二十五日蒋政辰典田字	房侄，蒋昌江	田二丘，收谷7运	钱8000文		同上	
135	9.197	光绪七年二月蒋政儒典田字	堂娘游氏爱真、杨氏魁真	田一涧，收谷1运	钱1600文		同上	
136	9.202	光绪八年十二月十七日蒋昌禄、蒋景和叔侄领赎典田价钱字	出典人，蒋昌江	田一涧，收谷6运	钱3.62万文		同上	原契遗失
137	9.210	光绪十三年三月八日蒋景堂、蒋景顺典田字	蒋昌政	水田一丘，收谷4运	钱8400文		同上	
138	9.212	光绪十六年一月二十四日蒋景相典田字	堂叔，蒋昌江	园二副	钱440文		同上	
139	9.225	光绪二十七年三月二十八日蒋昌吉典田字	房侄，蒋景澍兄弟	水田一涧，收谷4运	钱6000文		同上	
140	9.243	民国四年三月八日蒋景树典田字	亲识，杨广学	秧地二涧，又田一丘，共收谷8运	钱10.72万文		同上	
141	10.4	乾隆四十三年三月十六日罗氏三妹典田契	（圭叶溪）刘高	田一丘，收禾40稿	银2两		高酿镇优洞村	

序号	出处	契名	典主	典物状况	典价	典期	文书发生地	备注
142	10.201	民国三十三年一月二十一日龙引器典田契	本房，龙大珠	田一丘	钱3500文		同上	
143	10.328	民国三十七年三月十一日刘宗林典田契	本寨，龙大学	田一丘	洋100万		同上	此为借契，言定每年息谷80斤，限至来年三月还，如有误，照契认谷
144	11.122	民国二十六年五月十五日杨少伯典田字	龙氏内贞	田半丘	钱11.1万文	三年	同上	
145	11.149	民国二十七年三月十八日刘根深典田字	龙大河	田一丘	钱万文		同上	此实借契，言明田价70千，当谷140斤，限本年九月归还，如逾期，以谷为本，下田耕种收花为息
146	12.35	民国三十二年伍绍煊典田地字	（邦寨）龙登科	田三丘	洋600元	三年	同上	
147	12.110	光绪十五年十月十一日龙沛来典田契	（攸洞）伍荣厚	田一丘，收禾96稱	钱9000文	二年	同上	契内言其田付与典主耕管收花为利，其钱作银价6钱2分
148	12.150	民国二十八年十一月五日伍绍钱典田契	本房清明会	田一丘，收谷10挑，	钱2.8万文		同上	此实借契，言明照月加四行息，限来年二月本利归还
149	12.237	民国十一年十月二十日龙连松典田字	本村，龙绪灼	田二丘	钱1.08万文		同上	

续表

序号	出处	契名	典主	典物状况	典价	典期	文书发生地	备注
150	12.330	民国三十三年八月二十八日刘宗科典田契	本村，龙陶氏月献	田二丘	洋 1100 元		同上	此实借契，言明每月加五行息，限来年二月本利归还
151	12.331	民国三十二年八月二十八日刘宗科典田契	本村，龙胡氏蕊秀	田一丘	洋 1000 元		同上	此实借契，言明每月加四行利，限来年二月归还。后批，至次年二月二十九日，共计六个月，米 1 斗洋 160，本利共 1250 元
152	12.332	民国三十二年四月四日刘宗科典契	（岑孔寨）刘氏木引	田一丘	洋 2900 元	一年	同上	
153	13.22	道光九年一月二十五日龙孝宗、龙见宗、龙仁宗兄弟三人典墙土契	（七甲寅寨）龙殿珊	墙土	银 3 两 4 钱 5 分	三年	高酿镇地良村	
154	13.27	道光二十二年一月二十八日姚上朝典墙土字	（七腰寨）龙岩寿	墙土	钱 1100 文		同上	
155	13.31	道光二十二年九月十四日姚上朝典墙土字	（六甲）龙寿榜	墙土一团	钱 2400 文		同上	
156	13.240	民国八年六月十七日龙才显典田契	堂叔，龙祖益	田一丘，收谷 16 边	铜元 10 封	二年	同上	
157	13.320	民国二十七年七月十四日龙喜泮典田字	龙士恒	田一丘	钱 6000 文		同上	

续表

序号	出处	契名	典主	典物状况	典价	典期	文书发生地	备注
158	14.9	民国二年十二月十日刘则欢典田契	四川人氏住本村，陈银寿	田二丘	钱1.208万文	三年	同上	
159	14.10	民国五年十月六日刘泽欢典田地字	亲房，刘泽远	田一丘	钱4.5万文	三年	同上	
160	14.13	民国六年闰二月二十七日刘泽欢典田字	刘凤鸾	田一丘	钱20封	三年	同上	为借契，每年当干谷12边
161	14.15	民国六年五月十七日龙喜泮典田契	伍华英	田一丘	钱2.56万文	三年	同上	为借契，每年认谷30边
162	14.43	民国十五年四月五日刘泽欢典田契	本房，刘邦闻	田二丘	钱20封		同上	田仍出典人耕种，无论干旱与否，每年租谷10边
163	14.48	民国十六年三月十八日刘泽欢典田契	本寨，刘氏翠菊	田二丘	钱40封	三年	同上	
164	14.60	民国二十一年三月一日龙喜泮典田契	清明朝宗公会	田一丘	钱1.32万文		同上	
165	14.71	民国二十二年六月二十二日刘荣昌典田字	凸洞村，杨通全	田一丘	钱92封400文	来年二月	同上	似借契
166	14.204	民国十四年三月二十六日龙文富典田契	亲房，龙文模	田四丘，收谷18边	钱2万文		同上	
167	14.217	民国二十六年三月十二龙儒昌、龙儒模立龙居光田地典契遗失作废证明	出典人，龙俊光	田六丘			同上	乙亥年典，丁丑年赎，原契遗失
168	15.52	民国三十年三月十一日龙三保典田地字	本寨，龙恩口	田一丘	55元，每一元定价4000文		同上	

续表

序号	出处	契名	典主	典物状况	典价	典期	文书发生地	备注
169	15.53	民国三十一年三月二日王氏月期典田地字	龙求保	田一丘	洋120元	四年	同上	
170	15.113	民国十五年十二月二十六日梁成祖典田地字	地良寨，龙德芳	田一丘	钱16.8万文		同上	此实借契，言明无利，限明年二月内还
171	15.117	民国二十五年七月五日龙德芳典田契	地良寨。龙潜沛	田一丘	钱24万文	三年	同上	
172	15.119	民国二十六年七月十三日龙德芳典田契	龙明焕等	田二丘	钱44万文		同上	
173	15.189	民国二十六年二月二十八日龙万生典田还清明会钱字	清明会	田一丘，收谷10边	钱9.14万文	三年	同上	龙万生借清明会钱，无力偿还，因而典田，仍旧耕种，每年认谷5边
174	16.3	民国二十四年十二月十日龙什德典田地字		田五丘	钱160封	三年	高酿镇上花村	
175	16.116	民国十九年四月刘耀乙、刘宗琦父子二人典田契	龙显什	田一丘，收花5挑	钱9.9万文	来年二月	同上	田仍出典人种，认谷2石5斗
176	16.139	光绪三十年一月十七日龙岳彩典园地契	龙显德、龙显钟	园一团	钱8000文		同上	此园系龙岳彩之祖父咸丰元年得典于岑孔村龙金连
177	16.223	道光二十九年十一月八日吴德贵典墙土契	胡和善	墙土一团	钱5100文		同上	

序号	出处	契名	典主	典物状况	典价	典期	文书发生地	备注
178	18.25	同治十二年五月一日杨启瑞领典田价字	春花村，龙学涵、林喜乐、林山川	田一丘			高酿镇春花村	此田为耒溪寨杨启瑞之父先年得典于龙利川，今利川将田卖与龙学涵等三人，备价赎典，原契遗失
179	18.218	民国三十四年五月五日林在根典田契	亲房，林昌名	田	白米老斗4石4斗	本年九月半	同上	此实借契。言明若逾期至来年清明，则下田耕种
180	18.232	宣统元年张长寿当田契	众会十一人	田□□	钱2.152万文		高酿镇地坝村	邀钱会
181	18.232	宣统二年三月二十六日良文富当田文契	众会十一人	田一丘	钱2.34万文		同上	邀钱会
182	19.22	同治元年三月六日刘恩沛典田契	刘明珠	田二丘	钱8380文	本年十月	高酿镇木杉村	
183	19.66	民国三十一年五月九日刘定川典田字	平墓，龙氏桃青	门口田	洋100元		同上	外批，每年当田谷3挑
184	19.84	民国三十七年三月二十日龙氏先行典田字	彭氏求善	田一丘	谷子20挑	二年	同上	田仍出典人耕种，每年租谷8挑
185	19.95	民国七年五月二十二日刘长庚典田字	苗江，刘沛熙	田一丘，收禾120边	银66两	来年四月	同上	
186	19.116	民国十二年三月十七日刘森严典田字	清明会	田七丘	钱1.8万文		同上	每年认干净谷18□
187	19.139	民国十八年杨三、圆老毛加典契	龙通顺	田五丘	钱39封600文		同上	
188	19.197	民国四年三月三日刘凤刚典田契	本寨，刘氏月姣	田四丘	钱130封	二年	同上	

续表

序号	出处	契名	典主	典物状况	典价	典期	文书发生地	备注
189	19.210	民国三十二年二月一日龙宪榜典沙土字	佺，龙章焕	土二坪	洋100元		同上	
190	20.27	民国十一年十一月二十一日杨通恒、杨通烶兄弟断卖先父到期将赎典田字	出典人，吴发永	田一丘	钱18封		高酿镇甘洞村	此田系杨通恒兄弟之父得典于吴发永，今吴将田出卖，典期未至，吴另以田相抵赎契
191	20.41	民国三十年十二月一日杨通全典田契	杨氏淑菊	田一丘	洋58元	三年	同上	
192	20.44	民国三十四年九月四日丁求保、丁求炳典田契	大坡，姚俊炳	田一丘	洋4万元	二年	同上	承典人每年负担军粮谷36斤
193	20.59	民国四年十二月龙柏林典田契	陆志可	田一半	钱4封	一年	同上	
194	20.62	民国十一年二月十日陆志安典田契	地额，龙喜丹	田一丘	钱50封	三年	同上	田仍出典人耕种，每年认谷39边
195	20.67	民国十二年十二月二十日陆志安典田契	潘宏斌	田一丘，收花40边	钱20封		同上	此实借契，言明腊月初一日起照四行利，限来年二月归还
196	20.76	民国十九年四月十八日杨通茂典田契	李膏后	田二丘	钱40封	来年二月	同上	
197	20.81	民国二十一年三月六日杨通全加典田契	陆志可	田一丘	钱8封400文	来年二月	同上	此田辛未年出典，价钱14封
198	20.86	民国二十七年三月十日杨通贵典田契	甘洞，李膏顺	田一丘	洋28元		同上	

续表

序号	出处	契名	典主	典物状况	典价	典期	文书发生地	备注
199	20.88	民国二十八年七月十二日杨通贵将先年出典之田托典与李高顺	原典人，汤苏民；转典人，李高顺	田一丘，收花4挑	钱8.25万文		同上	此田汤苏民得典于杨通贵，本年认谷2挑，限明年四月交清，今汤要钱使用，转典于李高顺，原杨通贵每年纳谷亦由李收
200	20.90	民国二十九年二月十五日龙宏标典田契	凸洞，胡启康	田一丘	钱288封	三年	同上	
201	20.93	民国三十二年二月一日龙宏标典田字	胡国（火祅去旁）	田一丘	洋700元	三年	同上	
202	20.94	民国三十三年四月七日龙宏标典田契	凸洞，陆志可	田一丘	洋1600元	三年	同上	军粮田主负责
203	20.96	民国三十五年二月十四日龙宏标典田契	凸洞，龙氏占凤	田一丘	谷子5挑半	三年	同上	军粮田主负责
204	20.97	民国三十五年三月五日龙宏标典田契	凸洞，陆志可	田一丘	谷子5挑半	三年	同上	军粮田主负责
205	20.101	民国三十六年四月六日龙宏标典田契	凸洞，龙氏先凤	田半丘	谷子5挑半	一年	同上	田仍出典人耕种，每年租谷3挑半
206	20.102	民国某年六月二十二日杨通全典田契	本村，陆志可	田一丘	钱1.4万文	来年二月	同上	
207	20.118	民国三十五年十一月二十三日胡国眸典田地字	本房，胡国金	田一丘，收花7挑	法钞12万	三年	同上	田赋由田主承担

续表

序号	出处	契名	典主	典物状况	典价	典期	文书发生地	备注
208	20.137	民国三十三年四月十二日陆宗保典田契	本房，王氏代凤	田一丘	洋1520元	三年	同上	
209	20.183	光绪三十四年一月十三日杨秀春典田字	本寨，杨炳泽	田三丘，收谷12边	钱1000文	本年二月初二	同上	此实借契
210	20.194	民国三年四月二日杨元金典田契	飞山庙谷	田一丘，收谷12边	谷子24边		同上	此实借契，言明以六月谷价之数于本年八月初二日归还
211	20.243	民国十六年二月二十日佚名典田契	观音洞，杨来明	田三丘，收禾48边	钱40封	三年	同上	田仍出典人耕种，每年认谷24边
212	20.288	民国十年七月六日王氏凤月、龙成元、龙成宾娘子三人思安田契	本村，龙祥森	田二丘，收禾30边	钱10封	三年	同上	契内言明出典原因为成元偷盗案，自愿了息用银
213	20.340	民国三十七年二月十二日龚祥标典田字	杨秀桃	田一丘，收谷3挑	洋150万	来年清明	同上	
214	21.23	民国二十三年七月二十四日李膏沐典田契	周月乾	田四丘	钱140封	三年	同上	
215	21.52	民国三十二年五月七日龙天富典田契	龚家寨，龚洋瑞	田一丘	洋600元	来年二月	同上	
216	21.53	民国三十二年五月十四日龙天富典田契	冲邓村，宋奇才	田四丘，收禾24边	洋350元	来年二月半	同上	
217	21.123	民国二十四年三月十九日胡启林典田契	媳妇，汤氏兰青	田二丘，收禾24边	钱22万文		同上	

序号	出处	契名	典主	典物状况	典价	典期	文书发生地	备注
218	21.244	民国十六年十二月二十七日杨光容典田契	本房，杨通海	田五丘，收花100边	钱6.6万文	来年三月	同上	似借契
219	21.309	民国三十年三月二十二日杨通才典田契	龚祥丰	田一丘，收禾18边	钞洋30元	三年	同上	
220	21.351	民国二年九月六日杨通文典价收据	出典人，杨通义		钱1.28万文		同上	此田系杨通文之姐得典杨通义田，今典限已满，备价赎典，原契遗失
221	22.63	民国三十四年十二月十七日龙昭汉典田契	邦寨，龙光泮	田三丘	谷子14挑	三年	高酿镇邦寨村	
222	22.229	通知二年十二月二十八日吴宗传典土墦字	吴见理	墦土一坪	钱260文	五年	同上	
223	22.297	民国六年六月十日刘荣光典油树地契	刘德恩	油树一半	钱1万文	三年	同上	
224	22.304	民国十年十一月二十七日吴泽祥典田地契	本寨，罗是求	田六丘	钱7封	三年	同上	

附表3 清代民国时期天柱县民间借贷文书地域分布表

乡（镇）	村	借贷类	典当类	小计	《天柱文书·第一辑》所收文书数
白市镇	对江村	0	4	4	124
坌处镇	大山村	0	2	2	118
石洞镇	摆洞村	9	3	12	278
	冲敏村	1	4	5	41
江东乡	大坪村	5	25	30	211
渡马乡	共和村	0	4	4	6
蓝田镇	地锁村	2	2	4	9
远口镇	远洞村	0	2	2	41
竹林乡	高坡村	4	9	13	346
	梅花村	0	2	2	197
	竹林村	0	1	1	12
	南头村	0	3	3	37
	不详（残契）	0	1	1	1
瓮洞镇	黄巡村	18	43	61	560
	岑板村	0	6	6	201
	瓮洞村	0	1	1	37
	克寨村	4	8	12	142
	大段村	0	19	19	123
	不详	1	3	4	58
高酿镇	优洞村	10	12	22	1042
	地良村	25	21	46	945
	上花村	3	4	7	186
	春花村	0	2	2	482
	木杉村	6	8	14	210
	甘洞村	9	31	40	701
	邦寨村	1	4	5	352
	丰保村	2	0	2	74
	勒洞村	1	0	1	84
	地坝村	0	2	2	2
小计		101	224	325	6620

附表4　清代天柱县民间借贷文书时间分布表

	借贷类	典当类	合计
乾隆（1736—1795 年）	0	3	3
嘉庆（1796—1820 年）	1	1	2
道光（1821—1850 年）	2	11	13
咸丰（1851—1861 年）	6	19	25
同治（1862—1874 年）	5	17	22
光绪（1875—1908 年）	7	24	31
宣统（1909—1911 年）	3	4	7

附表5　民国天柱县民间借贷文书时间分布表

	借贷类	典当类	小计
民国元年（1912 年）	1	0	1
民国二年（1913 年）	0	5	5
民国三年（1914 年）	1	1	2
民国四年（1915 年）	2	6	8
民国五年（1916 年）	1	2	3
民国六年（1917 年）	0	5	5
民国七年（1918 年）	1	2	3
民国八年（1919 年）	2	2	4
民国九年（1920 年）	1	1	2
民国十年（1921 年）	1	1	2
民国十一年（1922 年）	2	5	7
民国十二年（1923 年）	1	4	5
民国十三年（1924 年）	0	0	0
民国十四年（1925 年）	3	1	4
民国十五年（1926 年）	1	6	7
民国十六年（1927 年）	2	6	8
民国十七年（1928 年）	3	1	4
民国十八年（1929 年）	3	1	4
民国十九年（1930 年）	1	2	3
民国二十年（1931 年）	2	0	2
民国二十一年（1932 年）	2	2	4

续表

民国二十二年（1933年）	2	2	4
	借贷类	典当类	小计
民国二十三年（1934年）	6	3	9
民国二十四年（1935年）	7	2	9
民国二十五年（1936年）	3	4	7
民国二十六年（1937年）	6	5	11
民国二十七年（1938年）	3	5	8
民国二十八年（1939年）	0	6	6
民国二十九年（1940年）	3	3	6
民国三十年（1941年）	1	7	8
民国三十一年（1942年）	3	5	8
民国三十二年（1943年）	2	13	15
民国三十三年（1944年）	2	13	15
民国三十四年（1945年）	3	4	7
民国三十五年（1946）	0	4	4
民国三十六年（1947）	1	4	5
民国三十七年（1948）	2	4	6
民国三十八年（1949）	2	3	5

后　记

　　这本浅陋的小书，是由本人的硕士论文略加修改而成。此次修改，大体保存了文章的原来面貌，仅在章节和文字方面做了一些调整和加工。其中的原因，除了学养未能与日增进外，最主要的是未能在已有的基础上，进一步深入挖掘材料，尤其是未能开展扎实、翔实的田野调查，有效利用"天柱文书"极强的"归户性"优势，透过借贷活动探寻活动背后人的问题、社会的问题，从而使借贷活动的"事"与"人"呈现出一幅立体的图景，使微观与宏观、小传统与大传统互相彰显、融汇一体，这不能不说是一个极大的遗憾。

　　本书的完成，得益于恩师张新民教授的指导与帮助。先生为黔中大儒，知行合一、德业交修，合经师与人师于一身，在教导门下弟子时，因材施教、契理契机，既诲之以学问，又勖之以德操。我有幸追随先生，耳濡目染，受益弘多。对于清水江文书，我本一无所知，承蒙先生谆谆教诲，指明路径，授以金针，给予无微不至的帮助，每念及当年硕士论文修改时，先生以朦胧病目，艰难地在电脑上批改，一字一句，一丝不苟，所提修改意见，多至十余条，总如冷水浇背，感愧交集。毕业以后，先生又屡次过问此书稿，敦促我修改完善，并亲赐长序，推荐出版。此情此恩，铭感五内。因此，若本书尚有一二可取之处，皆拜先生所赐，可惜我学识浅薄，读书又泛滥无归，远不能副先生之期望。

　　除了恩师的指导、扶持外，诸位师友的帮助也历历在目，如在毕业答辩时，贵州师范大学石峰教授，贵州大学张明教授、王胜军教授等都提出了中肯的修改意见。在我的工作单位遵义师范学院，老校长周帆教授、人文与传媒学院罗宏梅教授都长期给予我生活上、工作上的帮助，感人至深。而尤其应该感谢的，是两位伟大的女性：一位是我勤劳而慈爱的母亲，为我料理家务、照顾小孩，解决了我的后顾之忧；另一位是我勤奋而坚毅的妻子张坤美女士，白天忙于工作，晚上经常彻夜不眠地照顾幼儿；在她们身上，生动诠释了母爱的伟大。

本书的出版，还要感谢孔学堂书局所付出的努力，尤其是先后负责本书的黄艳、任方圆、胡馨三位编辑，她们以高度的责任心，认真审读书稿，提出了许多宝贵意见，彰显出深厚的学养。

这本小书，是我学术生涯中的第一本学术著作，虽然不完美，但对我自己而言，意义重大，它将鞭策我继续前进。

二〇二一年一月写于遵义